暴风雨中的海燕

同时代人回忆高尔基

［法］亨利·巴比塞

［俄罗斯］利·尼·谢夫林娜 等

著

毛信仁

译

陕西师范大学出版总社

图书代号：SK17N0206

图书在版编目（CIP）数据

暴风雨中的海燕：同时代人回忆高尔基 /（法）亨利·巴比塞，
（俄罗斯）利·尼·谢夫林娜著；毛信仁译. — 西安：陕西师范
大学出版总社有限公司，2017.6

ISBN 978-7-5613-8904-1

Ⅰ．①暴… Ⅱ．①亨… ②利… ③毛… Ⅲ．
①高尔基（Gorky, Maxim 1868—1936)—纪念文集
Ⅳ．① K835.125.6-53

中国版本图书馆 CIP 数据核字（2017）第 017316 号

暴风雨中的海燕：同时代人回忆高尔基
BAOFENGYU ZHONG DE HAIYAN TONG SHIDAI REN HUIYI GAOERJI

[法] 亨利·巴比塞　[俄罗斯] 利·尼·谢夫林娜　等著　毛信仁　译

责任编辑	焦　凌
责任校对	彭　燕
装帧设计	赖佳韦
出版发行	陕西师范大学出版总社
	（西安市长安南路 199 号　邮编 710062）
网　　址	http://www.snupg.com
经　　销	新华书店
印　　刷	山东临沂新华印刷物流集团有限责任公司
开　　本	710mm×1000mm　1/16
印　　张	26
插　　页	1
字　　数	377 千
版　　次	2017 年 6 月第 1 版
印　　次	2017 年 6 月第 1 次印刷
书　　号	ISBN 978-7-5613-8904-1
定　　价	49.80 元

读者购书、书店添货或发现印装有问题，请与营销部联系、调换。
电　话：(029) 85307864　85303629　　传　真：(029) 85303879

译者序

1983年8月，译者有幸在上海外国语学院（现为上海外国语大学）俄语系资料室看到刚从苏联订购来的莫斯科文艺出版社1981年出版的《同时代人回忆马·高尔基》（文学回忆录两卷集），真是喜出望外，爱不释手。匆匆浏览后，这套红色封面、装帧精致的收录一百一十篇高尔基同时代人的回忆录的汇编巨著所记述的伟大作家、无产阶级和苏联文学奠基人阿列克塞·马克西莫维奇·高尔基的生平事迹与丰功伟绩，立即使我心驰神往，跃跃欲试。于是我不揣冒昧，向有关出版社领导"毛遂自荐"，把它翻译出来，以飨读者。

译者在新中国成立之初由中国共产党辛勤培育逐步成长为初谙俄语和翻译技巧的俄语教学工作者和业余翻译工作者，早在1950年就读于华东人民革命大学上海俄文学校第一期初级班时，就和几位老同学合译过苏联电影马克西姆·高尔基三部曲：《马克西姆的少年时代》《马克西姆的归来》和《革命摇篮维堡区》。尔后又与老同学合译过"苏联文艺理论小译丛"中的《论高尔基早期作品中正面人物的现实主义形象》等文学作品。这些经历使译者对苏联大文豪高尔基伟大一生的极不平凡的生平事迹和丰功伟绩有所了解，对高尔基无私地将自己的一生献给党和人民的忘我劳动、朴实忠诚的高贵品质非常敬佩，对高尔基在青少年时代通过自己的刻苦勤奋自学成才的好学精神和治学、为人、写作态度极为景仰，把高尔基慈父般的爱护、培育和奖掖后进，关怀人民疾苦，热爱伟大的革命导师列宁的高尚品德视为楷模，于是就迫不及待地试译此书。近几年来，译者在业余时间以垂暮之年、病残之身，起早落夜，每天腾出几小时伏案笔耕，实际上是通过这卷书的译述，在向我毕生敬爱的世界闻名的大文豪高尔基学习，接受他的再教育，体力虽感不支，但心情却很舒畅，对缓解耳聋身残所引起的悲痛情绪也大有裨益，真可说是受益匪浅！但近一二年来因老伴不幸身患重病，以及又碰上其他不愉快的事，受到耽误，致使自己深感力不从心，译事几度停笔。

由于此书考证性很强，涉及资料很多，加以高尔基本人就是"社会主义时代的百科全书"，译者在翻译过程中碰到各种困难，亟须请教翻译界前辈和友好同学帮助解决许多疑难问题。为了对出版社和广大读者负责，尽可能保证译文的质量，故在1985年初稿完成时请上海外国语学院俄语系主任顾柏林教授和中国社会科学院苏联东欧研究所《苏联东欧问题译丛》主编张达楠同志分别为我校订1—30篇和31—58篇译稿。此外，在自己通读、再校过程中发现新的疑难问题时还请教过不少校内外的前辈和好友，诸如上海外国语学院俄语系苏联专家柳德米拉·弗拉基米罗夫娜拉夫罗娃，上外俄语系顾霞君、周日荣、冯玉律，上外语言文学研究所所长廖鸿钧等同志，在此向他们表示衷心的感谢！

由于译者年迈力衰，才疏学浅，业务水平有限，知识面不广，虽然尽了自己的最大努力，但挂一漏万之处仍在所难免，敬请译者前辈、师长和广大读者不吝批评指正。

译者谨表于 1987 年 8 月

CONTENTS | 目 录

娜·康·克鲁普斯卡娅　　　1
玛·伊·乌里杨诺娃　　　5
玛·伊·格里亚塞尔　　　7
鲍·费·马尔金　　　10
叶·普·佩什科娃　　　15
安·瓦·卢那察尔斯基　　　17
弗·德·勃恩奇 – 布鲁耶维奇　　　19
阿·卡·沃龙斯基　　　25
阿·伊·米高扬　　　31
谢·费·奥尔登堡　　　37
尤·米·尤里耶夫　　　40
康·亚·费定　　　46
弗谢·伊万诺夫　　　62
米·列·斯洛尼姆斯基　　　74
瓦·米·霍达谢维奇　　　88
奥·弗·格佐夫斯卡娅　　　107
巴·季·博尔加列夫　　　114
普·米·克尔任采夫　　　117
尼·亚·伯努瓦　　　121
尼·尼·阿谢耶夫　　　127
西比拉·阿列拉谟　　　137
弗·马·巴赫梅吉耶夫　　　142

伊凡·日加	147
亨利·巴比塞	155
鲍·马·叶尔马科夫	159
巴·赫·马克西莫夫	163
瓦·马·阿拉赞	167
克·阿·克克利泽	172
米·奥·波隆斯基	176
利·尼·谢夫林娜	184
昇曙梦	191
库·雅·戈尔布诺夫	197
费·谢·博戈罗茨基	201
谢·萨·凯姆拉德	207
安·谢·库尔斯卡娅	213
费·瓦·革拉特科夫	216
米·叶·科里佐夫	220
列·韦·尼库林	224
鲍·叶·扎哈瓦	231
伊·萨·什卡帕	241
娜·瓦·切尔托娃	260
尤·巴·格尔曼	265
萨·穆·穆卡诺夫	275
玛·雅·先加列维奇	277

阿·尼·托尔斯泰	283
阿·拉·科普捷洛夫	286
伊·阿·西夫科	293
阿·亚·苏尔科夫	297
亚·安·普罗科菲耶夫	301
尤·亚·沙波林	304
伊·彼·亚温泽姆	308
米·费·奥舒尔科夫	314
彼·安·巴甫连柯	318
康·安·特列尼奥夫	328
库克雷尼克塞	333
巴·德·科林	343
娜·阿·彼什科娃	352
尼·尼·布尔坚科	365
注释	368
我们的父亲毛信仁	403
补遗	406

娜·康·克鲁普斯卡娅

娜杰日达·康斯坦丁诺夫娜·克鲁普斯卡娅（1869—1939），党的积极活动家，弗·伊·列宁的夫人、朋友和战友。

本文原载一九三二年九月二十五日《共青团真理报》第二二二号。现按《同时代人回忆高尔基》一九五五年版，第三十七—四十页刊印。

列宁和高尔基

弗拉基米尔·伊里奇对阿列克塞·马克西莫维奇·高尔基这位作家的评价很高。他特别爱读《母亲》和刊登在《新生活报》上抨击小市民习气的文章——弗拉基米尔·伊里奇本人对形形色色的小市民习气也十分憎恨——他喜爱《底层》，喜爱《鹰之歌》和《海燕之歌》，喜爱这些作品的格调，他还喜爱高尔基的这样一些著作，诸如《大灾星》《二十六个和一个》。

我记得，有一次伊里奇怀着炽烈的愿望想到艺术剧院去看《底层》的演出；我记得，在他生命的最后一些日子里，他听我朗读《我的大学》的情景。

高尔基写得最多的是工人、城市贫民、"底层"平民和伊里奇最感兴趣的那些阶层的人物，他描写生活真切生动，细致入微，他是用憎恨压迫、剥削、庸俗和心灵空虚的人的目光——革命者的目光去观察生活的。因此，高尔基写的作品，伊里奇感到亲切和容易理解。

弗拉基米尔本人也热切地注视着生活，注视着一切生活琐事。伊里奇身上体现出的这种善于观察和思考生活琐事的本领，高尔基曾经在给我的一封信[1]中提起过，他写道：

"我非常清晰地回忆起我对哥尔克村的访问，那好像是在一九二〇年的夏天。当时我不过问政治，完全泡在琐碎的日常事务中，我常向列宁抱怨生活琐事给我带来的困扰。谈话中我提到列宁格勒的工人拆毁木房作燃料，他们砸坏窗框，打碎玻璃，白白地损坏屋顶上的铁皮，可他们的住房呢，屋顶漏水，窗户订上了胶合板，等等。工人们轻视自己的劳动成果使我感到愤慨。'您，弗拉基米尔·伊里奇考虑的是宏伟的计划，这些琐事是了解不到的。'他在凉台上踱步，默不作声，于是我暗自责备自己：我不该用这些鸡毛蒜皮的小事去麻烦他。可是，喝过茶以后，我们去散步，他对我说：'您不该认为我不重视这些生活琐事，更何况您所注意到的轻视劳动成果的例子绝不是小事，不，当然不是小事。因为，我们是穷人，应该懂得每块劈柴和每文钱的价值。许多东西遭到破坏，必须珍惜剩下的一切，这对于恢复经济是必不可少的。但是，怎么能指责工人，说他们还没有觉悟到自己已经是所有这一切的主人了呢？这种觉悟不是很快就能产生的，只有社会主义者才会有……'他围绕着这个话题谈了很久，使我吃惊的是，他看到了那么多的'琐事'，而且他的思想能异常自然地对一些微不足道的日常生活现象做出最广泛的总结。他这种极为机敏的能力始终使我惊叹不已。我不知道有谁能如此协调地把分析和总结结合起来。"

在同一封信中，阿列克塞·马克西莫维奇写道：

"他在卡普里与我谈到那些年的文学作品时，非常精确地评价我这一代的作家，十分容易地了解了他们的实质。"

伊里奇深谙俄罗斯文学，对他来说，文学是了解生活的工具。文艺作品越是充分、全面地反映生活，越是朴实无华，伊里奇对它们的评价就越高。

弗拉基米尔·伊里奇是在一九〇七年的伦敦代表大会上进一步结识高尔基的[2]。伊里奇在会上观察他的言行，跟他交谈，两人在某种程度上成了推心置腹的朋友。伊里奇在第二次侨居国外时期写给高尔基的一些信是很有意思的。伊里奇的形象，他的为人，在这信中特别鲜明地表现出来了。伊里奇在给高尔基的信中极其坦率地指出哪些是他不能同意的，哪些是使他焦虑不安和深为关切的。伊里奇一般都这样给同志们写信，但在给高尔基的信中的语气却显得与众不同。信常常写得十分严厉，但在严厉之中却包含着某种特别的温柔之情。这些信往往是在某个事件的触动之下写成的，感情异常丰富，明显地反映出他的焦虑不安、心情沉重的感受、欢愉和期望。伊里奇觉得，高尔基对这一切都能深刻理解。伊里奇也总是要高尔基相信自己的观点是正确的。

这些信中显示出伊里奇对高尔基的关怀。大家都知道，伊里奇对人们是关怀备至的，他是善于关心别人的。阿列克塞·马克西莫维奇本人也曾多次写过这方面的事，这一点大家都提到过。

伊里奇对阿列克塞·马克西莫维奇的健康很关心。他经常问起他的健康情况，建议他必须找第一流的医生治疗，要遵守生活制度（伊里奇戏称之为"压缩"制度），不要在夜里工作。

伊里奇侨居国外时，常为很少有机会看到工人而苦恼。诚然，侨居国外的工人很多，但他们往往很快就找到工作，已经习惯于当地的法国人和瑞士人的生活方式，侨居生活很快在他们身上发生了影响。因此他总是乐于同来国外作短暂居留的工人们交往。伊里奇对卡普里党校[3]的工人工作和龙寿姆党校的学生工作[4]特别满意。一九一三年有一批工人代表要来波罗宁（在克拉科夫附近的加里齐亚）。高尔基在卡普里岛接触俄国工人的机会更少，因此列宁显然能想象到他的心情是多么沉重。伊里奇就邀请他到波罗宁来。"如果健康允许，马上来这里小住一个时期，真的！自从伦敦代表大会[5]和卡普里岛创办学校以后，您又可以同工人们会面了。"[6]

我保存着伊里奇于一九一九年六月写的一封信。那时我正在"红星号"做宣传鼓动工作，我把自己的最初印象写信告诉了伊里奇，于是伊里奇就想到，如果让高尔基也到船上去那该多好。他写道："我在后一封电报里询问他们能否在'红星号'上给高尔基找一个舱位。他明天就会到这里，我非常希望他能离开彼得格勒，因为他在那里心神不安、精神不振。我想你和其他同志是会高兴与他同行的。他是一个和蔼的人……"[7]

我没有参加伦敦代表大会，也没有去卡普里岛，而在巴黎、莫斯科和哥尔克村，当阿列克塞·马克西莫维奇来看望我们时，我总是悄悄地走开，让他俩促膝谈心。

现在阿列克塞·马克西莫维奇住在苏联，完全沉浸在政治生活中，撰写热情洋溢的政论文章，要见到多少工人就能见到多少工人。我很少有机会跟他见面，尽管有时候我多么想他谈谈伊里奇，但是我们的生活都非常紧张，大家都忙得不可开交。阿列克塞·马克西莫维奇担负着许多文学方面的领导工作，这方面的工作除了他以外，别人是完成不了的……

玛·伊·乌里杨诺娃

玛丽亚·伊里尼奇娜·乌里杨诺娃（1878—1937）——著名的革命运动参加者，弗·伊·列宁的妹妹。从一九〇三年起任俄国社会民主工党中央委员会秘书，曾在合法和不合法的报社做了许多工作，其中包括布尔什维克党中央委员会领导的《生活与知识》出版社，她在那儿遇见过高尔基。从一九一七年三月起任《真理报》责任秘书和该报编委（直到一九二〇年）。

本文最初载于一九三六年六月二十日《消息报》第一四二号，现按《同时代人回忆高尔基》一九五五年版，第四十一—四十二页刊印。

列宁和高尔基

(……)九十年代末，我被遣送到下诺夫戈罗德置于警察监视之下，那时我同阿列克塞·马克西莫维奇有过短暂的接触。革命前，我住在彼得格勒时才更深入地了解他的为人。那时，我常带着列宁的信件和委托，到彼得堡区的高尔基家里去同他会面[8]。

伊里奇需要有一些收入。由于帝国主义战争的缘故，物价天天上涨，尽管他只要求维持在最低的生活水平线上，但是因为他有一个时期找不到文学工作，又无法"发表"自己的作品，问题就显得特别严重。阿列克塞·马克

西莫维奇曾帮助过他摆脱困境。⁹

如果说,那时候的政治生活,特别是侨居生活中的许多事情曾引起高尔基的反感,并且有时候他不能理解为什么有些人,有些"好"人会由于政治信念不同而分道扬镳,那么,对于列宁,对于他必将对我们国家和全人类起到的作用,高尔基却一下子就理解了。而且他一下子就十分喜欢列宁。伊里奇对高尔基也同样如此。能像高尔基那样得到列宁喜欢的人是屈指可数的。不知怎么的,每当他跟阿列克塞·马克西莫维奇见面时,他总是显得容光焕发。他可以一连几个小时同高尔基交谈,明显看得出来,这些谈话使他感到由衷地喜悦。高尔基是一个亲切、平易近人、有吸引力的人。这才使他俩接近起来。

高尔基家里举行过几次音乐会,演奏了列宁所喜爱的音乐作品。¹⁰ 高尔基常到我们哥尔克村的别墅做客,还时常到克里姆林宫来,到列宁在市区内的住宅来拜访他,这些情景我至今记忆犹新。

高尔基常常带着这样那样的事情来找伊里奇,如各种各样的人提出的大量的请求。对高尔基带来的这些请求,只要有可能办到,列宁总是乐意接受下来。

高尔基对培养初学写作的青年作者起了非常巨大的作用。令人惊讶的是,他怎么来得及看完那些寄到意大利向他求助和请教的大量信件、读完各种各样的材料的。我在《真理报》工作期间,有些信件是通过我转给他的。他对其中的任何一项请求大致都做了答复。

在高尔基有机会回到苏联¹¹的日子里(起初是短暂的),他总是亲自出席工农通讯员会议和代表会议。他们中间有多少人曾经从他的支持、建议和亲切的谈话中受到过鼓舞呀!(……)

玛·伊·格里亚塞尔

玛丽亚·伊格纳季耶妹·格里亚塞尔（1891—1951），一九一八年至一九二一年间在人民委员会秘书处工作，后来任马恩列研究院研究员。

本文最初载于一九四〇年四月二十二日《文学报》第二十二期。现按《同时代人回忆高尔基》一九五五年版，第四十九—五十一页刊印。

列宁和高尔基

我在弗·伊·列宁秘书处工作期间曾多次见到列宁和高尔基会晤的情景。

每当高尔基来看望弗拉基米尔·伊里奇的时候，我们这些秘书处工作人员都感到莫大的欢乐。这种欢乐是弗拉基米尔·伊里奇异常兴奋的情绪传递给我们的。他总是急切地期待着高尔基的到来，他对这位亲密的朋友——把伟大的天才献给无产阶级革命事业的高尔基怀有深厚的感情，这是大家都能感觉到的。

阿列克塞·马克西莫维奇·高尔基往往到弗拉基米尔·伊里奇家里去做客，但有时弗拉基米尔·伊里奇也在自己的办公室里接见他。在高尔基从彼得格勒来到这里的前夕，弗拉基米尔·伊里奇总要把秘书叫去，非常热情、兴奋地说："高尔基明天早上就要来了，请派我的汽车到车站去接他，并请照料一下，务必在阿列克塞·马克西莫维奇到来之前，把他住处的一切安排妥当。再了解一下，那里是否暖和，是否有木柴。要跟他约好，什么时候派汽车去接他。"阿列克塞·马克西莫维奇不会照料自己，这一点弗拉基米尔·伊里奇是知道的。他无微不至地关心高尔基，为他提供一切方便，当时，在国内战争时期，要做到这一点是很不容易的。

在高尔基来访的那一天早上，弗拉基米尔·伊里奇总是提前来到自己的办公室，并且立即叫秘书来汇报，是否一切都已安排妥当了。"有没有通知克里姆林宫大门口的警卫，他们是否会阻拦高尔基进来？"过了半小时他又从办公室打电话查问："汽车派出去了没有？"

非常可惜的是，在那几年，我们对弗拉基米尔·伊里奇接待客人、交办事务以及他的演说等等都没有做任何记录，因此，很难回忆起列宁和高尔基历次会晤的日期。但是，这几次会晤的情景却依然历历在目。我记得只有一次，阿列克塞·马克西莫维奇没遇到弗拉基米尔·伊里奇。那是在一九一九年，阿列克塞·马克西莫维奇突然在晚上来到，而列宁那天正好在群众大会上发表演说，这样他就不得不在我们秘书处等候弗拉基米尔·伊里奇回来。而以往，通常不会让高尔基等一秒钟，弗拉基米尔·伊里奇就会亲自出来迎接他，向他问好，跟他轻轻拥抱，并用一贯深情的眼光端详着他，随即询问他的健康情况，然后把他领进自己的办公室。

高尔基在列宁那里做客时，我们的工作就多起来了，因为阿列克塞·马克西莫维奇常常带来一大堆使他操心的问题，有涉及工作的，也有涉及人事的，而弗拉基米尔·伊里奇忙于处理紧急事务，或者正在接待有急事求见的来访者。每当遇到这种情况，弗拉基米尔·伊里奇总是事先提醒我们说："阿列克塞·马克西莫维奇一到，就马上让他来办公室找我，即使我有事也没有关系。"这样，弗拉基米尔·伊里奇就在高尔基在场的情况下，办完紧要的事情。

高尔基也以同样的深情厚谊对待弗拉基米尔·伊里奇。有时，弗拉基米尔·伊里奇要我在他们会晤之后立即跟阿列克塞·马克西莫维奇谈一下，弄清楚他对某些事情的请求和申诉，并详细记录下来。高尔基按捺不住会晤后的激动心情，常跟我叙述自己的感受，讲得那么生动，好像又一次在同列宁交谈似的……

收进《列宁文集》的便函和电报，可以用来说明在最近几年的交往中，列宁对高尔基的态度，以及列宁对高尔基的亲切关怀。高尔基的病使弗拉基米尔·伊里奇深感不安。高尔基患病后，列宁坚决邀请他到自己的别墅来休养，建议他乘宣传船沿伏尔加河旅行，并亲自为他做了安排。

一九二一年，高尔基开始咯血。弗拉基米尔·伊里奇力劝他去国外治病，最后终于说服了他。阿列克塞·马克西莫维奇不愿在自己的全部工作尚未完成前出国，列宁就分别写信给有关机关，要求他们尽快地解决高尔基提出的问题，以免耽搁他的行期。高尔基参加工作的某个出版工作委员会需要两辆小汽车。当时汽车很少，他们的要求没有及时得到满足。为此，弗拉基米尔·伊里奇给全俄肃反委员会明仁斯基同志写了一封专函，信里有这样几句话：

"应当尽快帮助高尔基，因为他为了这件事才没有到国外去，而他正在咯血！"[12]（……）

鲍·费·马尔金

鲍里斯·费奥多罗维奇·马尔金（1891—1938），一九一九至一九二一年间领导全俄中央执行委员会中央报刊发行处（Центропечать）工作。

现按《列宁和高尔基》第四二三—四二八页刊印。

弗·伊·列宁和高尔基
（摘自回忆录）

在革命的最初年代里，把弗拉基米尔·伊里奇和高尔基联结在一起，表明当代这两位杰出人物之间的深厚友谊和眷恋之情的一系列事实、谈话和事件迄今仍时常浮现在我的脑海中。

我记得，一九一八年我们曾向列宁提出有关高尔基的问题。

问题涉及高尔基出版的《新生活报》，这份报纸对我们半怀敌意，而且已成为集结"左倾"知识分子的中心，把布尔什维克主义视为对"文化"的威胁[13]。

为了从根本上解决这个问题，我们曾去请示过弗拉基米尔·伊里奇。

站在我们面前的就是这位思想上毫不留情的工人国家的领袖。不容置疑，他已抛开一切个人的感情和好恶了。

"当然,《新生活报》必须封闭。在目前的情况下,必须动员全国人民起来保卫革命,任何知识分子的悲观主义都是极其有害的。可是高尔基——他是我们的人……他同工人阶级、同工人运动有着紧密的联系,他本人就来自'底层'。毫无疑问,他一定会回到我们这边来的……一九〇八年,出现召回派[14]思潮时,他也是这样的……他有过类似的政治曲折……"

弗拉基米尔·伊里奇多次满怀信心地重复说,高尔基一定会很快地回到我们这边的。

他始终带着某种特别的柔情,用非常亲切的语调,像谈论自己亲人似的谈论着高尔基。

弗拉基米尔·伊里奇非常了解高尔基,确实没有把他看错。就在这年年底之前,高尔基又开始和我们紧密合作,一起工作了。在难忘的一九一九年,阿列克塞·马克西莫维奇投身于文化领域一系列紧张而又热火朝天的工作之中。

在彼得格勒,以阿列克塞·马克西莫维奇为核心,迅速形成了一个规模巨大的苏维埃文化中心,在他创办的世界文学出版社和科学工作者之家周围开展了紧张而广泛的工作,并且开始同已着手对国家资源和生产能力进行调查的科学院取得了业务上的联系,开始了一些新的文学和科学技术工作。我们曾亲眼看到,在"军事共产主义"严重饥荒时期,工人国家对于知识分子首次表现出来的想参加共同事业的友好愿望千方百计地予以支持。弗拉基米尔·伊里奇直接参与了这项工作,使这项工作取得了广泛的认可。

高尔基每一次来莫斯科[15]都使我们大家深受鼓舞。同我们有联系的知识界的圈子越来越大了,同时还出现了一些新的文化事业。

弗拉基米尔·伊里奇在所有这些事业,特别是图书和出版事业的工作方面都一贯支持高尔基。

关于筹建统一的国家出版社的建议,是高尔基亲自带到莫斯科来的,他本人也直接投入出版社的筹建工作,并在弗拉基米尔·伊里奇的提议下,筹建了国家出版社[16]编辑委员会。

我记得,有一次我和高尔基为图书馆工作的问题一起拜访弗拉基米尔·伊里奇,当时谈到了如何支持高尔基的世界文学出版社,如何为我们的科学技术工作者提供外国专业文献等事务,也谈到了有关改进图书工作的一般问题。

谈话中还顺便涉及当时发生的一系列问题,这两位杰出的交谈者就这些问题交换了意见。

我怀着极其喜悦的心情目睹并聆听了他们之间长达两小时的无拘无束的谈话,这次谈话是在友好、坦率、恳切的特殊气氛中进行的。列宁总是用他特有的伊里奇式的诚恳态度对待高尔基。

伊里奇在交谈中常常发出富有感染力的爽朗笑声,给谈话带来了轻松、愉快和诙谐的气氛。

阿列克塞·马克西莫维奇常为某个人辩护,老是说那个人是当时"掩护过我们的人"。伊里奇愉快地开玩笑说:

"您瞧,阿列克塞·马克西莫维奇,他也许是个心肠慈悲的人,过去掩护过我们的人,而现在又想掩护立宪民主党人,不让我们抓他们了……"

他脸上掠过了一丝亲切、俏皮的笑意,凡是见过这种笑容的人,哪怕只见过一次,都会永志不忘的。

在他们的交谈中没有任何虚有其表的"华丽"辞藻,他们不标新立异,也不囿于老生常谈的起码道理;高尔基的谈吐令人惊叹,在谈论日常事务时,总是能提升到意义重大的高度来加以阐发,他对人们所做的一切事情都持有某种特殊的、极其敏锐、极其专注的关心态度,持有虚心好学、刻意探求的精神。

高尔基谈的都是自己亲身经历的事情,在兴致勃勃地听他谈话的人面前,展示出栩栩如生的人物和活生生的事实,这时你真该好好看看伊里奇那双正慈祥地注视着高尔基的炯炯有神的眼睛,你真该仔细听听伊里奇说的话。高尔基还没有说完,他就把握住其中的意思,把它引向从原则上加以概括的轨道,并通过鲜明的思想加以发挥,把问题的实质彻底揭示出来,他始终能做到理论联系实际!每次都显得是那样质朴自然,丝毫不会使人感到模糊不清、困惑不解。

对于高尔基的建议,凡是他赞同的,弗拉基米尔·伊里奇总是坚决地要求我们付诸实施，他经常提议让阿列克塞·马克西莫维奇来共同决定一切有关书籍和文学方面的问题。

弗拉基米尔·伊里奇对高尔基作品的销售情况也非常关心，他经常说，高尔基的所有作品一定要全部出版[17]。

他要求我们把高尔基所有的新书及时地寄给他。高尔基的《回忆托尔斯泰》出版后，我们立即将这本书寄给弗拉基米尔·伊里奇[18]。伊里奇后来对我们说，他当天夜里就一口气把它读完了，他太喜欢这本书啦！

"你们可知道，"他在谈到自己的感想时对我们说，"高尔基把托尔斯泰写活了，看来，谁也没有如此真实、大胆地写过托尔斯泰。"

在莫斯科，我们经常谈到在彼得格勒人民宫由高尔基主持召开的知识界的群众集会。这是苏维埃时代归附我们的知识分子的第一次明确拥护苏维埃的集会[19]。

高尔基在那次集会上曾受到热烈欢迎，因此弗拉基米尔·伊里奇说，我们在莫斯科也要为高尔基召开这样的群众大会……

根据对某些往事的回忆，我记得弗拉基米尔·伊里奇曾经要求我们务必为高尔基灌制一些讲话录音，而且他还给出一份供高尔基参考的录音选题一览表，如反犹太主义问题，知识分子、科学和革命问题，专家问题，以及文化界的其他一系列问题。

这些问题正是需要请高尔基来谈的，可是他却推说自己缺乏演说才能而一再拒绝："我不是演说家，我是作家，我还是为你们写作好些……"这样，最终没有把阿列克塞·马克西莫维奇的声音录上[20]。

在讨论改组教育人民委员部的问题时，弗拉基米尔·伊里奇专门研究了图书出版问题，并在《真理报》上发表了一篇评论中央报刊工作的重要文章[21]。其后，他要求我们一定要吸收阿列克塞·马克西莫维奇处理图书出版问题，特别坚决主张对能否在德国订购某些图书的问题仔细研究。

阿列克塞·马克西莫维奇每次来访总要向弗拉基米尔·伊里奇提出保护和壮大人数日趋减少的科学技术和文学艺术干部队伍的问题。

这些谈话的结果是产生了建立科学家生活改善中央委员会的想法[22]，弗拉

基米尔·伊里奇对此热烈支持，同时经高尔基的安排，会见了一些著名的科学院院士……[23]

被伊里奇戏称为"缪斯的庇护者"的安·瓦·卢那察尔斯基在专门涉及文学艺术的问题上一贯支持阿列克塞·马克西莫维奇[24]。在"军事共产主义"年代，我们之所以能为当时的许多科学和文学艺术创举建立起某些物质基础，那应该归功于高尔基和卢那察尔斯基的共同努力。

我记得，伊里奇在接见我们时，每次都满怀信心地说，只要能打垮白卫军，我们很快就会成为最大的科学生活中心，对于这些领域内的一切成就，他是多么高兴啊。

要知道他只能在处理社会问题、物资管理事务、前线战争、国际政策等等繁忙工作之余，腾出一点时间来过问所有这些科学文化问题……尽管如此，阿列克塞·马克西莫维奇每次来莫斯科时总少不了去拜访伊里奇……

他们本质上对小市民习气的极端憎恨和秉性上彻底的民主作风，使他俩接近起来，而且伊里奇特别珍视体现在高尔基身上的劳动者的文化修养……

我还记得，当伊里奇向我们谈起高尔基时，他总是强调指出，高尔基通过劳动而达到文化高峰的道路是如此光辉灿烂和令人惊叹，这条道路必然使他同新型的知识分子接近，因为他们同样是在顽强的劳动和斗争中掌握文化知识的。

叶·普·佩什科娃

一九二〇年十月弗拉基米尔·伊里奇造访高尔基

来到莫斯科以后，阿列克塞·马克西莫维奇就住在马什科夫胡同1号16室，当时我和儿子马克西姆·阿列克塞耶维奇也住在那里。

当时政府搬到莫斯科之后，尽管阿列克塞·马克西莫维奇经常与弗拉基米尔·伊里奇见面，但是我都不在现场。阿列克塞·马克西莫维奇前去克里姆林宫，要么是接到弗拉基米尔·伊里奇的邀请，要么是去找他办事。有时他独自前往，有时带着儿子去，有时会同某个科学家一起去，因为当时他为科学家的艰苦生活和工作感到十分地担忧。

一九一九年一月中旬，阿列克塞·马克西莫维奇在莫斯科，他曾经问询过：弗拉基米尔·伊里奇何时能够接见他。人们回答说：会搞清楚的。过了一会儿，从克里姆林宫来电说，弗拉基米尔·伊里奇已经出门来找高尔基了。于是我们在家等列宁，好久也未见到他的身影。原来列宁同志来过了，但是我家房子的电梯坏了，当时他被禁止爬楼梯，于是列宁同志不得不原路返回。

阿列克塞·马克西莫维奇只好自己前往克里姆林宫见列宁，对他讲了一些关于支持科学家的必要性的话。一月末，高尔基随同彼得格勒科学家代表团受到列宁同志的接见。

一九二〇年秋，阿列克塞·马克西莫维奇在莫斯科，他委托儿子马克西姆去见列宁并打听：列宁何时能来见高尔基。弗拉基米尔·伊里奇说，明天他亲自来见阿列克塞·马克西莫维奇。这一次，他们的会晤成功了。我记得那是一九二〇年十月十八日或二十日（确切日期我并不确定）。

弗拉基米尔·伊里奇独自上楼，遣走了陪同人员。阿列克塞·马克西莫维奇在前厅迎接了他，然后一同来到高尔基的书房，不一会儿，两人又去了餐厅，继续谈论科学家、作家的状况和生活。

在书房，列宁看见一只临时火炉就问我："房间里冷吗？"他建议我们铺地毯，说那样就会暖和许多。（过了一天，他就给我送来了两块地毯，如今它们还完好无损呢。）

桌上咖啡已经摆好，弗拉基米尔·伊里奇同高尔基围桌而坐，继续谈论生活的艰难困苦。

阿列克塞·马克西莫维奇将话题转到文学，坚持说必须支持初出茅庐、来自基层以及各个民族的作家。他列举了一些乌克兰和鞑靼的杰出作家，谈到西伯利亚作家的情况，其中提到了瓦西里·伊万诺维奇·阿努庆的名字。弗拉基米尔·伊里奇听到这个名字就回忆起：他被流放到舒申斯克村途中，曾经在克拉斯诺亚尔斯克见到过他，阿努庆还亲自领他去尤琴图书馆。

阿列克塞·马克西莫维奇继续谈论必须保护科技、文学、文艺干部——这些人民财富的问题。

就在此时，应高尔基邀请，钢琴家伊萨·阿列克桑得罗维奇·多勃罗维恩来到我家，高尔基叫他来为列宁同志演奏曲子。此时话题转到音乐。钢琴家知道高尔基喜欢格里卡，就先演奏了他的曲子，然后又演奏了莫扎特、拉威尔、拉赫玛尼诺夫等人的曲子。

弗拉基米尔·伊里奇请求钢琴家演奏贝多芬的 *Appassionata*，他听了之后十分感动，坐在那里好久——一声不响。列宁同志在高尔基家待了一两个小时就告辞了。当我们送他出去时，列宁甚至还责备我为何不去找他，他说："的确，生活开始艰苦起来。"

回到餐厅，我们坐在桌旁许久，高尔基给我讲述了他同列宁几次见面的情况。

安·瓦·卢那察尔斯基

马克西姆·高尔基

（……）甚至当阿列克塞·马克西莫维奇与我们这些"尖兵"同行，从直行的道路突然拐弯时，弗拉基米尔·伊里奇对高尔基的倾慕和相信片刻也没有减少过。列宁给高尔基写了许多充满情意的信件，虽然这些信的辞藻十分尖酸刻薄，但也无愧于伟大信件。列宁在信中宣称：高尔基是一位真正的无产阶级作家，过去他为无产阶级做了许多贡献，将来他的贡献还会更大……

的确，弗拉基米尔·伊里奇对待高尔基与众不同。我记得：阿列克塞·马克西莫维奇很快地与列宁重新建立了十分友好和亲近的关系。高尔基经常去找列宁，提出各种意见和抱怨；确实，当时我们中的许多人做了很多傻事，犯了不少错误……列宁说：高尔基是一个少有的好人！他的处境也并不轻松。我们所做的傻事和过激行为——那是一道十分难过的坎。的确需要具有巨大的勇气和宽广的视野，的确需要坚持一个信念，即一切都会被克服，之后人们才会心安理得。而高尔基思维缜密，因为他是一名艺术家。当时我们的状况给他留下了十分沉重的印象。他是一位大艺术家，因此与常人相比，他的确很难忍受和克服过渡时期的种种艰难困苦。我们曾经使一些人"生气"过，后来当这些人知道我们热爱高尔基，于是他们就带着自己的种种委屈和抱怨去找他。那堆成山的意见使得高尔基对世道也开始憎恨起来，最好让阿列克塞·马克西莫维奇外出去治病或者去疗养一段时间，让他在远处观望这一切。而我们在这个时间段打扫一下我们的街道，然后说："现在我们这里干净整洁了许多，我们能够邀请我们的艺术家来做客了。"（……）

罗曼·罗兰

当罗曼·罗兰六十寿辰之际，有一位他的崇拜者虔诚地称他为现时代的超堂吉诃德。用堂吉诃德的特点来描绘现代理想主义者的形象，讲述其与革命现实的种种冲突，我认为这是正确的。

在祝贺罗曼·罗兰六十寿辰的队伍中，高尔基无疑占据首要地位，他将自己最后写的小说《阿尔塔蒙诺夫家族的事业》献给了罗曼·罗兰。我曾经目睹列宁与高尔基之间的谈话，此时，我的脑海中特别清晰地涌现出现代堂吉诃德主义的思想。当时，高尔基向列宁抱怨说，彼得格勒的一些知识分子遭到了搜查和逮捕。

作家说："弗拉基米尔·伊里奇，那些人帮助过我们所有的同志，甚至包括您本人，我们曾经在他们的住宅里躲藏过。"

弗拉基米尔·伊里奇笑了笑，答道："是的，他们的确是优秀和善良的人。正因为如此，才必须搜查他们，有时还不得不咬咬牙逮捕他们。因为他们是优秀和善良的人，因为他们总是同情被我们所压迫的人，因为他们总是反对侦查。如今他们面对的是什么事实？侦查员是我们的契卡，而被压迫者是一些立宪民主党人和社会革命党人，他们见到契卡就逃。虽然这些知识分子明白自己有义务成为他们的同盟者来反对我们，而我们必须将那些死硬的反革命分子抓起来缴他们的枪，其余的事实就清楚了。"

弗拉基米尔·伊里奇并无恶意地大笑起来。

弗·德·勃恩奇 – 布鲁耶维奇

高尔基与改善科学家生活中央委员会组织

（摘自回忆录）

（……）一九一九年特别地困难，在我们被敌人包围的社会主义国家各条战线上，国内战争全面开花。在国内，由于不能及时地播种以及那年头闹特别严重的干旱，因此全国遭遇可怕的饥饿……

就在此时，弗拉基米尔·伊里奇特别关心科学家，吩咐苏维埃人民委员会尽一切可能地保障他们的口粮供应。（……）

弗拉基米尔·伊里奇严厉地指责我们彼得格勒执行委员会及其领导，批评他们完全没有考虑到如何正确地对待科学界，列宁喊道："应该让我们所有的科学家都知晓，我们有决心并且一定能够办到：所有科学家都会拥有一切，从个人必需品到最好的实验室、图书馆和办公用房。我们一定能够努力做到：我们的科学事业将比世界上的任何地方都繁荣，完全摆脱资本家及其思想的控制……我们的科学事业将是自由的……而如今我们不得不忍耐。战争，到处是战争……现在你们应该很好地想一想，我们应该干什么实事……今天晚上我们将详细地讨论这一切。"（……）

我知道，弗拉基米尔·伊里奇所说的"我们将详细地讨论这一切"指的是什么，也就是说，不要讲废话，要干实事，要实实在在地干，要完完全全地干，要很好地解决现实问题。（……）我早就从个人渠道得知：阿列克塞·马克西莫维奇·高尔基按照自己个人的倡议，在彼得格勒努力地尽可能地帮助科学家和文学家熬过饥饿。因此我建议列宁同志将高尔基叫到莫斯科，指派他担任援助科学家、文学家特别协会负责人。我把高尔基这方面的工作情况告诉了列宁，说他在彼得格勒科学界享有良好的名声。建议列宁立即给粮食人民委员会下达指令，让他们马上安排车辆运送粮食去彼得格勒，帮助科学家和文学家。财政人民委员会应该立刻划拨资金。而高尔基那边一定有许多人帮忙做这件事，这项自觉自愿的工作一定会干得热火朝天。我们将在全国各处传播彼得格勒的经验。弗拉基米尔·伊里奇接受了这些建议并做了许多详细的补充，他大体勾勒出未来这一全国组织的轮廓，这一组织将包括所有科学家、艺术家和文学家。

就这样，改善科学家生活中央委员会组织应运而生，如今这一组织非常关心科学和文艺人士，向他们提供巨大帮助。我们马上召来了高尔基，列宁很久未见到他了，由于国外的一些传闻，甚至对他怀有一些成见。这些传闻的产生，一方面是由于侨居国外岁月的艰苦，另一方面是由于思想上有了分歧。列宁同志不了解社会事务中的人际关系，他对高尔基发火并不是由于对他生气。我想："这非常好，这项巨大的工作将使高尔基和列宁同志进一步亲近起来。"

高尔基很快来了，我陪他一起来找弗拉基米尔·伊里奇。弗拉基米尔·伊里奇正聚精会神地坐在办公桌旁思考问题、阅读文件，当我把高尔基带进列宁办公室时，高尔基问列宁："您在干什么？"列宁很快地站起身，隔着桌子，友好地与高尔基握了握手，直视他的眼睛答道："我在考虑如何处决那些不把粮食给人民的富农分子。"高尔基坐到椅子上说："这是一项与众不同的任务。""的确如此，我们大家正紧密地团结起来为粮食而战，为人的最简单的生存方式而战。"列宁回答说："我们应该想方设法强迫那些靠别人饥饿和死亡而发财的分子交出他们积累的财富，交出囤积的粮食发给饥饿的人们。而富农们正在造反，他们不想自觉自愿地向人民靠拢，我们应该用武力迫使他们，坚决夺回他们拥有的一切。假如他们继续反抗政府的决议和工人阶级的愿望，我们就必须消灭他们，消灭他们的肉体。"

弗拉基米尔·伊里奇说这些话的神情是坚决的，字字铿锵有力，让人仿佛觉得：的确，为了人的基本生存条件，不是你死就是我活，决战时刻终于来临。

"谁战胜谁？或者我们取胜，或者他们取胜，没有其他出路。"列宁一边说，一边有力地挥了挥双手，仿佛两只紧握的拳头相互干仗似的。

谈话很快地从政治题目转到科学家和文艺家的生活问题。高尔基详细地向列宁汇报了他们生活中的种种艰难困苦。这些社会的薄弱文化阶层，这些杰出的科学和文艺人士不得不忍受饥饿，他们在粮食斗争中是那样束手无策。高尔基列举了几十个在彼得格勒十分糟糕的环境中死亡的人名，列举了所有濒临死亡的人名。另外还说了一些人的名字，指出，只要他们得到关怀并吃饱饭，就能获救。弗拉基米尔·伊里奇非常认真和紧张地听完，他对高尔基说，应该尽所有力量来帮助这些科学和文艺专家渡过难关。列宁希望，高尔基能够挑头完成这件事，组织好自己的朋友做好应该做的事，他会给予大力支持。列宁同志指示我立即将此事通知彼得格勒执行委员会主席、巴达耶夫同志以及所有市政府机构，另外通报莫斯科粮食人民委员会的久鲁帕同志，请求他以他的名义给予大力协助，首先帮助彼得格勒的科学家和文艺家，其次是莫斯科和其他城市。

列宁将自己的想法告诉了高尔基："只要我们战胜一切外国入侵者，平定国内地主、富农和资产阶级的暴乱，我们就能使国内所有的科学、文化和文艺人士得到比世界其他地方更好的保障。那时，所有科学家将来到我们这里，做一切可能做的科学实验，建造实验室，在最好的科研条件下从事激动人心的科学研究。"

弗拉基米尔·伊里奇和阿列克塞·马克西莫维奇进行了比较长久的谈话。此时，我个人觉得：高尔基从办公室里走出来时，他对这场推心置腹的谈话是满意的，神情轻松，精神饱满。（……）

高尔基和列宁同志之间的谈话对于他这位著名作家具有重大的教育意义。弗拉基米尔·伊里奇对他讲述了许多悲惨的、在那个年代发生在我们生活中的故事。列宁表情特别，字字句句、每个动作都表达出他内心的痛苦。他详细地将刚刚得到的情报向高尔基做了通报：在西伯利亚靠近乌拉尔地区，第一批到达的工人队伍，为了收集粮食、保障俄罗斯的粮食供应，遭到了当地村民、富农的极力反抗。这些坏分子以野兽般的残酷和狡猾来对待工人，尽管工人们指望能在西伯利亚农民中间找到兄弟般的知音。在一个地方，夜晚，当地人将工人们安排在一间农舍睡觉，半夜里，他们放火烧了房子。工人们正在熟睡，全部煤气中毒。携带武器的富农们闯进农舍，趁他们煤气中毒无力反抗，用刺刀将工人们的肚子挑开，将麦秸硬塞进正在流血的肚子里，以这种野蛮的方式来侮辱濒临死亡的工人。这些工人遭受如此的摧残，而没有一个富农以及他们的亲随吭声表示同情，他们反而高叫："让你们来取粮食！你们来的每一个人都会是这种下场。"这种悲剧的发生不止一次，第一批工人小分队为了保全自己不得不快速地撤离那些地区。

所有这些信息都集中在弗拉基米尔·伊里奇这里，这就是他为什么要指派一些精干队伍去西伯利亚的原因，这些队伍武器精良，配有机枪、手榴弹等必需物资，为了能消灭那里的富农团伙，假如他们不听从政府的要求。

阿列克塞·马克西莫维奇在莫斯科的十来天里，我几乎每天都能见到他。他听了弗拉基米尔·伊里奇的讲述之后，感到强烈震惊，以至于每次谈及那些故事他都得问我，苏维埃人民委员会办公厅是否又收到详细的信息。我从俄罗斯各地送来的报告中挑选了一些，这些报告详细地描绘了当地富农、强盗以及白匪军的残暴罪行，我吩咐人重抄了这些报告送给高尔基同志阅读。

在我看来，阿列克塞·马克西莫维奇整个人都变了，也许他第一次感到十月革命社会斗争的严重性：一个阶级向另外一个阶级进攻。弗拉基米尔·伊里奇那句"不是你死就是我活"的话确实具有巨大的现实意义。

高尔基不止一次地对我说："我从未料到，富农们的兽行达到如此地步。我对我们的农民是了解的，知道他们的残暴以及对他人生命的漠视。听了弗拉基米尔·伊里奇以及您的讲述，看了那些文件报告，我承认我先前从未预料到。"他又补充说："看了许多别人的、被契卡没收的意见我才搞明白。我知道，为什么我对弗拉基米尔·伊里奇提出的不少请求最终无果。敌人是无情的，我们也应该对他们无情。我很高兴，我能说'我们'这两个字。"

高尔基满怀革命的激情离开莫斯科回去了。走之前，他又与弗拉基米尔·伊里奇见了几次面。在第二和第三次会晤中，高尔基说话的态度大大改变，他对彼得格勒生活和社会观察后的评价与先前也大大不同。弗拉基米尔·伊里奇听到高尔基新的、充满革命激情的意见很是高兴，他对我们大家说，高尔基的确真正明白了十月革命的意义，明白了我们斗争的意义，他跟我们越来越亲近了。列宁想了片刻说："高尔基将一定是我们的人，对于这一点我丝毫不怀疑。"（……）

我与阿列克塞·马克西莫维奇谈妥了他必须向苏维埃人民委员会所做的报告以及其他一些问题。高尔基通知我，他指派我们熟悉的利沃夫同志担任组织秘书，的确，该同志将全部精力用于了对科学家、文学家以及其他知识分子的帮助上。弗拉基米尔·伊里奇指令将很大一笔钱划拨到阿列克塞·马克西莫维奇的账户上，高尔基需要这笔钱来购买必要的家具、餐具以及安排食堂等其他事务。

在彼得格勒，高尔基逐一安排帮助科学家们，而科学家也很感谢政府对他们无微不至的关怀。此外，他将此事的报告做得很仔细，每个月我们都能收到他的精确财务支出账目汇报表，他在表中还附了完成具体任务的一份份说明。所有这些文件我都仔细地保存在苏维埃人民委员会办公厅的档案中，最好能够将这些文件翻找出来并转交给科学院高尔基档案馆。

弗拉基米尔·伊里奇经常过问改善科学家生活中央委员会组织的活动情况，特别关心阿列克塞·马克西莫维奇的情况，他常常表示，每一个人都应该找到适合自己的事情。

列宁说："你们现在瞧一瞧阿列克塞·马克西莫维奇，他曾经独自远离我们，不参加任何大型组织。而现在他整个身心投入到这项巨大、必要、具有美好前景的工作中去了。"

由于这项工作的原因，阿列克塞·马克西莫维奇经常来莫斯科，他总是顺路来我们苏维埃人民委员会，在这里他与弗拉基米尔·伊里奇见面。另外他还经常在自己家里接待我们这些来自苏维埃人民委员会、粮食人民委员会以及其他机构的同志。每一次他总是不放过任何机会与我们讨论我们周围发生的事情。

弗拉基米尔·伊里奇也好几次去高尔基住所访问，然而不久，高尔基不幸患上了严重的肺炎，医生们强烈要求他去南方疗养。

弗拉基米尔·伊里奇一直关心高尔基的身体健康，当他得知这一情况后，立即给高尔基写了一封措辞强烈的信，请求他将改善科学家生活中央委员会组织转交给其他人，而他自己必须好好准备一下去国外治病，比如去意大利的利岛。列宁指示高尔基及其家人准备好出国护照、火车包厢、外汇以及所有必需品，以便他能在最好的条件下去国外疗养。

正在此时，高尔基亲自着手经办的《世界文学》出版社出书详细目录已经制订完毕。高尔基计划将这一个出版社办在国外，用俄语在柏林出版书籍，然后将它们运回俄罗斯。因为当时国内纸张十分紧缺，而且我们搞好出版事业的希望也不大。当列宁得知有这么一个出书目录后，立即要求阅读，他仔细地对它进行研究后说，这一目录制订得十分专业，名单中列出的所有书籍必须尽快地出版。为了向人民群众传授知识，这些书籍非常需要。目录中不但有俄罗斯文学部分，而且还有外国文学俄语翻译部分，这非常好，它对全国教育事业十分有益。

列宁补充说："我非常高兴，阿列克塞·马克西莫维奇成功地做了这件具有重大意义的工作，制订出如此完美的书籍目录，我们理应全面帮助他。这项工作对我们的阅读群体十分有益，同时也使阿列克塞·马克西莫维奇有可能在国外施展自己的才能。因为不做具体事情，他一天也不能活。他每天总有事干，一会儿办杂志，一会儿搞出版社。而现在你们瞧：制订出如此出色的文学书单。"

很快，小苏维埃人民委员会一次特别会议讨论了这个问题，并专门划拨了可观的外汇资金用于资助高尔基在国外出版书籍。

阿·卡·沃龙斯基

与马克西姆·高尔基的几次会晤和谈话

（摘自回忆录）

……一九二一年年头，我还在伊万诺夫－沃兹涅谢恩斯克时，我就决心将自己的力量放在"厚"的文学杂志上。国内战争胜利地结束了，比先前有更多的可能性来关注艺术了。那时，文艺小说基本缺乏，就是诗歌也谈不上具有很大的成就。"女锻工"的抽象公式再也不吸引人了。确实应该召集新老作家在一块儿，让他们为苏维埃政权服务。此外还必须为他们创造相应的文学环境。我对弗拉基米尔·伊里奇谈了这些意见，列宁同志觉得我提得十分及时。

我在伊万诺夫从事《工人地区》杂志的编辑工作，如今我搬回莫斯科，着手一本月刊杂志的组织工作。然而事情并不顺手，在国家出版社，许多负责同志，他们都认为：在纸张缺乏、印刷事务混乱的状况下，要定期出版一本杂志简直是不可能的。除此以外，能够吸收哪些作家来参加这项工作呢？老作家中的绝大多数并不"认可"苏维埃政权，而自己的作家屈指可数。相似的意见提出了好几次，而我并不同意这些意见，我继续在弗拉基米尔·伊里奇以及总政治宣传委员娜杰日达·康斯坦丁诺芙娜那里寻找支持。他们建议我同高尔基亲近,吸收他来参加编辑工作。

弗拉基米尔·伊里奇亲自提出预先在他那儿召开一个小型编辑会议,此事很快成功。那是二月的某一天,出席此次会议的有弗拉基米尔·伊里奇、娜杰日达·康斯坦丁诺芙娜、阿列克塞·马克西莫维奇和我。弗拉基米尔·伊里奇刚刚结束在苏维埃人民委员会召开的一次长会,他着急地喝着晚茶。除了我们的会议,列宁还得召开劳动和国防委员会会议。尽管那天会议繁多,弗拉基米尔·伊里奇看上去并不疲倦,他积极地参加谈话,仔细问这问那,不时地眯着眼睛笑。而高尔基不时地耸起陡肩,目不转睛地盯着列宁看,仿佛要将他的动作以及魁梧的身材融入自己的身体中。弗拉基米尔·伊里奇非常关注高尔基,关心他的身体,过问他的日常工作。高尔基明白,尽管他努力但也无法工作,因为他受到生活中各种琐事的干扰。弗拉基米尔·伊里奇摇了摇头,开始劝说高尔基尽快摆脱生活琐事而赶紧写作。列宁一边说这些话,一边向桌子上方挥了挥手。高尔基带来一叠他与格尔热宾在柏林共同出版的书作为礼物送给列宁。这些书用俄语出版,得到了苏维埃政权的物质资助。弗拉基米尔·伊里奇快速地浏览了书籍。列宁翻阅书籍的模样深深映入我的眼帘,至今我都常常会情不自禁地回忆起列宁拿起书,翻了翻,然后又迅速地将书放到一边的情景。

列宁做的这些动作自由开放、轻松有力。人们能感觉到他对书籍的热爱和内行:只要迅速地瞧一瞧书的目录和前几行字,看一看插图和画图,就能迅速地提出自己对此书的意见,这显示出他对印刷物的熟悉程度。列宁对描写蒸汽机工程的书大为赞赏,他还翻了翻一本古印度童话集,这本书印得十分漂亮。高尔基站在列宁身旁,高挑陡肩,胸脯微塌,脸色灰白。而列宁坐在椅子上,就像一座小山般强大有力。那时,我仿佛觉得高尔基就像一个小学生站在老师旁边,这位老师并不严厉,但很有威望,他以自己创造性的人格迫使别人顺从自己。列宁眯着眼,指着那本童话集说:"照我看,此书写得超前。"列宁对字母"P"的发音几乎听不见,也许他是按照自己的方式发这个音。

高尔基附和着列宁,发字母"O"的音特别有力:"这些童话确实写得好。"

而列宁说："出版此书用了我们苏维埃的钱。"高尔基答道："此书花费并不多。"列宁说："花费了我们的黄金外汇，我们本来就很少。而饥饿正在威胁着国家。"

高尔基摸了摸小胡子一言不发，肩膀耸得更高了。他把一本书直起用手撑在桌子上。

两个道理仿佛正在相互打架：一个说，人活着不仅仅是为了面包；而另一个站在列宁一边说，倘若面包缺乏的话……（……）

关于杂志《红色处女地》达成了协议：我将担任负责编辑，杂志将由总政治宣传部出版，由国家出版社印刷，高尔基编辑文艺部分。

过了几天，我顺路去马什科夫胡同找阿列克塞·马克西莫维奇，详谈杂志问题。这一次他接待我时显得不那么高兴，这种情况我不止一次地发现：高尔基有时对人态度不一。也许，这种态度是由于患病引起的——高尔基得了久治不愈的肺结核，仅仅用一只肺呼吸。在这一次的会面中，引起他不高兴甚至喊叫的原因在于我，我发现杂志编辑中出现了不明缘由的急躁问题。高尔基用手敲打着桌子，眼睛朝另一个方向看，他的回答短促而不友好。我生气地离开了，尽管工作需要我们见面。

而在下一次会面中，高尔基非常有礼貌地接见我。他搓着双手，留着胡子的嘴总是嘿嘿笑。他详细地询问我，编辑工作进展得怎样。我们谈到如何吸收小说家和诗人来参加编辑工作。

高尔基说："诗人你们自己找，而小说家彼得格勒有。那里成立了'谢拉皮翁诺夫兄弟'作家协会，这些人大有才华，比如他们中有弗谢沃洛特·伊万诺夫，而西比利亚克的脑袋圆圆的、大大的，颧骨很高，但亚洲式的眼睛很小，头发浓密，扎成一束，简直就是一个偶像。而那个弗谢沃洛特·伊万诺夫曾经浪迹天下，见多识广，确实是个魔鬼人才，只不过还嫩了点。您会同他们亲近的。我马上要回彼得格勒，从'谢拉皮翁诺夫兄弟'作家协会那里搞一些东西来……请你们再去找一找鲍利斯·皮利尼亚克，他也是一个人才，只不过还未调教好。"

我对高尔基说，皮利尼亚克是我通过小说集《往事》知道的，我还知道他的其他一些小说,关于他的情况,杂志《工人地区》曾经报道过。

高尔基说:"一定要吸收他参加,他住在科洛姆尼亚……他十分熟悉县城生活……应该再寻找一下波特亚巧夫和伊万·沃利诺夫,他们了解农村,对农村生活的描写很真实。"

我带着一大堆建议和祝愿与高尔基告别,从那时起,我与他之间就建立了朴实、友好的关系。

不久,高尔基去了彼得格勒,将弗谢沃洛特·伊万诺夫的中篇小说《游击队员》寄来了,同时还寄来了一些手稿:卢涅兹的话剧,尼古拉·尼基金和米哈伊尔·左琴科的短篇小说。《游击队员》的手稿是用灰色的横格稿纸写成的,其中修辞和书写错误不少。这是作家的第一部小说,作品详细地描写了西伯利亚游击队的营地生活,描写生动活泼,人物栩栩如生,并无空洞抽象之词。高尔基阅读了手稿并在上面做了修改记号。我着手修改和编辑。而卢涅兹的话剧《无法无天》使我很困惑,作品具有明显的无政府主义倾向并含有个人主义思潮。当高尔基从彼得格勒来莫斯科时,我长时间不敢对他说:杂志的前几期不能刊登这一作品。到了最后,我才不得不告诉他。高尔基皱起眉头,用手指在桌上敲了敲:"你们看着办吧,你们看着办吧,我是旁外人……"他止住了话语,瞅着我的鼻梁。然而我有后退之路,我告诉高尔基,我从列宁那里得到一篇大文章《关于粮食税》,我还有娜·康·克鲁普斯卡娅、马·波克洛夫斯基以及……其他几位科学家的文章。高尔基很快高兴起来,特别是当他知道弗拉基米尔·伊里奇也写了文章时。他在最后对我说:"我不再坚持刊登卢涅兹的话剧了,他还很年轻,不过太有才能了。"

……办杂志的麻烦真不少:国家出版社没有纸张,印刷厂常常停工待产,出版图书的周期约为二年。国内伤寒和饥饿肆虐。总政治宣传部付出的稿酬低得可怜:一页作品约2卢布60戈比,总共付给我们6万卢布。为了吸收好的作者,我们还必须为他们搞口粮,用实物支付他们的手稿稿酬。为了领到实物,我去找全俄中央执行委员会主席团,好不容易搞到一份以高尔基名义的证明,以便去物资处领食油、食糖、肉和罐头。物资处有一个拉脱维亚人,他的名字我忘了,看了证明以后,不满意地摇了摇头:"为什么给一个人发这么多的东西?

1普特食油、1普特食糖、3普特肉,另外还有蜂蜜,高尔基要这么多食品干吗?给列宁同志我们也没有发这么多。"为了早点结束谈话,我答道:"高尔基同志生病了。"拉脱维亚人发表议论说:"如果他生病了,我们有病号的特别标准,按照这个特别标准,我们给高尔基发食品。"他随手拿了一张印有病号食品特别标准的纸给我看。最后他拒绝将食品发给我,我不得不重新去全俄中央执行委员会,与那个顽固不化的后勤负责人磨了很久。最终拉脱维亚人将食品发给了我,不过还是从中扣克了一些。我肩上驮着食品袋勉强走到克里姆林宫的大门口,让哨兵检查了一下。好不容易我才找到一辆马车,将食品运到苏维埃大厦1号。糟糕的是那几天开冻,挂在窗外和窗台上的食品溶化,开始滴水,铺着细木条地板的地上形成一个肉解冻后滴水形成的粉色小水洼,我傻乎乎地望着水洼,赶紧去找高尔基诉苦。晚上我们努力将食品分发给科学家和杂志工作人员:每人大约领到4普特食糖、1普特蜂蜜、5普特肉、2普特食油等。虽然高尔基那时的生活并不富裕,他家的桌旁总是坐着许多人,但这一次他放弃了分配的食品。

有一次我经过亚历山德罗夫斯基花园,那是夏天的某日,天空蔚蓝,阳光明媚,尽管街上尘土飞扬、烟气袭人。克里姆林宫高耸入云,仿佛古代童话情景再现:哥特式、拜占庭、亚细亚、欧罗巴和俄罗斯建筑巧妙地糅合在一起,形成石头编织的皇冠。就像古代那样,童话般的城堡犹如哨兵挺身屹立,如今它们身后保卫的是红旗飘扬的祖国。菩提树散发出迷人的甜酸味,高尔基就坐在树下,弓着腰,一边抽着烟,一边望着过路人。我走近问他为何来花园。他回答我说:"我是来克里姆林宫食堂吃饭的,顺路来此休息一下……老头不中用了,不中用了……总得喘口气……总是有各种不愉快的事。大夫说,我必须戒烟。而我觉得要戒烟我马上就会死,而我现在可不想死啊。"他突然高兴地笑起来,轻轻地抱住我的肩膀:"哎,您可是一位大人物啊!您知道……是的,确实如此……"他的话没有说完,他的整个身体散发出一种温暖的气息。

高尔基的话语中含有一层深奥的意思,这充满信任和友好的话语特别感染人,使得听者不得不对克里姆林宫城墙、过路人、不时在路上出现的士官生以及这位形象高大、棱骨分明的人充满敬意。

高尔基又说:"那些大夫说,我去国外旅行、去意大利疗养是十分及时的,这对身体有好处。而我还得写作,而在这里总是定不下心来工作。我很快就要出发……列宁同志对这件事怎样看?他答应支持我并给予帮助。"

我送高尔基到马什科夫胡同。他斜着肩,身体冲前,将帽子压低在前额,他不愿意同路人照面。我觉得,每一次他被别人认出来瞅着他时,他就会感到不愉快。

时间很快地到了秋天,阿列克塞·马克西莫维奇真的去了国外。

阿·伊·米高扬

阿纳斯塔斯·伊万诺维奇·米高扬（1895—1978）——共产党和苏维埃国家的著名活动家。一九一五年加入苏联共产党，积极为高加索建立苏维埃政权而战斗。一九二六年起为联共（布）中央政治局候补委员，一九三五年起任政治局委员。一九五二至一九六六年任苏联共产党中央主席团委员，一九六四至一九六五年任苏联最高苏维埃主席团主席。社会主义劳动英雄（1943年）。

本文原载一九六八年三月二十七日第十三号《文学报》，现按该报原文刊印。

与高尔基的几次会见

（……）一九二〇年十二月，在斯捷潘·邵武勉的遗孀——叶卡捷林娜·谢尔盖耶夫娜位于莫斯科的住所，我第一次见到高尔基，那时他和自己的孩子们住在过去的博热多姆斯克胡同，即现在的代表街上的第三苏维埃大厦。当时我是作为下诺夫戈罗德出席全俄苏维埃第八次代表大会的代表来到莫斯科的。这次会见的发起人是传奇式的人物卡莫[25]——谢苗·捷尔-彼得罗相。他在不久前认识阿列克塞·马克西莫维奇[26]，并立即与他产生深挚的友谊。多年的友谊又把卡莫和安纳托里·瓦西里耶维奇·卢那察尔斯基连接在一起。在这艰难、寒冷和饥馑的日子里,卡莫决定让老朋友们高兴高兴,请他们美美地吃一顿。卡莫很早以前就知道,叶卡捷林娜·谢尔盖耶夫娜擅长烹调美味可口的高加索菜。于是就去找她说:"假如我能弄到一切需要的东西,您能不能做出美味的抓饭[27]和入口就化的松酥的馅饼?"叶卡捷林娜当然立即同意了,但她仍疑惑地问道:"卡莫,您从哪儿去弄这些食品呢?"

我不知道卡莫是从哪儿和怎样弄到大米、鲜肉、食油和面粉的。他还从国外回来的朋友那儿拿到两瓶法国白兰地。于是,在约定的那一天,卡莫从阿韦利·叶努基泽那儿借来一辆汽车,把客人送到叶卡捷林娜·谢尔盖耶夫娜家里。他首先把阿列克塞·马克西莫维奇和卢那察尔斯基接来,然后是米哈·茨哈卡亚[28]、菲利普·马哈拉泽和谢尔盖·亚科夫列维奇·阿利鲁耶夫[29]。后来叶努基泽也来了。在卡莫去接客人的时候,阿列克塞·马克西莫维奇和安纳托里·瓦西里耶维奇坐在房间里热烈地交谈着,当时在场的还有列夫·邵武勉和我。高尔基用低沉的、带着浓重的"O"音的伏尔加河地区所特有的口音,从容而又详尽地谈论着年轻作家的问题,并全神贯注地倾听着卢那察尔斯基关于文学问题的评论。高尔基对安纳托里·瓦西里耶维奇满怀热情和尊敬——他对卢那察尔斯基在文化各个领域里表现出来的才能和渊博的知识评价很高。

我没有参加他们的谈话,后来高尔基向我提出一个问题:

"您好像从高加索刚来不久吧?那边的文学界发生了些什么事?"

坦白地说,我窘住了,因为我什么也不能回答他——我当时没有机会接触文学家。亏得列夫·邵武勉帮了我的忙,他讲了瓦西里·卡纳斯基、谢尔盖·戈罗杰茨基、留里克·伊夫涅夫的情况。不久前,他在当时还处在孟什维克控制下的梯弗里斯曾经遇见过这些人。邵武勉说,这些诗人在那儿发表演说,朗诵自己的作品,他们倾向苏维埃,表现不错。

叶卡捷林娜·谢尔盖耶夫娜邀请大伙儿入席。桌子上整齐地摆着各种各样的餐具:盘子、缸子、饭碗,五颜六色、大小不一的玻璃杯——能够从邻居那儿借到的各色碗盏全借来了。入座时大家都默不作声,但是当叶卡捷林娜·谢尔盖耶夫娜把她做的拿手的"抓饭",接着又把有馅的松饼端上餐桌时,席间顿时异常活跃起来。阿韦利·叶努基泽给大家斟酒,他按每个人的需求和酒量倒酒:有的人少斟一些——只在杯底斟一些,有的人则多斟一些,但给阿列克塞·马克西莫维奇却倒了满满一杯。于是热烈的交谈就开始了。

阿列克塞·马克西莫维奇按照欧洲人的习惯,慢慢地、一小口一小口地喝着白兰地。他陷入了沉思,仿佛想起了什么事情,接着就讲述了多年前他被囚禁在梅捷赫监狱单身牢房里的往事。他记不清是哪年哪月了,但据后来核实,那是在一八九八年。就在不久以前,我和列夫·邵武勉一起尽力回忆阿列克塞·马克西莫维奇所讲的那件事。

这是在哪一个节日里[30],可能是在圣灵圣临节吧[31]。所有的犯人都收到了外面送来的东西,有美味的菜肴,甚至还有酒。牢房里吃吃喝喝,人声喧哗,歌声时起。阿列克塞·马克西莫维奇愁眉不展地在自己的单身牢房里从一个角落到另一个角落来回踱步。他举目无亲,没有人给他送什么东西来。看守是一个心地善良的人,他在牢房的过道里来回走着,不时地朝"监视孔"里看上一眼,悲伤地、富有同情心地摇摇头。后来,有一段时间,这个看守不见了。原来他跑回家里去了——他就住在监狱的大院里。响起了用钥匙开门的声音,门闩哗啷一声拉开了,看守出现在牢房的门口。他一手端着一罐热气腾腾的煎白菜卷[32],一手拿着一大杯红酒。看守好像有点儿腼腆似的,没瞧高尔基一眼,把带来的东西朝桌子上一放,嘟哝着说:"给,你也乐一乐吧。"说罢迅即退了出去。

阿列克塞·马克西莫维奇说,他常常回想起这件事。眼下正品尝叶卡捷林娜·谢尔盖耶夫娜的美味可口的抓饭,他情不自禁地又回忆起这件事来。

我记得,这次晚餐是饶有兴味的。米哈·茨哈卡亚讲了他在一次旅行中碰到的一件事,阿列克塞·马克西莫维奇乐得纵情大笑。卡莫像往常一样谈笑风生,他满肚子的趣闻逸事,说个没完没了,谈话的气氛更活跃了。

这就是我第一次结识作家高尔基的经过,他的杰作在革命者的心灵中激起了强烈的反响,很早以来我对他就佩服得五体投地。最初阅读《母亲》这部小说时,我还坐在小学生的板凳上,我觉得自己仿佛也投身工人的斗争中去了。而《鹰之歌》,我们在学校的学习小组里就朗诵过,对于我们来说,它又成为革命之歌——伴随我们一生的革命之歌。

那以后，一直到一九二八年我没有见过高尔基。而他回国后，我才经常见到他，有时我单独和他见面，有时同政治局的同志们一起跟他会晤。我常到他位于小尼基茨卡亚大街的住宅或哥尔克村的别墅去拜访他。

我记得很清楚，阿列克塞·马克西莫维奇常常满怀着喜爱的心情谈论夏里亚宾——他们在国外经常见面。高尔基说，夏里亚宾应该回到祖国来，他非常想念祖国。但是岁月流逝，夏里亚宾没有回来……

"是呀，"高尔基说，"夏里亚宾似乎有两颗心：一颗心向往着祖国，而另一颗心则属于他的经理人，属于巡回演出以及事务利益和票房利益。"

高尔基回到阔别多年的故土以后，对他所看到的一切都深有感触：宏伟的建设规模、群众高涨的劳动热情着实使他感到震惊。苏维埃国家的新生事物始终是高尔基的谈话主题。然而，对阿列克塞·马克西莫维奇来说，特别是在他进行了著名的国内旅行之后[33]，给他感受最深的则是新人辈出。我还记得，他是以何等喜悦的心情讲述他在高加索的情况的。高尔基过去到过格鲁吉亚，对那个地区和那儿的人民十分了解。因此，格鲁吉亚人民在发展经济和文化方面所取得的巨大成就特别使他高兴。他异常兴奋地谈论着那里的情况。高尔基是第一次去亚美尼亚访问，尽管在这之前，他通过亚美尼亚作家的作品对它已有所了解——早在第一次世界大战期间，马克西姆·高尔基就已在彼得格勒编辑出版了一本亚美尼亚文学选集[34]。现在他亲眼看到了这块过去在达什纳克党人暴虐统治时期被称作孤儿和眼泪之乡的国土[35]。

亚美尼亚在高尔基眼前已经焕然一新，大踏步地向前迈进了。它在文学方面的繁荣昌盛也使他欢欣鼓舞。阿列克塞·马克西莫维奇始终怀着深切的敬意和热烈的兴趣看待其他民族的文学，正是这一点把我国各民族文学的作家全都团结在他的周围。

经过周游全国的旅行之后，高尔基精神焕发，前后判若两人，他感慨万端，浮想联翩，全心全意地投入了沸腾的工作。可以大胆地说，在当时的文化领域，没有一桩重大创举不是或多或少的和高尔基的名字联系在一起的。这里似无必要向读者介绍，在阿列克塞·马克西莫维奇倡议下出版了哪些杂志、图书、文集汇编，发起了哪些创作活动。

记得有这么一件事。有一次（那是在一九三二年），我和其他几位同志一起到小尼基茨卡亚大街去拜访高尔基，当时正好有两位医学科学家——列·尼·费奥多罗夫和阿·德·斯佩兰斯基在他家里。高尔基正兴致勃勃地在跟他们谈论医学方面的问题。听上去他们谈的并不是实际的保健事业（如果能这样说的话）的发展问题，如建立新的医院、疗养院等等的一类问题。他们的谈话影响重大，涉及医学科学本身的未来，其中包括长寿的问题。高尔基说，科学对人未做很好的研究，不能防止人的机体衰老，而人们往往在精力充沛能为社会做出许多贡献的时候死去。当时我们的医学科学机构很少，特别是缺少科学院一级的机构，这使高尔基非常不安。就是在那个时候，高尔基提出了建立全苏实验医学研究所的想法。这一建议得到了中央委员会的采纳，研究所成立了，后来这个研究所就被命名为全苏高尔基实验医学研究所[36]。大家都知道，在战争年代里，我们在全苏实验医学研究所的基础上建立了医学科学院，如今它已成为世界上最大的医学科学中心。

阿列克塞·马克西莫维奇关心儿童，关心儿童的教育和教学问题，而且始终如一，毫不懈怠。他走访哈尔科夫附近的库里亚热教养院这件事，以及他对马卡连柯儿童教养院的学生们的命运和马卡连柯本人所起的作用，是众所周知的[37]。高尔基经常钦佩地谈起这个教养院和马卡连柯。他曾多次来找我这个供应人民委员，要求给儿童们提供各种帮助，其中包括增加儿童教养院和疗养院的口粮。高尔基的请求和建议总是有根有据——论据有力，令人信服。

这里我想总的来谈谈他与别人交谈的风度。他说话从容不迫，从不急躁——总是那么心平气和，不慌不忙，好像每句话都是经过深思熟虑的，他善于倾听别人的话，始终表现出对交谈者浓厚的兴趣。阿列克塞·马克西莫维奇认为自己是一个不高明的演说家（"写作嘛，好歹学会了，但演说就不行啦"）。高尔基本人对自己演说才能的评价，你可以同意，也可以不同意，但无论如何他是一个出色的交谈者，这一点是不容置疑的。

高尔基的同情心是令人惊叹的。有多少人为各种各样的问题——私事和公事去找他，而他不管工作有多忙，总是会腾出时间和精力对每个人的请求做出反应的。如果事情涉及文学问题和青年文学工作者的创作前途问题，那么阿列克塞·马克西莫维奇更是慈父般的关怀备至。

有一个星期天，我到阿列克塞·马克西莫维奇那儿去，正碰上他在工作。他手里拿着一支铅笔在看厚厚的一叠稿子。他的书桌上堆满了稿子和来自全国各地的信件——有西伯利亚的、乌拉尔的，也有远东的、高加索的。高尔基立即谈起了在文学上刚刚起步的年轻人：

"我们这里人才济济。不过必须给予帮助，让他们能脱颖而出。在这方面，我们老作家的神圣职责就是及时发现、及时扶持他们。发现人才——这是至关重要的事！"

除了在道义、社会和文学等方面都享有崇高威望的马克西姆·高尔基外，还有谁能够领导苏联作家，并把他们团结在一个统一的创作团体里呢？我记得政治局委员们在高尔基的别墅里劝他出任作协领导的时候，大家都考虑到，这恰恰是作家们的强烈愿望，再也没有比他更为合适的人选了。高尔基对自己能否胜任与作协活动有关的大量群众组织工作表示怀疑。于是斯大林就建议高尔基任意挑选一位能够协助他处理日常事务工作的工作人员。高尔基说，大家对亚·谢尔巴科夫的组织能力评价很高，他在下诺夫戈罗德曾经见到过当时在省委工作的谢尔巴科夫，因此他想让谢尔巴科夫担任作协理事会书记。大家都知道，这件事后来就按照高尔基的建议办的。[38]（……）

谢·费·奥尔登堡

谢尔盖·费奥多罗维奇·奥尔登堡（1863—1934）——学者、东方学家。一九〇四至一九二九年任苏联科学院常任秘书、《世界文学》编委会委员。

本文原载一九二八年三月二十九日《消息报》第七十五号。

马克西姆·高尔基和科学家们

在纪念马克西姆·高尔基的这些日子里，学术界的代表们是多么怀念这位热爱科学并在对待科学界的代表们——科学家们的实际行动中证实了这种感情的作家呀！他们爱戴和敬重这位伟大的艺术家，对他的创作表示感激，但是在这些日子里，他们不能不思念他，更有其特殊的原因。

在一九一八、一九一九、一九二〇这几个年头，科学家们经受不了那非常时期前所未有的紧张生活和艰难困苦，一个个相继死去。就在那个时候，两位伟人——列宁和高尔基向全国发出呼吁，他们大声宣布，正沿着新的社会主义建设大道前进的国家不能失去这些构成国家智囊的人物，不能失去我们必须依仗他们的工作进行新建设的人们。于是就制定了所谓"科学家口粮"[39]。

在目前的生活条件下，人们可能感到奇怪，为什么这份口粮具有如此重大的意义，但是对饥荒年代的情景还记忆犹新的人们，能理解当时的主要困难。

所有的人都在挨饿，只有少数人能得到一定的满足。在这种情况下做出抉择是困难的。

使分发"科学家口粮"成为现实，列宁的无限威信和高尔基的崇高声望是必不可少的。因为饥饿的群众认为：他们的任务是要消灭一切特权和优先权，现在却在众目睽睽之下设立了这种特殊的口粮。许多目光短浅的人，甚至包括某些学者在内，并不理解高尔基满怀信心、全力以赴采取的拯救科学的行动。这一行动的必要性，首先在于必须设法让科学家吃饱，把他们从死亡线上拯救出来。在这场斗争中，高尔基的巨大力量在于他对科学的无限忠诚。在这方面他所具有的我们称之为目标明确的立场，在当时是至关重要的，借用一份报告的措辞来说："一磅黑面包的价值几乎无法估量，因为一磅面包的价值有时相当于一个人的生命。"

在那些日子里，阿列克塞·马克西莫维奇常常怀着深切的感激之情谈起那位当时还十分年轻，可早已将自己的一切献给了人民的供应事业的同志。他就是阿尔捷米·巴格拉托维奇·哈拉托夫。有一次高尔基对我说："您可知道，哈拉托夫是个什么样的人！向居民提供的大量给养全都经过他的手，可是他自己家里的人却经常挨饿。"[40]

对这一点还得补充说一下，瘦弱多病的高尔基在那些日子里也远非总能说，他真的吃饱了。遗憾的是，我们当时无暇顾及历史，没有把这些事情记录下来，否则我们可以从高尔基在那些艰难日子里的生活经历中援引多少有趣的、珍贵的、扣人心弦的事例呀。

高尔基清楚地认识到：单凭一份口粮是不够的，如果科学家要真正活下去，那他们只能生活在脑力劳动的气氛之中，为此他们需要图书馆和实验室。为从国外订购科技书籍、实验用具和资料，高尔基做了坚持不懈的努力，他甚至常常谈起派我们的学者到国外去考察。这在今天看来是很自然的，也比较简单的，似乎不足为怪，但在当时那是多么复杂和困难啊！尽管从总的方面来说，政府是善待科学家的，但对他们的不信任感仍十分强烈。高尔基开始设法使学者获准出国考察。

唉，在我们的科学家中间有不少人禁不住诱惑，利用出国机会背离祖国，这些事实毋庸讳言，但是，我们有权骄傲地说——高尔基也总喜欢这么说——我们的学者从总体上来说已经受住了饥饿、寒冷和极度贫困的考验，尽管人们对他们的工作估计不足，常常加以蔑视，他们忍受了这一切，仍然忠于自己的人民。高尔基经常补充说："人民以前没有忘记，而且将来也不会忘记这一点，即使人民变得愤怒、残酷、报仇心切，他们也会知恩图报、怜爱他人的。"高尔基也许会在什么时候记叙他自己对科学家的印象和想法，[41] 到那个时候，许多现在还默默无闻的谦虚、质朴、造诣很深的学者的形象，将栩栩如生地出现在我们的面前。

高尔基喜欢说："我们没有完全意识到自己生活在英雄中间。"在这些英雄中间，他认为我们的科学家是出类拔萃的人物。我还记得他说过的一些话。"您有没有注意到这样一个人，"他说出了某一位著名人物的名字，"我知道，他房间里的水结冰了，有时候连墨水也会结冰，当然是没东西生火取暖，可他仍然在写作，几乎没有离开桌子一步，何况他不知道他的作品能否付印。瞧，难道这还算不了英雄？"高尔基一直深感不安的是，许多优秀的，甚至无比卓越的作品被束之高阁，由于缺乏资金而无法出版。在这方面，他也到处奔走，给予帮助，由于他的努力而得以在那些年代里问世的科技图书何止一两部。

高尔基的健康状况恶化，他被迫出国疗养，这时我们的科学家认识到他们失去了一位忠实的同志和朋友。现在我们盼望他早日回到祖国来[42]。他一定会自豪地看一看我们科学界在这几年内所做出的一切，他将对科学工作者所完成的大量工作做出应有的评价，并且为我们共同的科学成就而感到高兴。

我面前放着一封刚收到的国外来信，写信的人是一位通常对我们的工作持颇为严格态度的科学家，他向我提出，国外的实验室要比我们的实验室，特别是我们大学里的实验室好得多。但在信的结尾处他写道："然而，在精密科学方面具有如此博大精深的学问的科学家在这儿是无法想象的。"这些话一定会使高尔基感到高兴。

这些话非常宝贵，我认为他的话是真实的。既然这样，那可以说高尔基在那艰难的年代里曾为此做出了很大贡献。

尤·米·尤里耶夫

尤里·米哈伊洛维奇·尤里耶夫（1872—1948）——亚历山大剧院（现为列宁格勒普希金话剧院）演员，一九三九年起为苏联人民艺术家。

现按尤·米·尤里耶夫的《演员手记》第二卷，列宁格勒-莫斯科艺术出版社一九六三年版第二七一——二八〇页刊印。

当我在亚历山大剧院工作的最初时期，就是说，早在一八九三年，我不止一次地跟玛丽亚·费奥多罗夫娜见过面，那是在她的父亲、当时任亚历山大剧院总导演的费奥多罗夫·亚历山德罗维奇-尤尔科夫斯基家里举行的有趣的"周末聚会"上。如果我没有记错的话，玛丽亚·费奥多罗夫娜那时还不是职业演员，而只是在康斯坦丁·谢尔盖耶维奇·斯坦尼斯拉夫斯基的称为 Almamater 的莫斯科文艺社[43]上演的戏剧中显过身手。在莫斯科艺术剧院创建以后，她加入该剧院的剧团，由于她具有优越的表演素质和文化修养而在那儿崭露头角。可是，她钟情于阿列克塞·马克西莫维奇，便离开舞台和他一起到国外去了。

在这之后，我一直没有机会再同她见面。过了好多年，在一九一八年的春天，我才在涅瓦大街的公共图书馆附近和她邂逅。那时她刚被任命为彼得格勒各剧院的政委，她对新的工作非常操心。[44]

在谈话中，我跟玛·费·安德烈耶娃提到我们在杂技场演出的《俄狄浦斯王》。接着我就把进一步的打算——筹建悲剧院的设想告诉她。[45] 玛·费·安德烈耶娃对我筹建剧院的想法极感兴趣，因此我们竟不知不觉地站在熙熙攘攘的人群中谈论起这个问题，大概时间不少于半小时。

不用说，我们的谈话地点是非常不合适的，于是我们决定不再在路上继续谈下去。为了让我更详细地向她介绍我对这个剧院前景的设想和为实现建院计划所打算采取的措施，玛·费·安德烈耶娃邀请我到她家里去。我们约定在最近几天见一次面。（……）

在约定的那一天傍晚，我到她那儿去了。那时她和阿列克塞·马克西莫维奇就住在我家附近（我当时住在石岛大街，即现在的基洛夫大街1号3室，而高尔基的住所则在克龙韦尔斯基大街——现名高尔基大街，就在石岛大街的拐角上）。

我去她家时玛丽亚·费奥多罗夫娜正在饭厅里充当好客的主妇角色。她坐在茶炊前为坐在大桌子旁的客人倒茶，那张桌子很长，几乎占了整个房间。围桌而坐的不少于十到十二人，其中我认识的有：弗拉基米尔·阿列克谢耶维奇·休科、亚历山大·伊凡诺维奇·塔马诺夫、姆斯季斯拉夫·瓦列里安诺维奇·多布津斯基、瓦西里·阿列克谢耶维奇·杰斯尼茨基－斯特罗耶夫、瓦莲京娜·米哈伊洛芙娜·霍达谢维奇。他们正在热烈地谈话。革命事件使大家心情激动，成了他们共同关心的话题。

阿列克塞·马克西莫维奇不在场：他当时不舒服。但玛丽亚·费奥多罗夫娜预先就告诉我说，她已把我的打算筹建悲剧院的计划告诉阿列克塞·马克西莫维奇，他对我的想法极感兴趣，想跟我谈谈这个问题，因此她要我迟点儿走，等大家离开后，让我去见他。

我为能有机会和阿列克塞·马克西莫维奇相识，尤其是能与他交谈而感到非常高兴。然而我还得承认，我一想到马上就要同这位对我来说始终是一种荣耀的人见面时，我的心情不免激动起来，我急切地等待这次会见。

过了一会儿，人们陆续走了。玛丽亚·费奥多罗夫娜对我说，她去向阿列克塞·马克西莫维奇通报说我已经来了，然后便消失在门后了。

我一个人留在房间里。

餐厅里的摆设很简单，但质地良好。墙上没什么多余的东西。只是在门口左边靠近窗口的地方挂了这家主人的一张大幅肖像。人像画得有真人那么大，身着浅色夏令服装，没穿外套，只穿一件衬衫，衣领敞开着。这是一张出自布罗茨基之手的以南方景色为背景的肖像画。[46]

不久响起了玛丽亚·费奥多罗夫娜的脚步声——随即便走进餐厅，请我去见阿列克塞·马克西莫维奇。

我们走进隔壁一间相当宽敞的房间。那里的详情我现在已记不清楚了，只记得屋里有许多书，甚至连房间中央的大桌子上也堆满各种各样的图书、杂志、艺术书刊和画册。这张桌子我至今还记得很清楚，因为后来我常到阿列克塞·马克西莫维奇家里去，我发现他常带着非常动人的表情，而且可以说总是那么爱不释手地出示各种版本的书和画册，有时是罕见的珍本和古老版本。

我们没有在这个房间停留就走进了另一个房间——阿列克塞·马克西莫维奇的卧室。

卧室的陈设极其简朴，家具不多。房门对面的右侧靠墙处放着一张阿列克塞·马克西莫维奇睡的铁床。我走进卧室后，他欠了欠身子，向我伸出手来，请我靠近他的床坐下。玛丽亚·费奥多罗夫娜也坐了下来，离得稍远一些。

"请您原谅，我太失礼了。"他开口说，"没有办法，被病魔缠住了。"

我们相互寒暄了一番，说了一些通常在初次见面对话时常说的无关紧要的话。

我们没有立即转入正题，而是围绕着当时发生的一些政治事件谈了好久，共同关心的问题使我们的谈话不知不觉地脱离了我这次来访的目的。

十月革命在一部分知识分子中引起了极为复杂的思想变化，这些人当时对政治和社会问题实际上还缺乏经验，在旧制度下从来就不鼓励他们过问这类问题。在这种情况下我也不例外：我同情并愉快地接受了革命，但我得承认，在需要对过去的文化财富做出重新评价的时候，我也感到茫然了。

我是莫斯科的知识分子，处在托尔斯泰的影响占主导地位的八十至九十年代文学界，因此毫不奇怪，我把自己也看作是列夫·托尔斯泰的信徒。

已经完成的革命立即使我们所有的人面对性质完全不同的要求，迫使我们按时代的需求紧张地生活，而这些需求大部分同我在精神生活的整个过程中形成和树立的准则却没有任何共同之处。最初我很难理解周围发生的一切，我感到我对正在形成的革命实际情况中新的形式毫无思想准备。

我明白，革命是合乎历史规律的现象，然而事件的进程今后将沿着什么样的道路发展下去，我本人在其间如何才能找到自己的位置——这对我和许多人来说，暂时还是一本"没有打开的书"。

我十分坦率地对阿列克塞·马克西莫维奇说出了这一切。

我有点儿担心，我坦率的自白会给他产生什么样的印象呢。因此，说实话，使我感到有些意外的是，我突然听到他说了这样一些话，大意是：事情很不寻常，一时难以理解，而且也难以预料今后会怎样发展下去……

阿列克塞·马克西莫维奇接着阐发了自己的想法，他认为要造就新人，光从思想方面做工作是不够的，还必须陶冶志趣，培养、发展和深化人的感情。我们应该致力于对人民进行教育的同时，不断提高人民的道德、伦理修养。只有在这样的条件下，我们的人民才能彻底得到解放。只有通过这一途径，人民才能摆脱旧习俗的束缚，只有具有新的思想感情，人民才能理解并自觉地、有意识地提出新的目标。对于正在发生的事情，我们每一个人都不能袖手旁观，我们应当根据自己的条件尽力参加这一总的进程，并按照各人的方式帮助人们发展人性。

据我所知，"发展人性"的思想是阿列克塞·马克西莫维奇在那些日子里特别关心的问题。必须教会人们热爱和尊重真正合乎人性的东西——阿列克塞·马克西莫维奇当时一再强调。必须让人们学会自豪，必须让他们看到他们自己和我们大家向往已久的另一种人——热爱自己理想的英雄人物。

"玛丽亚·费奥多罗夫娜对我说了，您正在筹划一桩不错的事……依我看来，这正是我们眼下所需要的……"阿列克塞·马克西莫维奇就这样突然话锋一转，随即把我们的谈话引到我期待已久的有关悲剧院的话题上去了。

我无需向阿列克塞·马克西莫维奇和玛丽亚·费奥多罗夫娜多做解释，以证实在那个时候建立这种以上演俄罗斯和西方文学中的世界名著为主的剧院的必要性，这是尽人皆知的道理嘛。

而且，事实上，生活本身首先已给我们显示，并提出了这一必要性。

阿列克塞·马克西莫维奇说，生活本身明确而清楚地要求创建我所向往的那种剧院——一座强有力的剧院、一座洋溢着英雄主义精神的剧院。在当代的戏剧舞台上需要上演真正的、广泛意义上的英雄人物的戏剧。人的意志是推动人类前进并走向人生崇高目标的中心力量。唤醒、激励、强化和鼓舞人们，启示人们，使他们明白自己就是创造生活的力量——这就是剧院崇高的精神使命。

我个人始终不渝地坚信，经典作品（或者说，至少是其中的大多数作品）已逐渐成为社会生活中不可或缺的力量，因为这些作品描绘了自觉的正义行为同邪恶行为所进行的斗争。在这些作品中，即使正义的代表人物死去了，我们仍能从中感受到真理的不可摧毁的力量，意识到最后胜利是人生的必然结果。在我们这个需要英雄主义精神的时代里，我们应当为人民上演使他们从英雄业绩中感受到美的剧目。阿列克塞·马克西莫维奇当时认为，悲剧最能激发深切的感情，悲剧的激情也最容易把人们从日常生活的羁绊下解放出来。观赏悲剧不能不使观众超脱出庸庸碌碌的生活旋涡。悲剧主人公的功绩乃是表现人的伟大力量与其命运进行搏斗的绝妙的欢乐场景。

"这一切都很好，"玛丽亚·费奥多罗夫娜说，"可是您不想只满足于浪漫主义的空想吧！我们总得谈一谈，您打算怎样来办好这个绝不简单的事业呢？……"

确实如此，我们只顾津津有味地谈论这个事业的思想方面的问题，还根本没有涉及它的实际问题，更为确切地说，还没有触及如何筹建的问题。玛丽亚·费奥多罗夫娜向我们提醒的这一点正是最令我不安和为难的问题。

实际上，我压根儿还没想过应该如何着手筹建像剧院那样复杂的机构。我对建立剧院的过程毫无所知。（……）

接着我们三个人就开始详细讨论如何更好地筹建一个组织，以便借助它把筹划中的剧院纳入坚实的轨道。我们决定首先为这个剧院制造舆论，为此目的必须获得具有先进思想的人们，包括艺术界的代表人物和各界人士的支持。必须在这些人士中成立一个咨询机构——艺术委员会。我们当时把主持艺术委员会的理事机关称为"劳动协会"。（……）

　　这样，我对阿列克塞·马克西莫维奇和玛丽亚·费奥多罗夫娜的第一次造访就成了一次极其宝贵的工作会议，从而明确地规划了创建悲剧院的途径[47]。

康·亚·费定

康斯坦丁·亚历山德罗维奇·费定（1892—1977）——作家。高尔基和费定第一次会晤是在一九二〇年二月，以后他们又多次见面。高尔基对费定的写作生涯和个人命运非常关心，在困难的时候给予他物质上的帮助，协助他去国外治病，始终关注他的文学创作。

高尔基和费定的通信集刊登于《高尔基和苏联作家·未发表的书信集》。——《文学遗产》，第七十卷，第四六一至五六四页。莫斯科，苏联科学院出版社，一九六三年版。

现按《康斯坦丁·费定文集》（十卷本）第十卷，莫斯科文艺出版社一九七三年版，第十二—三十七，第一八八—一九四页刊印。

（摘自《高尔基在我们中间——文学生涯剪影》，一九二〇年）

这是个潮湿多雨的、典型的彼得堡二月的一天。我从佩斯科夫区[48]来到涅瓦大街，向阿尼奇科夫宫那儿的格热宾图书出版社[49]走去。

这两天，我的心情异常激动，因为有人告诉我，马克西姆·高尔基请我去那儿见见面。不久前我托人把我的两部短篇小说和一封信交给了他。那个人转告我说，高尔基特意约定在他不接见客人的日子会见我。从这点我可以做出任何一种推论，因此我时而对自己满怀希望，时而胆战心惊，做好最坏的思想准备。

我没有等待多久。

高尔基从外面走了进来，他戴着皮帽，身子紧裹在衣领高高竖起的长襟皮大衣里。这是我生平第一次看到他。他身材非常高大，一走进屋子，房间里所有的人仿佛都变矮了，同时也安静下来了。我匆匆朝他那苍白的脸庞和从衣领里露出来的、被呼吸润湿的浅色胡子瞥了一眼。他在房间里走了几步，同职员们握手，他的整个身躯——他的体形和步态，使我联想起我在伏尔加河沿岸所熟悉的人物——平民百姓，或者小市民，体格非常强壮、匀称，同时又因长期劳累而疲惫不堪。

他走进自己的房间。过了一会儿，有人进去告诉他，我正在等他。

但我突然得知，他不接见我了，因为他把我的稿子遗忘在家里了。

"他很抱歉，没有稿子怎么谈呢？他要去莫斯科十天光景，等他回来……"

我走了。（……）

再次见面时，高尔基用力地握住我的手，并拉着我让我坐在桌旁。

"请坐。您允许我跟您十分坦率地谈谈吗？"

说到"十分坦率"的时候，他突如其来地强调了平时谈话中并不突出的"O"音，使这句话显得意味深长。

他一边用手抚平稿子，一边用低沉的嗓音干巴巴地说。这时我感到，他是在履行一项早已使他厌倦的职责——一次又一次地指点初学写作的青年。

"您知道吗？思想是极好的东西。但一般的思想，为思想而思想，这是值得怀疑的……

"哲学嘛，是应该研究的。可是我们却想一下子掌握它，照搬它的结论，草率行事，思想的形成也是轻率的，这怎么行呢？

"我想，现在是结束从肉体上来消灭这些'资产者'的时候了。光靠这伤害人的办法是什么目的也达不到的……"

我尽力设法不漏掉一句话，窥测着这些话神秘莫测的含义。我胆战心惊，生怕脑袋里什么都记不住。突然间我傻了眼，不明白高尔基在说些什么了。我给自己做了判决：我完了！难怪我害怕触及耸人听闻的题材，它会像麻风病那样地传染给我，使我毁于一旦！

这时，我看到高尔基在微笑，露出温柔的、似乎还迟疑不决的笑容。

"看来您现在不十分喜欢这个短篇[50]吧。"他用稍带点儿狡黠的口吻说着，如释重负地把他那双大手放在摊开的稿纸上。

"我一点也不喜欢它！"

"瞧，这就对了。总有一天您对您自己任何一篇小说都不会喜欢，对所有的小说也都不喜欢。"

他的胡子微微翘了起来，接着他带着那宽厚的微笑将目光转向窗子，朝玻璃外面的街道上空投了一瞥。他没有把话说完，但很清楚，他是在笑自己，并想说："是啊，我已经不再喜欢我的那些短篇小说了。"

"必须学会观察事物的本领，"他说，又把"O"音发得很重，"必须摆脱偶然的、外表的东西——这就是看问题的艺术。在我们的整个生活中有许多东西混杂其间，应该站得远一些才是。"

他严峻地注视了我一会儿，吐出"我们"这个词，似乎竭力想把自己跟我联系起来：

"我们是语言艺术家，作家，命运使我们处于特殊的地位，我们应该站得最高。这是困难的，但我们应该坚定不移，坚定不移！"

他把手从桌面上移开，不慌不忙地攥紧拳头。他脸上的皮肤绷紧了，皱纹从一处移向另一处，好像是在重新审查和评判自己的精神财富似的。他眼睛是如此明亮，似乎可以由此进入他的内心世界。他的眼睛是浅蓝色的，而不是蔚蓝色的，是那种交织着刚毅、爱抚和睿智的浅蓝色。

他开始剧烈咳嗽，但就在咳嗽的时候，蕴藏在他那瘦削的双肩、胸部和整个清癯、颀长的身体里的力量更明显地显示出来，这股力量藐视一切，逐渐抑制住来势凶猛的剧烈的咳嗽。他用手抚摩前额，抓住彩色的绣花尖顶丝帽，往脑后推了一下，把剃得精光发青、头顶稍稍突起的脑袋裸露在外面。从呈现在我眼前的他那互为映衬的面部特征——圆圆而突出的颧骨、一对漂亮的大耳朵、有力地张开着的鼻孔——我看到了像铸件那样无懈可击的浑然一体。

他再一次露出笑容，这一次仿佛要我别为他将说出口的令人不太愉快的话而生气：

"您只抓住单纯的事实，不跟别的事实或者某个重大的问题联系起来。在您的笔下，一切都是凭空发生的。可以用另一种方法去描写。可以说新事物必将替代正在消亡的、过时的事物。在消亡的同时，新生活的胚芽正在萌发。"

我摸透了他的思路，突然感到有必要说几句否定自己的话：

"我想离开周围的事物。表面现象把我束缚住了，让我只接触到地面的表层。"

他凝视着我，一点也不掩饰自己的好奇心，几乎是在鼓励我：往下说，年轻人，说啊！

"这就不应该了，"他的声音很低，"必须看得深一些。您瞧，您写的这个资产者，就缺少主要的东西。归根结底，每一个人，不管是怎么样的人——资产者也好，农民、工人、贵族也好，各自都有自己的目标、幻想，都有人类的爱好。人是受这些因素支配的。这正是必须观察的。"

他的语气越来越亲切，使我不胜惭愧。我的心情越来越沉重，等着他最后下结论说，这篇小说不行，我是个庸才。然而他却继续在折磨我：

"题材本身很简单：一个商人死了母亲，与此同时他正在给女儿办喜事。契诃夫用六页篇幅即可写成。"

我绝望地打断他的话说：

"我本来只想写两页的！但恰恰给这偶然的、杂七杂八的东西干扰了……"

我再一次看到他那好奇的、审视着我的目光，但这种目光随即消失了，我面前的高尔基脸上漾起了我从来没有看到过的笑容，使他容光焕发，仿佛能轻轻松松地感染周围的一切。同时我被一阵阵婉转动听的话语声所笼罩，在这令人宽慰的温暖中，我听到几句非常清晰、非常严肃的话：

"您有写作的能力。这从另一个短篇——《基谢尔叔叔》中可以看出来。像基谢尔这样的人物，我们这儿有的是。很可能大多数人都是如此。他从自由走向被奴役，这也是非常可信的。活生生的人嘛，这样的人是有的，这小说尽管短小，却发人深思。[51]"

一分钟前他那亲切的声音使我感到局促不安，可现在却转而使我激动万分：没有一个男人的声音能像高尔基那样在我心中引起如此强烈的反响，而他的声音也变得越来越低沉，越来越严肃，越来越动听。就在这时他仿佛故意正言厉色，也许还带着稍纵即逝的一丝嘲笑试探着——我是否经受得住？

"您有写作的能力，有能力……我怕说……但这可取决于您自己……"

他再一次盯着我瞧，似乎想通过自己的眼睛让我进入他的心灵，突然，我吃了一惊——是不是我看错了：他那双蓝眼睛里饱含着泪水。这情景持续了很久，我不至于会看错，我还感到，他在尽力克制自己激动的情绪。现在我可以毫不惭愧地说：那时我真是愧喜交集呀！

这时，高尔基对我来说已不再是我走进格热宾出版社办公室时那个高尔基了。此时此刻，他已经成为阿列克塞·马克西莫维奇——一个摆脱了一切拘束、轻松愉快地卸掉了荣誉强加给他的模样的人。

他好像就等着这个时刻，待我心情有所改变，他才像向一位认识不久的人发问那样地问我：

"现在我想了解一下，您很忙吧？"

当我谈起我在报社的职务和工作时，他皱起了眉头。

"是这么回事。我们《世界文学》出版社成立了历史画卷部。这样就有了一个计划：从各个民族和各个时代的文化史中撷取题材为电影创作一系列戏剧画卷和脚本[52]。对，规模不小。从原始时代一直到十九世纪。"

他注视着我：看我能否经受住这样大的压力。看来，他觉得我并没有完全给憋死。

"因此，我想向您建议：请您随便挑选一个您最喜欢的或者最憎恨的人物，把他写下来，即使是独幕剧也好……您过去写过剧本吗？"

"没有。"

"您试试看吧，尝试一下吧。文学史您熟悉吗？……好，就这样吧。随您找哪一个人，要写阿瓦库姆就写阿瓦库姆[53]，要写拿破仑就写拿破仑……"

他再一次向窗外望去，仿佛在审读那边的什么东西似的：

"比如说，圣西门就非常有趣。还有他的时代……您考虑考虑吧。"

他起身绕过桌子，高高的挺拔的身子站到我面前。

"我给您出这个题目吧，以便今后保持联系。总之，我不想断了联系。这我可不愿意。"

他看到，我经受住了这次如雷轰顶般的考验，因为，假如我稍持怀疑的态度的话，我是会说的——他看到，我的坚定态度来之不易，于是他乐了，进一步拿话来试探我：

"您什么时候想到我这儿来，您就来吧。我们一起谈谈，讨论讨论。我随时准备帮助您，随时为您效劳。每逢星期四我都在这儿，上这儿来。或者到我家里去。我住在克伦威尔大街。每逢星期三、星期四和星期日的晚上我都在家。"

他紧紧地握着我的手，一直不放开。他的富有魅力的脸把我整个儿都给吸引住了。他的笑是奇特的、会心的，因而令人难以捉摸，但同时又证实他的邀请是认真的。

"我家的门非常难找。您走进大门，然后向右拐……"

"我想那边的人肯定都知道的，会为我指路的……"

"是的，那儿的人都知道。"

我蓦地觉得，他比我显得更不好意思。

"您要来的，"他认真地嘱咐说，"我们不应该中断来往。"

他左边的胡子翘了起来，越翘越高。他亲切地笑了，宽厚爽朗，没有一丁点儿虚情假意，最后他放开了我的手，我的手久久地保持着同他握过手后的温暖。（……）

三月里，我应邀去无产阶级作家联合会——那儿将举行同高尔基的会见[54]。在意大利街[55]的一个小房间里大约聚集着十二个人，大家一起默不作声地等候着。

高尔基在大门口停了一会儿，鉴赏着几只中国高脚花瓶上的绚丽图案，这几只花瓶看来被住房的主人视为珍品。旁边的人像看着一位严厉的鉴赏家那样注视着他，仿佛他的评价将会决定全家人的幸福似的。

"一钱不值。"他毫不留情地说。

愁眉不展、面带病容的他，一边咳嗽，一边同所有的人握手，并且皱着眉头察看他周围人的脸。

"您怎么也在这儿？"他朝我嘟哝了一句。

大家围着桌子坐下。高尔基等了一下，看是否有人发言，可是大伙儿都沉默不语。

那是午后时分，窗外是一片低沉而灰暗的天空，随时就会下一场湿雪。室内人影摇曳，就像在暮色中一样。

高尔基想鼓励大家交谈，但他看到，人们似乎在等他讲话或者做什么报告。大家都目不转睛地望着他，好像盯着一位著名的演说家似的。于是他开始说话。

他的声音很低。慢条斯理的，好像发音有困难似的，他每说一两句话，就斟酌一下是否说得对，如果大家爱听，他就再把最后两三句话重复一下。

"如今，至关紧要的是必须明白，整个政权已经属于无产阶级了。无产阶级得到很多，对他们的要求也很多，非常之多。现在你们，无产阶级的文学家们，不仅应该对无产阶级负责，而且必须对全体人民负责。你们的责任加重了。摆在你们面前的新任务并不轻松，任务可不轻哪，是嘛……"

他渐渐地振作起精神，仿佛一个人开始不乐意干的工作又慢慢地吸引住他了，他不觉技痒而想大显身手似的。高尔基干工作劲头十足，做什么都得心应手。他好像在赌气：你们想听报告吗？那你们只能怨自己了，听吧！

"现在你们不能只面向自己的弟兄。要知道，农民也在提出对于革命的权利。这是合理的，因为他们在革命事业中理应有自己的一份。你们的语言也应当为农民所理解。如果你们唱的歌农民不理解，他们就干脆不听你们的。你们的另外一些歌，他们也可能不喜欢。特别是你们老是歌颂自己的人……[56]

"建立新文化，这是全民事业。这里必须摒弃狭隘的小团体的做法。文化是一个完整体。不能把事情想象成这样：由无产阶级建立无产阶级文化，而农民呢，必须归附这种文化吗？还是保持自己原有的文化？你们认为会怎样呢？我认为，农民仍将保持自己原有的文化，几乎停留在落后的水平上。农民不能靠自己的双手建立新文化。无产阶级文化协会帮不了他们的忙，因为农民的生活不同于无产阶级。完全不同。"（……）

大家一动也不动地在聆听高尔基讲话，这里不仅可以看到渴望专注的目光，或者由衷的敬慕，而且听讲人的表情也流露出其内心的异议和争论不休。赞赏讲话的内容和表示担心的表情时而在他们脸上交替出现，时而奇特地交织在一起，人们仿佛看到了某种美妙的，但又是危险的东西。

"认为只有无产阶级才是精神力量的创造者，只有无产阶级才是最优秀分子的观点，是一种救世主的观点，这是极其有害的。对，任何一种救世主的观点都是这样的。必须寻求同农民群众打成一片的途径。不然的话，结果会怎样呢？你们孤立地对城市无产阶级进行教育，而就在这同时，这种信仰、那种信仰在农村大肆泛滥。不难预见，这会导致什么样结果，在巴伐利亚和匈牙利，农民不是把革命吞没了吗？吞没了……[57]"（……）

高尔基坐在朝着克伦威尔大街的宽阔窗子旁边写作。我看到了他的侧影，他面前的书桌很大，整整齐齐，因而显得空荡荡的。阳光反射出来的光点在他的眼镜片上闪烁。他透过镜片上方看到了我，便摘下眼镜，歪着瘦骨嶙峋的肩膀，轻盈地走到我跟前，抓住我的胳膊肘，转向另一张小桌子。

"请，请坐。"

他用手掌拍拍一堆书，然后一本接一本地打开书的扉页，微微侧着脑袋，用指甲轻叩着作者的名字，议论开了。

"非常聪明，非常……但太讽刺了，始终带着嘲笑，而且往往缺乏根据……而这一位甚是肤浅，但见识广博，提供了很多事例……夸夸其谈，空洞无物……别被他迷惑住……这一位富于机智，才华横溢，可与法国人媲美，然而他一如既往，尽管是德国人的血统，却毫无系统，并且恬不知耻……

"这是我们目前能找到的有关一八四八年革命的全部著作。有一本非常好的书不见了，我没能找着。您想，各种各样的人都从书架上拿书。简直要上锁了。我有多少藏书分散在世界各地呀！这大概是我的第四个藏书室。让我们去看看，可能还会找到什么的。"

一排排书架像图书馆的那样，侧面靠墙陈列着，中间的过道狭窄，但射进宽敞房间里的阳光还是能照到这儿。高尔基用手指拨动着藏书的书脊，皱了一下眉头说：

"这么说，您已经选定了？……别忘了，您可以随便选一位历史人物，诸如军事长官、哲学家、学者、传教士或者某个教派分子。真的，为什么不选一个教派分子呢？"

"巴枯宁[58]不也是'教派分子'嘛。"

"那当然……但是请注意，当前至关重要的问题在于说明个人在文化发展史中起了什么样的作用。不论是哪一个领域的人物，比如爱迪生[59]、拉瓦锡[60]、但丁[61]、瓦特[62]……"

"为此，在我们的历史剧中必须贯穿这一意图，指明个人在文化建设中的作用、个人的创造性和首创精神。对，正是这首创精神，这一点您必须在自己的作品中加以说明……顺便提一下，我创办格热宾出版社的目的，就是要在群众的心目中提高个人在历史中的作用。这对我们来说十分必要……"

"不要受任何框框约束。您可以调度最广阔的舞台。要杂技场面，就杂技场面，或者是城市的广场——让成千上万个角色登台。不然的话，比如说，是不是可以用教堂门前的台阶？……壮丽的场面上能找到的。您可知道，我对创作历史画卷的想法很有信心[63]。我自己也很想写，而且题材也非常精彩——伟大的诺夫戈罗德勇士瓦西里·布斯拉耶夫[64]。没有比他更典型的俄罗斯壮士了，他热爱土地，虽胡闹过一阵子，但劳动起来却是非常出色的！"高尔基把视线从书本上移开，微微地露出笑容说。

"那究竟是什么妨碍您写作呢？"

"不是什么，而是谁，是亚历山大·阿姆菲捷阿特罗夫[65]妨碍了我。我把自己的意图告诉了他，他采纳了，他说，他一定写出来。那有什么办法呢？我把自己收集到的有关瓦西里的材料都交给他了。于是不久前就出版了剧本《瓦西卡·布斯拉耶夫》……这是一部好作品。我认为它是阿姆菲捷阿特罗夫过去创作的全部作品中最好的一部。当然，我并不是想把剧本的优点都归功于自己。"

他皱皱眉头，不再作声，然后深深地吸了一口纸烟，使劲地把烟圈吐了出来：

"真遗憾。真想自己写呀。"

他仿佛是在为这种错误的自私愿望,而且总的说来,也为他在谈话中提到自己而请我原谅。

"另外还写了两个剧本,是古米廖夫[66]和叶夫根尼·扎米亚京[67]写的。很有意思。内容丰富。在丛书中将占有一定的地位。"

他重新在书桌旁坐下,团团烟雾把他裹住了。他摸了摸桌上为数不多的几件东西——蓝铅笔、烟灰缸、眼镜、稿纸,好像是要检查一下是否还缺了什么,接着他说:

"我越来越有机会跟我们的科学家打交道。多好的人哪!带着自制的手套,双脚裹着被子,您懂吗,这样坐在自己的办公室里写东西。好像时时刻刻都会有哨兵来检查他们是否在岗位上似的……他们出没在乌拉尔难以通行的荒山里,为科学院收集奇珍异宝。几个月都看不到一片面包。有人会问——他们是靠什么生活的呢?他们像野人一样靠狩猎为生。是这样的,而这您可知道,不是加利福尼亚,不是淘金狂。他们廉洁,可不是那种把财宝装进自己箱子的淘金者。应当为有这样的人而感到骄傲。可是在最近两个月内,根据精确的统计材料,仅仅在彼得格勒就死了六十三位学者……今天有消息说,费奥尔多·巴丘什科夫也与世长辞了……[68]

"应当拯救俄罗斯学术界……需要粮食……哪怕要付出最高的代价,也要弄到粮食……您想,过去我从未有过这种情况:心绞痛,双脚浮肿,缺磷,没有食糖……"

他突然停了一下(又谈到自己了!),然后像老师讲课似地解释说:

"对我们从事脑力劳动的人来说,没有磷是不行的……"

他活跃起来。

"在您之前,费斯曼教授上我这儿来过。他刚刚打直通电话跟列宁洽谈了改善学者生活条件委员会的事务。列宁深表同情,并准备给予协助。费斯曼确信,列宁坚持的是支持知识分子的方针。"

我又一次看到他谈到列宁时神情。他脸上闪过一丝不易觉察的变化,不时耸动着肩膀,带着亲切而又诙谐的语气描述着他和列宁之间的谈话。

"我已经不是第一年这么解释了:那些没有远见的人将为自己伤害知识分子而后悔莫及[69]。他们将向那些安排不当、学非所用的院士和教授们请求原谅。每当我谈及这个问题时,他便气呼呼地绕着桌子匆匆走动,用拳头敲打着桌子。看来,没有知识分子是什么事情也办不成的……谁知那些有学问的先生们却马上又兴高采烈、得意忘形了。这当然也不好,不好……列宁目光敏锐。可是各个方面都在干扰他,而且非常巧妙,非常……"

我越听他往下说,就越深信不疑,我也能像他那样,用同样从容不迫和洪亮的声音说话。至于他的思想,我觉得,我想的始终跟他想的一样,只是他的意思表达得特别流利,他仿佛是在滚一个用黏土搓成的球,而我则跟随着这个圆球走下去,欲罢不能。我终于滔滔不绝地说开了,灵活地从一个话题转向他提出的另一个话题,并为他全神贯注地倾听我的话而感到高兴,接着我便产生了这样的感觉,好像我一生都在同高尔基交谈,而且在任何时候都未必能像现在这样强烈地感受到无拘无束、真诚相待的气氛。

"您应当跟青年作家来往,"当我准备离开的时候,他说,"特别建议您跟亚历山大·勃洛克认识,您一定要跟他认识。他……他……"

高尔基停住了,在寻找确切的词语,但他没有找到。他不耐烦地,但几乎悄没声儿地用手指叩着桌子。突然他站起身子,挺着腰杆——显得又高又瘦——慢慢地从上到下——从头到脚挥了一下手。

"他是一个人物。"他低声说出口来,一动不动地站了一会儿。

他是第二次对我说起勃洛克,两次都把勃洛克的名字列在他所称的"青年作家"的首位,显然他并不以年龄为依据,而是因为他们不同于革命前俄罗斯作家的典型形象。他谈到楚科夫斯基,称赞过叶夫根尼·扎米亚京的天赋和才智。但只是在赞扬勃洛克的时候,他才这么富有感情。对于其他一些人,他都能比较容易地谈出看法,但说得比较谨慎。(……)

一九二八年六月初,我收到了一封只有几个字的电报:"来吧。——彼什科夫。"

应该去莫斯科。马克西姆·高尔基经常用彼什科夫署名。一天后我到了他那儿。

在马什科夫胡同，当我上楼朝叶卡捷林娜·巴甫洛夫娜·彼什科娃的住所走去时，我回想起自己第一次来到克伦威尔的情景。我差不多有七年没见到高尔基了，但我去见他时心里总感觉到，我从来就没有跟他分过手，我觉得，他始终参与我的生活，我是那么清楚地知道，他这段时间是怎么生活的。当然，我现在已不是那个初出茅庐的写作者了，当时我还为高尔基叫我"年轻小伙子"而感到委屈哩，而我之所以能有这一点不同，应当归功于高尔基哩！我沉浸在即将同他见面的欢乐之中，仿佛事先已经看到这次见面的情景，尽管同时也明白，我并不能预见任何细节。

我刚跨进小餐厅，高尔基就迅速打开隔壁的房门，从里面走出来。他站了一会儿，然后伸出双手。

我觉得他瘦了，面容清癯——我不能用别的话来形容——举止洒脱，身材颀长，房间也仿佛缩小了。在我俩默默对视的时刻，我发现他变老了，他的脸上虽然找不到衰老的痕迹，但皱纹变粗了，头发也斑白了。时间虽然宽裕，却仍然使他满头染霜了。他的精力依旧充沛，这一点在他拥抱我时感觉到了，因此，我的眼睛刚适应面前的变化，我就想到——他是不是变得年轻了呢？

"啊，瞧，是您……"他轻声说。他的声音丝毫没有改变，他那在嘴角一边漾起的微笑以及眼神都依然如故。他寒暄时语气揶揄，好像要借以强调，问题不在于他说了什么话，而在于他的话没有一句不是出自肺腑的，正因为如此，内容的无关紧要反而增强了言词的魅力。我一直凝视着他，完全为他的富有魔力的话语所吸引。我感觉到，我的神情越来越使他感动了。最后，他不拘礼节，亲昵地把我推进房门：

"好吧，请，请进我的房间……"

我们走进的房间比饭厅还小。他一直舒展着身子，但似乎老是感到舒展不开，一忽儿站起，一忽儿坐下，因而我也很快有了"狭窄"的感觉。我们在这儿待了很久，始终像是在两张桌子之间徘徊——一张是大写字台，另一张小些，上面都摆满了从各处给他送来的奇异的礼物。

我们很快地各自谈了一些过去的事情，谈了在克伦威尔大街见面后这些年来的情况。并不是以往的事吸引了他。透过这个小房间的敞开的窗子，可以看到莫斯科鳞次栉比的屋顶。轰隆声响彻离此不远的清水塘和波克罗夫教堂林荫道的上空。地平线上烟雾袅袅。风把烟雾和云彩都搅浑了。

"我们做了很多很多大胆的事情，太多了！"高尔基反复地说。

他的手指在桌子上敲击着。我注视着这非常熟悉的动作——真的，东方的击鼓能手一定会满怀兴趣地研究这种弹奏的指法和语言的。

高尔基是从研究新的教育方法开始他在莫斯科的生活的。他兴致勃勃地把劳动大学的事讲给我听——那儿的一切都是按照新的方式建立起来的，不异想天开，而又大胆果断，不墨守成规，而又合乎科学。

他的手指在愉快热情地弹奏，击出了沉思般的节奏：他在检验自己该不该满口赞誉。

"也许不该这样组织劳动吧？这应该检查一下。也许就不必这么干……可是这是一种多么出色的试验呀，在古老的黑森林中开拓出了多少林间小道呀……真可以对您说，是异常大胆。"

他向来关心城乡之间的关系问题[70]，这在谈话刚开始时就反映出来了：

"农村嘛，您可知道，过去从来没有这么多人读书写字的。因此对文化有那么广泛的要求——书少，就给图片；识字不多，就给俱乐部，给汽车，给电影院。城市就得向另外的方向发展，对吗？而且，您可懂得，它要求得急切、热烈，您倒试试，能不给吗？事情就是这样……"

然而，他突然用手指猛地在桌面上一弹，随即响起了急躁、愤怒和谴责的敲击声。这是因为话题触及了高尔基的宿敌——市侩，他们就像在新约旦[71]那样，在新经济政策的急流中"洗脸"。

"您注意到没有，这些先生甚至表现出某种英勇精神？他们要让自己扮演某种救世主的角色，他们不满足于在生活中争得一席之地，他们谋求人们承认他们的救世主地位。这些先生的英勇精神可大呢，对吧！革命是干什么的！请您注意，注意这一点……"

可是，同往常一样，他不仅给交谈者以启示，而且总有求于对方，如饥似渴地索取活生生的事实，因此用他的话来说，你倒试试看，能不给吗？谈话进展得很快,一个话题接着一个话题,这是初次见面的交谈,内容零星、杂沓,互相插话,彼此打断话头。因为来自生活的感受令人愉快,充满希望,而且五光十色、绚丽多彩,所以谈话中自有不少欢声笑语。

"我看到过的人很多很多,各种各样的人。连方志学家也到这儿来啦。他们希望我去他们那里讲讲话。我说,对不起,我能跟你们讲些什么呢?我这一辈子也没搞过方志学,我搞的是人学。他们笑了,他们说他们缺少的正是这个……对,人学……在苏维埃国家,人迅速地成长起来了,这人,甚至是大写的人。然而,您可知道,费定,我得告诉您:对此我十分清楚,但还没有领会。恰恰我没有领会……这内容对我来说太新了……"

他朝小桌子转过脸去,瞧着那一堆礼物,站起身来,走近那张桌子,露出笑容,摇摇头,瞧着我笑了起来。

"一旦有人给我送来,您知道吗……这让我怎么办呢?……难道要开家商店不成?……"

他拿起一支崭新、油亮的小口径步枪。

"土拉人送的。制作精致。土拉人牢记着父辈的荣誉,热爱自己的手艺……多么好使的枪托,精巧极了……"

他轻轻地提起步枪把它贴近面颊,朝窗外瞄准。然后把枪托从肩膀上移开,拿在手里掂了掂,抚摸着精致的枪筒,突然严肃地说:

"我们的人民是紧紧地握着枪杆子的,您以为如何啊?"

他把步枪递给我说:

"喂,您举举看……"

这也许是高尔基身上我不知道的新特征:他为人和善。他在家里和蔼可亲,我看到他用赞许的、几乎是兴高采烈的目光满意地瞧着饭厅里发生的一切。的确,一切都是那么顺当。在莫斯科家里的餐桌已经摆好,一家人都按时聚到一起来了,响起了搬动椅子的声音,刀叉叮当,酒杯里斟满了酒。儿子吃饭迟到了?没什么,这是他的习性。这反而倒好,因为当儿子急匆匆走进饭厅,随口说"我好像又迟到了?"的时候,他就能够严厉地皱起眉头,捋捋胡子,瞧着盘子,用威严、低沉的声调说:"我不知怎么的也有这种感觉。"接着他加重了威胁的口气说:"您怎么啦,先生,也不问一声好?"儿子马上接过话头,完全学着父亲戏谑地用孩子般的惊奇口吻说:"怎么,难道我没有向您问好?"父亲继续着家庭的这一幕戏,声色俱厉地说:"应当先向母亲问好,我的先生!……您等着吧,我要整顿一下家风,我要抓一下教育,对。我要把家里的事情完全按科学的原理整治好。"儿子说:"要办一个实验室吗?"父亲说:"办一个研究所。要抽您的血来研究研究。您的血!"于是在座的人都惶惑起来:"天哪,多可怕的灾星[72]呀!"主人这才满意地说:"就是这样啊!"

莫斯科成了谈话的中心:莫斯科在建设什么,莫斯科人在说些什么,在莫斯科听到了什么消息,莫斯科人怎么生活。全家的人都带来了有关莫斯科的新闻,大家不停地说着。高尔基时而一个劲地谈论新闻,时而津津有味地细细咀嚼着。午餐就是在这样的气氛中进行的。

午饭后,高尔基同样和颜悦色地走下楼去等候汽车,今天他有两个会。他刚刚卷进在莫斯科与人们交往的旋涡,还不清楚哪儿重要,哪儿不重要——什么事都好像意义重大,刻不容缓,到处都是计划、方案。〔……〕

晚上,我们在《红色处女地》月刊编辑部聚会[73],在用胶合板隔成的莫斯科办公楼的走廊、房间、过道和楼梯上,到处都是人:作家们聚集到这里来同高尔基举行第一次文学座谈会。

编辑部办公室勉勉强强容下了所有的人。高尔基焦躁地仔细观察着人们的脸。要列出与会者的姓名,需要一张完整的字母表。高尔基从书本和杂志上得知这些名字。而眼下,他们活生生地出现在他的面前,大多数人的面孔他都不熟悉。这是他离别国土七年的时间内以空前未有的速度兴起的新的苏维埃文学。他似乎要弥补无意中造成的疏忽,力图重新理解他从远处不可能正确理解或完全不能理解的东西。他全神贯注地谛听着,因为这个新生的、充满激情的创作集体正热情洋溢地向他倾诉着他们对生活的理解、要求和期望。

他怀着无法控制的感情,万分激动地开始致答词,可以明显地感觉到,他的话不像是在某个会议上的发言,而是在谈生活中的问题。

"我是一个老作家,同你们相比,我有着另一种经历,我们当今的文学,确切地说——它如此热情洋溢,我并不始终清楚。我是作为一个文学家在讲话。我习惯于把文学看作革命事业。每当我谈及文学,我都感到是进入了战斗,为了人,我随时准备同现实抗争,对我来说,人重于一切,人高于一切。

"我们这儿正在形成一个新的阶层。这就是市侩阶层,他们有着英勇的气概,善于进攻。他们狡猾危险,无孔不入。这个新的市侩阶层已经在我们内部形成,他们比过去要强大得多,同我青年时的相比,今天他们已经成为更加可怕的敌人了。

"今天的文学应该比那时的文学更带有革命性。必须斗争,必须在文学艺术中对这种现实进行严正的、尖锐的抨击[74]。

"但是,与此同时,必须探索、揭示和树立新人优秀的特征。昨天,新人已经进入了生活。进入了新的生活,他没看清自己,他要认识自己,他要求文学来反映他,而文学恰恰必须做到这一点,但通过什么途径才能做到这一点呢?

"我认为,必须把社会主义和浪漫主义结合起来。既非现实主义者,也非浪漫主义者,而是既是现实主义者,又是浪漫主义者——好比是同一个实体的两个方面……"

我从现实主义与浪漫主义这两种原则结合的谈话中听到了他对苏维埃作家在这几年内所进行的全部创作活动的评价,听到了他根据长期思考而对俄罗斯文学生活做出的结论。因此,我觉得这两种原则的结合更能恰到好处地说明高尔基本人——他既有憧憬我国人民伟大未来的浪漫主义,又有建设这个未来的现实主义。

弗谢·伊万诺夫

弗谢沃洛德·维亚切斯拉沃维奇·伊万诺夫（1895—1963）——作家。早在革命前高尔基就积极支持伊万诺夫的文学生涯，根据伊万诺夫写的最初几篇尚未成熟的短篇小说，高尔基就预见到他是一位有才华的作家了。高尔基把伊万诺夫的短篇小说《额尔齐斯河沿岸》收入《无产阶级作家文集》第二卷（1917）。

回忆录全文最初刊登于《星火丛书》（1950年第27期），现按《弗谢沃洛德·伊万诺夫集》（八卷本）第八卷，莫斯科国家出版社，一九六〇年版，第四八一—五三三页原文刊印。

与高尔基的几次会见

（……）我怀着十分局促和害怕的心情几次登门拜访高尔基。人们回答我说，高尔基还没回来。最后，我才想起应该留张字条给他。一天，我接到通知说，高尔基已经回来了。

一位身材颀长、背有点驼的人出来迎接，看到我时丝毫没有流露出惊奇或特别感兴趣的神情[75]。他面无笑容，步态轻盈地把我引进自己的书房，这是一间不大的房间，像图书馆那样全部摆满了书架。

"好吧，请您讲讲吧。在西伯利亚仗打得不错吧？"我讲了。我讲的那些事不是轻松愉快的，也不是三言两语就能讲完的[76]。高尔基全神贯注、态度严肃地注视着我。他不时拿起铅笔，在桌子上轻轻地敲着，接着又放回原处。

突然，他打断了我的话：

"您今天吃过早饭没有？"

"吃过了，吃过了。"我急忙撒谎说。

"还是一块儿去吃早饭吧。我们今天吃馅饼。这在现在的彼得格勒可是稀罕的东西呐。"

我想，在高尔基家里馅饼也一定是稀罕的东西。他们把馅饼郑重其事地放在一只大盘子里端了进来，这只盘子显然可以装更多的馅饼。馅饼是用油煎的，馅是用胡萝卜做的。我小心翼翼地拿了一个，竭力装出不稀罕这种美味食品的样子，慢悠悠地吃着。我觉得，我出色地掩饰了自己饥肠辘辘的窘相。然而我并没有骗过高尔基。他亲切地把整个盘子我面前说：

"吃吧，还在烤哩。"

周围的人都露出了笑容，可是从他们的微笑中我领会到，再也没有什么可以烤的了。唉，我真不该品尝这馅饼！生活中的事情总是这样，只要你尝一口，就欲罢不能了！我又吃了一个，接着就第三个，第四个……我越吃得多了，就越觉得身上软弱无力。为了中止这种状况，我便开始说话，述说一些什么事情——终于不知不觉地昏昏入睡了。

我大概瞌睡了几分钟。当我睁开眼睛时，饭厅里除了高尔基以外，没有其他人。他坐在我对面，眼睛盯着台布，脸上流着大颗大颗的泪珠。

我羞得无地自容，不知道说些什么才好。我把《苏维埃西伯利亚报》报社发给我的证明交给他，我是凭这张证明从鄂木斯克来的。证明上写得很有意思："该员前去听候高尔基调遣。"

"他们以为人是可以随便调遣的吗？"高尔基说着，同时把视线从证件移到我的皮鞋上。皮鞋的鞋掌断了，我用锈铁丝把它缠住了。"您的皮鞋应当修一修啦，还有吃的东西……"

他站起来，在饭厅里踱起步来。

"没有皮鞋您要写作是困难的。头脑要冷，双膝要热……记得吗？您必须写作。凡是见识广、阅历深的人都应该写作。我介绍您到科学家之家去。我马上为这件事给您写张便条。"

科学家之家的主任罗德是一个身体肥胖，大腹便便的人，他穿着常礼服，系着领带，在当时真令人吃惊。他看了高尔基的便条，瞧着我说：

"您确实需要增加一些营养。好吧，我们一定把您养得胖胖的。"（……）

高尔基有时候打电话给我。"您有东西吃吗？在写作吗？"他常用他那亲切的男低音问我。"我有东西吃，也在写作。"我回答。我把他的关怀看作敦促我写作的期望。也许，我是想写作的，但我能在任何情况下写作吗？

我写了几篇短篇小说，拿去交给高尔基。他激动地搓了搓手说：

"那就请您明天来谈谈这几篇小说。"

第二天早晨，我忐忑不安地上他那儿去了。我自命不凡、闭门造车，此刻头脑开始清醒，意识到自己的小说写得杂乱无章，不伦不类。

我看到的是一张冷漠的、有点儿迷茫的脸孔，他似乎在自己周围画了一个无形的圈子，木然坐在里面。我沮丧地恍悟到，从今以后，他再也不会对我感兴趣了，我是一个蹩脚的作家，一个没有任何价值的人，一个只需客客气气对待的人！我觉得他的笑容是勉强的，声调很慢，漫不经心，泛泛而谈。我理解他，但心里仍感到委屈。

我默不作声，竭力一动也不动地坐着，保持着与他画定的那个无形的圈子的距离，听他说话。

"您的小说没有经过加工润色，粗糙得很。不能发表。"他沉默了一会儿又补充说，"您很有才华。怎么会这样呢？"

我把小说接了过来。我经过特罗伊茨克桥朝捷伊内依大街的住所走去，狠狠地对自己说："算了，死了算啦！"我眼眶里噙着眼泪。我回到家里，朝花梨木沙发上一躺，决定悄悄地一死了之。（……）

但后来又转念一想："为什么要死呢？有什么必要去死呢？他不是说小说没有加工润色吗？这就是说应当工作，应当摸索，下番苦功夫。"于是，令人痛苦的劳动，时而浑浊时而清澈如水的劳动，重新开始了。我一跃而起，从《大英百科全书》上撕下二十来张地图，重新开始工作了。如果我不能通过结构严密的小说描述我想到的和经历过的往事，那么为何不选择行笔比较平稳的散文，比如说某种介于回忆录和特写之间的笔调来描写某个篇幅不大的故事呢？为何不可以写我最熟悉的农民，写我听到的发生在离阿尔泰不远的沃尔契哈村附近的那个事件呢？……我就住在那儿，那时我第一次听到高尔基的号召，他呼吁我们所有的人振作精神，投身到劳动中去！

我几乎没有离开过桌子，一连写了三天三夜。好心肠的女房东把一盏煤油灯借给了我。第四天我备下的粮食全吃完了，但小说也写好了。小说的标题叫《游击队员们》，它为我后来出版的取名为《游击队员的故事》[77]的那本书奠定了基础。我已经筋疲力尽，而主要的是不抱成功的希望，所以托女房东的儿子把小说交给高尔基。（……）在附函中我请求他给我一点面包。我不好意思向高尔基要面包，但奇怪的是，不知怎么的我更不好意思向罗德要。

傍晚，我收到了如下的一封信：

"您怎么会没有面包的呢，我的朋友？您应该按时到科学家之家去领东西。您也该到那儿去修一修皮鞋。

这一切该怎么办呢？

而您在哪儿呢？

我为您正在写作而高兴！

——阿·彼什科夫。"

毫无疑问，"您在哪儿"这个问题，指的不是我的住址，而是我的精神状态。就在那天晚上，他在电话里亲切地对我说：

"小说非常好！"

次日早晨，科学家之家给我送来了一双皮鞋。又过了一天，当我心安理得地到罗德那儿去领食品时，他们给了我一张领物单："发给弗谢洛沃德·伊万诺夫一双皮鞋。"一星期以后，我走过科学家之家的大理石楼梯，阿列克塞·马克西莫维奇在楼上叫住我说：

"伊万诺夫，我书房里给您留着一件东西，等一等！"

他拿出一双皮鞋给我。

"我已经有三双皮鞋了,阿列克塞·马克西莫维奇,"我深受感动地说,"我够穿很长一段时间了。"

"没关系,用得着,拿去吧。您在写非常好的小说。"(……)

……高尔基从莫斯科回来了。我在饭厅里等着他。从隔壁房间里传来的他的脚步声显得十分轻快,不知怎的我感受到一阵强烈的喜悦。他走了出来,眼睛闪闪发光,用大而有力的手握着我的手,高高兴兴地注视着我,然后继续握着我的手,把我领进他的书房。

桌上放着一本浅蓝色的杂志《红色指挥员》,这是一本专门反映彼得格勒指挥员训练班生活情况的杂志。杂志是高尔基不在家时寄来的。封面上贴着一张深褐色的画像——列宁的肖像。列宁面容清癯,两眼深陷,目光锐利而又炽烈地倚靠在圈椅里。肖像的背景很简单,是墙壁。高尔基说:

"画得好极啦!画家无疑是在写真[78]。但总的说来,列宁很少让别人画像。他不喜欢摆弄姿势让别人画像,他向来就不喜欢装腔作势。甚至连给他照相也很困难。即使是著名的摄影师也不得不要起花招来。我们的人民是纯朴的、容易轻信他人的。有一位摄影师带着笨重的照相机来到警卫跟前说:'我是得到列宁同志的同意才来的。'他们就放他进去了。列宁坐在办公室里写东西。摄影师悄悄摆好照相机,咔嚓咔嚓响了两下。列宁突然抬起头来:'请原谅,您在这儿干什么?''照相。''请您立刻离开这儿。'哈——哈!"

他又朝杂志看了一眼。

"画得好极啦!"

显然,他想把画像留给自己,但杂志上刊登了我的小说《美好的一天》[79]。于是他把杂志交给了我:

"拿去吧,拿去吧,他们还会给我寄来的。不要因为杂志薄而不高兴。雪崩之前,总是小块雪团先从山坡上滚下来。弗拉基米尔·伊里奇说,很快就要出一本大型的厚杂志《红色处女地》,提议由我主编这本杂志的文学部分,我已经同意了。"

高尔基在书房里走了几步,走到窗前,向窗外眺望,从这里可以看到环绕着人民宫的花园。馥郁芬芳的春风盘旋翻滚,摇晃着树枝,在大自然爆发出来的巨大力量的强压下,树木好像被吹得透不过气来了。高尔基转过身来面对我,他的脸上流露出我过去从未见过的表情。

他说:"俄罗斯人说话向来很机智。伏尔加河畔的人则不仅机智而且尖锐。例如,他们把清新、强劲的风称作勇士的风。就说弗拉基米尔·伊里奇吧,只要他对你说上两三句话,你就会被这股强劲而又清新的风罩住。这是革命的劲风!我不知道,鸟儿振翅飞翔的时候有什么样的感觉,但当我同弗拉基米尔·伊里奇交谈时,我不但体验到了这种感觉,而且迎着暴风飞翔,不停地在飞翔,我知道我顶得住狂风的冲击。"

他当时五十三岁,跟我写这回忆录时的年龄差不多,但使我感到奇怪的是,二十五年前我觉得高尔基已非常老了,虽然老却英明。我总感到那时候的人太忙忙碌碌,太好说废话了,而他说出的每一句话都是经过斟酌的,饱含着深刻的含义。所以我觉得,他像年轻人那样大声地表达自己的激情。

只要一谈到弗拉基米尔·伊里奇,他的话语,他的整个身体就会迸发出青春的活力。他不仅变得和我一样年轻,而且——我惊异万分地想到——他的青春活力、想象力和信念都远胜于我!对他来说,列宁不仅是仁慈、睿智和天才的化身,而且已成为斗争的象征。列宁的每一句话都像汹涌的波涛向高尔基迎头扑来,于是高尔基后仰起头来,深深地呼了口气,感叹道:

"好极啦!"

显然,这确实是好极了。高尔基想到列宁时,总是满怀着欣喜、感激和崇敬的心情。我听着他说——而他是这样善于叙述的人,您知道,高尔基说起话来是那么动人和富有激情。

"至于他的笑声!绝妙的笑声!真的,我老是觉得,这时狂飙骤起,航船深深地隐没在波涛之中,天空一片死寂,您的脸上溅满了冰冷的水珠——突然不知从哪里传来了诚挚的、喜气洋洋的、使您充满期望的声音:'伙伴们,坚强些,坚持下去,哈——哈!'"

他笑起来,擦掉了眼泪……(……)

这时,阿列克塞·马克西莫维奇突然问我:

"您现在在做什么?写得多吗?"

我把我当时正在写的中篇小说《铁甲列车》的题材告诉了他[80]。(……)

他在那一次新年晚会上精神非常好[81]。他身子挺拔、修长，满怀节日的喜悦心情。他总是很乐观地看待世界，而在那一次晚会上，也许他觉得世界比任何时候更具有魅力，更令人入迷，那天晚上他忘了可怕的战争威胁已经笼罩着世界。这一年德国将打开战争的大门。柏林的街头日日夜夜可以看到身穿草绿色卡其军装、脚蹬行军长筒靴的面目可憎的人物，他们为纳粹、为希特勒、为战争、为杀人募捐，募捐箱就像镣铐一样哐啷作响。

然而，他眯起眼睛的样子也有点儿特别，显得既庄重又安详。我再说一遍，他非常喜欢喜庆日，对喜庆之事也很懂行，当他碰到喜庆日或者快乐的聪明人时，他的内心就会感到，自己整个人似乎已升到一个波浪上，并且就驾着波浪在世界上漂游，同时还会大声发表一些妙语连珠的讲话，发出一阵阵低沉的咕咕笑声，而他那双能把你们看透的碧蓝的眼睛也会炯炯有神地闪闪发光。

他迫不及待地等待着歌手和乐师的到来。他们于除夕之夜在索伦托到处演唱，就像我们农村在圣诞节前夕走家串户唱圣歌的人，不过这儿唱的不是宗教歌曲，而是世俗歌曲，而且歌手的穿着化装舞会的衣服，尽管不戴面具。

歌手们终于来了。他们载歌载舞地拥进工作室，脸色苍白，神情激动，眼睛里闪射出灼热的光芒。原来，在来这儿之前，他们同另一批歌手发生了争执，因为这些歌手也想先到高尔基这里来。他们中间有一个歌手特别引人注目：沁着汗珠的滋润的淡黄色前额，认真的动作，叩击着的手鼓，插在纽扣孔里挂着一只果子的柠檬树枝。他歌喉舒展，击鼓自如，欢快热烈，充满激情。画家们都准备为他画像。特别使画家感到奇怪的是，这位歌手竟是一个鞋匠。

"他是个鞋匠，这有什么可诧异的。"高尔基说，"在我们俄罗斯就有许许多多鞋匠出身的优秀歌手呀。请别挖苦人，说什么唱起歌来像鞋匠，缝起鞋来像歌手，你们最好看看那位个子矮些的，他是清扫烟囱的工人。不久前他曾到我们这儿来通过烟囱，是个极好的能手哩。"

歌声停下来了。那个纽扣孔插着柠檬枝的领唱的鞋匠，端着酒杯走到高尔基跟前。

"为歌曲干杯。"领唱的歌手碰杯说。

高尔基深受感动地回答：

"为全世界都纵情歌唱。歌手先生，非常感谢您。"

他们俩都热泪盈眶了。待歌手离开后，高尔基说：

"现在墨索里尼禁止他们在街上唱歌。过去，你走过那不勒斯的话，整个城市都在唱歌。挨着饿，赤着脚，但还是在唱歌！而现在歌声沉默了。还有一条：不准在街上晾衣服。瞧，对外国法西斯分子来说，晾衣服有碍观瞻。那就在自己的屋子里晾衣服和唱歌吧。可是又没有房子。我建议你们去看看，意大利贫民的住房是多么拥挤。我且不说几户人家挤在一间屋子里的情况，说起来，这是常有的事，但是你们可知道这些房子都没有窗户。"（……）

歌手们久久地唱着，跳着，直到凌晨三点钟。高尔基知道许多那不勒斯歌曲，听到熟悉的歌就非常高兴。他悄悄地，怕打扰他们而有点儿蹑手蹑脚地走近歌手的身边，亲切地看着他们演唱。

"您熟悉很多歌曲吗？"他突然问我。

"我不会唱歌，熟悉的歌曲很少。"

他甚至退缩了一步。

"这是您的成见，还是碰巧如此？"

"大概是碰巧的吧。我们一家人都不会唱歌。朋友们也很少唱歌，除非喝醉了酒才哼哼。"

他打断我的话说：

"这是偶然的。作家不能不唱歌，不能不熟悉歌曲。写作——这不仅是思考，而且是唱歌。可您写过诗吗？"

我说，我写过诗，但写得很不好，对人类来说，幸亏我写得很少。

他半开玩笑半认真地说：

"但我每天都写诗。"

他好像怕我们会请他朗诵诗句，看着两眼有些斜视、不同于一般意大利人的通烟囱的歌手，把话儿岔开说：

"你们在巴黎参观过东方博物馆吗？里面的中国馆呢？"

仿佛这是昨天的事似的——可他是在二十年前参观这个博物馆的[82]（他的记忆力实在令人吃惊！）——他开始讲述，讲得绘声绘色，好像他正同我们一起参观一个一个的陈列柜。他还回忆了巴黎的风光，回忆了巴黎的灯光，那种巴黎所特有的灰蓝色的、忧郁的灯光。高尔基回想起那个蓄着像浴巾一样毛茸茸的大胡子的看守，他把高尔基当作无政府主义者，从一个展览厅到另一个展览厅牢牢地紧盯着。（……）

"天才是需要爱护的。"

接着他又谈起旧俄罗斯的有才华的人，只是他们的才华未受到珍重而被歪曲、摧残和糟蹋。

他从过去回到了现在。他叫人给我们斟酒，继续说：

"俄罗斯始终是天才的诞生地，如今由于新的也已形成的对天才极为有利的条件，她，俄罗斯，简直成了一个培育天才的院校。天才们受到悉心培养，为此我感到非常高兴。我深信，不管法西斯分子在哪里搞些什么名堂，我们将对欧洲的文明产生极其巨大的前所未有的影响，而且在不太长的时期内就能显现出来。我们一定能做到！那时，年轻人演唱的歌曲中，必将听到我们的歌曲。歌曲很难传播，小说或戏剧要容易些。歌曲是不出家门的，在我们俄罗斯流传的外国歌曲多吗？恐怕只有《马赛曲》吧。而我们的歌曲，将来世上的人都会唱的，估计会有那么五首吧！"

说完，他幸福地笑了。他眼睛清澈明亮，熠熠发光。他稍稍举起双手，以便使血液不往上涌。

"你们注意到没有，俄罗斯的景色也改观了？在伏尔加河航行的时候，你可曾看到，沿岸已是另一番景象了？"

他用某种充满热情的嗓音重复说：

"另一番景象没有田埂，耕地交错，畦田相连，遍地都是小麦，绵延几百公里的小麦。但它不属于某个叫西多尔·彼得洛维奇的富农，而是属于全体俄罗斯人民。这既壮观，又无愧于我们的人民。人民不管站在山坡上的什么地方，都能看到一派巍峨、宏伟的景象，多么雄伟壮丽，多么富有教益。"

节日过去了。我并不是瞎说，就在这之后的第二天，至迟是第三天，高尔基对我说：

"您应该在这儿工作一段时间。"（……）

他俯身问我，浅蓝色的眼睛关切地闪耀着。

"您打算在这儿写些什么呢？"

我凝视着他，暗自思忖：人在攀登理智和心灵的完美的顶峰时上升得越高，人在开阔自己的智慧和视野时开拓得越广，就越能清楚地看到广袤无垠的整个外部世界和难以达到的最终目标——精湛的知识、普遍和唯一的绝对真理。（……）

我满怀钦佩的心情望着阿列克塞·马克西莫维奇。于是又像许多年以前，我在科切舍夫印刷厂[83]再一次收到他来信的时候一样，我想为他，也为所有体现出真正的人和战士美德的人，写一部宏伟壮阔、惊心动魄、题材广泛、充满激情的作品。这一切未必能在这儿构思，未必能在这儿写成……尽管我不想使他扫兴，但我仍然说，我想等一段时间再写。

"也许，让我给你们读一读我的新作？喜欢还是不喜欢——你们待会儿作些评论。我写了《耶戈尔·布雷乔夫》的续篇：《陀思齐加耶夫等人》[84]。要不要我念给你们听？今后你们写出东西来，也念给我听。你们可以骂我，我也可以骂你们。让索伦托响彻俄罗斯的斥骂声！"

在他朗读的时候，特别是在听众不多的情况下，一股干冷、凛冽、令人微微颤抖的兴奋之情就会流遍你身上的所有关节。他很少用抑扬顿挫的语调来突出某些人物，只是稍稍变换着自己的语气。然而就在他那慢悠悠的朗读声中，在他那低垂着的满是胡髭的脸庞上，在好像是他用双手献给你的每个句子中，在那从纸上迎头扑来的汹涌澎湃的思想潮流中，你可以感到鹰在翱翔，可以感到不屈不挠的扶摇直上的升腾。你还来不及瞧上一眼，就已经达到顶峰，面对茫无涯际的广阔天地，你的心停止了跳动，一种美妙的羡慕之情，一种强烈的、无法抑制的幸福感在你心中油然而生，使你不由得感到：生命犹如短促的闪电……

他念完了，摘下玳瑁眼镜，皱起眉头看了我们一眼，有点儿不好意思地说：

"怎么不吭声呀？你们骂吧。"

看来，他不喜欢我们掩饰了的赞美。

"你们说说。"

我解释说，听了如此出色的朗读，一下子很难对剧本进行剖析。他不满地说：

"您真是这么想的吗？"

于是我们哈哈大笑起来。紧张的气氛过去了，谈话轻松地进行着。大家谈论了剧本的总的布局，提到了一些细节，谈到了词不达意以及作家常有的在创作中苦于无能为力的烦恼。这时他想起了一位批评家的话，这位批评家在评论西斯廷圣母像时说，拉斐尔在婴儿的躯体上画了宙斯的脑袋——作家的境地不也是如此吗？作家的脑袋像宙斯的那样工作着，但一开始动笔——就如婴儿的手般力不从心，无法把一切全都表达出来。

"全部——做不到。但能表达一大部分。为此也该感激不尽。"

他若有所思地说：

"是的，当我读到托尔斯泰或契诃夫的作品时，我是多么感谢他们啊。我总觉得，这些作家是善于表达一切的。难道能把《哈吉－穆拉特》写得更好些吗？"

"我们认为这不可能。托尔斯泰认为是可能的。"

他笑了笑说：

"我去睡觉前还要看一会儿书。在俄罗斯写作有多好呀！"

于是他去工作了。

有一天早晨，早饭后，他忽然给我读了一位年轻人从俄国写来的信。信写得很好，很见地，言辞恳切，有几处才情横溢的细节描写，深得作家们喜爱。高尔基用低沉、有力的嗓音重复着这几段文字。写这封信的人并不想当作家。多么美好的信件，多么卓越的年轻人在我们的土地上成长起来了！接着他谈到了年轻的科学家，介绍了他们的工作情况，还拿来了他们的著作和信件。他要在我们面前展示出苏联科学家的多彩、光明灿烂的生活图景，他们的思绪是那么流畅、欢快！（……）

令人惊奇，同时又不难理解的是，如果一位伟大人物掌握并通晓当代的全部科学，过去的全部科学。然而更令人感动和高兴的是，这位伟大人物不但博学多才，还精于人类的简单工艺，诸如缝鞋或木工活儿。列夫·托尔斯泰、彼得大帝或列奥纳多·达·芬奇[85]的魅力还在于，他们能耕地、栽树、做鞋或缝衣。高尔基也属于这一类人。他能够使你高兴的是，他竟能掌握似乎应当跟他毫无关系的知识和本领。他懂得如何制作任何一样家庭用具，他明白如何张罗各种储备。例如，他了解在农民的婚礼上如何打扮新娘，还会给婴儿和危重病人洗濯身体，他还会并且懂得做许许多多的事情。一九二一年的一天，一些杂工在他住宅里把一只笨重的柜子从一个房间搬到另一个房间里。他们不会巧干，而是笨手笨脚，喘着粗气，嘴里还咒骂着。高尔基瞧着瞧着，然后走过去，朝手上啐了一口唾沫，就这么用肩膀一顶，柜子一下子就移到了应该安放的地方。工人们只是摊开双手，表示惊讶！

这是阅历深广、才华盖世的人物所特有的"生活细节"，如果没有这些，大人物的画像就会像一幅草图那样呆板，毫无生气，势必为世人所遗忘。在高尔基所特有的"生活细节"中就有这样一种"细节"，他是一位收藏家。但却是一位特别的收藏家。他收藏图书，他喜爱书籍，然而，如果你喜欢其中的哪本书，有时甚至是非常稀罕的，他也会马上赠送给你。

多年来，他一直想读一读斯特恩[86]的《项狄传》，这本书在我们的书市上极难觅到。有一天，我有幸买到了一本，兴高采烈地拿去送给他。高尔基爱不释手地翻阅着这本书，满口称赞，这本书的装帧确实非常精美。约莫过了三天，当我问他，他现在是否仍喜欢读《项狄传》时，他耸耸肩膀含笑说：

"您可知道，有人比我更喜欢这本书。从书桌上把它拿走了！"接着又补充说："我喜欢送书给别人，但更叫我喜欢的是，有人从我这儿偷书。这意味着，他们求知的渴望是强烈的，不可克制的。"（……）

米·列·斯洛尼姆斯基

米哈伊尔·列昂尼多维奇·斯洛尼姆斯基（1897—1972）——作家。一九一九年，他开始在世界文学出版社工作，从而认识了高尔基。斯洛尼姆斯基为写高尔基的传记性作品收集了材料，但因致力于文艺作品而放弃了原来的计划，将收集的材料转交给伊·阿·格鲁兹杰夫。

高尔基和斯洛尼姆斯基的通信参阅《高尔基与苏联作家未发表的通信》——《文学遗产》第七十卷，莫斯科，苏联科学院出版社，一九六三年，第三七四—三八九页。

本文最初发表于《文学现代人》杂志，一九四一年，第六期。现按《米哈伊尔·斯洛尼姆斯基选集》（4卷本）第四卷，列宁格勒文艺书籍出版社，一九七〇年版第三八五—四〇四页原文刊印。

最初的几年，马·高尔基

（……）除了画像，我从未见过高尔基。我出院以后[87]曾多次来到高尔基创办的《年鉴》月刊编辑部所在的大楼附近，希望能在那儿见到阿列克塞·马克西莫维奇——可是我不敢进去，还是离去了。

不料，在远离《年鉴》月刊编辑部的电车里我竟意外地遇见了高尔基——

或许这不是他？

他全身的穿戴都是黑的。黑帽子，紧扣着纽扣的黑上衣，黑裤子，黑皮鞋，甚至连手上戴的手套也是黑的。他个子很高，两腿并拢，闷闷不乐地坐在电车里，纵然他的脸孔并不十分像马克西姆·高尔基，他那不寻常的外貌也是引人注目的。何况他的脸孔同马克西姆·高尔基的画像一模一样，无怪乎乘客们都饶有兴趣地、好奇地瞅着他。

我早已错过该下车的站头，大概有二十来分钟眼睛几乎一眨都不想眨。就在我的面前，就在这最最平常的彼得格勒的电车里，坐着马克西姆·高尔基——不是一个普普通通的人，而是一位传奇式的人物——我高兴的是，他确实超尘拔俗，明显地不同于其他乘客，他突然站了起来，离开了座位，我在他的后面跟着。

他下了电车，沿着克伦威尔大街走去，接着就消失在一座房子的大门里。

他是不是高尔基？我不得而知。直到十月革命以后，我才认识了阿列克塞·马克西莫维奇。

科尔涅伊·伊凡诺维奇·楚科夫斯基邀请我参加高尔基领导的出版社[88]的工作。他把我带到阿列克塞·马克西莫维奇的办公室，随随便便地就进去了，好像任何人都能到这儿来似的。

我就这样面对面地站在一位身材颀长、背有点儿驼、同我在电车里看到的那个人非常相像的人跟前。可是面前的高尔基穿的是色调明快的灰大衣，天蓝色的衣领宽宽的，使他的脖子显得很细，他整个身子灵活、矫健，在房间里轻盈地踱着步，好像穿着便鞋似的。

他神情严肃地仔细看了我一眼，打了个招呼，仿佛要咬断右边的小胡子似的动了动嘴唇，然后在桌旁坐下，又朝我看了看——这一次他的目光是令人宽慰的。那张善变的脸很坦然，而且一双炯炯有神的眼睛使它容光焕发。他说了声：

"好，好……"

接着把摊在桌上的稿子挪到了自己的面前。现在，当他低头看稿子的时候，他活像一个正在研究图纸的老车工。

"一个有才华的人，"他对楚科夫斯基说，"他能写……"

他边说边赞许地用手指敲了一下稿子。

我不知道这是一份什么稿子，也不知道当时阿列克塞·马克西莫维奇称赞的是谁。我无暇顾及这些问题，那时我心慌意乱，真不知把手和脚往哪儿搁才好，它们突然开始妨碍我。

在那几年，阿列克塞·马克西莫维奇力图把老年人和青年人都团结在一起，共同完成一项伟大的事业——创建新的苏维埃文化，为全体人民而不是为一小撮"特等人物"服务的文化。阿列克塞·马克西莫维奇把苏维埃知识分子联合并组织起来，他要使脑力劳动者为苏维埃政权服务，为年轻的苏维埃共和国的工人农民服务，他们正在东西南北各条战线上反击外国武装干涉者和白卫军的联合部队。

他筹建了科学家之家、艺术宫、世界文学出版社等等。对任何一个能创造真正财富的人，他都竭力支持，给他事情做，热情地关心他的工作。在对人们做出评价时，他所依据的不仅是他们已完成的工作，而且还考虑到他们可能做些什么，他们身上有些什么特长。

高尔基打算出版所有最优秀的世界文学作品。在这规模宏大的工作中，我受命收集俄罗斯和外国作家的作品。当时还没有定出完整而精确的出版计划，因此我在挑选时有一定的自由。面对文坛大师和天才的卷帙浩繁的大量作品，我还真不知道把所有这些书往哪儿放哩。

实际上，这件工作是体力劳动大于脑力劳动。对于脑力的要求，只要能懂得屠格涅夫和博博雷金[89]之间的区别就够了，而体力的消耗则要大得多，因为有些文选的分量是不轻的。

活着的作家，不论是著名的还是不著名的，都把自己的作品送到或寄到出版社来了。瓦西里·伊凡诺维奇·涅米罗维奇-丹钦柯用小车运来了自己的全部作品。阿列克塞·马克西莫维奇朝直接堆放在地板上的一沓沓书看了看然后说：

"涅米罗维奇关于高加索[90]的作品不是写得很好嘛。"

他弯下身子，抽出他需要的那本书，把它放进皮包。这就是说，他将重读这本书，如果必要的话，就校订一下。

阿列克塞·马克西莫维奇非常熟悉经典作家的作品，同时又记得二流、三流，甚至十流作家写的书。我觉得，他的记忆库就像所有合在一起的书柜那么广博。

书在出版社里越积越多，堆满了书架、柜子、桌子、窗台，叠在地板上一堆堆的书也不断升高。有现实意义的书送去校订，无用的书进入书库，有争论的书则开会讨论。看到成堆成堆的书在书库里找到了自己的归宿，形成了一座不小的"死书坟墓"，不免使人陷入不愉快的沉思。

被送进书库的首先是帝国战争期间大量炮制出来的"战争题材"的书。即使在革命之前，正直的战地读者对这些书也要避而不读，就像见到了大声吆喝的将军，或者特别喜欢拘捕度假士兵的枢纽站的指挥长，甚至简直就像见到了杀人的"大炮弹"[91]一样。在那些年代，虚假的沙文主义乐队里麇集着各种流派的文学家，其中有神秘主义者、现实主义者、唯美主义者、悲观主义者、乐观主义者。[92]令人奇怪的是，这些作者竟然把这类书全都送来出版——这未免太愚昧无知了。

不久以后，阿列克塞·马克西莫维奇请我到他的住所去。我决心要向出版社其他工作人员那样，在见到阿列克塞·马克西莫维奇时态度自如，毫不拘束。我一边沿着为饥馑和寒冷的阴影所笼罩的彼得格勒街道朝克伦威尔大街走去，一边下定决心。在一九一九年，行人都不走结冰的人行道，而干脆在破败不堪的马路当中行走，我也是这样，而且也不环顾一下司空见惯的街上的景象，如看一下没有搬走的死马等。

我鼓起了足够的勇气，不慌不忙地敲了敲高尔基住所的门，走进主人邀我去的饭厅。

阿列克塞·马克西莫维奇在桌旁坐着，身穿一件天蓝色的衬衫，没有外套，他不断地抽着烟。桌上的一只不大，但又实用的大肚茶炊正欢快地叫着。我记得，当时只有阿列克塞·马克西莫维奇一个人在那儿。

高尔基问过好，指指自己对面的椅子说：

"请坐。"

我把我买到的书的清单交给了阿列克塞·马克西莫维奇。他皱起了眉头，不知为什么立刻变得异常严肃起来。看了清单后，他说：

"应当找到斯列普佐夫的《困难时期》。一本好书。兹拉托夫拉茨基的作品怎么没有买？还得看一看《小人物手记》……[93] 列舍特尼科夫的作品没有忘记吧？请您再去找找……"

他向我推荐了利捷伊内依大街[94]上的两三位书商，并继续列举被我遗忘的书。数量不多，都是我从来没有读过的，或者根据我的文化素养不予重视的作家的作品。我甚至不知道有《小人物手记》这本书，也不清楚是谁写的。阿列克塞·马克西莫维奇心平气和地向我解释我清单上所缺的那些作家的作品的意义，显然他并不认为这是我偶然把他们漏掉的。这非常像在课堂上，然而，对于老一辈的文坛高手，他有时也谆谆教诲。

他突然打断自己的话说：

"请您自己倒茶。"他朝茶炊那边点点头说，脖子从衣领里稍稍露出一点，"请倒吧，杯子就在你面前。"

我把杯子放在龙头下面，拧开它，但没能关上，不知道是龙头坏了，还是这堂课对我太起作用了，反正龙头硬是不转动。水溢到了托盘里，我浑身冒汗，在不听使唤的茶炊前手足无措，阿列克塞·马克西莫维奇站起身来，走到我跟前，用手指轻轻一转，就关上了龙头，并把杯子端到我面前。他回到自己的座位上，抽着烟说：

"《小人物手记》您可以向杰斯尼茨基要。他有这本书。"

我惊恐、诧异地看着铜制的龙头，仿佛它是活生生的不祥之物。这只该死的龙头不愿听我的使唤，却服服帖帖地顺从高尔基。所有的东西都听高尔基的摆布。要是他把某件小玩意儿拿在手里，边看边转动，那只夹在大拇指和食指中间的小玩意儿就好像活了起来，变得玲珑精巧，逗人喜爱，即使把它放下，也仍然像悬在他的眼前一样。高尔基喜爱手工艺品，而手工艺品似乎也对他以爱相待。

我的购书单得到了阿列克塞·马克西莫维奇的赞同。但是他补充的书目向我说明，书不仅会过时，而且还会重新获得生命力。

时间会改变评价。作品经受的命运是不以作者的意志为转移的。对一本不好的书任凭怎样大吹大擂，它迟早总会过时的；而对一本好书，不管怎样咒骂或故意视而不见，它仍然具有生命力。

一次，我们在民警俱乐部举行文艺晚会。大厅里挤满了人。一些优秀的作家应邀在晚会上朗诵作品，马克西姆·高尔基也在场。

著名的作家一个接着一个地朗读自己的作品。人们有礼貌地迎接他们并把他们送走，聚精会神、满怀敬意地聆听他们的朗诵。但是，当阿列克塞·马克西莫维奇出现在人们面前时，大厅里响起一阵鼓掌声和欢呼声。高尔基与其他朗诵者不同，他潇洒自如，轻松愉快，容光焕发。

"是呀，"一个来这儿参加晚会的文艺工作者非常激动地对他邻座的同行说，"他在这儿是身处于自己的同伴中间嘛。"

在这儿，阿列克塞·马克西莫维奇无疑是在自己的同伴中间。他是和人民在一起的，在所有的朗诵者中间他是唯一的真正的人民作家。革命无一例外地接受了他的全部作品。

他也希望其他作家树立必须为人民工作的信念。他给他们工作，提供题材，总是恰如其分地考虑到每一个人的能力。

越来越多的文学家、科学家、艺术家和从事各种职业的知识分子汇聚在阿列克塞·马克西莫维奇周围。对某一些初露头脚的新朋友，阿列克塞·马克西莫维奇表现出无微不至的关怀。总的说来，他对人们始终怀着不可遏止的热烈的感情。

一九二一年，他在一次与我们这些年轻的初出茅庐的作者谈话中说：

"有人说我是最拘泥于生活琐事的作家，甚至是自然主义者。可是我怎么会是这种作家呢？我是浪漫主义者。"

不是所有的人都能不辜负他的热情。他也常常对某些人大失所望。但是他仍旧一如既往，继续悉心照应这一些人或那一些人。

这是他特有的、令人惊叹的年轻人的特征，对于一个已经度过五十诞辰的作家来说，这是难能可贵的。（……）

过了几个星期，我的工作发生了重大的变化，我已经坐在高尔基会客室那张秘书桌前了,但是我的思想却显然落后于现实。

我为自己突然被提拔到如此显要的岗位而感到自豪、幸福,同时又忐忑不安、不知所措。每当阿列克塞·马克西莫维奇进来,我便感到胆怯。我每天都与高尔基打交道,对此我怎么也适应不了。在来访的客人中间有著名的,甚至有遐迩闻名的科学院院士、教授、作家等。我心里充满着崇敬和炽热的感情。

在阿列克塞·马克西莫维奇来到之前,来访者一般都在会客室等着他。他们全都热烈地向他表达自己的感情,看来大家都同样爱戴他。

阿列克塞·马克西莫维奇来的时候腋下总夹着一只鼓鼓囊囊的皮包,他从皮包里拿出稿子和书本,一一放在桌子上。

他长得很高,动作灵活,举止安静,似乎超脱了年龄的影响。我觉得他年事已高,深谋远虑,但又很年轻,非常年轻,甚至有些调皮,比如,当他神采奕奕地开始讲什么趣闻逸事的时候,他一会儿模仿食堂服务员,一会儿又出人意料地变成了吉尔吉斯草原的牧人。

我相信,凡是爱戴阿列克塞·马克西莫维奇的人都是真正忠于他、忠于革命的。——我当时毕竟还很年轻,不明白人的真实感情和他的话语之间是会有距离的。(……)

阿列克塞·马克西莫维奇常收到许多信,有时从信封里倒出来的却是打着活扣的绳子——这是哪个坏蛋采用白卫军的手段来威胁这位伟大的作家。阿列克塞·马克西莫维奇对这些威胁一笑置之。

阿列克塞·马克西莫维奇常为从事脑力劳动的人们张罗食品、皮鞋和住房,同时要求每一个人好好工作。各种请求他都接受。

作家费奥多尔·索罗古勃本来应当给阿列克塞·马克西莫维奇送交自己的新作,但是索罗古勃送来的不是高尔基想看到的稿子,却是一份要求给他的母牛提供饲料的申请书。

阿列克塞·马克西莫维奇微微皱起眉头,仔细看了申请书,在一个地方补上了漏掉的逗号,即后拿起一张纸,开始耐心地,用又粗又大的、几乎像印刷体的字母写信为索罗古勃的母牛求援。在这同时他那富有表情的脸上显出生气的神色，好像在申斥什么人似的。

他把这封信交给索罗古勃时莞尔而笑，随即抿了一下嘴唇，止住微笑，接着又笑了笑。他已习惯了各类申请，甚至是最可笑的申请。

有一次，一位旧时代的五等文官来找阿列克塞·马克西莫维奇，要求恢复失去的官衔。阿列克塞·马克西莫维奇非常高兴地接待了这位五等文官——他喜欢可笑的奇闻。

阿列克塞·马克西莫维奇从不怠慢任何人，也从不让别人没看到他就离去。

有时我真不明白，高尔基怎么会有时间为大家做这么多的事情。他从事大量的组织工作和社会政治工作，审阅和校订大批稿件，忙于写作并经常接待为各种各样的、有时和文学毫无相干的事情而来找他的人。

在阿列克塞·马克西莫维奇来这里的日子，会客室里总是挤满了人。我的眼睛已习惯了这样的场面。因此，当我觉察到来访者突然减少后，我反倒觉得奇怪了。

这是一九一九年秋天的事。起初我根本没有把这种意外的变化和尤登尼奇向彼得格勒的进攻联系起来[95]，我以为这是偶然的现象。但是随着尤登尼奇向彼得格勒的步步进逼，到高尔基这儿来的客人——而且都是一些非应征年龄的客人——越来越少了。

会客室变得空荡荡的。

这是令人不愉快的景象。

如此热爱阿列克塞·马克西莫维奇的恭恭敬敬的来访者一个接一个地消失了。（……）

根据高尔基的会客室的情况可以推断尤登尼奇逼近彼得格勒的程度。然而，令人感到欣慰的是，当时知识界中最革命的那一部分人并没有撇下阿列克塞·马克西莫维奇。其中有在他所主持的规模巨大的工作中协助他的忠实助手和工作人员。而其他人，在那动荡不安的秋天的日子里却一哄而散，溜得无影无踪了。

当尤登尼奇兵临城下的那一天，阿列克塞·马克西莫维奇像往常一样，到这儿来工作。

办公室的桌子上有一大沓信等着他处理。高尔基开始拆信,他从一个信封里取出一根绳扣,接着是第二根、第三根……也有下流的骂人的信,现在这种信特别多。大家都知道在尤登尼奇那儿已编就了一张黑名单,并列了必须立即处以绞刑的布尔什维克的名字,而且这张名单正是以高尔基的名字为首的。

阿列克塞·马克西莫维奇把匿名白卫军寄给他的绳扣整整齐齐地堆叠起来。他把这些绞索叠成"小塔",不时把身子靠在椅背上,用手指捋捋胡子,然后继续做这件奇特的工作,他的蓝眼睛发出了好奇和嘲笑的光芒。当他用灵巧、有力的手指摆弄这些为他准备的绞索时,他最亲密的朋友们、在各次工作中协助他的助手们陆续走进了他的房间。

他从最后一只信封里取出最后一根绳索扣,敏捷地把它放到"小塔"顶,然后站起身来,微微弓起后背,在房间里踱起步来。

然后他和朋友们在临涅瓦大街的气楼里坐下。这气楼的形状酷似灯笼,装着玻璃,突出在墙壁外面。从这里眺望,寂静的涅瓦大街尽收眼底。但那里看不到一辆电车或马车,也看不见一个偶尔走过的行人。只是间或有几个骑马或徒步的巡逻兵时隐时现,在近旁的十字路口,夜间篝火的焦炭还在冒烟。

阿列克塞·马克西莫维奇逐个提到了不知去向的作家的名字。他不时按自己的习惯用手指捋着胡子说:

"梅列日科夫斯基[96]……他曾像小狗似的缠着我……"

在他的低沉的男低音中可以听到揶揄的音调。

"索罗古勃[97],他的心灵——就像是浸在酒精里的早产婴儿,畸形儿,嗯……"

他停了一会儿,突然说:

"而我今天的心灵——就像一只火红眼睛的大猫,毛发耸立……"

他用面部表情和手势描绘了这只猫的神态,描绘了他自己的心灵。

会客室里空无一人。

常来的客人们今天是不会来这里再一次向阿列克塞·马克西莫维奇表示

自己的情意了。空荡荡的会客室像一个窟窿,也就是像相关人们的朴素认识中一个被击穿的弹洞。

后来,来访的人又开始回到会客室里来,他们每天都来。尤登尼奇匪帮迅速地退向纳尔瓦河,来访的人越来越多。他们又热烈地向阿列克塞·马克西莫维奇表示自己的情意,好像个个都是他的崇拜者。

阿列克塞·马克西莫维奇照旧殷勤地接待来客,关心每一个人。他心平气和、坚持不懈地继续教育人们,为苏维埃政权从老知识分子中间争取可以争取的所有的人。众所周知,他的努力在许多人身上确实没有白费。

然而,不能说阿列克塞·马克西莫维奇对所有的人都一视同仁。平均主义是不存在的。

对有一些人,他认为已成不了什么大器,不寄予任何期望。有时他在听某一个来访者说话时,眼睛竭力不看对方,仿佛他为来人感到害臊似的,他生气地抚摸胡子,并在桌面上叩着手指,突然用出其不意的话语或动作打断对方的话。(……)

阿列克塞·马克西莫维奇会熟练地做各种体力劳动。在那几年,手里从来没有拿过斧子的学者、院士有时也得亲自动手劈木柴,但每劈一块木柴得耗费许多时间,而且动作总是笨手笨脚的。高尔基劈木柴时,就像有经验的看管院子的人一样,左手扶着木块,从不担心斧头会把手指砍断。

高尔基善于识别寄生虫,即使他外貌招人喜爱。如果在交谈者的话语中觉察到对方有鄙视体力劳动者的态度和自以为知识高人一等而骄傲自大的倾向,他这个老无产者立即就会挺立在来访者的面前,而这位"精神贵族"马上就钳口结舌了。必要时,阿列克塞·马克西莫维奇会摒弃一切虚礼。

他珍惜人的一切创造性表现。对他来说,整个生活就是不间断的创造,就是为人们的幸福创造越来越多的财富。对任何一种劳动——不论是文学家的还是车工的劳动、画家的还是木工的劳动,他都从心里感到亲切。他首先是根据工作评价一个人的。

高尔基善于区分每个人工作的好坏。一位女翻译家拿来了一本论述西欧文学的含义晦涩的小册子。阿列克塞·马克西莫维奇熟悉这本书,因此把它扔在一边说：

"这位有教养的女士对文学的想法，谁都不感兴趣。"

但他称赞这位"女士"译得好：

"是一部出色的译作。"

他好奇地观察着旧时代生活中的主人，这些人有时被当时的生活浪潮冲到他的面前。在这些行将消亡的各种人中间往往会碰到一些古怪的人物。例如，有一天，一位太太来找阿列克塞·马克西莫维奇，要求不让有孩子的家庭搬进她的房子（她就是这么说的——"搬进我的房子"）。

"因为孩子总会带来烦扰和潮湿。"

阿列克塞·马克西莫维奇把她撵走后，饶有兴趣地说：

"可笑的女士。多么恶毒——孩子会带来潮湿！……好像在说什么鼻涕虫似的……"（……）

同时他还狠狠地回击了主张消灭脑力劳动者的马哈伊斯基分子[98]。我记得，当他在建立科学家之家的工作中又一次遇到阻碍后，他心情激动地在房间里来回走着说：

"这些人简直想砍掉俄罗斯的头颅。他们可知道连跛了脚的科尼[99]至今仍在工作，今天还爬上楼梯来我这里哩……"

他列举和他携手合作的科学家的名字，他的话流露出一种赞赏。他对人的思想、人的劳动和强大威力所抱的信念是坚不可摧的。

为知识分子安排各种生活琐事给高尔基带来了很多麻烦。一次他在为某个文学家写介绍信，突然把身子靠在椅背上，愉快地说：

"我简直成了警察局长了。"（……）

人民非常熟悉高尔基。那时，设在红街的共青团培训班创办还不满一年，我在那儿讲课。培训班学员时常谈到高尔基，他们谈论他作品中的主人公就像谈论活生生的人一样。小伙子和姑娘们把高尔基笔下的人物从过去移到现在，设想他们的发展前途。我记得，有一次他们对短篇小说《切尔卡什》中的加夫里拉展开讨论，并转而谈论起农村、农民所走的道路，以及当前最迫切的一些问题来。

有时，下班后我陪阿列克塞·马克西莫维奇回克伦威尔大街住所。人们通常用马车送他回家。有一天我们乘马车回去，在荒凉的大街上唯一的马车立即引起民警——一位年轻小伙子的注意，他叫马车停下，走近检查，于是看到了高尔基。民警皱起淡白眉毛，朝这张似曾相识的脸孔凝神端详着，但还是想不起来他在什么地方遇见过这位戴旧式黑色宽檐帽、身穿黑色长襟秋大衣、衣领半竖半翻、膝盖上放置一只鼓鼓囊囊的皮包的公民。最后，他用嘶哑的嗓音询问：

"姓什么？"

阿列克塞·马克西莫维奇说出了自己原来的姓氏：

"彼什科夫。"

看来，这个姓没给民警任何启示。可是这个彼什科夫的脸却异常熟悉。最后他做出决定，把手一挥说：

"走吧，彼什科夫同志。"

马车夫将马车驾走了。这时民警的脸突然开朗起来，他记起来了，是想起的还是猜到的，我不得而知，但不管怎样，他兴高采烈地欢呼道：

"您好，高尔基同志！"（……）

一九二〇年九月二十日我们在彼得格勒文艺之家设宴欢迎来我国访问的英国著名作家威尔斯。[100]

在那饥馑的年代，这可是一次非常丰盛的宴会。人们热情好客地接待这位外国作家。大厅里的长桌都铺着叶利谢耶夫家的洁白的桌布。[101]桌上不仅有面包和香肠，而且在每只盘子旁边都放着一条真正的好久没见到的巧克力糖。灯光明亮，炉火融融。

马克西姆·高尔基和赫伯特·乔治·威尔斯，这两位闻名世界的同行、老相识在席间相对而坐。[102]

威尔斯，这位引人入胜的幻想小说的作者，个子矮胖、结实，有着精明的实践家、最讲求实际的人的外表。他多疑、执拗又呆板。

阿列克塞·马克西莫维奇的脸能反映他的一切内心活动。

瞧，高尔基的眼睛露出了笑意——这是他在出席者中间见到了自己所喜欢的人。但他马上又皱起眉头，眼睛往右边看，用手指扯着小胡子，原来是一批被查封的资产阶级报纸的记者来了，他们吵吵闹闹地在桌子旁坐了下来。

是啊，阿列克塞·马克西莫维奇的脸不能说是没有表情的。这是生气勃勃的人富有表情的脸，没有丝毫做作的表情。他的表情随着他的视线所及和周围发生的情况而不断变化着。

就在这时发生了一件不愉快的事。

发言开始后，聚会者的阵营就壁垒分明了。那些被查封的报纸记者表现得特别活跃。少数苏维埃文学家的声音被这些人慷慨激昂的演说所淹没，他们在这次晚会后不久就去国外侨居了。这些演说家百般诉苦，呼吁援助，造谣中伤，但他们采取的手法都相当谨慎小心，他们借用暗示，外加绝望的手势、悲痛和愤怒的目光。"据说，畅所欲言，是不可能的，危险的，但你们自己知道……"有一个演说者竟然说，"我们被剥夺了把话说清楚的权利。"

革命前的著名作家阿姆菲捷阿特罗夫[103]的讲话是这一系列发言的最高潮。他写的书卷帙浩繁，大概只有博博雷金和瓦西里·伊凡诺维奇·涅米罗维奇·丹琴科可与之并驾齐驱。

他决心成为一个最勇敢的人，彻底揭露一切。

他把自己的全部激情灌注到话语中，说道：

"威尔斯先生，您在美好的场所看到是衣冠楚楚的人。这是假象……"

说到这里，他勃然大怒，像面对着成千上万的听众一样嚎叫起来：

"但是，如果这里所有的人都脱下外衣，那么威尔斯先生将会看到好久未洗涤过的肮脏不堪的褴褛的内衣！"

这时阿列克塞·马克西莫维奇笑了一下。

这真是闻所未闻的笑话。敌人们力图向这位外宾揭露"革命的恐怖"，却最富有喜剧性地暴露了他们自己。

尽管如此，阿列克塞·马克西莫维奇还是从座位上站起来说：

"我觉得在这里诉苦是不适宜的。"

但是这句话却引起了各种抗议。它只给阿姆菲捷阿特罗夫增添了激昂的情绪。

此后不久，阿姆菲捷阿特罗夫即逃亡国外，并在白卫军的报刊上发表了声明。

这儿，在这个大厅里，就像在所有的地方一样，阿列克塞·马克西莫维奇本身体现了一种运动，永远向前的运动，即生命。

他的作品最富于现实主义精神，最令敌人胆战心惊，充满着对最优秀的人物和最美好的生活的憧憬。

阿列克塞·马克西莫维奇经历了比"褴褛的内衣"更沉重的考验，他对人的创造力量的信念从不动摇。

威尔斯的答词主要是对来这里出席欢迎会的少数真正的苏维埃人说的。正如他所说的，他在答词中表达了他渴望了解"共产主义实验"实质的心愿[104]。

没有人再要求讲话。

欢迎仪式结束了。

于是阿列克塞·马克西莫维奇站起来非常高兴地说：

"欢迎仪式到此结束，我感到十分高兴。我希望威尔斯卓越的头脑，"他朝客人彬彬有礼地鞠了个躬，"能从所有这些讲话中撷取珠玑，如果能从中找到的话。革命是不可战胜的。它将改造世界和人们……"

他，世界上第一位无产阶级作家，像法官或主人那样充满信心和从容不迫地讲着话。他那简短的、略带讽刺的讲话表现出无尚的尊严。

瓦·米·霍达谢维奇

瓦连京娜·米哈伊洛夫娜·霍达谢维奇（1894—1970）——女画家。从事书籍装帧设计和插图工作，也搞过舞台美术。一九一九年出版的《高尔基短篇小说集》附有瓦·米·霍达谢维奇的插图。

回忆录原载《新世界》杂志一九六八年第三期第十一至六十五页。本书按该版本刊印。

我所认识的高尔基

一九一六年，高尔基来到娜·叶·多贝奇娜[105]在彼得格勒的美术社举办的画展[106]，我在那里展出了许多绘画作品。高尔基对我的画很感兴趣，他想买我的一幅大型油画，画上是一位身穿切列米斯人[107]的服装，面带笑容地站在树下的姑娘，其背景是田野、山丘和天空。这位姑娘名叫萨莎，是我在工作室里画的，远处的景致是虚构的，高尔基大概被这幅画所特有的艳丽色彩、明快的格调和民族特色吸引住了。可是，高尔基并未得到这幅画，因为它已被一位年轻的收藏家Ｂ·亚斯内买去了。

几个月以后，高尔基想买油画《萨莎》的事早已被我忘得干干净净。可是，有一天，"帆"出版社打来的电话又使我想起了这件事。在出版社工作的亚历山大·尼古拉耶维奇·吉洪诺夫受总编辑高尔基的委托打电话给我，请我在近日内去编辑部同高尔基谈谈工作问题，如果我不反对的话。第二天我就从瓦西里耶夫岛乘帆船朝"帆"出版社所在的彼得格勒方向疾驰而去，出版社坐落在造币厂大街（即今斯科罗霍多夫大街）[108]上。《编年史》杂志编辑部也设在那里，高尔基曾在这地方辛勤地工作过。

亚·尼·吉洪诺夫在编辑部欢迎我来访，向我介绍了他的妻子——出版社秘书瓦尔瓦拉·瓦西里耶夫娜·沙伊克维奇，接着就带我到高尔基的办公室去。

令人奇怪的是，我在童年时代就形成的对高尔基的印象（由于我父母在家里经常谈到他，我在杂志和报纸上也常看到他的照片）与在编辑部接待我的高尔基本人竟是那么不一样！我面前的高尔基身材瘦长，倔强地昂起的脑袋与整个躯体相比显得不大，因为他看上去比实际的身高要高一些。会面之初，他那双专注、深邃、洞察一切的孩子般蔚蓝的眼睛立即给了我深刻的印象。他动作从容，步态灵活轻盈，走路没有一点声响，丝毫没有矫揉造作之态，异常朴实自然，没有"名人"的架子。他身上的灰色上衣做工精致，非常合身、大方，里面是一件软领的天蓝色衬衫（几乎同他的眼睛的颜色一致）。使我感到奇怪的是他没有打领带（阿列克塞·马克西莫维奇不喜欢打领带，而且也不善于快速结好领带）。

高尔基的主编办公室占用了一个大房间，陈设着舒适的办公用具。窗子旁边放着一张写字桌，几把褐色的皮圈椅。房间深处是一张光滑的大桌子，四周摆着椅子，显然是供开会用的。墙边有几只柜子，摆满了书和文件夹。阿列克塞·马克西莫维奇让我坐在写字桌旁的圈椅上，自己也面对我坐了下来。他回忆起他未能获得我的油画《萨莎》的事，接着就把话题转到要我去工作的问题上，要我为儿童读物《新年枞树》[109]中科·伊·楚科夫斯基的《愚蠢的国王》画插图。我立即就同意了。"很好，就这样定啦！让我们在一起工作吧。我们今后还要指望您的协助。现在我给您介绍一下本文的作者。"阿列克塞·马克西莫维奇走出办公室，不久就带来一个人，那人像他一样又瘦又高，但比他年轻，浓黑的头发斜垂在他的前额上。这就是科尔涅伊·伊凡诺维奇·楚科夫斯基。他马上把《愚蠢的国王》的童话手稿交给了我。

我很喜欢高尔基、楚科夫斯基、吉洪诺夫夫妇,以及编辑部的整个气氛,因而在回家的路上我已经在考虑新的工作了。

过了几天,我正埋头为《愚蠢的国王》绘画,电话铃响了。我去接电话,一个非常悦耳的,但带着演员腔的女人声音对我说:"是瓦连京娜·米哈伊洛夫娜吗?您好!我是玛丽亚·费奥多罗夫娜——阿列克塞·马克西莫维奇的妻子。他跟我谈起过您,因此我俩都非常希望您能后天晚上到我们家里来做客。阿列克塞·马克西莫维奇有一些朋友要来,我们希望能在他们中间看到您。"

自离开莫斯科以来,我至今还无法习惯彼得格勒的生活和使我感到过于拘礼的彼得格勒画家们。同他们在一起我就感到不自在,有点儿格格不入。接到安德烈耶娃的邀请,我当即决定不去,道谢之后,我抱歉地说,我不能去,因为这天晚上我没空。"真遗憾,"玛丽亚·费奥多罗夫娜语气诚恳地叹息说,"我本来还想求您哩!""什么事?"我问。"来的人很多,我担心刀叉不够,所以我本希望您能帮我的忙,把您家的餐具带一些来。"不知什么缘故,这些"刀叉"使我马上感觉到在高尔基家里是不必担心什么繁文缛节的。我非常想去参加这个晚会,因此我非常直率地赶紧对玛丽亚·费奥多罗夫娜说:"哟,如果您需要刀叉,我当然一定来,并把我家里的刀叉全部都带来。""请记下我们的地址,"玛丽亚·费奥多罗夫娜说,"克伦威尔大街二十三号楼上[110]。就这样吧,我们后天晚上等您!"

我参加了晚会,带去了刀叉,得到了殷勤的主人和吉洪诺夫夫妇的亲切接待。我在那儿认识了许多歌唱家、女舞蹈家和画家。晚会很热闹,室内烟雾腾腾,有些房间点着蜡烛,人们在交谈,在争论;另一些房间则亮着电灯。餐桌摆在几间房间里,客人们随意入座,想跟谁在一起就跟谁一起用餐。大家都很高兴,跳舞、唱歌直至天明。我也兴趣盎然,满心喜悦。玛丽亚·费奥多罗夫娜和阿列克塞·马克西莫维奇是一对殷勤、周到,但不令人厌烦的主人。

我注视着阿列克塞·马克西莫维奇,发现他经常悄悄地从一群客人走向另一群客人，有时手里拿着烟卷，独自背靠在什么地方站着，观察身边发生的事情。他的脸时而露出带稚气的好奇的神色，时而漾起亲切的微笑，时而显出十分严肃、近乎愤怒的表情。看来，他有他自己深藏于心底的精神生活。以后我经常发现，他在众人聚谈之际往往会在某个时刻袖手旁观，让人们随便谈下去，但他做得很得体，很少有人能觉察到他已"置身局外"了。

我们的交往有着飞跃的进展。阿列克塞·马克西莫维奇曾两次到我们在瓦西里耶夫大街的家里来做客。那时，充满暴风雨的一九一七年即将来到。每个人都过着忙忙碌碌的生活，可是同阿列克塞·马克西莫维奇的聚会不断增强着我和他及其亲人们之间的友谊。（……）

在克伦威尔大街

我是于一九一八年夏天在克伦威尔大街二十三号楼七号四层他的新居为他画像的。阿列克塞·马克西莫维奇是一位"专心致志"、很有耐心的模特儿，可是，为了不致使他过于劳累，我决定让他坐在一张小桌子后面给他画像。我给他画的是大小与真人相等的油画肖像。

当然，摆好姿势，不管姿势怎样，都会感到疲乏和厌倦的。我常常请他休息片刻。他说："没什么，没什么，夫人。您尽管画，不必为我操心……"因此，当我觉察到我的模特儿有点儿"蔫"的时候，我就装出很累的样子说："我不能再画下去了，休息一会儿吧。""好，请便吧。"阿列克塞·马克西莫维奇同意说。他允许自己自由活动一下的唯一的事是抽烟，这是他事先就说定的。每当他深深吸上一口烟，然后悄悄地从嘴里吐出的时候，都要表示歉意。

阿列克塞·马克西莫维奇就这样让我画了八九次，但不是每天都画。每次画两个半小时。

当时我自以为是一个富有经验的老练的肖像画家（我已经应约画过许多肖像画），但是年轻人的勇气也不容我在作画时多加思考，煞费苦心。

每次画画时，阿列克塞·马克西莫维奇都一边尽量保持原来的姿势，一边给我讲述他年轻时的有趣经历，讲述了下诺夫戈罗德人往事，讲述一些有名商人的习俗，集市、僧侣和寺院的情况，讲述在阿尔扎马斯[111]和美国、意大利、芬兰的见闻，以及许许多多其他事情。

他滔滔不绝的话语引人入胜，描写人物、城市和景色的词句用得十分妥帖、确切。在转述各种人物的话语时从不模仿他们的语调和手势，然而也无必要，因为恰到好处的言辞已足以说明人物的性格特点，并使他们的言行举止恰如其人。每个人物都栩栩如生、惟妙惟肖。遗憾的是，我并不是一直都在用心地听，因为我得作画。我知道阿列克塞·马克西莫维奇对此也有所觉察，但他没有停止讲述，这首先是出于礼貌，生怕突然沉默会妨碍我紧张的工作；其次，他本来就不只是讲给我听，而且也是讲给他自己听。他一边观察我对这些故事的反应，一边以孜孜不倦的职业文学家的听觉检验这些文学素材，对未来的短篇和长篇小说的某些段落进行加工，有时还对老的材料做出新的文字处理。这是我后来才领悟到的，因为我在他的新作中常常能读到许多他跟我讲过的情节。直到今天，当我想到他曾经慷慨地让我聆听如此珍贵的精神和文学财富，而我却只顾自己绘画，没留心倾听，细细品味，白白放过许多宝贵的财富（而且不仅仅是我！）的时候，仍旧感到十分痛心。要是我当时是个速记员那该多好呀！

在作品完成之前，我一般不让任何人看，特别是肖像画。我有一种迷信的恐惧，生怕给人看了刚动笔的画，就无法完成这幅画了。

后来我明白，在艺术领域，"完成"是一个相对的概念。随着艺术家的日渐成熟，他会越来越经常地对自己的作品感到不满，越来越强烈希望使之逐渐臻于完善。但是，在我为阿列克塞·马克西莫维奇画像的时候，我还很少懂得创作的甘苦。

完成肖像画的这一天终于来到了[112]，该把画给人看了。当然首先是让阿列克塞·马克西莫维奇过目。我心里非常害怕，阿列克塞·马克西莫维奇也显得很激动。当他看画时，脸上流露出浓厚的好奇之情。最后，在经过令人痛苦的片刻沉默之后，我听到他压低嗓音（大概是激动的缘故吧），但像是松了一口气似地说："太好了！您真行！给我画得太好啦！眼睛是天蓝色的，衬衫是天蓝色的，天幕也是天蓝色的……可惜的是，我没有把胡髭也染成天蓝色，等下一次再画吧,这一幅画——我喜欢!"

阿列克塞·马克西莫维奇对艺术中的任何创作都十分关心和爱护。即使有所不满,他也乐意把部分缺点归咎于自己不善于欣赏。(……)

……到一九一九年初,我们不仅限于同阿列克塞·马克西莫维奇和玛丽亚·费奥多罗夫娜·安德烈耶娃一般的友好往来,而且有了进一步的发展——他们请我和我丈夫搬到他们在克伦威尔大街的宽敞的住宅里去住。我们同意了,并和他们在那儿一直住到一九二一年玛丽亚·费奥多罗夫娜和阿列克塞·马克西莫维奇去国外[113]为止。

这套住房共有十二个房间。住着阿列克塞·马克西莫维奇、玛丽亚·费奥多罗夫娜、伊凡·尼古拉耶维奇·拉基茨基、彼得·彼得罗维奇·克柳奇科夫、玛丽亚·伊格纳季耶夫娜·本肯多夫-扎克列夫斯卡娅、玛丽亚·亚历山德罗夫娜·海因策(从下诺夫戈罗德来军事学院学习的)以及我和我的丈夫[114]。住在这幢大楼楼上的玛丽亚·费奥多罗夫娜的女儿和她的丈夫以及玛丽亚的侄子和他的妻子也来这里用膳。这些人组成了一种"公社"。我们大家在不同的机构工作(我的丈夫、拉基茨基和我在对外贸易人民委员部鉴定委员会工作,玛丽亚·伊格纳季耶娃任世界文学出版社秘书,克柳奇科夫是玛丽亚·费奥多罗夫娜在戏剧文艺处的助手),我们把各自领到的菲薄的口粮拿回家"交公",吃得虽然不好,但还能将就。"公社"家务的总管是一位上了年纪,但精力非常充沛的妇女安娜·福米尼奇娜。我们住在一起消磨空闲的时间。由于我们还年轻,所以一点也不灰心丧气,日子反而过得快快乐乐。阿列克塞·马克西莫维奇是喜欢这种环境的。

这套公用住宅里有四间相通的小房间归阿列克塞·马克西莫维奇占用。第一间是图书室,接着是卧室,第三间是工作室,第四间房间几乎没有家具,只放着一些柜子和玻璃柜,用于陈列中国和其他东方国家的艺术品。图书室是一个长长的房间,只有一扇窗,室内除沿墙排列的书架和同墙壁垂直安置点木架以外,还有一张靠窗的小桌子、两把椅子和一只放着一盆花的三脚架。房间的一角有一座瓷砖小壁炉,炉子的另一面是相邻的房间——卧室和走廊,小壁炉前放着一把矮矮的皮圈椅,这就是高尔基的工作图书室。他像对待久经考验的老朋友那样爱护、喜爱和尊敬室内的每一本书。(……)

阿列克塞·马克西莫维奇对我说,当他摊开一张白纸、手里拿起钢笔的时候,萦回在他脑海的思绪就会像炸弹一样在他的脑子里爆炸,而他必须向各种机关写申请、报告和其他一些呈文,所以……"您想,我就在纸上乱涂,弄得墨迹斑斑,就像墨水瓶爆炸了似的……"

有一天早晨,大门口传来了铃声,索罗韦伊[115]去开了门,一个年轻妇女哭着闯进前室,要求允许她去见高尔基。索罗韦伊说,阿列克塞·马克西莫维奇在工作,不能打扰他,并要她说出自己的名字。原来她是诗人娜塔莉娅·格鲁什科,她说,她有个吃奶的婴儿,可没有奶喂孩子,因此来请求高尔基,请他设法为她的婴儿订一份长期供应的牛奶,说着说着她放声大哭起来。拉基茨基意识到必须设法让她消除悲伤,于是他去贮藏室拿来刷子、畚箕和抹布,要她在等候阿列克塞·马克西莫维奇接见的时候把前室打扫干净,收拾一下他的房间,把各处灰尘掸掉。这个主意出人意料,非常成功。格鲁什科起先愣了一下,接着就拿起刷子去打扫屋子。

当阿列克塞·马克西莫维奇停下工作,稍事休息来见她时,格鲁什科已情绪"正常",有条有理地向他说了一切情况。他写了一封信交给她,让她去见主管彼得格勒粮食分配工作的某个同志。而且为了促成其事,他还写明这是他的私生子,并要求对方为他保密。格鲁什科掉着感激的眼泪离开了。索罗韦伊请她什么时候来说一声,人家给了她牛奶没有,顺便再收拾一下他的房间——她干得太好啦!这句话甚至逗得她笑了起来。后来格鲁什科领到了牛奶。

有许多妇女带着同样的请求来找阿列克塞·马克西莫维奇。对所有的人他都乐于帮助,为她们写信,并在信中把她们的孩子认作自己的孩子,直到收信的同志最后说,很抱歉,他无法为高尔基这么多的"孩子"供应牛奶。我们都笑他,羞他"在您这样的年纪……您这样的地位……总有点儿不成体统吧……这么多孩子,而且还是好几个母亲生的!""这些鬼东西!我发誓,今后再也不干了!"阿列克塞·马克西莫维奇边说,边笑,眼泪都笑出来了。

大炮在远处轰鸣——尤登尼奇在进攻。全城的人都在准备防御。那时我在对外贸易人民委员部鉴定委员会工作。该委员会设在面对堤岸街和马尔索夫大街的萨尔特科娃的住宅里。我上班迟了,所以半跑半走地穿过亚历山大公园。几个波罗的海舰队的水兵拦住我,塞给我一把铁锹,要我挖战壕。我环顾四周,看到从近旁到桥头有许多人在刨土。我说,我要去上班。"上班可以等一等,尤登尼奇可不会等。"递给我铁锹的水兵说。我挖着土,一直干到筋疲力尽。石岛桥上奔驰着满载各种车床、垫子的卡车,有人甚至从尤登尼奇手下抢出茶炊,我这才明白这是在逃难。人们惶惶不安了。我的丈夫和拉基茨基也在专家委员会工作,他们继续去那儿上班,我应玛丽亚·费奥多罗夫娜的请求留在家里,以免阿列克塞·马克西莫维奇一个人待在家里。

我回到家里,阿列克塞·马克西莫维奇告诉我说,斯莫尔尼宫的同志来找过他,另外还来了一些穿得很怪的人。斯莫尔尼宫的同志们劝他去莫斯科。他们说:"许多人已经离开此地了,有命令给您调一节专车。"他们要他相信,一旦白卫军占领城市,他们会把他吊在离家最近的路灯柱子上。穿戴异样的那些人低声对他说:"我们的人已经到了利戈夫科(彼得格勒附近的小镇),但您不必害怕,我们占领城市后马上就会派武装部队去守护您的房屋。所以您不必惊慌,请您留在这儿。"

这一切使阿列克塞·马克西莫维奇面容憔悴,肝火上升,不停地咳嗽。玛丽亚·费奥多罗夫娜下班回家说,她去过斯莫尔尼宫,在那边一个人也没有碰到。她在阿列克塞·马克西莫维奇身边待了很久,晚上离开了家,没有回来过夜。(……)

在萨罗夫

(……)萨罗夫——是夏季泥浴疗养地。那里有许多疗养院,冬天是歇业的。可是其中一家疗养院的院长为厚利所惑,而把二楼租给了高尔基[116],但必须租下二楼的全部房间。租约达成了,条件是整个楼内不得再有别的房客。房间很多,好像有十间(包括为客人准备的房间)。阿列克塞·马克西莫维奇独用一间卧室和一间工作室。工作室里的摆设同他所有的办公室完全一样。他不论住在哪儿，都要向木工定做写字桌，外观异常简陋，但略高于一般的桌子[117]，桌面上铺一块薄呢。文房四宝则随阿列克塞·马克西莫维奇迁移，由他自己摆放在桌子上，任何人也不许乱动。

当然，室内还有几只书架，几把椅子和两只圈椅。卧室比工作室简陋。所有的房间有一面墙都靠阳台，构造别致，可以单独打开几扇气窗，也可以敞开整堵墙壁，而且结构严密，只要把窗子全都关上，那就一点儿冷风和寒气都透不进来。做工十分精细！阿列克塞·马克西莫维奇对此赞叹不已。

房东是一位标准的外省中年德国人，他对高尔基彬彬有礼，但每个星期都要增加房租和伙食费。饭菜很简单，不得不自己添购食品。帮佣的只有一个女厨子和一个清洁女工。烧炉取暖由房东自己干。中午十二点钟以前他从不露面，但午饭时他准时出现，郑重其事地宣布："开饭时间到。"（原文为德文）他穿着老式的黑色常礼服，领子浆得笔挺，还露出雪白的衬衣袖口。他又高又瘦，毛发乌黑，蓄着胡髭。我们都管他叫穿常礼服的竹竿子。

阿列克塞·马克西莫维奇的生活很有节奏，从不辍笔休息。他潜心写作，废寝忘餐！他的健康状况还不太好。我常常看到他拄着手杖闷闷不乐地在景色单调的稀疏的松林中散步，除了清新的空气和宁静的环境以外，没一点儿好的地方。他对矛盾冲突中越来越冷酷无情的人类的命运，感到异常担忧。我们很怜惜他，所以大家经常装疯卖傻，给他排忧解闷，有时他也真的给我们逗乐了。（……）

谢肉节[118]快到了，我们在一起讨论如何欢度这个节日。阿列克塞·马克西莫维奇说，做春饼我们当然无能为力，法国厨娘刚学会做肉饼和白菜浓汤。不能指望她会烙出春饼来，所以他建议包饺子。发面、拌馅由他亲自动手，总的烹调事宜也由他负责指导，而我们几位妇女（季莫莎、我、别尔别罗娃和必须从柏林被叫来的加林娜·苏汉诺娃）都做他的助手。我们全都赞同他的建议，并请他开出购物清单，好做出对德国人来说富有异国风味的美食。我们算了一下要从柏林请来多少客人，连我们自己在内总共二十来个人，得估计一下大约需要包多少饺子。阿列克塞·马克西莫维奇蛮有把握地说，每人至少吃五十只。做一千五百只饺子，因为还得请房东、厨娘和清洁女工尝尝味道。

　　东西都买来了。我们必须在宴会前一天把饺子包好冻上。苏汉诺娃来了，吃过早饭我们就来到半地下室的厨房。阿列克塞·马克西莫维奇把他着手进行的一切当作是一次愉快的娱乐。因深感自己的责任重大，他时常大声吆喝，要我们留心学着做。他脱去上衣，卷起袖子，戴上漆布围裙，在一张专门为此准备的大桌子上和面，擀皮子。他出手利落，不亚于真正的厨师！房东、厨娘和清洁女工目瞪口呆，吃惊地站在一旁，不时提出要帮我们一起做。阿列克塞·马克西莫维奇谢绝了，他对我们说，这些该死的德国人对于我们俄罗斯人的美味珍馐能懂得什么呢！他心情很愉快，人也显得年轻了。面和馅都已准备就绪，现在该轮到我们妇女们来包饺子了。当然还得由阿列克塞·马克西莫维奇指导我们怎么做。开始时我们常受指责，因为我们做得很不顺手，怎么也不像他包得那么好。但我们毕竟没有丢脸……正当我们紧张干活之际，我们的德国房东突然把马克西姆叫到走廊里，不一会儿从那儿传来了马克西姆的愤怒的呵斥声。当我们把包好的饺子（一千五百只！）放在木板上搬进冰窖，回到楼上以后，马克西姆告诉我们，他差点儿要揍房东一顿。原来那个家伙竟十分认真地建议马克西姆经常包饺子，他甚至提出由他出钱，让高尔基参加，他再为自己的疗养院做广告，宣传"伟大的高尔基"在他的疗养院里做"俄国饺子"[119]。在这种情况下，他将不再增加房租。"……真遗憾，我们事先没有谈妥，也没有摄影师为在厨房干活的高尔基拍几张照。"他说。马克西姆就是为这件事大发雷霆的。阿列克塞·马克西莫维奇哈哈大笑，一边咳嗽一边说："竟有这样的民族！真该向他们学习！"（……）

在索伦托

　　一九二四年初夏，我丈夫奉对外贸易人民委员部之命，作为古玩鉴赏家去伦敦和巴黎工作。我以翻译的身份随行。

　　工作结束后，我们决定去索伦托——阿列克塞·马克西莫维奇的住所休息几天。（……）

阿列克塞·马克西莫维奇非常欣赏那不勒斯海湾的优美景色，热情而兴奋地倍加赞美，对所有来访的客人都要作详细介绍。那不勒斯博物馆，从沃迈罗山可以俯瞰那不勒斯的风光，庞贝[120]当然是他赞不绝口的主要原因，但这在某种程度上还是由于他自己也能因此而参加游览，并充当他们的向导。由于健康状况欠佳，离此较远的意大利风景区他无法前往，何况那几年他勤于写作，不能长久脱离工作。（……）

阿列克塞·马克西莫维奇非常喜欢那不勒斯博物馆，对那里的每一件展品都了如指掌。他特别欣赏伯拉克西特列斯[121]的"普叙赫"[122]，描绘马其顿王亚历山大[123]征战沙场的镶嵌画[124]和提香[125]的教皇保罗三世及其儿孙的肖像画[126]。他自豪地把展品一一向我们做了介绍，看到我们赞美他所喜爱的作品，他脸上便露出了笑容。

他鼓励我们在他儿子马克西姆的陪同下去那不勒斯海湾游览，并为我们制定了旅游路线，详细地讲述了我们将要看到和必须注意到的景物。他对马克西姆说："当心，别忘了指给他们看……"并逐个说出要我们看的景物名称，"记住，这就在那边，向左一拐就是……"他看到我们尽兴而归时，更是激动，要我们详细告诉他，我们喜欢哪些地方，为什么喜欢，等等。

我们的朋友们在索伦托镇居留的头一年，生活比较寂寞。但当我在那里逗留的时候，来找高尔基的俄国人和外国人已络绎不绝，越来越多了。

阿列克塞·马克西莫维奇和跟他住在一起的一些人决定出版一本期刊——《索伦托真理报》杂志。杂志的口号是："打倒专业作家，为业余作家开路。"在杂志创刊号上，编辑部声明专业作家的作品一概不予刊登。在我们来到这里之前，杂志已出版了两三期，并正在为下一期准备材料。

必须说明的是，出版这份杂志并非易事，因为它是手抄的，而且插图十分丰富。好在发行量不大——每期只出九本。其中最辛苦的是马克西姆，他既是文字编辑，又是美术编辑，而且还是好多篇文学作品的作者。杂志装帧精美。图画纸，四开本。杂志上刊登各种体裁的作品：长篇小说、中篇小说、短篇小说、特写和诗歌。另辟"苏联生活"专栏和启事栏。

不用说，无论是高尔基，还是弗拉季斯拉夫·霍达谢维奇，以及别尔别罗娃都难以摆脱专业作家的笔调,但他们尽力而为,常假托笔名企图蒙混过关。

然而,阿列克塞·马克西莫维奇终究被编辑识破,于是杂志上登出一个启事,愤怒揭发专业作家马·高尔基的不光彩的行为,并宣布说,被揭穿的手稿已扔进字纸篓。

饭厅附近的墙上挂着一只类似邮箱的箱子,上面写着"稿件箱"。钥匙在编辑手里。

所有参与其事的人相互隐瞒自己与杂志的关系,得等到一切准备就绪,才成为大家的共同财富。杂志出版后,欢笑声不绝于耳,而且总会引起长久的讨论和争论。有些作品究竟出自谁人之手,至今仍是个谜……

在苏维埃国土上

(……) 阿列克塞·马克西莫维奇在列宁格勒逗留了几天[127],在这期间我跟他每天见面,尽管每次时间不长。我们在"欧洲"饭店的屋顶餐厅里吃中饭或晚饭。人们兴奋而好奇地看着高尔基。我劝他到游憩花园去看看,尼·康·契尔卡索夫和别廖佐夫正在那儿扮演帕特和帕塔赫[128]。他们的表演使阿列克塞·马克西莫维奇赞叹不已,但他不能忍受那里演奏的爵士音乐。早在索伦托居住期间,每当马克西姆在楼下放爵士音乐唱片,他总要求终止这种"刺激神经"的玩意儿,马克西姆(这类唱片他可以听上几个小时)如不马上从命,他就扭身快步离开,把门砰的一声关上。

有一天晚上,我们到阿列克塞·马克西莫维奇那儿去。我们勉强挤进了他住的那间大房间。在座的人中间我们认识的人不多。阿列克塞·马克西莫维奇和谢·米·基洛夫[129]坐在一起,屋内人声嘈杂,乱哄哄的。一位姑娘(大概是谢尔盖·戈罗杰茨基[130]或是尤·李别进斯基[131]把她带来的),使阿列克塞·马克西莫维奇大为惊讶。她能背诵四千五百首歌谣。她走遍全国专门收集并记录歌谣的歌词和曲调。阿列克塞·马克西莫维奇当即对如何把这些歌谣汇编成集付印的问题做了初步考虑。阿列克塞·马克西莫维奇的所有时间都安排得满满的——什么时候到什么地方去,什么时候有人要来。不言而喻,他再也抽不出时间到我们那儿去了……

自从阿列克塞·马克西莫维奇最终回到莫斯科以后，我们几乎很少通信。这主要是他公务繁忙，甚至抽不出时间写《克里姆·萨姆金的一生》；其次，我经常从列宁格勒去莫斯科看望我的母亲和阿列克塞·马克西莫维奇。他基本上住在哥尔克村十号，但常在莫斯科出席各种会议，有时在小尼基茨卡亚大街六号过夜。他不喜欢这座豪华的住宅。谈到自己的卧室时他笑着说，这个房间让芭蕾舞女明星住比我合适——看来是找错了对象。屋里的"奢华"装饰已改得淡雅了些，比如阿列克塞·马克西莫维奇用来做图书室的那个房间的天花板上雕刻着蜗牛和各种奇花异草，原来全是金色的，现在被漆成不显眼的灰绿色。这样看上去就好一些，不那么引人注目了。

总之，阿列克塞·马克西莫维奇对奢侈铺张是不能容忍的。在哥尔克村的住宅里，他在二楼的房间——卧室和书房陈设十分朴素（整个住宅都是如此）。房间宽敞，结构匀称，空气充足。卧室有个阳台。从窗子往外看，下面是一个花坛，顺着它再往下看，就是莫斯科河，彼岸是一片树林，远处隐约可看到尼科林山的村落。要是站得离窗子远一些，那么映入眼帘的是一片辽阔的天空，举目远望，令人心旷神怡。

每天早上我们在二楼凉台上喝咖啡，到八点半的时候常能看到一架飞机晃动机翼，像对我们表示敬意似的几乎贴近花坛掠过，又陡然飞上云天。第一次所有在座的人都下意识地俯下身子躲让，阿列克塞·马克西莫维奇说："嚯，好家伙，这下总算过去了！"不久我们也习惯了，飞机如不准时出现，我们反而会为之担心哩。

阿列克塞·马克西莫维奇的活动范围异常广阔，人们越来越意识到，他与祖国难舍难分，与此同时，祖国也需要他回归故里，那是何等地重要。各种各样的人从祖国各地来到了他的身边，老老小小，纷至沓来，就像朝圣一样。（……）

一九三二年，我在完成一项紧急的任务之后稍事休息，才得以有机会在九月十七日之前去莫斯科参加庆祝阿列克塞·马克西莫维奇从事文学活动四十周年的活动。我是在午餐前到小尼基茨卡亚大街的。饭厅里已经有几叠电报和信函在等着阿列克塞·马克西莫维奇了，因为这一天他仍然从早晨一直工作到中午。一点半，阿列克塞·马克西莫维奇来到饭厅（他总是非常准时的），我向他表示祝贺，但发觉他脸上露出了不快的神色，这使我大感不解。我甚至问他："您身体好吗？""怎么说呢？我心情不好。"他回答。我越发感到奇怪了，因为我在早晨就看到了苏联中央执行委员会颁布的决议，决议规定的纪念措施有：成立高尔基文学研究所，设立高尔基奖学金，把苏联莫斯科模范艺术剧院改名为苏联高尔基模范艺术剧院，等等。

阿列克塞·马克西莫维奇满面愁容，快快不乐地说："对于这一切措施我当然十分珍视和感激，但是同志们做得过分了！难道能这样做吗？为了对我表示祝贺而用高尔基的名字命名莫斯科模范艺术剧院。这样叫我如何面对契诃夫！如何面对所有的俄罗斯人。这主要是契诃夫的剧院。我真不知道该怎么办了！"

午饭时又传来把下诺夫戈罗德改名为高尔基市，把莫斯科的特维尔大街改名为高尔基大街的消息。这更使阿列克塞·马克西莫维奇愁眉不展，整天郁郁寡欢。直到晚上来了许多客人，他才拨开愁云，快活起来。（……）

在经历了可怕的悲剧——一九三四年五月十一日马克西姆去世之后，阿列克塞·马克西莫维奇勇敢地生活下去，但他似乎不再属于自己了，他好像不是一个人，而是一个由他本人构成的机构，现在不管情况如何都必须不停顿地工作。

阿列克塞·马克西莫维奇一直工作很忙，现在更是咬紧牙关完成各项事务，创作、写文章、教诲培养后起、从事各种组织工作，参加争鸣辩论。努力进取，全然不顾自己，不胜负担，有时也许是为了排解烦恼，更是殚精竭虑地工作。在任何情况下他都坚定不移地遵循他在年轻时就确定的人生之路的准则——始终把美好的知识带给人们。他为此而献出了自己的全部才能和一颗炽热的心。（……）

阿列克塞·马克西莫维奇曾多次邀请我去克里米亚的捷谢里小住，他遵照医生的嘱咐在那边过冬和过春。我在一九三四年十一月底才得以践约前往。高尔基的秘书从莫斯科打电话给我说，阿列克塞·马克西莫维奇稍感不适，我最好能去看望他一下。

我知道,阿列克塞·马克西莫维奇对马克西姆的不幸谢世万分悲痛。他两个小孙女——玛尔法和达里娅已经在小学里念书,她俩和妈妈一起住在莫斯科。我决定去看望阿列克塞·马克西莫维奇,哪怕在那儿住上几天也行……我把自己在剧院里的事情处理好,于十一月二十五日去克里米亚了。莫斯科已经大雪纷飞,寒风刺骨……

经过一天半的旅程,我在塞瓦斯托波尔车站下了车,在那儿接我的是我的老朋友索洛韦伊。一辆汽车在等着我们。

汽车停在一栋平房的台阶前,房子构造平常,没有什么特色,由加工粗糙的灰色石块砌成。我在大门口投入了众人喜爱的莉波奇卡[132](奥林皮阿达·德米特里耶夫娜·切尔托科娃)的怀抱。从年轻的时候起,她就当清洁女工,不久就成了玛丽娅·费奥多罗夫娜·安德烈耶娃和阿列克塞·马克西莫维奇的朋友。后来她结业于医士和产科培训班。

从一九二九年起奥林皮阿达·德米特里耶夫娜住在阿列克塞·马克西莫维奇家里,当护士并料理家务,时时处处给高尔基一家人创造舒适的环境和愉快的气氛。她严格地、坚持不懈地照料阿列克塞·马克西莫维奇的身体健康和生活制度,而他则喜欢跟她说说笑话,开点玩笑。

啊,阿列克塞·马克西莫维奇也亲自出来了!

他踏着轻盈平稳的步伐,悄没声儿地从自己的书房里走出来,他目光温存,和蔼可亲地说:"您终于来了!太好啦!我们一同去吃早饭吧。"

我立即问起他的健康和工作情况。对于第一个问题,他乖巧地对莉波奇卡眨了眨眼睛,回答说:"健康状况吗?这我也许要对您保密了!瞧,您真好刨根问底啊!要知道,在这儿住上一阵子——您就会亲眼看到的!"对于第二个问题他说:"工作很多……正在写萨姆金,还写文章,作序,指导年轻作者。但不仅仅是年轻作者需要'指点'……这一切都是必须做的!需要做的工作太多了!……此外,像往常一样,还需审阅稿子。真奇怪,有些人写出的东西竟会如此文理不通!……"

中午两点,大家都集合在饭厅里吃饭。阿列克塞·马克西莫维奇向我询问列宁格勒和莫斯科一些熟人的情况。在我简短地作"汇报"之后,他轻松幽默而又显得愤愤不平地说:"您又把我打发到这儿来了,而且还把我罩在玻璃罩下,每逢节日来到之前,我们可爱的莉帕才稍稍掀起罩子,用柔软的笤帚掸去我身上积下的灰尘,她边掸边说:'灰尘是十分有害的,阿列克塞·马克西莫维奇!'而我则对她说:'什么灰尘不灰尘——活着总是有害的!'"

可怜老实的莉波奇卡听着这些话,眼泪已经在眼眶里滚动,阿列克塞·马克西莫维奇则继续笑着说:"可是这个红头发的鬼东西(有时他就是这样戏称奥林皮阿达·德米特里耶夫娜的)还想出什么鬼花招来着?遵照医嘱我每天早晨要吃两只用半个柠檬汁调拌的生鸡蛋。于是她养了一只不同寻常的母鸡,生下的蛋每只都是双黄蛋,这样我就无法推却了:两只鸡蛋,四个蛋黄!真的!……待会儿我带您去看这只该死的母鸡。"

午饭后阿列克塞·马克西莫维奇带我到公园里去散步,公园不大,但景色十分优美,林荫道上绿荫如盖,林间小径直通海边。一棵巨大的南洋杉使他赞不绝口。

他观赏着四周的风景说:"您瞧,我们的克里米亚有多美——不比意大利差呀!"

阿列克塞·马克西莫维奇指着一块约有一人之高的各处都有点古怪的被敲坏过的灰绿色大石头说道:"明天我带您来看我们在这儿劳动的情景,我们正在从这块巨石上采凿石块,准备在这里砌一个游泳池。今天是您来了,我们才决定休息一天。何况又下起了毛毛雨!走,回去喝茶!"

一走进阴冷潮湿的屋子,他就问道:"我所盼望的饭厅的壁炉还没有生火吧?"他喜欢亲自生壁炉和炉子……这一次也这样,他进了饭厅,径直走到壁炉前,熟练地拨动炉膛准备生火用的粗短的山毛榉劈柴,迅速利落地把它们点着了。

晚饭后,大约九点钟,我们通常坐下打牌,打"姑姑"[133],玩了一个半到两个小时。十一点钟,阿列克塞·马克西莫维奇回卧室准备睡觉。

第二天早晨来了一位不速之客——我们大家在莫斯科全都熟悉的列·阿韦尔巴赫同志,他到过乌拉尔的一家大工厂,他谈到了许多有关工厂里的人们和工作的有趣见闻，还带来了工人们送的礼物——刚恢复生产的艺术铸造车间的一些产品。

午饭后，阿列克塞·马克西莫维奇带上地质勘探用的锤子，召集全家人去采石块。远道而来的那位同志也不例外，他很快就干得满头大汗、疲惫不堪。阿列克塞·马克西莫维奇还取笑他。其余的人大约劳动了一个半小时。

次日清晨，汽车把列·阿韦尔巴赫送往塞瓦斯托波尔上火车，并且把从莫斯科来的高尔基的秘书彼·彼·克留奇科夫接到家里。

阿列克塞·马克西莫维奇那天身体不舒服，很少走出书房，而且提早睡觉了。我们仍坐在桌子边久久地喝着茶，安闲地交谈。

午夜十二点钟光景，秘书被叫到木结构的厢房里去接电话。那是从莫斯科打来的，人们告诉他说，谢尔盖·米罗诺维奇·基洛夫当天（十二月一日）在列宁格勒斯莫尔尼宫被人暗杀了[134]。

这一消息使我们大为震惊。大家决定在早晨以前不把这个噩耗告诉阿列克塞·马克西莫维奇。我们长久地干坐着，谁也没回到自己的房间里去。屋内似乎变得寒冷、不舒适。突然从大路上传来了轰隆声。原来开来了一辆卡车，一支武装卫队奉莫斯科的命令来保卫阿列克塞·马克西莫维奇。

早晨,高尔基来喝咖啡时，秘书才把谢·米·基洛夫惨遭暗杀的消息告诉他。阿列克塞·马克西莫维奇脸色苍白，剧烈咳嗽，随即回到工作室去了[135]。有人打电话给莫斯科了解详细情况。

午饭后，阿列克塞·马克西莫维奇仍旧召集大家去采石块，但他干了不一会儿就扔下工具，就近坐在林荫道边的长凳上，双手撑着拐杖，拱肩缩背，出人意料地马上睡着了。我从未见过他如此虚弱、衰老，因而第一次强烈而悲切地意识到阿列克塞·马克西莫维奇和所有的人一样也是会死的。（……）

几天以后，我愁绪满怀地同阿列克塞·马克西莫维奇及其他人告别，登上汽车去塞瓦斯托波尔，我得回列宁格勒去工作。（……）

一九三六年，阿列克塞·马克西莫维奇从捷谢里回到莫斯科。大约过了两天我就驱车去莫斯科。我给在小尼基茨卡亚大街的克留奇科夫通了电话，他说，他将于傍晚派汽车接我去哥尔克村。自从马克西姆去世，我去捷谢里旅行以后，我一直为阿列克塞·马克西莫维奇的健康担忧。晚上八点钟光景我到了哥尔克村，心情非常激动，因为从去年秋天以来我们还没有见过面哩。我奔进屋子，阿列克塞·马克西莫维奇在前厅迎接我，我的忧虑不安顿时烟消云散了：他看上去还不错，像往常一样，蓝色眼睛里那温柔的目光令人振奋。莉波奇卡紧跟着也进来了。他故意严厉地说，我必须立即去吃饭，他将在饭厅里等我。哥尔克村的饭厅看上去很不舒服，灰色的房间里有一张长得出奇的桌子，但是跟阿列克塞·马克西莫维奇在一起永远也不会感到不舒服的。

我快步走进我来哥尔克村时常住的那间房间，放下手提包，洗洗手，就直奔饭厅。阿列克塞·马克西莫维奇已端坐在首席，他衔着烟卷，悠闲自得地在烟灰缸里把火柴杆垒成一堆，点火燃烧起来。他旁边放着为我准备的餐具。"有什么新闻吗？说给我听听，边吃边谈吧。"阿列克塞·马克西莫维奇说着站起身来，因为一阵剧烈的咳嗽呛得他坐不住了。痛苦的折磨最终过去了，他像往常一样，微露歉疚的神情说："请您原谅。看来，待在捷谢里对我也没什么帮助。"接着他告诉我有哪些人曾来捷谢里看过他，现在他打算做哪些新的工作，并向我询问列宁格勒熟人的情况。

莉波奇卡来了，她穿着医护人员的白大褂，傍晚时分总要来看望高尔基。我注意到她脸上带着不安的表情。她走到阿列克塞·马克西莫维奇跟前，摸摸他的前额说："您总有点让我不放心——不会发烧吧？我想，您最好还是去躺着，走吧。""您瞧，我在这个家里是多么不自由呀。"阿列克塞·马克西莫维奇说，但可以看出来，他的健康状况确实不好，所以他也不争辩，跟着莉帕走了，临走前对我说，明天早晨他要给我看一件神奇的东西，准会使我大吃一惊。

早晨我们要在楼上的大厅里喝咖啡，免得阿列克塞·马克西莫维奇下楼花费时间和精力。他耐不住了，在喝咖啡之前就请我到他的书房里去。他嘱咐我必须老老实实闭上眼睛，直到他说"请看"时才可睁开双眼。我急于想知道究竟，所以一切都照办了。当我睁开眼睛时，我看到了一幅笔法精湛的油画——显然出自涅斯捷罗夫[136]的手笔。画的题材使我大为震惊：四方的画面上，呈现在我面前的是一位几乎与真人一般大小，因患结核病而行将死去的年轻妇女。她缠绵病榻，她和她周围的一切都透着珠光般的白色，头发是黑的，嘴唇干裂，从无力的低垂着的瘦削纤细的手中掉落的一朵玫瑰花是黑紫红色，像凝结的血块一样。她还没死，但也不像活着……姑娘的眼神是那样平静、安宁。一切都显得宁静、自然、肃穆、美好。没有半点伤感的气氛……

然而，我感觉到，死神已经随着这幅画迈进阿列克塞·马克西莫维奇的书房。我强打精神向阿列克塞·马克西莫维奇转过身去，而他却风趣地朝我看了一眼说："瞧……您觉得奇怪吗？我早就料到了！不过，说真的——这是一幅极好的画呀！"

早饭后，我因事必须回莫斯科去。就在这天晚上，阿列克塞·马克西莫维奇终于病倒了，从此一病不起。（……）

奥·弗·格佐夫斯卡娅

奥莉加·弗拉基米罗夫娜·格佐夫斯卡娅（1883—1962）——话剧和电影演员。一九二〇至一九三二年间曾在国外巡回演出。

现按《奥莉加·弗拉基米罗夫娜·格佐夫斯卡娅：人生旅程人物写照——关于奥·弗·格佐夫斯卡娅的文章和回忆录》选集，莫斯科全俄戏剧协会，一九七六版第一六七—一七二页刊印。

……一九二五年十一月，盖达罗夫[137]和我出访意大利。此时阿列克塞·马克西莫维奇的老朋友雅科夫·斯坦尼斯拉沃维奇·加涅茨基也出国来到意大利。加涅茨基[138]和他的妻子吉托·阿道尔福夫娜也是我们的好朋友。

我们很想去看看高尔基。我们莫斯科艺术剧院的演员都很热爱他，珍重他，深深地尊敬他。我们经常听卡恰洛夫朗诵他的作品，我们自己也常朗诵。

我们去看望高尔基还有一个原因，那是因为盖达罗夫有事要同他商量。盖达罗夫早就希望扮演巴龙这个角色，并想把《底层》搬上银幕。他同一些优秀导演过往甚密，和各大制片厂有着广泛的联系，经常拍电影，因此他想亲自和高尔基商定《底层》的电影脚本。

加涅茨基说，阿列克塞·马克西莫维奇待人非常亲切，平易近人，一定乐意在家里接见我们。此外，还有一个原因能让高尔基接待我们：他的儿媳季莫莎（他家里的人全都这样称呼她），是夏里亚宾艺术学校[139]的学生，我们在那儿授过课。

我们满怀希望地来到那不勒斯，深信一定能见到高尔基。十二月二十四日，我们动身去卡普里，在那儿才得知高尔基住在离那不勒斯市中心很远的一座别墅里。第二天早晨我们打电话给阿列克塞·马克西莫维奇，他的儿子马克西姆回答我们说，高尔基很忙，不可能在十二月二十九日以前接见我们，只能在那之后。

这一天终于来到了，实现了我们的第一次会晤。

我们驱车来到院墙门前，院墙里面是一个大花园，花园深处可以见到一幢漂亮的意大利式的住宅，正面是一扇玻璃大门——进别墅的正门。我们走进院墙，揿了一下电铃按钮。高尔基的儿子很快就开了门，少顷，阿列克塞·马克西莫维奇也亲自出来迎接我们。

我觉得他身材异常高大——从照片和画像上看，他好像要矮一些。炯炯发光的蓝眼睛和愉快的微笑使他显得很潇洒。他的整个身形都令人感到一种特有的魅力和庄严质朴。也许，这是一切天才人物所特有的气质。

阿列克塞·马克西莫维奇紧紧地握了握我们的手。应他的邀请，我们走进书房。他让我们坐下，然后就开始问我们一些问题。起初只是一般的问题，我们在这儿要待多久，对在意大利看到的一切印象如何等等。后来，他说他身体不大好。可是从他的外表上看，却显得精神饱满，充满朝气，说话时嗓音平静有力。他微笑着，慈祥而亲切地把目光从一个人脸上移到另一个人脸上。

我说，我们带来了玛·费·安德烈耶娃给他的信。阿列克塞·马克西莫维奇起先微微皱起眉头，然后说："我不需要任何介绍信，我知道谁在艺术剧院扮演女店主这个角色[140]。"然而他还是把信很快浏览了一遍，然后将信放在一边说："等一会儿再仔细看，现在还是跟你们谈谈好。"

他详细询问了我们在国外的工作和音乐会的节目[141]。他对马雅可夫斯基很感兴趣，于是我们就讲了跟他认识的经过，以及他在我们莫斯科的住所朗诵自己的诗歌和写《我们的进行曲》[142]的情况。此时我自豪地补充说：我是第一个在舞台上朗诵马雅可夫斯基作品的女演员。现在，在德国演出期间，我用德语朗诵他的诗歌。阿列克塞·马克西莫维奇仔细听完我说讲的一切，然后说："是呀，马雅可夫斯基是个天才！当代真正的大诗人！你们跟他认识并朗诵他的诗，这对你们和你们的工作很有帮助！"

我们知道，我们没有权利耗费阿列克塞·马克西莫维奇许多时间，于是盖达罗夫就直截了当地谈起此行的目的。高尔基说，他本人也很想把《底层》拍成电影[143]。可是他了解电影工作者的脾气，因此怀着戒心，不准备无条件地把自己的剧本交给像他所说的电影界那批不学无术的服饰杂货商[144]，他说："他们卖女式短衫可能是行家，但他们会把剧本糟蹋得不像样子。"盖达罗夫完全赞同高尔基的意见，但还是竭力安慰他说，幸运的是"卖女短衫的商人"时期已经过去，而现在莱辛[145]的《智者纳丹》、荷马[146]的《伊利亚特》、安·弗·普雷沃[147]的《曼侬·莱斯戈》都已拍成电影了。

这多少使高尔基有些放心，于是他同意写电影剧本，尽管他认为，对此并不擅长。最后商定，由高尔基拟定剧本总的梗概，让电影编剧进行加工，在征得原作者同意后才投入拍摄工作。从后来的情况发展看，我可以说，阿列克塞·马克西莫维奇是对的。一些电影厂的经理认为，《底层》太富于哲理，不会有积极的效果，不太适宜搬上银幕。

阿列克塞·马克西莫维奇的儿子走进书房，请我们去饭厅喝茶。

我们在茶桌四周坐下，开始同怀抱小女儿的季莫莎一起回忆在夏里亚宾艺术学校的情景，也谈到了夏里亚宾的女儿莉达和伊琳娜。

我们毫不拘束地谈着。直到高尔基的小孙女高兴地笑了起来，高尔基才插话说："瞧，我们找到了什么样的乐趣，给她起了个名字叫玛尔法，为什么叫玛尔法——我可不知道，但我们可高兴着哩！我们的玛尔法笑起来多么逗人！你们觉得怎样？"我们完全同意他的说法。

谁只要见到过一次高尔基，就再也不会忘记他的音容笑貌所具有的魅力。

他淳朴坦荡，非常和蔼可亲，仿佛你早就跟他相识，而不是初次在他家做客似的。他以主人的身份给你递过果酱或别的什么东西请你品尝时，态度是那样亲切、自然，真是体贴入微！我永远也不会忘记他给我吃橘子的情景。他剥了一只橘子，把它分成小瓣，样子挺好看，还把橘皮折成花瓣的模样。

他把橘子放在碟子里挪到我面前，愉快地望了我一眼，好像在问："不错吧，啊？"我也不由得笑了起来，由衷地感谢他对我的好意。

在谈话的间歇，我朝窗外看了一下，高尔基问，是什么东西吸引了我。"大海，我爱大海！"我回答，并随即对他说，我们早在中学念书的时候就经常说，他的许多小说都是从描写大海开始的。大海在他的笔下真是千变万化：时而欢笑，时而咆哮，时而汹涌澎湃，时而平静温柔，等等。

高尔基仔细地朝我看了看，似乎漫不经心地随口说："少年的目光是欺骗不了的，它善于发现美好的东西……你们读得这么认真，这很好！"我笑了起来："我们可是什么人呀？我们是'中学生'嘛！几乎全世界的人都认真读您的作品，过去和现在都这样，阿列克塞·马克西莫维奇……"

时间在交谈中飞快地过去，该让主人们休息了。在向他们的亲切接见和殷勤款待表示感谢之后，我们告辞了。当时我们认为这是我们同高尔基的第一次，也是仅有的一次会见，但是情况的发展却完全出乎我们的意料。

我们已经准备收拾行装离开这儿去柏林了，谁知有人来敲门，送来了一张便条：

"今晚七时，我们恭候你们来舍间便饭。能与你们一起迎接新年，我们非常高兴。此致敬礼。——马·高尔基，马·彼什科夫，季·彼什科娃，玛尔法。"

我们的计划全给打乱了。我们忘掉了车票，忘掉了动身前的准备工作，并沉浸在再次去高尔基那儿做客的欢乐之中。

离约定的时间还有一会儿，加涅茨基夫妇和苏联驻那不勒斯领事馆驱车来接我们，我们一起向那座熟悉的别墅驶去。

这天晚上天气晴朗、温暖，满天繁星。我们撳了一下电铃。前厅里的灯亮了，有人为我们开了门。阿列克塞·马克西莫维奇亲自来迎接我们，我们一起走进餐厅，那儿已铺好餐桌。餐厅的一角有一棵装饰别致的枞树，上面不但缀满蜡烛，而且还挂着各种各样的玩具和意大利民间木偶："美丽的贵妇人"和穿着盔甲的中世纪骑士，套着毛驴的西西里农民的漂亮小车——当地有名的"西西里人的马车"。这些马车的车厢用很深的方形盒子做成，装在车轴上，两边是两只非常大的五彩缤纷的轮子；车厢的外壁划成小块，非常精致地画着反映农民生活以及神话和圣经故事的鲜艳悦目的图画；沿车厢四周钉着一片片闪闪发光的白铁皮，使这一切更显得绚丽多彩；拉马车的毛驴头上的缨饰是用花花绿绿的羽毛做的，缰绳和挽具银光烁烁、光彩夺目，总之，"西西里人的马车"看上去色彩鲜艳美丽，给人留下深深的印象。

我收到的礼物就是这样的一辆马车，盖达罗夫得到的是身穿银色盔甲的中世纪骑士……我把这件玩具珍藏了很久，直到回国后把它送给了斯坦尼斯拉夫斯基的孙女基利亚拉。

我们收到了这些美妙的礼物后，愉快地在桌边坐下。阿列克塞·马克西莫维奇比谁都高兴，因为大家都喜欢各自收到的礼物，而他也猜透了每一个人的爱好，使所有的人都得到快乐。他亲切地看着大家，脸上漾着笑容。

我和盖达罗夫都在考虑应该怎样报答主人们的殷勤好客。雅科夫·斯坦尼斯拉沃维奇·加涅茨基帮了我们的忙，他提议说："亲爱的奥莉加·弗拉基米罗夫娜，我想，阿列克塞·马克西莫维奇一定会饶有兴趣地聆听你们的讽刺小品的。"在座的人异口同声地喊道："来一个！来一个！"于是我和盖达罗夫决定表演一段小品[148]。

这是两个主人公的对话，他们正爱恋着，但又不敢相互表白。

对话的大概内容如下（在表演过程中我们有时常即兴发挥）：

"她（脸部表情意味深长，眼神忧郁地问'他'）：您说，为什么狗在叫的时候，人们就要赶它或者打它，而律师在讲话的时候，人们却仔细听着，还要为之鼓掌？在律师和狗、吠声和谎话之间有什么区别呢？

"他（一心想着难以启齿的爱情，回答说）：我不知道，可是……您是多么美丽，尼娜·谢尔盖耶夫娜，您是多么出众，当您说着这一切的时候，我从您的眼睛里看到了您的万般痛苦的灵魂。"

（停顿。她突然把头倒在钢琴的琴键上，放声大哭。）

"她：我相信，灵魂是存在的，而且它一直在游移……游移……每天都如此……只要闭上眼睛……（停顿）您要不要再来片柠檬？

"他（意味深长地）：谢谢您……您的双亲是谁？

"她：我不知道。（停顿）

"他（含情脉脉地）：请给我一片干酪面包。

"她：请。（停顿）为什么？为什么我们活着？"

（停顿。她在哭。沉默。）

"他（站起身准备离去。走到门边，语意深长地说）：亲爱的！……我走了！……如果有人问我到哪里去了，您就说——到牲口棚去了。"

"他"和"她"断断续续地交谈着，不停地发出叹息声，可以听到由盖达罗夫模仿的，从屋檐上落下雨水的嘀嗒声。"她"在钢琴上叩响毫无意义的伴音。总之，我们力图在讽刺小品中揭示当时在下等剧院里演出契诃夫和高尔基的戏剧时常见到的缺点和弊病。这是由一些蹩脚导演造成的，他们把贯穿于契诃夫和高尔基戏剧中的情绪奉献给观众，然而却忽略了其中深刻的实质内容。他们庸俗地模仿莫斯科艺术剧院的演出，却忽视了它的艺术的真谛。

高尔基对我们的讽刺小品理解得十分透彻，作为一个精明的艺术家，他感觉到他的剧本的影射，我们的揶揄也涉及他的作品。他看着我们的表演，哈哈大笑，最后竟然从沙发上坐到地板上，双手拍着地板高声嚷道："把他们拿去法办，把他们拿去法办！瞧他们干了些什么，这伙强盗！嘿，这些下流胚！太好了！太好了！"泪水从他的眼睛里流下来了。

稍后我们朗诵了波洛克、叶赛宁、马雅可夫斯基、瓦西里·卡缅斯基的作品。最后，我表演了一个节目，这是我曾多次在斯坦尼斯拉夫斯基家里表演过的滑稽小品。我扮演巴黎、维也纳、柏林几家商店里的女售货员，有一个俄国人（由盖达罗夫扮演）带着词典向她们买送给他妻子的外国的礼物。

看了这些滑稽节目之后，阿列克塞·马克西莫维奇感谢我们给他带来了欢笑和乐趣。我们俩深感幸福，受宠若惊地呆立着。直到很晚，几乎接近凌晨四点钟，我们才回旅馆去。

这次在高尔基家里迎接新年的难忘的聚会就这样结束了。

第二天，阿列克塞·马克西莫维奇在电话里跟我们道别，他提到我们的表演时说："你们的讽刺小品也同住别墅的人的某些情节挂上了钩，不是吗？"我非常自信地回答："请您相信，阿列克塞·马克西莫维奇，这是一种巧合。我们的台词每次都是即兴编出来的呀。"高尔基祝愿我们一路平安，亲切地跟我们告别,并约定在莫斯科再见。

在那不勒斯同高尔基的会见在我的记忆中留下了不可磨灭的印象。

天才的俄罗斯作家,是个具有非凡的魅力和极其朴实的人——这就是我记忆中的高尔基。

巴·季·博尔加列夫

巴维尔·季莫费耶维奇·博尔加列夫（1899—1967）——学者、葡萄种植业专家。一九二六年赴意大利做学术访问。本文描述的会见即发生在那个时候。

本文最初发表于《克里米亚报》一九四〇年六月十八日第一四六号。现按《高尔基与科学——文章、讲话、书信、回忆录》，莫斯科科学出版社，一九六四年版第二二〇—二二一页刊印。

难忘的会见

……阿列克塞·马克西莫维奇谈了许多有关农业的事，特别是这方面的一些卓越著作。

有一天清早，我们在花园里相遇。

"您这么早就起来了！这很好。一清早就工作，我看效果最好。您瞧，我正在尽力把'坐着的'活儿同体力劳动结合起来。走，我指给你看看。您说说，您对意大利种葡萄的看法如何？"

我说了我的看法。

"是啊，我也这么想，"阿列克塞·马克西莫维奇说，"可是，在我们国内许多人还以为，外国的一切都比我们好呐。而这并非如此。比如，就拿您的专业来说，我们可以看到，克里米亚葡萄园的种植就比意大利好。您不是正要去西西里岛嘛。我建议您注意一下那边的生活情况，特别是妇女所处的地位。您不难在马尔萨拉、马察拉等地看到这些问题：在意大利南部，妇女所处的地位大致上跟封建时期那会儿一模一样。"

后来，当我在西西里岛各地旅行时，我不止一次地确信，阿列克塞·马克西莫维奇看问题是多么地深刻和正确。

阿·马·高尔基的农业知识异常广博，使我惊叹不已。他热谙果树栽培、葡萄种植、园艺技术等方面的理论和实践。索伦托的小花园就是阿列克塞·马克西莫维奇亲自照料的。护理花园对他来说不仅是一项愉快的工作，也是对紧张的脑力劳动的必要调剂。阿列克塞·马克西莫维奇熟知伊·弗·米丘林的著作。有一次在谈到米丘林时，他说：

"米丘林从一个火车站的官员成为最有名望的园艺学家和植物育种家实在令人吃惊。他的科学发现真是了不起。请您看看我嫁接的果树。您将清楚地看到砧木对植株有多大的影响，米丘林的结论是多么正确。"

有一天晚上我们坐在花园的长凳上。我们的目光穿过那不勒斯海湾的平静水面，遥望维苏威火山。火山喷发出比往常更浓密的烟尘和更炽烈的火。景色异常优美。我们谈着享誉世界的苏联的优秀科学家。他们中间的大多数人都认识高尔基本人。他特别详细地谈到曾同他在《年鉴》月刊长期共事的克·阿·季米里亚泽夫[149]。当天晚上我在日记里记下了高尔基说的一段话：

"在当代俄罗斯知识界中，克列缅季·阿尔卡季耶维奇就像这座喷火的维苏威巨人一样卓尔不群。当我想起他时，一位完美的科学家的形象就出现在我的眼前，这是一位同沙皇反动统治的邪恶和黑暗势力做斗争的纯洁的战士，这是一位具有高度文化修养、学识渊博的人。在他的面前，我觉得自己永远是个小学生。"

关于他即将回莫斯科定居以及如何发展社会主义文化事业的问题，高尔基谈得最多，谈得最活跃。我真不想这么就跟我们时代的伟大作家离别。但我必须走。告别时，阿列克塞·马克西莫维奇给我做了许多宝贵的指示，还给我写了许多介绍信。这在很大程度上给我在意大利南部地区考察葡萄种植业的情况提供了方便，同时也保证了我在科奈尔乔（威尼斯）的研究所以及在阿斯蒂、阿尔巴、马察拉等地试验站的工作得以顺利进行。

　　我怀着依依惜别的心情，恋恋不舍地背起行囊，走出索伦托别墅的大门。我回头看了几次，久久地凝望站在大门口的熟悉的身影。高尔基眺望着远方，他在思考着……

　　　　（…………）

普·米·克尔任采夫

普拉东·米哈伊尔·克尔任采夫（列别杰夫的笔名，1881—1940）——政治家和国务活动家，从一九四〇年起为俄国社会民主党党员，一九二五至一九二六年间任苏联驻意大利的全权代表。一九二五年五月和一九二六年十一月曾两次去索伦托。

现按《高尔基回忆录·高尔基文集》，伊·伊格鲁兹杰夫编，莫斯科，列宁格勒国家出版局一九二八年版第四一一——四二〇页正文刊印。

在索伦托高尔基家里做客

（……）在"索里多"别墅和邻近的小旅馆里长期有俄国侨民居住。高尔基和他的儿子马克西姆一家人住在一起。小孙女玛尔法——"小淘气"（当然有别于她的同名人——总督夫人）[150]，可以说在家里有"至高无上"的地位。

凡是来那不勒斯的苏联公民都要来看望高尔基。有一次，我们的两艘驱击舰驶抵那不勒斯，便有一大帮水兵代表拥进了高尔基的家里[151]。

也有许多在生活道路上迷失方向、惶恐不安、徘徊彷徨、寻求生活出路的人，他们来到索伦托求见高尔基，以便向他一吐心中的积郁，并得到他的帮助。

高尔基本人伏案写作，专心致志，不喜欢放下工作外出，哪怕是不长的时间。最近这几年来，他几乎足不出户地长住在索伦托——只有一个冬天，由于修葺房屋而待在那不勒斯度过的。有时，他也出门作短期旅行，但总是走得不远，比如去那不勒斯欢度秋季的民间节日"山洞灵爪节"或去锡耶纳观看人们身穿中世纪服装按古老仪式举行的赛马遗俗。

高尔基大部分时间都坐在自己的书桌旁工作。

书房兼卧室设在别墅的二楼。那是一间宽敞的大房间，一张书桌、一张床、几把椅子、一个书架，墙上挂着几幅油画。

书桌很大，式样简朴。桌面上放有几张打着横格的纸，记着眼下需办的事项。最上面的一页已写了一半。好多处都可以清晰地看到用彩色笔勾画出的醒目字句。在工作作风上，高尔基如今力求做到紧凑明快。

在这一叠纸前面放着一大堆各种颜色的铅笔和一只墨水瓶。除此之外，桌上别无他物。高尔基在写作过程中似乎需要一个广阔的空间，不让任何东西分散他的注意力。

书房前是一个阳台，维苏威火山、索伦托的市容、海湾和遥远的那不勒斯美景可尽收眼底。

一见面首先是相互问好。

高尔基看上去身体健康、精神饱满，头上白发甚少。但是我知道，他经常咯血，成年累月为失眠所苦，咳嗽已成痼疾。如果他能连续一两个月不失眠、不咯血，他就自觉健康状况良好了。

实际上，近年来他一直是在同疾病做斗争的情况下进行工作的。

在我最后一次拜访高尔基时，他正在写他的长篇《四十年》的第二部[152]。三部曲的第一部是《克里姆·萨姆金的一生》。这部著作跨越两次战争，经历两次，也可以说是三次革命，在某种程度上是高尔基从事文艺创作的总结。

高尔基兴致勃勃地写着这部著作。

"我每天要写九个半小时。"他说。

他告诉我，他完全是按照"科学地安排劳动"的方法[153]来支配自己的时间的。他从早晨九时起坐下工作直到深夜，其间有两次休息：从早晨九时工作到午后一时,五时后继续工作到吃晚饭,然后和朋友们聊天或和家人游戏以作休息,最后再工作一个夜晚。天天如此。

尽管高尔基的工作如此繁重,他仍然十分关心我们的整个文学事业和外国文学。没有一位多少有点名望的作家的名字或多少有点价值的小说是高尔基不知道的。

他曾多次向我谈到发表在诸如亚罗斯拉夫尔某份杂志上或鲜为人知的外省出版的文集上的作品。文学领域的任何现象他都不轻易放过。他怀着异常喜悦和爱护的心情,关注着我国文学界无产阶级和农民幼苗的成长。他心驰神往地谈论着这些新芽的才华清新和茁壮。

高尔基经常收到初学写作者寄来的许多稿子,并对它们做出评价。在最后一次见面时,他曾对我谈起,他收到了一位在莫斯科近郊护路的铁路员工寄给他的稿子。那是一个上了年纪的人,生平第一次从事写作。他描述了自己一生中的几段经历:孩提时代他曾目睹戈鲁特文区枪杀工人事件和十二月起义,后来在乌拉尔参加过剥夺勒博夫匪帮财物等活动。没收财物的情景写得特别生动。

高尔基找不到适当的词句来评价这部小说,末了他连声说:"简直是妙不可言!妙不可言!"

高尔基与最广泛的阶层有着通信联系。这儿有各种各样的请求和问题。有由高尔基的为人和创作激发出来的深切的爱戴,也有白卫军的辱骂。这儿还有各种意想不到的请求,例如请"立刻"将副函转交《神职人员》一书的作者尼古拉·列斯科夫(可怎样把此信转交给他,而且还必须立刻转交呢?)

白卫军报刊对高尔基不时进行诋毁,有时欧洲的资产阶级报刊也随声附和中伤高尔基。或攻击高尔基关于捷尔任斯基有一颗美好的心那段话[154],或编造《观察报》撰稿人的谈话,甚而直接告密……有一次,由于白卫军的告密,意大利警察局搜查了高尔基住所的一个房间[155]。在这之后不久,他的秘书在离开意大利时随身携带的高尔基的稿子和书信在边境也被意大利当局扣留了。

这件事使高尔基深感不安,他写信给墨索里尼表示抗议,并准备立刻离开意大利。我不得不跟墨索里尼谈论这个问题，墨索里尼保证说，搜查是出于误会，以后不会再发生这类事件。[156]（……）

尼·亚·伯努瓦

尼古拉·亚历山德罗维奇·伯努瓦（1901年生）——画家、布景师，从一九二四年起在国外生活和工作，曾在巴黎大歌剧院和米兰的拉斯卡拉歌剧院绘制布景。

该回忆录辑入《高尔基与美术家——回忆、通讯和文章集》一书，莫斯科艺术出版社一九六四年版。现按此书第八十三—八十九页正文刊印。

在意大利拜访高尔基

（……）同阿列克塞·马克西莫维奇的会见是非常亲切的，他的热情而殷勤的接待使我深受感动，心情久久不能平静[157]。很难想象还有哪一次会见能像在"索里多"别墅里那样洋溢着如此好客气氛。别墅建筑精致，而由于成为他的居所，屋内更增添了光辉。虽然他在这里几乎过着与世隔绝的生活，也很少放下工作，像他所说的那样，同自己家里的亲人和少数朋友在一起"喘一口气"。使我特别高兴的是，在他的朋友中，我见到了我的挚友，夏里亚宾的儿子、艺术家鲍里斯·夏里亚宾[158]。他也是不久前才来到索伦托，和他的妻子住在离高尔基的别墅不远的一家小旅馆里，它的对面就是我们下榻的公寓。我和鲍里斯外出写生，直到午饭时分才满载大量的画稿而归，我们往往战战兢兢地带着这些画稿去给高尔基看看。他的意见极为宝贵，常使我们激动不已，如果他有所赞许的话，那当然是最好的褒奖了，但他从不骄纵我们。他的某种审慎的"哼哼"声比任何言辞更雄辩地说明，他对我们的作品是不太满意的。然而，他也常常以毫不掩饰的欣喜之情热烈夸奖我们，有一次，他当场从我手中"征用了"我画的一幅海边峭壁画（后来他把这幅画带到莫斯科去了）[159]。（……）

一九二九年冬，我有幸请高尔基欣赏我当时最大的舞台设计之一——《鲍里斯·戈都诺夫》的布景，这对我来说是一次意义重大的事件。当然，最有吸引力的是，鲍里斯的这个角色是夏里亚宾扮演的。可能正是由于这个缘故，高尔基才决定离开索伦托的寓所两三天，这对他来说是绝无仅有的。于是，在全家人的陪同下高尔基乘上马克斯的汽车，来到罗马。[160]（……）

两场演出都非常精彩，夏里亚宾以他美妙的嗓音和天才的表演征服了所有的人，取得了前所未有的辉煌胜利。我们大家都感到无比兴奋，阿列克塞·马克西莫维奇也高兴得容光焕发……为了好好地庆祝这件喜事，我们在首场演出之后一同去一家店名叫"图书馆"的餐厅吃夜餐。餐厅设在好多间回环曲折的地下室里，室内拱柱犹如一排排书架，摆满盛着美酒佳酿的瓶子和形形色色的酒杯。我们一共二十来个人，因为不久苏联大使馆的几位官员也加入了我们，这次夜餐气氛异常活跃、欢快。

突然，夏里亚宾应高尔基的请求唱起歌来。他那雄浑的歌声顿时响彻迷宫般的地下餐厅，在这座装饰别致的"图书馆"里就餐的好奇的顾客和餐厅工作人员闻声从各个角落汇集过来。人们听说，跟夏里亚宾同桌就餐的还有在意大利家喻户晓的伟大的"马克西莫·高尔基"。这个消息不胫而走，我们的周围就挤满了人，大家都渴望得到"历史性的亲笔签名"，争先恐后地拥到我们桌子跟前来，以致"图书馆"餐厅的经理不得不找来宪兵解围，宪兵们好不容易在人群中挤出一条路，以胜利者的姿态把我们置于他们的保护之下……这一突如其来的插曲给我们的热烈情绪降了点儿温，余下的时间我们过得比较平静，尽管大家仍旧沉浸在欢乐的气氛之中。我感到自己无比地幸福，因为演出结束后，阿列克塞·马克西莫维奇离开剧院的时候就跟我拥抱亲吻，用他的话来说，为"绝妙的布景和服装"向我表示感谢。他的称赞是对我所做的工作的最高褒奖。为这项规模巨大的工作，我在旧政权时期确实献出了全部心血，以寄托自己对俄罗斯，对我们金碧辉煌的美丽的莫斯科的深切的思念之情……

这次令人难忘的在罗马的会见之后过了两年，我们又在索伦托相聚了。我是同妻子一起去那儿避暑的。（……）

在我们抵达索伦托之前，阿列克塞·马克西莫维奇刚从苏联回来不久[161]，去年他也曾回国观光，但这次旅行却是一次真正凯旋式的旅程，从国内带来了令人欢欣鼓舞的消息。

归国之行无疑在各个方面都对亲爱的阿列克塞·马克西莫维奇产生了良好的影响。他甚至显得精神焕发，更喜欢与人接近，更乐意陪我们一起坐到深夜，兴致勃勃地参与我们的谈话，而且无论涉及什么问题，他的意见总能以其尖锐敏捷，以及善于异常精辟地阐释最复杂的概念而令人叹服。

有的时候，阿列克塞·马克西莫维奇请我们大家在日落之后到花园深处的海湾石堤上去坐坐，那边地势逐渐下倾直通海边。他在堤上燃起用芳香的雪松和夹竹桃的干枝堆成的一大堆篝火，请我们围着它坐下。他时常拿起长长的棍子拨弄火堆，让行将熄灭的火苗蹿起来，于是火星儿就乘着旋风腾起，冲向黑暗的星空。他显然为能观赏到这种原始的焰火而满心欢喜。

我还清楚地记得，我们最后一次同高尔基交谈时的情景。有一次，在一个非常美好寂静的夜晚，我们偶然在他那间宽阔的摆满书柜的书房前的凉台上交谈。这是在我们即将离开索伦托之前同高尔基的分别，而且可能终成永诀，这种预感沉重地压在我的心头。在那些日子里，我不由自主地总是寻找机会多跟他见面。有时他也主动实现我的愿望，那天晚上也是这样，当时的情景我至今历历在目，终生难忘。我在花园里画画，一幅用银鬃似的树梢遮掩着近处山坡的橄榄树丛的画稿刚完成，就听到高尔基在上面叫我到凉台上去欣赏非常美丽的日落的喊声。我扔下画具朝上面奔去。阿列克塞·马克西莫维奇一个人站着，修长而有点儿佝偻的身躯倚着凉台的栏杆，正在观赏令人叹为观止的景色。那不勒斯海湾被落日的余晖渲染成一片金黄。远处的维苏威火山顶着灰褐色的团状浓烟，披上了淡红色的暮霭。那不勒斯的一角，白蒙蒙的，寂静地横卧在山麓下，很快就淹没在那从安静的海湾上升起的浅蓝色的薄雾之中。海湾展现在我们眼前，像一面巨大的镜子，反照着清朗、透明的黄昏的天空。我像着了魔似的站在高尔基身旁。我俩兴高采烈地匆匆交换了一下观感，而后默默地注视那"无形的电工魔法师"在这无与伦比的"布景"上制作的"灯光效果"。

暮色很快降临，于是展现在我们眼前的景色渐渐沉入一片浅蓝色的"溶液"之中，周围的景物，以至我们自己也蒙上了越来越虚幻的色彩。最后在地平线上隐没的是雄伟的维苏威火山以及山巅上由烟霭缀成的桂冠。山脚下亮起光灿灿的城市灯，连成一条细长的熠熠生辉的光的项链。

当白昼和黑夜同往常一样在南方异常迅速地交替时，当白天的景色终于消逝，让位给新的迷人的夜色时，高尔基显然感到了夜间的凉意，说："好，该回去了！"他朝闪烁在四周坡上的灯光和从壮丽的圣安琪儿山后升起的圆圆的淡黄色的月亮投去了最后的一瞥，仿佛不愿丢下这富有新的诗意的美景似的，一边朝书房走去，一边对我说："现在，亲爱的尼古拉，就让我们坐下来谈谈，等他们来叫我们吃晚饭吧……"我本想立即离开，生怕自己留在这里让他受累，但他还是要我坐在圈椅上，他自己也面对我坐下，开始问我的工作，问我今后的计划，还问我打算什么时候回国，因为他本人也准备再次回国，我们就这样慢慢地拉起家常来，气氛非常融洽、亲切。

宽大的写字台上，一盏大台灯在鹅黄色的灯罩下放射出强烈的光线，映照着那么熟悉、那么亲切，但又带着病容的脸，残酷无情的病魔正在慢慢地，但却毫不留情地损害着这位真正伟大的人的肌体……一抹浓重的阴影隐现在下垂的眉毛下面，掩饰着他那善良、明亮的眼睛，凹陷的双颊使高高的颧骨显得更突出。这一切使他的整个面容浮现出某种疲惫、忧郁的神情，即使在他脸上漾起他所特有的令人神往的、近乎孩子般的微笑而显得光彩照人的时候，这种神情也未曾消失。

在那个难忘的夜晚，阿列克塞·马克西莫维奇似乎特别热情、亲切地跟我谈起艺术，谈论那几年到过索伦托的我们都熟悉的画家，其中他怀着特别深厚的思念之情提到了瓦连京娜·霍达谢维奇、科林兄弟、鲍里斯·夏里亚宾和格里戈里·希尔强。他们每个人各有所好，都被这一带的景色所征服，带走了不少精美的画稿，或者是风景画、静物画，或者是描绘这一富裕地区服饰艳丽的居民的人物画……

后来，阿列克塞·马克西莫维奇开始问我有关我父亲的情况[162]，虽然他跟我父亲有时通信互叙友情，但是两人长年离别，他想更详细地了解我父亲的生活和工作情况。

那天晚上高尔基所说的每一句话都深深地、永远地铭刻在我的脑海里。

我怀着万分激动的心情聆听高尔基对我亲爱的父亲的评论。我能够逐字逐句地说出他在那个令我终生难忘的时刻对我所说的一切，但在这里我只能简短地转述一下其中最使我惊讶和感动的一些话。高尔基告诉我，他非常推崇我父亲的才智和高度的文化修养，同时还认为他是一位敏锐的艺术家，对他十分敬重。高尔基说，我父亲善于细腻入微地洞察大自然的诗情画意，具有重现以往时代的人物形象并"赋予他们以生气和他们所特有的气质……"的非凡才干。"你要知道，亲爱的尼古拉，没有比这神秘的艺术更令人信服的历史向导了，"阿列克塞·马克西莫维奇把自己的想法解释给我听，"艺术能在我们眼前再现历史长河久远的时代景象，这不仅仅是描绘几个干巴巴的人物，更是再生历史的气氛，体现那时的诗意，就像画家本人亲眼见到了那样……"

"我非常喜欢你父亲的《凡尔赛组画》[163]，"高尔基继续说，"这些画是多么地真实，满怀豪情，不仅描绘了那个时代的人物的外貌，而且还刻画了他们的内心世界，仿佛他与他们都曾相识似的……"

"您父亲大大地增加了戏剧艺术中的新的气息，并使它获得了新的胜利，"阿列克塞·马克西莫维奇还补充说，"把布景艺术提到了新的美学和文化高度！亲爱的尼古拉，您要赶上你父亲必须下一番功夫，至于你能不能赶上他——我不得而知！……真的，你还年轻，而且有才华，我们等着瞧吧！祝你幸福！"

在离开高尔基的书房之前，我紧紧地跟他拥抱、亲吻，仿佛我们最终分手的时刻已经来到，我突然控制不住自己……哭了起来！……一种哀伤的预感攫住了我，我将永远不再有机会同这位卓越的人物如此长时间地促膝谈心了……呜呼！——我的预感果真应验了——在这次见面之后不久高尔基就回国了，从此我再也没有见到他……

尼·尼·阿谢耶夫

尼古拉·尼古拉耶维奇·阿谢耶夫（1889—1963）——诗人。一九二七至一九二八年曾去西欧旅行，在索伦托拜访过高尔基。

现按《尼古拉·阿谢耶夫选集》（五卷集）第五卷，莫斯科文艺书籍出版社一九六四年版第二七一——二九九页刊印。

与高尔基的一次会见

在去意大利旅行之前，我从未见到过高尔基。在他的早期作品的影响下，从年轻的时候起，我的想象中就形成了这样一个形象：一个"贪婪"的、不可遏制地追求生活，一心探求由他率先引入文学作品中的主人公的不安分的人。人们对他的评论是不明确的，自相矛盾的。（……）因此我怀着极大的兴趣期待着同他见面，指望凭自己的印象来恢复那些已从想象中消失，而又为有关他的文学和传记形象中所短缺的那些东西。

当你从远处听到磨坊的轰隆声时，你会想到巨大的水流汹涌澎湃，正推动着众多的构造复杂的水轮飞速旋转。然而，只要你走近磨坊，你就会看到，在那里只有一个轮子在泛着白沫的涡流中慢悠悠地转动，而它的后方也不过是一片平静而开阔的水面，完全不是你在远处所想象的那种景象。在我真正地了解了马克西姆·高尔基的日常生活、劳动和个人魅力之后，我想我见到的也正是这种水面，这种慢悠悠的主轮的工作。

高尔基是一棵未遭刀劈斧砍之劫、矗立在战后人类幼林中的大树。同他见面和谈话，胜过在一所珍藏丰富、囊括全部九百年文学史和人类历史资料的大图书馆内终日苦读。他身上的一切，从外表、谈话、言辞一直到爱好、情趣和志向，都来自我们的父辈，来自我们的童年，来自我们时代的童年。与此同时，在你面前的又是一位非常有修养的，学识渊博的同时代人，他高瞻远瞩，热情地关注着未来的技术与发明以及建设的一切细节。在他身上，时代的两翼相连，纵贯他的一生及其同时代人的一生。也许正是由于这个原因，他才会给你带来双重印象，不论是从远处观察，还是就近端详，同这位作家的直接交往，这种印象总是真实的，唯一可感受到的。他的一翼广泛地触及沙皇时代的黑暗和沉寂，探究"俄罗斯大地"的历史、"她的历史命运"、她的习俗制度、她的大公和总督、她的修道院和礼拜堂、未开垦的原野和莽莽林海。这是他形象中的黑暗、阴沉的一面，为帝国之夜的绛紫色的阴影所笼罩，翼上沉沉地悬挂着千百个回忆、联想和印象。他的另一翼则清除了传统的尘土，摆脱了沉重的回忆，高高扬起，凌空高翔，轻盈自在地沐浴在新时代的光辉和初升旭日的霞光之中。

这样，高尔基本身就像他在青年时代所创造的形象——海燕，正是他把海燕视作创作的口号，视作在浩瀚壮阔、波涛汹涌的海面上盘旋飘扬，预示暴风雨即将来临的一切先知者的旗帜。

我不想带着成见来描绘这个形象。在我经过长期努力、试图刻画和说明高尔基的形象之后，他本人就以我所见到的和了解的形象呈现出来了。

我在索伦托住了十四天[164]，而这十四个夜晚我都是在聆听高尔基的教益中度过的。这激动不安，始终想飞腾，以及为一丁点儿细致而搅得面红耳赤的感觉在整个逗留期间我都没有失去过。

为避免落入俗套，不迷恋比喻和结论，我只想描述一下这十四天内我所见到的高尔基的日常生活。不过，我还是想引用一个比喻，一个依我看来是非常正确的比喻，最能说明高尔基人品的比喻——对我本人来说，这个比喻是最贴切不过了。

当你初次见到高尔基时，他就像一棵长满硬毛和尖刺的仙人掌，还长着一口尖牙利齿，给你的第一个印象是：别碰，危险！这种仙人掌在意大利境内的道路两边到处可见。它的刺被烈日晒成棕红色，更像高尔基的头发和胡子。然而，如果你碰一下这棵仙人掌，你就会发现它的毛和尖刺都是柔软的，娇嫩的，就像小松树的幼芽一样。在高尔基花园里的花坛上种的就是这种仙人掌。它外形看上去坚硬多刺，似乎很可怕，会刺痛人，但实际上却鲜嫩而柔软，能开出完全不同于它的外表的绚丽花朵，以其富有弹性的、清新的果绿色环绕整个花坛。高尔基也是这样，乍看起来坚硬多刺，但实际上却温柔、敏感，即使对于不合他兴趣和习惯的事物，他也会很快地表示赞赏。

在两条灵活的眉毛下面，一对浅蓝色的、不甚明亮的眼睛，与有点儿像沙漠一样浅红色脸盘上的灌木似的胡子和眉毛相映衬，显得冷峻而富有洞察力。脸部神态固执，仿佛与世界上的一切都格格不入似的。然而，只要谁的佳作或某个前所未闻的新消息打动了他的心，他的脸就会豁然开朗，面部的皮肤就会轻松地舒展开，微微朝剪着平头的发根扬起，孩子般的喜悦和惊愕转化为热情，并为这意想不到的礼物而激动。他兴奋得挥动双手，连声称赞，看来，他确实感到高兴。在他的心底，与很久很久以前就形成的主见和意趣相反，还有另一种清新、开朗的气质，会为新的感受、新的印象拍手称快，突然而狂放地表达喜悦之情。（……）

午饭后（他们很晚吃午饭，时间不早于七点钟），大家到楼下那间放着乐器和香槟的房间里继续聊天。高尔基烟吸得很多很多，常坐在一旁，边看着大家，边听大家的谈话和音乐。马克西姆·阿列谢耶维奇弹班卓琴[165]，画家[166]抱起了吉他，玛丽亚·伊格纳季耶夫娜坐下弹钢琴，他们在演奏俄罗斯歌曲，然后又打开留声机，放夏里亚宾新灌制的唱片。我坐在房间的一角，同高尔基一起叙旧，他那低沉的男低音平稳而亲切。乐器的声音渐渐沉寂，房间里只有高尔基的嗓音在回响，所有的人都在静听他的话。（……）

我从高尔基的书橱里取出基尔萨诺夫的诗选，开始朗诵其中的《德意志》《磨坊主阿茹赫》《女骑手梅丽》《公牛》等诗篇。高尔基起初不太在意地听着，可是基尔萨诺夫诗中的优美韵律，意外精炼的诗词，充满激情、光辉和青春的气息深深地打动了他，他的脸渐渐变得快活起来，在听完第三首或第四首诗后竟拍案叫绝，满口称赞起来："太好了！天哪，这太棒了！而我却不知道这个基尔萨诺夫！他几岁了？他是个什么人？"我简短地介绍了基尔萨诺夫的情况，说他还年轻，有天赋，是个奇才。高尔基满意地动动胡子，用手帕擦了擦眼睛，然后思索了一下说："嘿，我的老兄，您朗诵得真棒！经您一读，任何一首诗都行！"他很固执，不愿全盘肯定基尔萨诺夫，想以此解释这形似简单，又背离高雅诗歌全部准则的诗句竟能对他产生如此影响的奥秘。我表示异议说，基尔萨诺夫自己来朗诵，那要比我朗诵好几倍。他写诗的诀窍正在于把诗歌的视觉印象改变为听觉印象。正需要诗歌这种形式才有契机存在下去，对它来说只需要广场上或群众集会上的广播大喇叭。至于室内诗，它只是适应个别读者个人需要的产物，已经没有发展余地了。高尔基坚持己见，不同意我的看法，试图证明艺术对观众和听众产生影响的统一规律是永恒的。我们在实际感受上彼此满意，而在理论上却互不相让，直至两人分别。（……）

我拿起谢尔文斯基[167]的诗集，朗诵了他的《吉卜赛性格》和《乌里亚拉耶夫性格》（肃反工作者与斯泰因[168]的谈话）中的几个章节。高尔基凝神谛听，偶尔满意到啧啧称赞。诗念完了，他深受感动，对新的苏维埃文学和我的朗诵赞不绝口。我认为，他对我的朗诵倍加赞赏，是他避免对作品本身的价值做出肯定评价的一种谨慎的做法，于是我又强调指出，我所朗诵的诗人的作品超尘拔俗，不同凡响。高尔基既不反对也不同意，为今后留下批评的余地。他说，这儿的问题主要还是朗诵，他昨天深夜仔细研读了基尔萨诺夫的诗，当然用眼睛看和凭听觉领会是不能相比的。我再次想说明，这些诗写得朗朗上口、清越动听，这是诗的优点之所在。这样的诗必须在大厅里朗诵，让每个听众与邻座一起为其火热的韵律和铿锵的节奏而激动，而欢欣鼓舞。这种诗是不适宜独自关在房间里欣赏的，犹如总谱不适合于合唱一样。高尔基坚持自己的看法，并得到了他家人的支持。交谈成了争论，他们拿来叶赛宁的诗以验证另一种创作方法的效果。我尽可能认真地朗读叶赛宁的作品，《长征之歌》

的某些段落我也很喜欢，但是这首诗在风格上模仿了《卡拉什尼科夫商人》，在听过基尔萨诺夫和谢尔文斯基的诗之后它是不可能得到听众欢迎的。听众们埋怨，他们认为听上去效果差的原因是我读得不好，而事实上他们比较喜欢基尔萨诺夫和谢尔文斯基的诗，但他们不愿承认，心底里还是袒护着叶赛宁的抒情诗。最后高尔基给我拿来了他的早期诗作——关于青春战胜死神的童话[169]。他请我朗诵，并有点不好意思地说，要是我愿意朗诵，那这首诗听起来会比实际上的好一些。

高尔基的诗是自然主义的、叙事性质的，但诗中的辞藻热情奔放，对话真实感人，因此我津津有味地读着，这确乎是一首陌生而又意趣盎然的诗。高尔基断定，我读叶赛宁的诗不如读别人的诗来得好，因为我对他的诗感受较差，评价也不高。没必要再争论下去了，可是我仍然觉得高尔基善于理解和感受文学界每一个成功的创举和新的思想的每一次萌动，却如此忌讳和回避清越、粗犷和鲜明的风格，这忌讳和回避不仅仅出现在我朗读基尔萨诺夫和谢尔文斯基诗篇时。显然另有原因，无非是——"高雅的艺术"传统：文学语言必须有某种热情洋溢的信念，反对降低文学语言的格调、文体自由化和混杂口语俗话的倾向。这对诗歌而言，尤其明显。高尔基觉得不宜降低高雅文体的格调，把他的作品也归于高雅之列，尽管他本人不无抵牾，并经常自我检点。

我们还谈论苏联诗坛的情况。我跟他谈起尼古拉·吉洪诺夫和米·阿·斯维特洛夫[170]。他对前者相当了解[171]，对后者知之甚少。在这方面可以感觉到习惯于固有的成功模式的某种倾向，即把享有盛名的人的名字传到高尔基的耳朵里。为抵制这一倾向，他亲自从寄给他的一大堆文学作品中挑选默默无闻的初学写作者，试图弥补未臻成熟的年轻天才的不足之处，但他是凭自己的好恶，凭他们的履历，凭他们来信的诚意，凭他们诗作的题材进行挑选。然而当我凭记忆念了斯维特洛夫所作的《格林纳达》中的几行诗时，高尔基仿佛受到震动似的离座而起，又问了一下姓名，并要求我再念一遍。显然，从我的朗读中，从诗歌韵律的体现中，他迅速而正确地了解了诗的意蕴。关于诗歌的这次谈话又延续到深夜，因而我们离开高尔基的住所时有些不好意思，我们在他那儿坐得太久了，而高尔基在早上九点钟就须开始工作。于是我们在心里保证以后离开他家不迟于十二点。（……）

在索伦托的那几天过得十分愉快、欢乐。从早上九点起高尔基就坐在写字台前写《克里姆·萨姆金的一生》第三卷。他亲自动手写稿子，反对口授打字。到两点钟他出来就餐，工作后显得有些心不在焉，若有所思。就餐时我们谈意大利，谈意大利的生活情况，以及上哪儿去缝制服装，应该买什么样的衬衫。在生活方面，高尔基的孩子们给了我们无微不至的帮助。马克西姆·阿列克谢耶维奇带我们去找索伦托的著名裁缝，挑选衣料，听说这位裁缝手艺高超，甚至有些人从英国来向他定做衣服。定做一套衣服需八百里拉，相当于我们的七块俄国金币。

当我们忙于这类事的时候，高尔基又在书房里分选信件，把那些最有价值、需要亲自回复的信件挑选出来放在一边。当五点钟我们回来喝茶时，我看到他还在做这项工作。他给我看几封信，要我对某几篇平庸的诗做出评价，指出这些诗的作者的来信言辞恳切、要求直率。我把对这些诗的意见告诉了他，但他本人还是会给作者回信的。（……）

又到了吃午饭的时候，留声机里响着夏里亚宾的男低音，可以听到意大利主人们别扭的谈话声、琅琅的读诗声和关于文学问题的议论声。有时候，这些活动会增添新的内容，比如哪位俄国人或外国人来访。当我在意大利的那会儿，加涅茨基同志曾登门拜访，从乌拉尔给高尔基带来了礼物。那天晚上我朗诵了我自己的《普罗斯卡科夫》[172]。这是我在索伦托逗留期间最美好的一个晚上。高尔基和加涅茨基都喜欢《普罗斯卡科夫》，我们三个人都很激动，谈论起自己的祖国。显而易见，高尔基人虽在这儿，在索伦托，但是他跟祖国还有着千丝万缕的血肉联系，这种联系是任何狂风巨浪也阻隔不断的。同她紧密相连、息息相通，如今已是高尔基的主要目的。这一天正好收到了来自柏林和巴黎的报纸。在《方向盘报》[173]有三篇诋毁高尔基的文章：一篇社论、一篇小品文、一则文学简讯，他们骂高尔基卑鄙无耻，因为他对苏联的建设反应热烈，在提到高尔基的名字时，把它当作"卖身投靠"布尔什维克的同义词。因此可以感觉到高尔基在这一个晚上显得特别高兴，因为他能同苏维埃人并肩而坐，感受他们对他的情谊，聆听在远离索伦托的地方创作的诗篇。（……）

高尔基还十分年轻，看上去绝对不会超过四十岁。这不是恭维话，我并不是有意奉承他。他一点也不见老，精力不衰退，皮肤不松弛，说话不唠叨。他历经生活的磨炼，漂泊流浪，风餐露宿，锻炼了筋骨。他接触各种人物，见多识广，经验丰富。因此，他丝毫不恃才傲物，他的质朴不是虚假的，他的人道不是理论上的，他对生活的情趣是热烈而浓厚的。新时代以他作为坚贞不渝的朋友，尽管他同过去有着千丝万缕、盘根错节的联系。在上一代有文化的"老人"中，他比任何人都能更好地懂得并提出新文化的任务和企求。但是，必须随时让他了解新文化的每一个成就，以及当地的技术条件和新文化内部的相互关系。我这里指的是新的苏维埃诗歌，可是我也认为，这对任何一个方面来说都是正确的。如果我记不得斯维特洛夫的诗，高尔基就可能听不到，而斯维特洛夫可是一位不可多得的诗人呀！无论阿列克塞·马克西莫维奇花多少精力在寄给他的信件中搜索佳作，他也不会找到比斯维特洛夫更生动、更热烈的诗句。然而，即使偶有收获，他也不能疏于推敲，不能就此满足而把它搁置一旁，留待有空的时候再予以考虑。可是即便是光彩照人的诗篇，如果离开同时代人的关怀、爱护而得不到经常的锤炼和琢磨也会失去光泽，黯然生锈的。这是高尔基首先懂得和记取的。这种呶呶不休、不免令人厌烦的提示，正如我一生中的任何时候，处于任何场合一样，充斥于我在索伦托的生活之中。（……）

与高尔基的几次谈话

高尔基把一条腿搭在另一条腿上坐着，抬起瘦削的脸，对着从饭厅高高的天花板上投射下来的灯光。他显得比实际年龄年轻得多。皮肤光洁滋润，红润的嘴唇上那一撮烟黄色胡子，连同深眍在眼眶里的浅蓝色的慈祥的眼睛上那两撇同样是烟黄色的眉毛，在谈话时微微颤动。别人说话时，他凝神谛听，全神贯注，眼睛温柔地注视着交谈者。他的头发剪得很短，白发比我少得多。这头发浓浓的,摸上去是柔软的。他的画像没有一幅能给人以准确的印象。照片大大改变了他的模样:颧骨凸起,前额突出。实际上他脸部的线条要柔和得多,而轮廓也绝对没那么粗重、刺眼。高尔基常常皱起鼻子,把它翘得高高的,特别在他讲某件动人的或可笑的事情的时候,此时皱纹渐渐地爬上鼻梁,整个面部表情异常丰富。每当他对某件事表示赞赏和称颂时,他脸上就会漾开笑容,皱起鼻子,仿佛有一道突如其来的光直射到他的双眼,顿时使他容光焕发。刮得光光的下巴颏儿使人联想起节日里工匠的形象。他嗓音有些低沉,但十分清楚,发音纯正,略带偏重"O"音的乡音。他身子硬朗挺拔,由于长期经受艰难生活的煎熬,肩膀微微塌陷,身子瘦瘦的,但精神矍铄,不带病态。他的腿很长,更是挺直、硬棒,这是久经考验的行者、不知疲倦的游子和天生的登山家的腿。

他的外表给人的印象是多样的、复杂的。当他谈到工业和苏维埃的财富时,你就会看到,坐在你面前的是一位杰出的经济管理人员、目光敏锐的指导员、孜孜以求的实验家,他对科学、技术和工业的各个领域都有广泛的兴趣。

当他回首往事,讲述密布于他记忆中的五光十色的往事,在你面前出现的下诺夫戈罗德的商人、旧教徒和胡作非为之徒的时候,他的面部表情就会发生变化,脸上的皱纹也不一样了。此时他成了往事的隐秘见证人,无可辩驳的控告者,深知其是非曲直和来龙去脉的严正的揭发者。

有时,他为迄今不知其名的诗人的某首诗或者苏维埃日常生活中某项新的建设成就感到欢欣鼓舞,深受感动。于是,他那双深陷的蓝眼睛就会发红,他飞快地眨起眼睛来,频频用手指触摸似乎在发痒的眉毛,尽力克制涌上心头的激动之情,喃喃重复说:"多么好的国家!多么好的国家!真了不起,他们什么事情都能办到!嗨,真了不起!杰——出——的人民,杰——出——的时代。"(……)

听高尔基追忆往事是件快事。人物、面貌、日期、地点,铭刻在他的记忆中。而且他总是那样敏捷、细心、娴熟地从中撷取事例,犹如解开结后平滑的毛线,同时又犹如在冬日里剥开包装纸的苹果似的,只只新鲜可口,清香扑鼻。不论是地下工作,还是达官显宦,高尔基都知之甚深,记忆犹新,仿佛这一切是他那双貌似冷漠的眼睛在昨天刚见到的似的。在谈到一九〇五年，谈到莫斯科起义[174]和一月九日[175]时，高尔基叙述人物如见如闻，栩栩如生，一幕幕往事好似在屋内搬演，历历在目。

他在回顾一九〇五年时，提到了加邦[176]。工人们成群结队，意气风发，踏着积雪咔嚓咔嚓地在行进，然而从二十五沙绳[177]外突然袭来三次齐射，把这庄严雄伟的场面撕得粉碎，人们被驱散了。意外的射击使几排的人倒了下去，然而后继者还不认为他们已被枪杀，因而对他们，对这些已经死去的同伴大声叫喊，以为他们只是吓破了胆，滚倒在地，甚至讥笑他们，鼓励他们，说什么枪支未装弹药，不必害怕。完全不知他们已听不到别人的嘲笑或同情的呼唤。谁知步兵蓦地成走廊形散开，亮着军刀的龙骑兵从他们背后猛扑过来。

"这些坏蛋！"阿列克塞·马克西莫维奇说，"眼看人已倒在马下，肩膀已被砍伤，但龙骑兵还要给他补上一刀，从马鞍上伸出军刀尖去捅他。这恶棍歪着身子，从马上弯下腰，利索地把尖刀直刺倒地的工人。（……）

"这是一位姑娘，在极度恐怖的袭击下悬空吊在铁栅栏的尖端。她惊慌失措，慌乱中跳上铁栅栏，被钩在尖利的铁杆上，随即就这样被十来颗子弹钉在上面了。还有一个男孩，他爬上普尔热瓦利斯基[178]塑像的马背[179]观看游行队伍，一梭子弹把他撂倒在旅行家的身上。还有许多人，姿势怪诞，凝滞不动，被刀劈弹穿，遍体鳞伤……

"鲍曼[180]的葬礼，整个莫斯科都来送葬了。工人和知识分子、军官和演员、女士们、大学生和商人、两鬓已经染霜的斯坦尼斯拉夫斯基、鼻孔宽大的夏里亚宾，还有谢罗夫[181]、布留索夫[182]。旗帜，一面面旗帜，第一次是红色的——当时还不是很习惯的红色的旗帜。规模空前，十万之众的队伍浩浩荡荡地在前进，谁也不敢干扰。莫斯科这一次示威犹如洪水突发，势不可挡。血腥的屠杀是在后来发生的，那是在送葬回来的途中。"（……）

高尔基娓娓而谈，他忆及的事有始末、详情细节，把事件的整个过程描绘得有声有色、活灵活现。这一切我已无法一一转述，何况记不全了。可是他能记住一切细枝末节，甚至房屋的门牌号码、人们的惊呼声。（……）

高尔基站在阳台门前，气得胡子一直在颤动。花匠在楼下花坛里翻土，可这活儿高尔基原想自己来干。他怀着孩童的渴望和羡慕的心情望着下面的花匠，而家里的人不让他到花园里去干活。几天前他得了肺炎，一位意大利医生根据当地的土方，用热粥敷胸的方法把他治好了。如再发病，对他来说也许会有致命的危险。可是他真想下去刨刨土，对任何安危都不放在心上，所以全家人都看管着他，不让他偷偷地跑到花园，拿铲子干活。高尔基闷闷不乐地坐在楼上，他怅然若失，连声抱怨，透过阳台的玻璃瞧着下面说："这些鬼东西，他们把整个花坛都给我翻遍了，把秋海棠都刨掉了。"看来，他手痒痒的，渴望能亲自拾掇花坛。（……）

高尔基什么事情都喜欢自己做。他如不加注意，常常会陷入窘境。"阿列克塞·马克西莫维奇，可以向您要点纸吗？我的纸全用完了！""为什么不行呢，当然可以。"说罢他就悄悄离开座位，踏着轻软的便鞋登上很陡的楼梯，到二楼去拿纸。等他回来以后，你一定会怪他为什么要亲自去拿纸，而他的亲人们也会讲他不注意身体，让自己吹着过堂风，这时他总是嘟嘟囔囔，竭力打断这些迟到的责怪声："这纸好吗？您够用了吗？"（……）

他在家里经常穿一件柔软的灰衬衫和驼毛外衣；裤子用一条宽腰带束紧；脚上穿的是一双蓝皮鞋。他步履轻捷，富有弹性，具有军人的风度。他脸上红润，泛着不久前刚被夏天的阳光晒出的红晕，仿佛始终沐浴着阳光或是刚刚洗过蒸气浴似的。画像上那种使他黯然失色的苍白的色调已荡然无存。

然而，要描绘高尔基是困难的。更难的是转述他的话，尤其是把它记住。他述及的各种事实、数字、人名、城市、乡村和街道名称，多得不计其数，因此你回忆他的话时，立即会被这些多如牛毛的名目搞得晕头转向，如堕五里雾中。正是这使他的叙述异常真实、精确。

西比拉·阿列拉谟

西比拉·阿列拉谟（利娜·法契奥的笔名，1876—1960）——意大利女作家。高尔基于一九〇七年与她相识。阿列拉谟是第一位分析长篇小说《母亲》的意大利作家。她于一九四六年加入意大利共产党，为《团结报》撰稿，曾多次发表关于高尔基的回忆录。

马·高尔基与西·阿列拉谟通信见：《高尔基档案》（十四卷本），科学出版社一九三九至一九七六年，第八卷，第二四二至二四九页。

原载意大利《晚邮报》，一九二八年五月二十一日第一二〇号。现按《高尔基档案》第八卷第二六九—二七一页刊印。

在索伦托拜访高尔基

自从他定居卡普里岛[183]以后，我就没见到过这位名闻遐迩的朋友，这是战前的事了。现在他移居索伦托，我与他阔别六载，苦苦思念，便去那儿寻求往事的回忆。（……）

我走进了旧的院墙门，在林荫道深处看到一位身材高大的人朝我走来，他面容清癯，带着微笑，具有蒙古人的特征，他对我说[184]：

"啊，是您！"[185]——他用意大利语说。然后用俄语说下去，我听着站在他身旁的女士把他的话翻译出来：

"您没有变，即使在街上碰到，我也能认出您。"

我们握手，彼此都觉得：真的，我们俩依然如故，还是当年我们初次相识时的样子。——那天，他突然走进我在罗马的陋室，这是我的第一部小说[186]在俄国翻译出版之后不久的事。那时高尔基还笑我不够大胆，不善于措辞呢。

"是呀，差不多二十年过去了。"他再一次用意大利语说。

在他那浅蓝色的眼睛里闪烁着迷人的青春活力和与之同在的无限智慧。这种眼神，有时只有孩子才有哩。

我们走进屋子。这是一幢两层楼的房子，茶摆在用彩色糊纸装饰的小会客室里。高尔基刚庆祝过自己的六十寿辰和从事文学活动三十五周年。为此俄国作家们从莫斯科寄来了礼物———一只茶炊，还有一些鱼子罐头和烟卷。高尔基把儿子、媳妇、小孙女以及他的几位客人和同胞，还有一位男画家和一位女画家[187]给我做了介绍。他什么也不吃，也不坐下，只是一边吸烟，一边交谈，在房间里来回踱步。我清楚地记得那优美的手势，那抑扬顿挫、富有表情的嗓音，仿佛不用等那位女士翻译就能听懂他的话了。不过，眼前的他比过去健壮，甚至可以说比过去年轻了，尽管他那浓密的头发和下垂的胡子已经斑白，这一切使他很像尼采的几幅肖像。以前我见到他时，总是觉得他有病，而今他显得健康硬朗、神采奕奕了。

我脱下帽子，高尔基终于觉察到我在外表上有了某些变化。显露出坚强的意志特征，他说："更有力量，更有个性了。"他突然转向自己的女秘书——可爱的男爵夫人布德别尔格问道：

"您看她侧面像谁？"

男爵夫人说不上来。

"叶卡捷琳娜女皇。"

"对！对！"大家异口同声地说。

高尔基看到我很窘，不知道我会不会为自己酷似女皇而感到高兴。他要我相信，我该为此感到骄傲，说着又快活地笑了。然后，他请我到他的书房里去。

我们在书桌旁边坐下之前，他指了指他背后的书柜——书柜顶上摆着一尊普希金雕塑胸像。

"这些都是俄罗斯青年作家的书。"

"写得很有趣吗?很有才华吗?"

"非常有趣,非常有才华,青年人又回到高尔基身边来了。请您说说,请您对我说说,你的意大利青年人的力量情况怎样?"

"我相信,高尔基,您不会对我进行采访吧?"

然而,他对我们的出版情况了如指掌,不仅对我们,对全世界都如此。没有哪一本多少有点价值的书,哪一种哲学思潮或思想倾向,他是不知道的。这位自学成才的卓越艺术家,由于上帝的恩宠,具有令人惊异的文化修养。我们在交谈中提到了许多许多人的名字。在当代作家中,我们从詹姆斯·乔伊斯[188]说到蒙泰朗[189],从斯特凡·茨威格[190]说到斯泰纳[191],至于意大利作家那就更不用说了。他的评论精湛、明快,犹如他的炯炯目光,但是我觉得,这是常年思考的结果。

不久他又将返回俄国,但只去几个月。他觉得只有在这里他才能好好工作。近年内他想完成长篇巨著《四十年》[192]。他给我看了印刷精美的两卷作品,每卷六百页。对这两卷集他是否满意呢?他说不满意,过五六年以后他才会写一些使自己满意的东西。他愉快地笑了。然后他说,在他的所有作品中,他最喜欢的是他早在青年时代写的小说《一个人的诞生》[193]。

在书房的角落里,一面屏风遮住铁床,有一扇落地窗通向凉台。如果他不去花园或卡诺街散步,就在凉台上休息。

"好美。"[194] 他朝呈现在窗外的景色扬了扬头,用意大利语说。

在他那清瘦的脸上,嘴角刻画着几道深深的皱纹,粗重的皱纹横过他的前额。我记得,有一次这位诗人给我看一幅俄国地图,上面标着他过去在这广袤无垠的国土上徒步旅行的踪迹。在成为作家之前,他曾经到处流浪,做过工人、装卸工,备受饥寒的煎熬和疾病的折磨,也尝过铁窗风味,然后,在他三十岁时,却一举成名。出访欧洲、美国,同各方面结交。后来爆发了战争、伟大的十月革命。最后他来到了美好的意大利。"好美。"

没有人比他更纯朴、更人道了。没有任何人,只要你看他一眼,就感觉到他对生活充满信心，坚定不移。

当他还年轻的时候，列夫·托尔斯泰曾经对他说过："您有一颗聪明的心……是啊，您有一颗聪明的心。"而后这位来自亚斯纳亚·波利亚纳的年高德劭的大师又补充说："奇怪的是，您是一个心地善良的人，尽管您有权利成为心肠狠毒的人……是啊，您本来可能成为心肠狠毒的人……然而您却心地善良，这很好。"[195]

高尔基请我留下吃饭，在他那儿度过整个晚上，并请我第二天再去。我们走出房子，沿着那条我很熟悉的通向乔万娜王后浴场的小街往下走去。高尔基身穿灰色法兰绒衬衫，外面只套一件深色毛衣。他跟碰到的孩子们打招呼，停下脚步，对一头牛犊说了几句话，看起来这小东西还挺懂他的话。我们在饱含盐分的浪花的拍打声中坐在岩石上，回忆曾经在这一带漫步的一些人：瓦格纳[196]、尼采[197]、易卜生[198]。

《底层》的作者是一位孜孜不倦的、卓越的叙事者。他曾说过这样的话："任何事物的存在都是为了让人们有可能谈到它的一些什么。"

我自己也没有想到，我突然向他提出一个问题：

"依您看，什么叫作幸福？"

他凝神谛视着我讲了一会儿纯属题外的话，然后说：

"对我来说，幸福就在于，有人喜欢我的新作，而且每天能收到普普通通、默默无闻的人们的来信，对我表示感激之情。"

接着，他沉默片刻又补充说：

"然而，幸福比我们通常想象的要稀罕得多……"

第二天晚上，晚餐后，他们特地为我演奏了乐曲——有钢琴、三弦琴、萨克管演奏的乐曲，有唱片播放的曲子，还有俄罗斯和美国舞蹈音乐。然后由一位对戏剧艺术很有造诣的演员和高尔基的儿子，还有一位漫画家，即兴表演了精彩的化装节目。众所周知，俄罗斯戏剧在化装方面是令人叫绝的。浓施粉黛，加上绝妙的色彩调配，使他们的脸富有表情，认不出他们原来的面目。俄罗斯人民所特有的幽默感，在这自然、纯朴和极其优美的表演中体现得淋漓尽致。马克西姆·高尔基也被色彩鲜艳的服装和诙谐有趣的笑话逗得像孩子似的乐不可支。但是，在他的脸上有时也会突然显露出某种难以形容的严肃表情，然而这并不使人敬而远之，相反，更使他的亲人们的心和全世界人民的心跟他贴得更近了。将近十一点钟，高尔基向我表示歉意，请我允许他离席。他疲倦了。今天他同样收到几百封来自祖国的信件，他几乎对所有的来信都给予答复。（……）

弗·马·巴赫梅吉耶夫

弗拉基米尔·马特维耶维奇·巴赫梅吉耶夫（1805—1963）——作家。

本文最初发表于《文学报》一九五一年六月十六日第七十一号。现按《同时代人回忆马·高尔基》，莫斯科国家文学出版社一九五五年版第五〇二—五〇六页正文刊印。

在祖国的大地上

一九五一年六月十日，莫斯科有成千上万人参加白俄罗斯车站广场上隆重举行的高尔基塑像揭幕典礼[199]。在参加这一全民节日的人群中间，有不少人一边瞻仰这位伟大的俄罗斯作家的青铜塑像，一边情不自禁地回想起将近四分之一世纪以前这儿发生的一件盛事——阿列克塞·马克西莫维奇回到祖国的那一天，在白俄罗斯车站举行的盛大欢迎会。

一九二八年五月的一个晴朗的日子[200]。莫斯科人的一列列队伍挤满了广场，红旗飘扬，乐队齐鸣，年轻人歌声嘹亮，革命歌曲此起彼伏。车站月台上排列着红军仪仗队，手握鲜花的少先队员排成了队，热烈地挥动着色彩绚丽的彩带。党和政府领导人、工人代表、科学和艺术工作者代表、作家从车站敞开的大门走上了月台。

列车的隆隆声越来越响,越来越近,站在月台的人们一起向特别快车拥去。许多人挥手表示欢迎。雄壮的"乌拉"声响彻月台,并从月台传到广场,又从广场传到人头攒动的特韦尔斯克大街的街口[201]……仿佛整个莫斯科都在欢呼、雀跃,兴高采烈地向这位远离故土,但始终与她同呼吸、共命运,憎恨并鞭挞她的敌人的人表示欢迎。

啊,就是他!心情激动,热泪盈眶的他想从车厢的通过台走下来,但是人们却把他从踏板上抬起来,于是他登上了人潮的峰巅。人潮向前移动,而他微笑着,扬起拿在手里的宽边礼帽,同时试图挣脱人们的亲切簇拥。后来他终于脱出身来,少先队员们马上把他团团围住,他们抓住他敞开的灰色大衣的下摆,依偎在他的膝下。他向孩子们俯下身子,拍拍他们的肩膀,抚摸他们没有戴帽子的脑袋,说了些什么,然而,就在这时,十几双有力的手又一次把他抬起来,让他坐在紧挨在一起的肩膀上,向出口处拥去。

终于,他登上了讲台,高高的身材,宽阔的肩膀,握着随身携带的手杖,像鹰一般锐利的目光投向人群——和现在雕塑成的铜像一模一样。

现在,高尔基站到麦克风前来啦。他的眼眶饱含着泪花,颧骨突出的凹陷的双颊湿润了,垂到下巴的灰白色的胡子似乎在颤抖。看来,阿列克塞·马克西莫维奇在竭力克制内心的激动,想用热烈的言辞来表达自己对这次同群众见面的喜悦之情。

广场上静下来了,人们屏气息声,倾听着热情迸发的话语。高尔基在抒发自己的感受——为能见到正在进行世界上最伟大的事业的人民,并听到他们的声音而感到幸福。这一事业——建设一个在阳光下从未见过的国家的事业——曾使身居异国、远离祖国大地几千里以外的他激动万分。

"我太兴奋,太激动了,亲爱的同志们!"他无可奈何地挥动帽子,另一只手摸了摸头上深褐色的短发,"请你们原谅我,我不擅于言辞,我会更好地把此刻的感受写下来。"

一阵雷鸣般的掌声对他的决定表示赞同,然后,高尔基在兴高采烈的"乌拉"声中,在乐队高奏欢快的进行曲的曲调中走下讲台,坐上汽车。汽车像一艘在波涛汹涌的海洋中航行的船只,在人群中徐徐前进。阿列克塞·马克西莫维奇在阳光下眯缝着眼睛，匆匆握着向他伸出的一双双手。汽车两旁都有人向他抛撒鲜花。

莫斯科的劳动人民一心向着高尔基，而高尔基的心也向着他们，他要从神奇、美妙的现实生活的源泉中汲取"生命之水"。

就在同一天，他访问了斯维尔德洛夫大学[202]，第二天，五月二十九日，又参加了正在那时召开的全国铁路员工代表大会。在群情激昂的欢呼声中，他在大会上讲了话，对获得自由的劳动者的英雄气概，对正在实现人类美好的理想、在任何困难面前都不却步的人们，表示自己的喜悦之情。

"……你们，"他在结束讲话时向大会说，"你们是地球上最伟大、最美好、最出色的人……向你们致敬，亲爱的同志们，向你们致敬，我的亲人们！"

五月三十一日，阿列克塞·马克西莫维奇拜谒了列宁墓，他在他的伟大朋友和导师身边站了一个多小时。他在那儿的感受和思绪，可以从他当天在大剧院举行的莫斯科苏维埃全体会议上的演说中加以推断。

他谈到，拜谒陵墓时"他心情非常，非常激动"，可是他马上深深意识到：不，列宁没有死。

"不，列宁没有死！"他最后对挤满人群的大剧院大厅说，"列宁活在由你们创造的世界上最先进的全人类的文化之中。他像一个普通的人一样活在你们每一个人的心中……"

阿列克塞·马克西莫维奇的嗓音铿锵有力：

"亲爱的同志们，在红场那边躺着弗拉基米尔·伊里奇·列宁。可是，我在这儿，在这个大厅里看到了他……在我面前，在你们身上，我看到了作为一个集体的列宁！"

他对出席全体会议的同志们讲的最后一句话——"不是艺术家，也不是文学家，而是一个普普通通的工人，普普通通的俄罗斯人。"——淹没在经久不息的掌声中。

六月一日，阿列克塞·马克西莫维奇来到莫斯科汽车厂做客[203]，（……）跟工人们交谈，并看望工人通讯员。在那儿有一位工人通讯员向高尔基提出一个问题，为什么像他这样一位伟大的作家对工厂如此感兴趣，而那些莫斯科作家却从不来工厂露面，不写他们，不写苏维埃的工人。

对此，阿列克塞·马克西莫维奇热烈地回答说：

"你们自己写自己嘛！你们中间有的是天才！你们写，一定要写呀……"

在午间休息时举行的工厂群众大会上，阿列克塞·马克西莫维奇满怀激情地向工人们发出了"要相信自己的力量"的号召，以此结束了他的简短的讲话。

"同志们，"他说，"全世界的工人们都在向你们学习。不要忘掉这一点！要相信自己的力量，这样你们就能战胜一切，战胜一切困难！"

当天晚上，他访问了罗戈日斯克-西蒙诺夫斯基区的青年公社。在那儿，他号召年轻共和国的年轻公民们沿着伊里奇的光辉道路前进……

在以后的几天里，阿列克塞·马克西莫维奇会见了三山纺织厂的工人，参观了国家政治保安总局的劳改营，在与会者众多的《真理报》通讯员集会上就自己的创作道路做了长篇报告，出席了莫斯科卫戍部队军事通讯员会议，六月七日下午又来到了迫不及待地恭候着他的作家们中间。

坐落在特韦尔斯克大街的赫尔岑宫里，不大的礼堂内挤满了渴望聆听高尔基讲话的人。

阿列克塞·马克西莫维奇在主席团就座，用期待的目光环视着一排排挨在一起坐的年老的年轻的作家们，用低沉的嗓音一边回答邻座同志对他的问候，一边微笑着用大拇指捋着自己的胡子。

亚·法捷耶夫宣布大会开始。他在开幕词中建议作家们畅所欲言，谈谈文学战线上的成就和缺点。

"让我们推心置腹地谈谈，以便使阿列克塞·马克西莫维奇对我们所拥有的一切，对我们的力量和我们的不足之处，有一个明晰的概念。"

阿列克塞·马克西莫维奇赞许地点了点头，和着节拍用手指在桌面上轻叩几下，表示同意这个建议。

在几个人发言以后，阿列克塞·马克西莫维奇讲了话。

他在答词中向与会者展示了在共产党领导下国内社会主义建设的壮丽图景，共产党把完成这一具有世界历史意义的事业作为己任。

他谈到了各族劳动人民在伟大的革命道路上所取得的巨大成就，谈到了新的社会基础正在我国建立，谈到了一代新人——新的国家的建设者正在诞生。在论及文学的迫切任务时，高尔基指出：这些任务是根据不容置辩的情势提出的，它，我们的文学，应当是革命的文学，因此文学家不能不是革命家。但是，为了成为革命家，文学家必须孜孜不倦地研究千百万劳动者的生活，和他们携手并进，倾听他们的呼声，深入了解他们的社会主义实践，并学会在眼前的现象中看到未来的萌芽，在自己的创作劳动中把现实主义和浪漫主义紧密地结合起来。

他停顿了一下，把话题转向旧社会的市侩习气和当今社会上市侩习气的遗毒。

两天以后的六月九日，在《红色处女地》杂志编辑部与作家们会晤时，阿列克塞·马克西莫维奇强调指出，在揭露"气势汹汹的市侩习气"的同时，必须探索和发掘新人的良好特征，新人尚未充分认识自己，文学家要加以发掘，并在自己的作品中表现他们。

"我们的文学必须做到这一点！"

阿列克塞·马克西莫维奇提出的表现新人的号召，在许多苏联文学工作者心目中得到了强烈的反响。

伊凡·日加

伊凡·日加（伊凡·费奥多罗维奇·斯米尔诺夫的笔名，1895—1949）——特写作家。在高尔基的领导下，日加曾在《我们的成就》杂志社工作。

现按伊凡·日加：《阿·马·高尔基回忆录》，莫斯科，苏联作家出版社，一九五五年版第一三三—一三七页刊印。

这是在大剧院里。晚上五点半莫斯科苏维埃全体会议在这儿召开，会上高尔基将与党和政府领导人、莫斯科苏维埃代表以及莫斯科劳动人民代表会见[204]。

可以说，这是一个史无前例的事件。曾在何时何地国家的首都、人民的优秀代表像欢迎自己的民族英雄那样地欢迎过哪一位作家呢？

整个大剧院灯光晶莹、柔和，楼上楼下，所有包厢、池座都挤满了人，真是人头攒动，水泄不通。

从人民委员到少先队员，从三山纺织厂织布女工到科学院院士，从"镰刀和锤子"冶金厂的工人到举世闻名的文化巨匠，都汇集到这儿来了。

安纳托里·瓦西里耶维奇·卢那察尔斯基，用他自己的话来说，做了关于高尔基的即席报告，像往常一样，这次他也显示出了卓越的演说家的才华。

报告做得非常出色，充满真挚的激情和诙谐的机智。这不是对作家创作活动的学术分析，不是的，这更像是一篇描绘高尔基这样一位人物的文学特写。高尔基是一位作家，也是一个普通的人，是列宁最亲密的朋友，也是工人阶级的忠实的儿子——是工人阶级的感情和思想的伟大的表达者。

卢那察尔斯基仿佛在用画笔描绘，绝妙地勾勒出高尔基的肖像。听众是那样地热情、活跃，整个剧院洋溢着对高尔基的爱戴之情，对每一个贴切的比喻和生动的字眼都报以暴风雨般的掌声。

"我们深信，"卢那察尔斯基说，"阿列克塞·马克西莫维奇将把手伸进自己的心灵宝库，为我们撷取光辉灿烂的艺术珍品。"

接着他呼口号："伟大的工人阶级和他的伟大作家万岁！"

为此，灯火辉煌的大剧院的剧场内挤满所有七层楼面的人们顿时热情沸腾，向高尔基倾泻炽烈的情感。

阿列克塞·马克西莫维奇似乎心事重重，他好像要躲到主席台后面去，低垂着头，眼睛不朝大厅看，只是不时神经质地捋着胡子。

现在轮到莫斯科的工厂代表发言了。来自"镰刀和锤子"冶金厂的工人索洛维约夫令人感动地说：

"每一个工人都想亲自握一握阿列克塞·马克西莫维奇的手，但是他们都知道，这是不能实现的愿望，因为必须珍惜作家的时间，让他能赐予我们新的优秀作品。"

哈莫夫尼基区的女工叶尔马科娃说，她和其他许多女工一样，在革命前目不识丁，但现在已能阅读高尔基的作品了。她送给他一件礼物——列宁的一幅绣像。高尔基猛的一震，赶快站起身来，久久地紧握着叶尔马科娃的手，而后又激动地拥抱她，吻她。

鲍曼区的代表团代表区里七万工人欢迎同自己"血肉相连的无产阶级作家"，并致祝词：

"阿列克塞·马克西莫维奇！请你别回意大利去了！我们要为你创造一切必要的条件，使你能同我们一起工作，使你能同我们一起建设伟大的社会主义事业！……我们不推选你进任何的机构，不让你担任任何的名誉职务，我们只想对你说：'阿列克塞·马克西莫维奇，你是一个好人，你是我们自己人！'……"

一位共青团员缝纫女工在整个大厅的欢声喧闹声中把一套崭新的……青年突击队员的制服献给高尔基。

"怎么！这是给我的？"高尔基惊奇地问。

"是给你的！"姑娘晃了晃脑袋愉快地回答，"我们知道，你的心是年轻的。"

少先队员吹起喇叭敲起鼓，走上舞台，以莫斯科学生的名义向高尔基致敬。

高尔基深受震动。他还是第一次这么近地看到漂亮的、朝气蓬勃的苏联人民的少年一代，他们欢呼雀跃、勇敢坚定地站在整个舞台和剧院大厅。所有上了年纪的人，眼睛里都闪烁着为自己的孩子们感到骄傲和高兴的光泽。每一个人都显得年轻了。

高尔基用慈祥的目光温情脉脉地看着孩子们，他不知不觉地紧攥两手，前额上现出深深的皱纹，两颊的肌肉不禁颤动起来。他得付出多大的努力才能抑制内心的激动和兴奋呀！

讲台上站着一位佩戴红领巾、身穿蓝色短裤的公民，他大声宣告，当今的苏维埃国土上没有一个少先队员，没有一个学生不读高尔基的作品。高尔基是孩子们最喜爱的作家，他们读他的作品，学习如何生活和斗争。

现在大厅里安静下来了，高尔基要讲话了。他激动不已。在每次讲演之前，他的心情总是激动不已，而这次他显得更异乎寻常。他并非无话可说，但就是觉得喘不过气来。无法控制的感情使他不能开口说话，他烦恼，他痛苦，因为他无法说出一句话来。他显得很生自己的气，撅起胡子，使劲揪着头上的短发，后来，他显然抓住了一个简单的想法，并开口道：

"亲爱的同志们，我想从对安纳托里·瓦西里耶维奇表示一点不同的意见说起。"

他喘了一口气，动了动胡子，抬起头来继续说：

"问题在于，现在已经不能把这一事实，即阿列克塞·比什科夫在克服文化水平低和某些外部阻力的情况下成为一个比较好的，可以同读过中学和大学的文学家相比的事实看作绝无仅有的特殊事例。不能把这一事实看作特殊的事例，因为即使在高尔基之前，如果没有大量的先例的话，那么现在，在这儿，在在座的两千五百位最最优秀的新生活、新文化的建设者中间，这样的事实可以说是不胜枚举，何止上百个……"

这像是起跑前的助跑，这只不过是转向主要思想的迂回，他要说，但又不能立即说出来，因为这个想法对他来说是如此地重要，使他如此地激动。终于，他突然提高嗓音，用充满悲痛的声音如泣似诉、仿佛是在寻求同情似的说：

"亲爱的同志们，今天我在弗拉基米尔·伊里奇那儿做客，我爱他胜过任何人……"

他嗓音颤抖了一下，猝然中断。我们坐在大厅里的全体人员的心也颤抖了。大厅里一片寂静。

高尔基的脸上呈现出沉痛的神情，泪花在眼睛里闪烁着。许许多多的人也同样噙着泪花注视着他！

"我也得到他的关怀、他的爱护……"

他的声音又颤抖起来，接着又是一阵静默。

舞台深处高挂着列宁的巨幅画像。他的脸侧向高尔基站着的讲台。这使人产生一种错觉，仿佛列宁就站在舞台深处，带着微微可以察觉到的、只有他才有的机智、温柔的笑容凝视着正在哭泣的高尔基。尽管高尔基强力克制，但却无力压制内心的悲哀，他前言不搭后语地说：

"嗯……当然……好吧……"

突然，他沉默了一下，仿佛为自己辩解似的对大家说：

"我离开的时候他还很健康……"

但这句话似乎又一次摧毁了高尔基的意志，他又变得软弱无力，话都说不连贯了：

"嗯，好吧……说这些干吗……你们每一个人都清楚地知道，失去这位伟大、杰出的人意味着什么……"

列宁逝世的哀痛，人们至今还十分深切地感受着。因此，当高尔基热泪盈眶地提起这一沉痛的损失时，他内心的悲痛感染了整个大厅，并同人们对他们两人的热爱融成一片……他俩相互敬爱，而活着的人对去世的人的哀伤成了所有人的深沉的悲痛。

"不用说，今天的拜谒使我深受震动……所以现在才会这样：我说不出话来……"

大厅里并没有喧哗，并没鼓掌，全场同声叹息，表示强烈的同情。这使高尔基意志坚强起来。他抑制悲痛，振作精神，挺直身子，继续说：

"可是，请你们想一想，同志们，后来又怎么样呢？在这之后，我访问了马克思恩格斯研究院，当我在那儿看到了同志们所从事的规模巨大的工作时，我突然惭愧地意识到，我在几分钟前还感觉到的沉重心情已经消失了。"

现在高尔基终于控制了自己，带着另一种激动的心情，生气勃勃、充满信心地谈论着列宁创建的不朽的事业。

大厅里响起了掌声，但是人们不是为自己的成就而鼓掌，他们赞扬的是他，是高尔基，赞扬他看到了主要的问题，看到了为实现列宁遗训而努力奋斗的苏联人民的生活目的。可是，他没注意到掌声，却越来越热情洋溢地说：

"我曾住在远离俄罗斯的地方，但我能听到，能从报纸、书籍和信件中看到，而且也能想象到当前俄罗斯所发生的一切，虽然这只能是一个模糊的概念，而现在这个概念清楚了。我跟许多人谈了话，看到了许多东西，认清了很多问题。这是另一种人民。这不是原来那样的人民，这不是我原来所熟悉、我以往所描写的人民，这已是不同于过去的人民。这样的人民应该而且能够造就自己的作家，并且一定能造就。这样的人民应该而且能够办到他想要办的一切，他一定能办到……"

现在，高尔基的话里充溢着坚定的信念和信心。他用饱含内在力量和火一样的热情的眼神扫视了一下大厅。他的声音越来越高亢激昂，他的手势越来越坚强有力。他向坐在他面前的几千个听众伸出双手，慷慨陈词：

"亲爱的同志们，在红场上躺着弗拉基米尔·伊里奇·列宁。然而，我们这儿是集体的列宁。这个列宁应该更进一步，应该造就许许多多个列宁，如此魁梧，如此伟大，如此真实巨大、群众性的列宁！

"……你们无愧于这样崇高的评价。请你们相信我，我并非言过其实。跟你们说话的并不是艺术家，也不是文学家，跟你们说话的是一个普普通通的俄罗斯人……"

暴风雨般的掌声。雷鸣般的奏乐。强有力的"乌拉"声经久不息。

在经过长久的离别之后，生活在集体中的不朽的列宁就是这样欢迎高尔基的。（……）

一九二九年夏天，阿列克塞·马克西莫维奇回到莫斯科，住在克拉斯科夫的一座别墅里。我应邀前去拜访他。

我见到他时，他正在离别墅不远的树林中，沿着铺黄沙的小路散步。他安详地、慢悠悠地踱着步，不时仰首望天。

像往常一样，他看上去要比实际年龄年轻得多。在晒得有点儿黑的脸上，皱纹舒展开了。他那双明亮的灰色眼睛闪烁着年轻的光辉。他神采奕奕，给人的印象，好像是一个身体健壮、精力充沛的四十岁上下的人。只是那沉闷的、剧烈的、有时是撕心裂肺的，因而也是令人特别痛苦的咳嗽折磨着他。这种可诅咒的咳嗽有时要持续一分钟，甚至更长一些时间，使他不能说话。遇到这种情况，我每次都感觉到自己也十分痛苦。

今天他看来比较好。他亲切地微笑了一下，向我伸出宽大的手掌：

"啊，您好！……我在散步。不工作，对，不工作！"他仿佛在为自己辩护似的说，"我在欣赏！"他向上举起手，"美极啦！……空气多么新鲜！"

不错，这天天气特别好，空气清新。松脂在树干上融化。高耸、挺拔的松树披着金色的光芒。深绿色的树冠在天穹下密密地交织在一起，留下了片片温煦芬芳的树荫。阳光透过绿油油的针叶，在我们脚下洒落霓虹般的亮斑……四周是那样温暖、开阔，令人心旷神怡，这时我才领会高尔基的赞叹："我在欣赏！"

我们沿着清扫过针叶的小路向树林深处走去。高尔基问道：

"嗯，您的特写写得怎么样了？"

我说到了准备出版社的特写集的计划，接着我们谈论特写和一般的文学问题，也谈到读者和作家的关系。

"我们的读者是贪婪的，要求严格的——他们容易生气，是的，容易生气！"高尔基摸摸胡子说，似乎他本人正在生气。

当谈到读者的严格要求时，高尔基一直是这样的。他给人的印象是，他本人也同读者一样在为某本书生气。

"读者能看出每一个虚伪的字眼……是的，是的。您可要明白，他们看得出来，而且会开口骂人哩！骂得可厉害哩！……骂得聪明，骂得绝妙！"阿列克塞·马克西莫维奇非常兴奋地继续说，"这样的读者应当受尊敬，应当爱惜。多么有生气的人们！他们想知道一切，想知道真实情况，因此作家必须对他们说真话。不能跟他们，跟读者开玩笑，懂吗？他们是骗不了的。我们的读者搞过两次革命，经历过无数的磨难，进行过长时期的、辉煌的斗争！……他们绝顶聪明！是的，既聪明又阅历丰富。有时他们缺少的只是对自己的工作进行总结。所以作家必须善于总结读者所了解的一切。作家应当从读者所熟悉的千万个事例中抓住最主要的东西，加以总结，并让读者明白：'瞧，你的工作有多大的成果！……'而这一切，要写得简洁、明了、突出……"高尔基把双手举到与脸部一般高，张开手指，像握着一只地球仪似的又补充说："是呀，您该懂得，必须善于总结，而总结又必须鲜明突出。可是我们往往不善于这么做。"

当我们谈到文学问题时，我不止一次地从阿列克塞·马克西莫维奇的嘴里听到"我们"这个词。他从不为自己是文坛巨匠而老气横秋。相反，谁也没有像他本人那么严格地批评过他自己的作品。比如，他从不说这样的话：嗯，您把我的某一本书或某一部作品拿去看看，学一学写作方法。他从没说过一句突出自己的话，表示过自己比别的文学家高明。如果他要批评文学界的这样或那样的缺点时，他总是说"我们的"缺点。对自己的书，他或者只字不提，或者弹响手指遗憾地叹息：

"糟糕！情节没安排好。太单调啦！"

他对自己的工作似乎从不感到满意，显然是由于这个原因，人们对他的作品所表示的溢美之词和欣喜之情对他丝毫无所影响。

我们穿过一片长满鲜花的不大的草地，高尔基停下脚步，久久地观察蜜蜂的辛勤劳动。它们飞遍每一朵小花，饱吮芬芳的花汁，随后悠悠飞去。另外一些蜜蜂飞来替换它们,把头埋入馨香的花萼中,拨开绒毛,贪婪地贴近花蕊。

高尔基用手杖指着其中的一只蜜蜂,若有所思地对我说:

"作家也是这样……瞧,它,蜜蜂,怀着多大的热忱在工作!您注意到没有,它从所有的花朵中吸取它所需要的东西,吸取最主要的东西,为人们酿制蜂蜜……必须向它学习。作家应当像蜜蜂那样地工作!"

"这能学好吗,阿列克塞·马克西莫维奇?"

"能!应当从以往和当今生活所提供的无数事实中,从我们对千万个人物的观察中,筛选最主要的东西,并学会用笔墨最充分、最鲜明地描述人们外部的日常生活,描述他们的想法、感情和思想。这,当然在一定程度上与文学技巧有关系,因此是可以学会,也应该学会的。"(……)

亨利·巴比塞

亨利·巴比塞（1873—1935）——法国作家和社会活动家，反战和反帝国主义的战士。从一九二三年起为法国共产党党员。高尔基曾于一九二八年和一九三二年两次接见巴比塞。

高尔基和巴比塞的通信见：《阿·马·高尔基》，莫斯科知识出版社，一九三〇至一九七六年版，第八卷，第三六九至三八六页。

本文原载《世界》周刊[205]，一九二八年第十一期。俄文版（节译）发表于《文学报》，一九七五年十一月五日，第四十五号。现转载如下。

高尔基的一次谈话

这是我第一次见到他[206]，有时工作将我们联系在一起，但是我们住得相距甚远……

可现在他就在我的面前，我们在白色圆柱间的门口握手拥抱……（……）

高尔基面对我坐着，他给我的第一个印象，我可以直截了当地用这样一句话来表达："他一点儿也不像！"

阿列克塞·马克西莫维奇的脸——至少从我眼下看到的模样来判断——明显地被画家们歪曲，被大量的照片丑化了。无数的画像对高尔基的外表只提供了一个模糊的概念。他本人比散布于世界各地的纸面上的形象要潇洒得多……他的脸粗犷、明快，他那双蓝色眼睛神采奕奕，异乎寻常，非笔墨所能形容。

……在开始谈话之前，他用纤细、痉挛的手指拿起最近一期的《世界》周刊，用眼镜遮住令人赞叹的、几乎像闪烁着灵光的眼睛，浏览了一下标题，看了某几段文字、某些句子……

然后他开始回答问题。

他在这儿干什么？他现在有几天空闲的时间边休息边收集材料。不久他将去乌克兰，然后去高加索，接着还将去他的故乡下诺夫戈罗德。他在写作吗？是的，他此刻不是在写书，而是写旅行札记、评论……他的情绪如何？最初的感受怎样？他极为震动。

高尔基在意大利住了若干年，但他同俄国有着广泛的通信联系。他看报纸，了解那边所发生的一切，但是他远远没有掌握所有的情况。最能说明问题的是，他来到这里之后，觉得很多东西都认不出来了。他睁大眼睛注视一切，观察一切，同所有的人交谈，向所有的人请教。苏联报刊已经注意到了这种积极的孜孜不倦的深究细情末节、探求事件细故、倾听各种见解和意见的好学精神……

总之，当今的俄罗斯给他印象最强烈的就是在广度和深度上无与伦比的巨大变化……

他用温柔的声音说：

"这里的田野，这里的鸟儿我都认不出来了。而在过去我对它们是多么地熟悉呀！"

连往年非常熟悉的莫斯科他也觉得难以辨认了。当然，他离开后，首都的面貌已经明显地发生了变化……然而，当他谈到变化时，他指的并不是这一方面……这是另一种气氛，另一种人，另一种生活。在他看来，这种变化是一种年轻化。他不断重复的就是这个字眼儿。这是他眼下最主要的感受。他说：

"来俄国之前，我比现在要衰老、疲劳得多。我在这儿所看到的一切使我年轻了。"

他谈到"年轻可爱的脸""独立自主和充满信心的眼神",谈到"新的建设者"……他强调指出,他周围洋溢着"坚毅和创造的精神,明智和神圣的气氛"……他深受感动,激动的心情使他说不出话来。他不愿多说,宁可把这一切诉诸笔墨,因为口头上较难找到恰当的词语,而他的手更能自如地表达他的思想,比他的嘴更富有表现力。

作为一个非常熟悉俄国和俄国人的人,作为一个极其透彻理解人的本性的人,他内心受到如此大的震动,这是令人惊叹而又令人兴奋的现象,何况他并不是一辈子都不在这儿,他总共只离开几年呀……他分析变迁的原因和动力,揭示其一般规律,问题的实质就在其中。他也清楚地看到缺点和问题,他看到一切。可是,他的目光是懂得细情末节的真正含义的伟大人物所特有的目光,因此他下结论说:

"苏联社会蒸蒸日上,这是世界上所发生的一切事件中最美好和最重大的事件。"

他的结论具有历史意义的深度。

他谈到过去的人——他们以往是这样,现在在某种程度上还是这样,也谈到新人……

高尔基宣称,新人是"内心世界变得年轻"的人……新人就是战士。"他们积聚智力,汲取知识,而最最重要的是,掌握鲜明和正确的世界观。他们充满社会意识,理解自己的历史使命。他们不仅用自己的头颅,而且还用自己的心投入革命实践中去……"

高尔基在生活的各个领域内都看到了列宁精神:

"如果俄国的人民群众实现了革新思想,而仍在顽强地继续劳动,那是由于受到列宁的鼓舞。列宁重新活在集体之中……"

马克西姆·高尔基特别强调个人在新社会中的作用:共产主义绝对不会贬低个人的作用,共产主义正在激发人们的热情。

"共产主义的敌人断言,共产主义使人们丧失个性,沦为静止不变的'灰色的群众'。不,这里的一切都在沸腾,都在燃烧。特别使我感到惊讶的是，在苏维埃国家里人们的个性得到了鲜明的体现。我们是个性发展的见证人……"

马克西姆·高尔基有一个宏伟的计划，它不久即将实现——这指的是创办一本名为《我们的成就》的新的月刊。这本期刊将是一本纯纪实性的刊物……

他说："我觉得，完全有必要创办一本能像镜子一样反映我们劳动成就的刊物。在我看来，它的必要性在于，我们没有充分意识到，我们这儿，在苏联，在莫斯科所完成的一切。与十年前相比，每一个人的生活都迥然不同了。"[207]

我们还接触到另一个话题——新的艺术，无产阶级的文学。（……）

……毫无疑问，新社会必须而且一定能够建立起自己的作家队伍……当今的文学必须比以往任何时候更富有革命性。它必须仔细研究新人的基本特点，并对当代的不良现象用文艺的方式开展批评……新的干部正在成长。在很短的时间内，从大型的无产阶级报纸培养出来的工人通讯员中间已经涌现出数以百计的值得赞许的新闻记者和作家……

他接着强调指出，必须给这些人以最大限度的教育，帮助他们掌握写作技巧。

"要使语言确切妥帖，要掌握好蘸墨水的工具，必须有几年的学习时间，这像炼铁一样难学。在工人通讯员的来信中（我在意大利每天可收到十来封信），常常可见到错别字，当然其中也不乏有才华的人。学上两三年，才气不减，而错别字将得以消失，写这些信的人将成为成熟的作家。"

高尔基今后有何打算，他目前还没有确切的计划可说。但是他确信，他将为在沙皇帝国的废墟上建立迄今已十年的伟大的劳动公社工作。列宁曾强调指出，高尔基是"无产阶级艺术的最杰出的代表，他对无产阶级艺术做出了许多贡献，并且还会做出更多贡献"[208]。马克西姆·高尔基始终不渝地坚持自己全部劳动生活的方向和目标，他将在同自己的同胞们的交往中不断增强信心，坚定意志，怀着感激之情，遵循列宁的遗训。

鲍·马·叶尔马科夫

鲍里斯·马特维耶维奇·叶尔马科夫（1911年生）——曾是教养院学生，后来成为航空设计工程师。

本文原载《教师报》，一九六八年三月二十八日，第三十七号。现按该报刊印。

在马尔连科儿童教养院的孩子们那儿

一九二八年三月二十八日是阿·马·高尔基的六十诞辰。五月底这位伟大的无产阶级作家回到祖国。到处的人们都在恭候他的光临。高尔基同以高尔基的名字命名的儿童教养院的学生们一直保持着密切的联系[209]，教养院早就做好准备以迎接敬爱的作家的到来。

仅仅在一九二八年五月这一个月内，教养院的学生们就收到了十二包书。五月三十日教养院就召开专门的会议，讨论如何更好迎接贵宾的问题。

教养院给马·高尔基发了一份电报。阿列克塞·马克西莫维奇复信给教养院院长安东·谢苗诺维奇·马卡连柯说：

"我非常想送给孩子们一些管乐队和三弦琴乐队用的乐器。您能允许吗？孩子们中间也许有天才音乐家。而我有可能非常便宜地买到所有这些乐器……

"请转达我对孩子们的诚挚问候,并请您指教,我能为他们做些什么令人高兴的事。"[210]

……一九二八年七月八日这一天终于来到了。这是一个星期日的清晨,乌克兰首都哈尔科夫[211]在隆重迎接自己的无产阶级作家,革命的预告者和讴歌者。

早在火车到站之前,工厂的工人、少先队员和社会团体的代表就高举旗帜和标语牌汇集到车站广场来了。月台上,高尔基儿童教养院和捷尔任斯基劳动公社的学生仪仗队和乐队列队迎接列车进站。

火车慢慢驶进月台。车厢宽敞的窗子里出现了人们从画像上熟悉的马·高尔基的身影。

乐队奏《国际歌》迎接作家。在高尔基儿童教养院院长敬礼报告后,阿列克塞·马克西莫维奇由欢迎委员会代表们陪同检阅了儿童教养院的学生们组成的仪仗队。

他身材颀长,肩膀宽阔,面容清癯,不时抚摸着浅褐色的胡子。

大会开始了。

"阿列克塞·马克西莫维奇,您不仅是一位伟大的无产阶级作家,而且也是一位为人类美好的未来而斗争的革命战士。"欢迎委员会主席莫罗兹说。

然后有一个少先队员兴高采烈地代表哈尔科夫的全体少先队员致辞,他请求高尔基"爷爷"说:

"请您永远留在我们这儿,阿列克塞·马克西莫维奇,请您别再到国外去。"

全场响起了热烈的喊声和欢呼声。

高尔基激动万分,泪水顺着双颊噗噜噜地往下掉,他挥手抹去眼泪,抱起少先队员使劲地吻。

热情友好的欢呼声经久不息。阿列克塞·马克西莫维奇激动得连话也说不连贯了:

"亲爱的同志们!……在这庄严隆重的时刻,我变得笨口拙舌了……我不是演说家……我是爱工作的人,因而怀着十分喜悦的心情注视着你们所从事的热火朝天的工作……"

他做了一个手势以强调自己所说的话。

"我能够一连几个小时看某个木工干活……你们这儿到处在进行建设……我看到，在你们这儿，平凡的人正在创造宏伟的、具有全世界意义的事业。获得解放的人们正在建设新的生活。你们在这儿为整个世界做出榜样……"

阿列克塞·马克西莫维奇停顿了一下，考虑着合适的词句，然后摇了摇头，轻轻地说：

"我还是以后给你们写下来吧，亲爱的同志们。谢谢你们的热情接待……谢谢你们……"

大会结束了。

然后，阿列克塞·马克西莫维奇驱车去库利亚日，访问在哈尔科夫附近的一座旧修道院内以他的名字命名的儿童教养院。

一大清早整个儿童教养院里的人就都起床了，学生们翘首等待着导师的来临。派出的马队远离教养院去迎接客人乘坐的汽车。院里早就为贵宾准备了舒适的房间，让他在逗留期间能写作和休息。到处都收拾得整整齐齐、干干净净。

所有的建筑物都挂上了鲜艳的旗子。学校里办了一个学生生活展览会。

大家请阿列克塞·马克西莫维奇休息一下，但是他已经被一大群人簇拥着去参观教养院了。他十分关心学生们的生活和劳动情况。

"这太好了。"他用温柔的低音说。

晚上，在隆重的欢迎会之后，学生们为客人演出了他的剧本《底层》。

阿列克塞·马克西莫维奇在教养院住了几天，和孩子们交上了朋友，还去过刈草场。

当看到矗立在远处的寺院时，他低声说：

"你们可知道，我在一八九一年曾来过这儿的修道院，在这儿过夜。我记得，我那时曾同当时全俄的黑暗势力分子约翰·克龙什塔茨基传教士发生过尖锐的冲突，差点儿没被修道士们痛揍一顿。我一定把这些都写出来……"[212]

他显得忧郁起来，默然环视四周。

"我走遍了俄罗斯，看到过人民的艰苦生活，他们备受剥削，赤贫如洗。"

他咳了几声，仿佛在总结自己的想法似的继续说：

"瞧，国家给了你们一切。给你们穿，给你们吃，给你们读书，对你们关怀备至。所以我毫不怀疑——你们一定能成为真正的人。我看，你们是好样的，都是好小伙子。你们这儿太好了……"

七月九日早晨，马·高尔基参观了哈尔科夫附近的捷尔任斯基劳动公社。

在俱乐部里，公社社长安·谢·马卡连柯热情而亲切地欢迎阿·马·高尔基的到来，他是不久前才从高尔基儿童教养院调到这里来的。

阿列克塞·马克西莫维奇讲了话，他说：

"我过去有过像你们大家以前有过的那种经历。可是我立志成为，而且终于成为你们现在所看到的我。我愿意相信，你们一定能在这儿值得称道的日常劳动中忘却你们的过去，并一定能在这儿成长为正直的、有学问的劳动者，用你们旺盛的精力去建设人类所向往的未来。"

捷尔任斯基劳动公社的孩子们送别客人时把载有个人简历的纪念册送给了他。

离别的时刻到了。阿列克塞·马克西莫维奇在告别孩子们时说，他将永远和年轻的一代在一起，因为年轻一代比所有的人都更能勇往直前。

巴·赫·马克西莫夫

巴维尔·赫里桑福维奇·马克西莫夫（1892—1977）——作家。

回忆录原以单印本发表，书名为：《马·高尔基》，顿河罗斯托夫，一九四〇年版。本书选用其中的一章，按：《同时代人回忆高尔基》，莫斯科，国家文学出版社，一九五五年版，第三一九—三二二页刊印。

与阿·马·高尔基的一次会见

"明年夏天，我可能会见到您。"一九二七年十一月二十日，阿·马·高尔基写信给我说。

我久久地盼望着，但这将如何实现，我不得而知。

……《铁锤报》（罗斯托夫州报）的一位编辑从莫斯科开完代表会回来了。

"同志们，"他说，"高尔基和我坐同一列火车从莫斯科去哈尔科夫了。他从车厢里走出来，在站台上我见过他几次。他见老了，两腮凹陷，但精神饱满，神采奕奕……他将从哈尔科夫去戈尔洛夫卡。那儿离我们很近。一定得把他请到罗斯托夫来，给他发个邀请电报。我马上到边区委员会和市苏维埃去……"

过了一两天，我来到编辑部。

"您听说了吗？高尔基六点钟到达罗斯托夫！"

这是一九二八年七月十八日。

作家和记者们熙熙攘攘地奔向火车站。一队队工人带着乐队，举着旗帜也朝那边拥去。车站广场上挤满了人。

"高尔基、高尔基……"到处可听到他的名字。

后来才知道，火车大大地误点了。时间一分钟、一分钟令人焦心地慢慢过去……

我们来到月台上，那儿已是人山人海，沸沸扬扬，有上了年纪的工人、青年、孩子们……他们全都是高尔基的读者。在何时何地人们曾经这样欢迎过一位作者？从未有过！人们从月台上探出身子注视着进站信号：没有，没有看到火车，大概火车在塔干罗格被耽搁了。

突然，火车头在铁轨拐弯处冒了出来。

一个铁路员工沿月台奔过。

"在第二节车厢，在第二节车厢！"他边跑边喊。

一节节车厢的窗户从人们身旁掠过。人群沸腾了，纷纷朝火车头拥去。

火车停下了，高尔基在哪儿呢？我的目光迅速扫过几个车窗，终于在其中一个窗子里看到了剪着短发的斑白的头和下垂的胡子……像是他，又不像他——没有一幅画像酷似高尔基本人的！

……前来欢迎的人都愣住了。高尔基带着慈父般的微笑从窗子里望着他们。他身上穿着一件没有领子的毛衣，手里拿着一支带卷烟的琥珀烟嘴。

"阿列克塞·马克西莫维奇！"我抬起头，在窗子下面叫，"您好！您还记得从罗斯托夫给您写信的巴维尔·马克西莫夫吗？十七年前我们就开始通信了……十七年了！……"

在车下喊叫总有点不便，有点不成体统，但我太激动了。

阿列克塞·马克西莫维奇仔细看了我几眼。他有一双蓝色的大眼睛，这是上了年纪的人所特有的、像褪了色的缎子一样的眼睛，没有光泽，但有老年人的亲切感。

阿列克塞·马克西莫维奇迅即从窗子里向我伸出手来。手很大，很柔软。

"原来是您呀！"他用低沉的嗓音说，"我想象中的您可不是这样……"

他像伏尔加河流域的人那样,"O"音很重,说话时一直瞧着我。

人群这时已挤向车厢,高喊着"乌拉"。

"没关系,同志,他们不会把车厢挤翻的。"阿列克塞·马克西莫维奇转向铁路卫兵,幽默地说。

车厢里的电灯亮了,映出了高尔基身边他儿子马克西姆(现已故世)的清秀的、刚刮过的脸。旁边的车厢房间里是另一些乘客,年轻的工人们。

"您不下车吗?"我大声问阿列克塞·马克西莫维奇,"那边广场上,工人在等您呢。"

"我不下车了,"阿列克塞·马克西莫维奇回答,"我就乘这班车去巴库。"[213]

"那边很近……穿过路轨就到了。"

"可我真的不能下车啦。"

"请您讲点什么吧!"一个年轻人喊道。

"好是好……可我怎么说呢?我可不善于讲话。"高尔基回答。

"那就请您写,您总会吧!"

高尔基不好意思地微微一笑。

就在此时,边区和市里一些团体的代表走进了车厢。看来,他们是来请阿列克塞·马克西莫维奇下车的。高尔基转过身去,背对着车窗,摊开双手。但是他让步了。他的儿子马克西姆关心地把上衣披在父亲的肩上。

青年们仍在月台上喊着。

"多么年轻的国家啊!"高尔基惊叹一声,慈祥的目光久久地停留在年轻人身上。

几支乐队交织着奏起了乐曲。

在这之后,我只看到汹涌的人流沿着路轨滚滚退去,阿列克塞·马克西莫维奇瘦削的身影在人群中时而隐没。他没戴帽子,剪短了的灰白头发的脑袋晃动着,干瘪的背脊有点佝偻。旅客们从车窗里伸出手向他鼓掌。

人们挽着高尔基的手。他用手掌遮住嘴咳嗽。"贵宾"室的过道口人头攒动,挤得水泄不通。高尔基的眼睛里现出不知所措的神色。

那一天没收月台票：人流淹没了检票员。

……一个颀长、清癯的人登上了讲台，他没戴帽子，上衣的所有纽扣全部扣着。他用力举起双手，向人们致意。他身体还硬朗，只是颈部已布满老年人的皱纹。广场上，大楼的窗口，屋顶上，到处都是人……人们不敢相信自己的眼睛，可这确确实实是高尔基。他靠在讲台的栏杆上，激动地紧攥着拳头，默不作声地思索着……

"四十年前我曾经在这个城市里做工，"高尔基发着浓重的"O"音，开始用低沉的嗓音说话了，"在岸上当装卸工……[214] 从土耳其货船上卸皮货、烟草。你们的城市，请你们原谅，那时很脏……工人的工资很低……警察也很残暴。"

好像是回想起过去的艰难岁月，这位伟大的作家——他的脸依然是十分普通的劳动人民的脸——富有表情地在后脑勺搔了搔。世界性的荣誉丝毫也没有改变他——世界各国的人都在读他的书，可是他在讲台上却明显地不自在，显得局促不安。他说了一会儿，停顿一会儿，然后又继续说下去……但是，他的嗓音渐渐坚定起来，思想越来越活跃了。

"我到过第聂伯罗斯特罗伊[215]，还到过其他地方……你们是国家的主人，你们！你们是在为自己工作，而不是为别人工作！你们有时候低估了自己……你们要珍惜自己，同志们……"（……）

瓦·马·阿拉赞

瓦格拉姆·马尔基罗索维奇·阿拉赞（加布江的笔名，1903—1966）——亚美尼亚作家。

本文最先发表于一九二八年七月三十一日的《苏维埃亚美尼亚报》。俄文版载于《高尔基与亚美尼亚·论文、书信、回忆录与大事记》文集，埃里温，"米特克"出版社，一九六八年版。现按该版本第一八〇——八七页刊印。

马克西姆·高尔基在亚美尼亚

一个人的一生中总会有某个幸福的时刻永远保留在他的记忆中。

这是在一九二八年七月二十四日。亚美尼亚共产党中央委员会有人打电话给我：

"马克西姆·高尔基就要到我们这儿来了。一小时以后政府代表团将前去迎接他，您是代表团的成员。明天八点将在卡拉基里斯[216]火车站举行欢迎会。您将陪同高尔基从卡拉基里斯经季里然、塞万到埃里温。"（……）

离列车到站还有一个多小时，可是卡拉基里斯车站四周人声鼎沸，迎接高尔基的人摩肩接踵。到处都是旗帜、鲜花、鲜红的横幅。整个城市万人空巷，连近郊农村的农民和夏令营里的红军战士也来迎接阿列克塞·马克西莫维奇。

当火车驶近时，巨大的人流就像一堵会移动的墙，足足有一公里长，随着火车流动。红军战士和站上的群众高呼"乌拉"，声音响成一片。

我们奔进阿列克塞·马克西莫维奇的车厢，做了自我介绍，热忱地欢迎他的到来。我兴奋得连嘴唇都发抖了，结结巴巴地说不出话来。阿列克塞·马克西莫维奇静静地坐着，同自己的儿子一起在喝茶。

"为什么招来这么多人？怎么，他们都没有事吗？"他带着微笑说。

对于阿列克塞·马克西莫维奇的谦逊精神我早有所闻。我知道他不喜欢隆重的欢迎会，不喜欢人们围着他喧喧嚷嚷，还把摄影记者赶走。

可是车站上人潮如涌，所有人的视线都朝着高尔基乘坐的那节车厢的车门方向。但我们的客人还在拖延时间，他仿佛不愿走出车厢，以为稍等片刻，人的海洋就会减退——他当然是估计错了。

阿列克塞·马克西莫维奇的面孔晒得黝黑，眼睛里显出疲惫的神情，这是长途旅行的结果，他是从索伦托的海边来到高加索的山地，来到亚美尼亚的。

最后我们劝阿列克塞·马克西莫维奇下车，向他解释，到埃里温还有一段路需要坐汽车去。他从座位上站起来，朝门口走去。

"欢迎，欢迎！"

"高尔基万岁！"

"光荣属于亚美尼亚人民的朋友！"从四面八方传来了人们用亚美尼亚语、俄语和阿塞拜疆语发出的欢呼声。

阿列克塞·马克西莫维奇站在车厢的梯级上举起右手，向欢迎的人群亲切致意。

在简短的群众大会之后，我们送他到卡拉基里斯休养所去休息。我在入口处对他说：

"阿列克塞·马克西莫维奇，这儿过去是亚美尼亚富翁泰伊罗夫的别墅，现在已成为我们共和国的劳动人民的休息场所了。"

"这就是苏维埃政权嘛。"他骄傲地回应。

当离开休养所时，一位留着长长的灰胡子的俄罗斯的老园丁走到阿列克塞·马克西莫维奇的汽车跟前，献给他两束南方的鲜花，这是他不用文字创作的朴实的"作品"……

在去埃里温的路上,农民们捧着金黄色的麦子,挥动鲜花,热烈欢迎马克西姆·高尔基,他频频叫汽车停下,同他们交谈。

在季里然,阿列克塞·马克西莫维奇参观了疗养院。他穿着白褂走遍所有的病房,同病员和医务人员相识,了解这里的医疗方法和病员口粮,并应他们的要求与他们合影留念。

我们的车队在山区胜地塞万湖畔停了下来。阿列克塞·马克西莫维奇对亚美尼亚的优美自然景色赞赏不已,但是,作为一个讲求实际的人,他首先感兴趣的是渔业。

亚美尼亚的首都隆重欢迎阿列克塞·马克西莫维奇的到来。到处是红旗、鲜花、五彩缤纷的挂毯、标语和作家的画像。

那时的埃里温当然还谈不上有像今天这样的大规模的建设。可是我们毕竟已经有了不少值得我们骄傲的新建工厂。在我们的新工地上,高尔基没有觉得自己是一位客人和一位"旅游者",而认为自己是家庭中的一员,是兄弟。他平易近人,虚怀若谷,谦逊精神令人感动。在同工人们谈话时,他详细了解每一个细节,关心每一件小事。

……整个厂区的工人[217]早已在急切地等待着他。高尔基来了。掌声和欢呼声响成一片,一位工人走到阿列克塞·马克西莫维奇跟前说:

"马克西姆·高尔基同志,如果你早几年到我们这儿来,你还能看到这里野草遍地,一派荒凉,而现在,您瞧,我们建成了多大的工厂啊!"

"你们身上蕴藏着多么伟大的力量啊!"高尔基满怀信心地说,"世界上有许多幻想家,可是他们中间没有一个人会设想出像苏维埃政权这样的政权。苏维埃政权正在为劳动人民的幸福创造出一切。"

高尔基希望了解工人的生活情况。根据他的要求,我们去参观了新建的工人住房。

住房的外表十分美观,但他想要了解一下工人的日常生活"琐事",他稍稍掀起被子、床单,"检查"床铺是否清洁、柔软,弹簧的质量是否好……他感到十分满意,亲切地抚摸了一下孩子们绯红的脸蛋儿。在我们准备离开时,女主人走到我跟前轻轻地问：

"怎么，他就要走了？我还准备杀鸡哩……"

"他没时间啦，"我回答，"让你的母鸡暂且活着为孩子们下蛋吧……"

建在拉兹丹河边的第一座水电站是我们的骄傲，因此我们就急忙陪同我们的客人到那儿去参观。在水电站附近，叶吉舍·恰连茨[218]来到他跟前，把一本有亲笔签名的长篇小说《纳伊里之国》的俄译本赠送给他。高尔基握了握他的手表示感谢，并答应一定读这本书。

在景色如画的拉兹丹河畔，在一百年前人们用血汗浇灌出来的富饶肥沃的萨尔达[219]花园的土地上，亚美尼亚国营第一园艺场占了一大片地段。亚美尼亚政府在这里设宴欢迎高尔基。阿列克塞·马克西莫维奇对出席宴会的人们说：

"过去，我在描写用大写字母写的人时，对这个人并没有具体的概念。但是现在当我走遍你们的国家，看到你们在名副其实的废墟和瓦砾上盖起优美的建筑物，你们在贫瘠的荒漠上开掘了四通八达的灌溉渠，你们在满目疮痍的城市里修建起无数工厂——现在我才深信不疑，我所描写的人就是你们，同志们！"

任何一个亚美尼亚人都不会忘记马克西姆·高尔基出自肺腑的英明的话语。

阿列克塞·马克西莫维奇参观了历史博物馆、中央图书馆和绘画陈列馆，他怀着极大的兴趣观看了亚美尼亚的历史文物，他兴致勃勃地观赏了马尔季罗斯·萨里扬[220]的作品，并跟他相识。在交谈中高尔基对他说，自己很欣赏他的画，而且早已知道他的大名了。

我们决定让阿列克塞·马克西莫维奇再看看我们名闻遐迩的"阿拉拉特"葡萄酒厂。起先他参观了各个车间，然后酿酒专家们让他看了贮藏在长长的酒窖里的各种陈年葡萄酒和白兰地。他们自然还请阿列克塞·马克西莫维奇品尝名酒，但他坚决拒绝了。这时我记起，一年前我曾陪同高尔基的朋友和战友亨利·巴比塞参观过这里的酒窖。他未拒绝品尝，而且还指出，亚美尼亚的香槟酒比法国酒要好得多。可是阿列克塞·马克西莫维奇这次没尝尝我们的酒，这使工厂的工人很伤心。

但是，当我们走出"阿拉拉特"厂时，我们惊奇地发现，阿列克塞·马克西莫维奇步态踉跄，面孔和鼻子都发红。显然是酒窖里浓烈的酒味对他起了作用。我们不得不挽着他的手，一直把他送上汽车。我想，他回莫斯科以后一定会想起，他在葡萄酒厂待了一会儿，滴酒未沾，人却醉了。

晚上，公社社员花园里召开了群众大会。所有的林荫道上都挤满了人。我们好不容易才为阿列克塞·马克西莫维奇开了一条通向讲台的路。每走一步都有人围着他，每个人都想更近一些看到他，跟他说话。

阿斯卡纳兹·姆拉维扬[221]宣布大会开始，他对客人说：

"欢迎您，讴歌我们的欢乐与悲哀的伟大歌手，高尔基同志！"

阿列克塞·马克西莫维奇在致答词时，热烈感谢亚美尼亚人民对他的热情亲切的接待，他说：

"我从文学作品中读到，现在又亲眼看到，这里的一切都是在人民的帮助下取得，又都是为人民服务的。"

集会后举行歌舞会。阿列克塞·马克西莫维奇最爱看我们的民族舞蹈，他后来发表在《我们的成就》杂志上的那篇著名的特写中曾对此给予很高的评价[222]。

晚饭后，马克西姆·高尔基同作家、艺术家聚会，同我们座谈。他在谈到苏联民族文学的相互关系时认为，把亚美尼亚文学译成俄语的工作做得很不够，其他民族文学也是如此。

座谈时，我们中间的一位作家向他提出这样一个问题：

"阿列克塞·马克西莫维奇，依你看来，当代俄罗斯年轻作家中哪几位更有前途？"

"米哈伊尔·肖洛霍夫和亚历山大·法捷耶夫。"他不假思索、深信不疑地回答。

正如我们所知道的，他的预言完全得到证实了。（……）

克·阿·克克利泽

克谢尼娅·阿斯拉诺夫娜·克克利泽（1910年生）——教师。

本文写于一九五五年。现按《马克西姆·高尔基与格鲁吉亚的文化活动家》，第比利斯教育出版社，一九七〇年版，第九十三—九十七页刊印。

在科卓里的一次会见

一九二八年七月，格鲁吉亚加盟共和国教育人民委员会在科卓里办了一个女教师培训班，我刚从中学毕业不久，也被派到这个培训班去学习。这里空气清新，风光旖旎，在大自然的怀抱里，日子过得很安静。

不久以前，科卓里的孤儿们创建了一所在全苏算得上最好和最漂亮的"儿童村"。

马克西姆·高尔基在格鲁吉亚访问期间对这个儿童村很感兴趣，并决定来这儿参观。

有人告诉我们，伟大的作家明天即将到来，我们激动得一夜未合眼。早晨，天才蒙蒙亮，我们就起床了，再一次把房间收拾干净，把每一件小东西都擦得锃亮。总之，我们想把一切都拾掇得充满节日气氛。然后我们从田野里摘来了一大束鲜花，一切都准备就绪，就等客人光临了。

"来了!"有人激动地低声说。

所有的人都屏住了气,不远处传来了汽车马达有节奏的隆隆声,最后路上终于出现了一辆汽车。司机在离我们几步远的地方把车停下,车门被打开了,一位背有点儿弓的男子走下汽车,他睁大蓝眼睛看着我们[223]。

我觉得眼前就像出现了一个奇迹——站在我们面前的就是伟大的高尔基,就是我最敬爱的,但以前只能在照片上看到的那位作家。

他穿着浅灰色的上衣,戴着深色小花点的领带。

他身材高大,背有点儿驼,一张和蔼可亲的脸上留着长长的胡子,翘起的头发时常落在前额上。他看着我们,我觉得从他那慈祥的眼睛里有一股暖流流到我们身上。

我们有些拘束,沉默了一会儿,但不久大家就嚷嚷开了。我们沉浸在喜悦之中,忍受不了沉静的气氛……

我们忘掉了培训班主任马罗·洛米纳泽要求我们排成两行队,有组织地欢迎客人的规定,而是叽叽喳喳地把他团团围住,向他抛撒鲜花。高尔基站在纷纷扬扬的花雨之中,带着微笑感谢人们对他如此热情的欢迎。

然后,他和我们谈了很久。询问我们每个人的工作和愿望,最后十分令人信服地说:

"教育孩子是极其光荣的事业。姑娘们,你们肩负着重任呀!你们必须培养建设共产主义的一代新人。这就是你们的任务!"

伟大导师的这番话将永远铭刻在我们心间。

高尔基视察了儿童村。他跟孤儿们进行了长时间的谈话……

"孩子们,"他同他们说话时语气特别亲切,"在沙皇和财主们统治的旧时代,你们不可能成为对国家有用的人。你们会像千百万过去的孤儿那样死去。列宁和党为你们开辟了通向光明的生活、学习和幸福之路,你们生活在美好的时代。工人和农民已成为我们国家的主人。工人阶级的敌人就是你们的敌人。阴险的敌人并没有睡觉,你们应当用知识和本领武装起来保卫祖国。你们要记住,我们的国家正在建设,正在成长。你们应当积累知识,认真和勤奋学习。你们要爱读书——书是最大的知识源泉……而知识能使你们成为精神世界充实、为人诚朴和善于思考的人。列宁和苏维埃政权给你们创造了愉快的生活条件。我们的青年人十分幸福，因为他们具有极大能力来自由地发挥有利于人民的技能、才干和本领，探求真正的、颠扑不破的真理。让我们好好学习、进步、成长吧。"

吃饭的时间到了。我们在胡桃树下用格鲁吉亚菜肴招待客人。用餐时高尔基默不作声，吃得很少。他含笑看着我们，我又一次感觉到他那慈祥的目光对我们的爱抚。

高尔基偶尔端起酒杯凑到唇边，喝一口，又将杯子放在桌上。

"我对你们有一个请求，"他突然说，"请你们唱一首格鲁吉亚民歌……"

大伙儿朝我和克托·格奥尔加泽瞧了一眼。高尔基看到了她们的目光所向，便亲切地对我说：

"就从您开始吧，金发姑娘，其他人跟着您唱。"

"唱什么呢？"我犹豫不决地问。

高尔基摸了摸布满皱纹的前额，捋了捋散乱的头发，抬起头来对我说：

"就唱《姆拉克尔扎米耶尔》吧，这首歌我已好久没听了。"

我们怯生生地唱起了祝酒歌，偷偷地觑着阿列克塞·马克西莫维奇的脸部表情。他脸上现出慈祥的笑容。我们放开胆量，唱得更好了。待我们唱完一曲，高尔基含笑频频点头表示赞许。

"我们再唱一首格鲁吉亚民歌《齐齐纳捷卢》。"克托胆子更大了。

我高兴地同意了。我们唱了由阿卡基·采列捷利[224]配词的这支歌曲，接着又唱了几首民歌，最后还唱了《我是农民的儿子》……

客人的眼里噙着泪珠。他站起身来，装作回头观赏缀满鲜花的草地，抹掉眼泪。

我们佯装不知，继续唱歌。最后，阿列克塞·马克西莫维奇说：

"我爱格鲁吉亚……爱听格鲁吉亚歌曲，在听这些歌时我心头总不能平静……这些歌使我想起了我青年时代在格鲁吉亚度过的日子。这是四十多年前的事了。"

从那以后，许多年过去了，但时间却无力把那一天的印象从我的记忆中抹去。

我坐在自己的房间里，摊开一本高尔基的书。我读着："在科卓里，在梯弗里斯财主们的别墅——少先队夏令营、休养所、少年宫里，那里有成千上万个孩子。科卓里鲜花盛开，彩旗飘扬，铜管乐器闪闪发光。那儿好像正在举行女教师代表大会，我们欣赏了精彩的格鲁吉亚民歌演唱，整整听了三个小时。有两位姑娘唱得特别好：一位是长着一对水汪汪的大眼睛的金发姑娘，她的歌声美妙动听，余音缭绕，是一个极富才华的人；她的女伴像她一样，也是一位孜孜不倦的出色的女歌手。女教师们的殷勤好客，她们那质朴的风范以及以本民族优美动听的歌曲而自豪的可敬可佩的感情，实在令人激动不已。在园中的小丘上，在古树枝丫下，缕缕阳光中的姑娘和孩子们，每每使我联想起波斯画中的诗情画意之美来。"[225]

米·奥·波隆斯基

米哈伊尔·奥西波维奇·波隆斯基（1895—1971）——新闻记者。一九二八年曾陪同高尔基在下诺夫戈罗德参观访问。

现按《下诺夫戈罗德人回忆马·高尔基》，高尔基市，一九六八年版，第二八六—二九四页刊印。

下诺夫戈罗德人欢迎伟大的老乡

（……）一九二八年八月七日。

一大清早，在浮码头边的堤岸上和靠近堤岸的街道上就站了成千上万的人，他们是来欢迎阔别多年、今日重返故里的光荣的下诺夫戈罗德人[226]。

成群结队地站着的伏尔加河畔的装卸工麇集在岸边，等候曾经在这儿劳动过的老伙伴。下诺夫戈罗德的老居民纷至沓来，想尽先见到这座城市的荣誉市民。青年们蜂拥而至，为了一睹遐迩闻名的作家马克西姆·高尔基的风采。

早晨十点钟，"普廖斯"号轮船缓缓靠近码头。

下诺夫戈罗德省委书记安德烈·亚历山德罗维奇·日丹诺夫、省委宣传鼓动部部长亚历山大·谢尔盖耶维奇·谢尔巴科夫等领导人踏上舷梯，走进船上的会议室，全体船员正在那儿同这位卓越的旅客告别。

啊，这就是他！身材颀长，清癯，背有点儿驼。他激动地捋着毛茸茸的胡子。一件灰色的胶布雨衣随随便便地披在一边的肩膀上，白色的便帽推向后脑勺，露出一头浓密的银灰色的短发。温柔、亲切的男低音，带着浓重的"O"音的典型的下诺夫戈罗德的乡音。

"同志们，你们好！我非常非常高兴……我怀念下诺夫戈罗德，长期以来苦苦思念。我太兴奋了……可是这……"高尔基带着责备的神情指指前来欢迎的黑压压的人群说，"你们太不应该了！有多少人丢下工作，我真不懂为什么要这样。"

"请您相信，阿列克塞·马克西莫维奇，"日丹诺夫同志辩解说，"这与我们无关。谁也没有让他们丢下工作，他们是自己来的。他们敬爱你，所以都来了。"

亚·谢·谢尔巴科夫问高尔基，他打算在下诺夫戈罗德待几天，想看些什么。

"什么都想看！糟糕的是时间少了点儿，太少了！大约两天，至多三天。莫斯科有许多事情等着我去做。在喀山多耽搁了几天。在下诺夫戈罗德……"他笑了笑，无可奈何地挥挥手，"看来，也不会很快脱身的……"[227]

在堤岸上，阿列克塞·马克西莫维奇刚踏上最高一级台阶，一位老装卸工就上前同他拥抱。身材敦实、肩膀宽阔，没戴帽子，头发斑白、蓬松的老装卸工激动万分，紧紧握住作家的手，疼爱地抚摸着高尔基的肩膀。

"阿列克塞，你还记得布格罗夫码头吗？你还记得吗，阿廖沙？……"

群情欢跃、热情澎湃的壮丽场面使高尔基深受感动，他仔细端详他周围的人们的脸，仿佛在寻找因时隔十年之久而淡忘了的熟悉的面孔。

"记得，记得……您好……"

考虑到作家的谦虚精神，谢尔巴科夫同志只讲了几句话，非常简短地代表下诺夫戈罗德人欢迎这位大家所盼望的客人。何况又有哪位演说家能对千万双眼睛尽情闪射出来的爱戴和尊敬之情做出补充呢？

在群众的欢呼声中，阿列克塞·马克西莫维奇坐上了汽车。

"谢谢，同志们！谢谢，乡亲们。谢谢你们对我的深情厚谊……我要尽力报答你们……我还不太老，我还能工作，让我们一起生活工作……我现在讲不出话来了，我太激动了……谢谢你们！……"（……）

八月七日晚，在话剧院大厅，阿列克塞·马克西莫维奇在市苏维埃为欢迎贵宾而举行的大会上讲了话。他一开始就表示歉意：

"我是一个拙劣的演说家，不善于发表政治言论。我还是给你们讲讲故事吧。我的职业就是讲故事嘛……"

高尔基在大庭广众中讲话时风度确实与众不同，很少因袭一般常用的讲演方法。比如，他不利用讲台，整整一个小时他都在主席台前的讲台上来回走动。

在阿列克塞·马克西莫维奇的讲话中没有空泛抽象的议论和冠冕堂皇的词句。他讲的每一句话都能引起听众的注意，拨动他们的心弦，或发人深思，或引发激情。他用的每一个词在整个语句中都不可或缺，恰到好处。阿列克塞·马克西莫维奇善于用富有表情的停顿、优美的手势和灵活的语调来补充和解释自己的意思。

一小时的讲演确实是一篇艺术性很高、政治性很强的故事，他谈到了资本主义报刊的恶毒谎言，评述了资产阶级精神生活的腐朽堕落，叙述了掌握政权的工人阶级在苏维埃国家内所创造的奇迹，以及得到解放的人们所迸发出来的强大力量。

"我走遍全国各地，到处看看。我要说的是：我们国家有了主人！非常好的主人！我不想称之为无产阶级。他们已经不是无产阶级了，因为他们拥有工厂，他们掌握着政权。这就是工人阶级，他们是一股巨大的创造力量，正朝着既定的明确的目标勇往直前。"

阿列克塞·马克西莫维奇讲了许多有趣的事情，他谈到了国外日益加剧的阶级斗争和资本主义经济危机，论述了苏联工人阶级所取得成就的国际意义，以及他们的榜样对全世界无产者的鼓舞作用。

"获得政权的苏联工人阶级站在全世界劳动人民的最前列。他们力量强大，巍然屹立，他们应该显示出自己的全部力量和大无畏精神。"

高尔基援引在第聂伯河国家建设工程局[228]和巴库的所见所闻，以说明苏联工人阶级的大无畏精神。在来下诺夫戈罗德之前不久，他到过这两个地方。

"第聂伯河的水将升高大约五十二米……这是人民的创造，他们没有钱，人家不给他们钱，将来也不会给他们钱，因为这些人正在等着他们去乞讨[229]。但是，他们绝不会去乞讨的。这是痴心妄想！"

朴直的语言铿锵激越，不啻对希望我们向他们摇尾乞怜的人们发出了有力的挑战。千百双手响起的掌声震撼着整个剧场的观众厅。

"过去巴库有二百三十八个私有者，而现在开采石油的整个复杂工作统归两个工人领导。他们所做出的贡献是任何一个私有者做梦也想象不到的。这一切是在六年内完成的！天知道他们是怎么完成的，真是不可思议！"

阿列克塞·马克西莫维奇在结束讲话时"责备"某一位发言者过多地提到下诺夫戈罗德人的工作缺点。

"对于缺点，当然不应该保持沉默，这是对的。我知道你们在会议上，在报刊上非常乐意指出工作中的缺点，但是，极其重要的是，应该多谈你们是怎样创造新世界的。你们在歌中唱道：'我们要建设新世界，我们的新世界。'你们已经在建设新世界了，建设得很好。这有助于你们顺利摆脱旧习惯、旧世界，有助于开阔你们的眼界，使你们能用新的眼光对待这伟大的、明智的、具有历史意义的劳动。"（……）

在市苏维埃举行的隆重的欢迎会上，高尔基收到数十个单位的邀请，各个企业、学校、科学实验室非常恳切地再三请他去他们那里参观访问。他开玩笑似的请求原谅，他算了一下，要接受所有这些邀请的话，他将在下诺夫戈罗德待上三四十天。

"当然，索尔莫沃要去。这不在其内。索尔莫沃我一定去，明天就去。索尔莫沃——这毕竟是……索尔莫沃，库纳温也得去。这是一定要去的。怎么能不去呢，我本来就是库纳温那儿的居民嘛。"

阿列克塞·马克西莫维奇为自己拟定了八月八日这一天的访问路线。他决定在这一天内访问索尔莫沃，参观"革命动力"和"红色埃特纳"工厂、库纳温面包厂和食品厂，并到文化宫工地和国家进出口贸易局举办的博览会去看看。

这一紧张的日程安排不仅仅取决于众多的邀请，其原因更多在于作家本人孜孜不倦的求知精神，他渴望看到更多的东西，更详细地考察故乡的人们和事业所发生的伟大变化。

在面包厂，阿列克塞·马克西莫维奇久久地站在面机旁，兴致勃勃地观看机械化叶片搅拌几普特重的面团。然后走进淋浴室，还拧了一下水龙头，看看莲蓬头是否管用。

"是呀，你们现在干活可轻松啦。我们那时烘面包要艰苦得多呢。"

一位娇小伶俐、逗人喜欢的年轻女工站在作家身边，在女伴们表示鼓励的笑声中问他：

"你更喜欢哪儿，高尔基同志，喜欢我们这儿，还是喜欢喀山的谢苗诺夫[230]那儿？"

阿列克塞·马克西莫维奇把双手搁在姑娘的肩膀上回答说：

"假如喀山的谢苗诺夫那儿能像这儿一样，我也许会当一辈子的面包工。"

在"革命动力"工厂首先发言的是一位工人——季诺维耶夫同志。他谈到工人阶级、共产党、共青团具有无穷的精力，他们正在实现，而且一定能实现巴维尔·弗拉索夫[231]的光辉理想。

"阿列克塞·马克西莫维奇，请您看看，我们是怎样工作的，请您看看，我们制造的钢铁'奴隶'，我们生产的发动机！当然，欧洲目前比我们干得好，但我们一定能赶上并超过他们。阿列克塞·马克西莫维奇，请您用您的文学作品帮助我们。您的作品能增添我们的勇气，促使我们改造整个生活。"

高尔基登上讲台，他环视了一下团团围在四周的人群。他们像那位讲话的工人一样，对自己的正义事业和力量充满信心。高尔基举起手，想让掌声停下来，但随即把手放进口袋，掏出手帕，擦去夺眶而出的眼泪。他久久无法开始讲话。他内心的激动，加上从几百个人内心发出来的欢呼声，使他说不出话来，而作家的和蔼可亲比任何话语更能打动人们的心。

"你们是多么好的人呀！别提有多好啦！你们现在所做的事业，你们已经完成的事业，其规模之宏伟，连你们自己也想象不到。你们自己没有察觉到，没有理会到你们对全世界无产者所做出的功绩。在我们国家产生出的充沛的热情和智慧正在影响全世界。要牢牢记住：多一些自豪感！更坚定不移地相信自己的力量！"

大会一致通过了一项决议。决议只有短短的两条：

"感谢阿列克塞·马克西莫维奇莅临我厂，并祝愿他健康长寿。"

"请阿列克塞·马克西莫维奇在健康状况允许的情况下回俄罗斯永远同我们一起生活。"

从"革命动力"工厂回来时，我们顺便去参观了即将完工的库纳维诺文化宫。高尔基踏着某几处暂时还用狭长木板代替梯级的楼梯健步登上二楼，由工程主任陪同沿着曲曲折折的走廊参观，仔细听他介绍哪儿是未来的会客室、休息室和剧场休息厅。

"太好了！这事太好了！工人的国家应该有工人的文化宫。合情合理。"

在索尔莫沃，阿列克塞·马克西莫维奇参观了机车、锅炉和柴油机车间。他全神贯注地看着，默默地从一台车床走向另一台车床，从一部机组走向另一部机组，间或同工人简短地交谈几句。

经过一天的劳顿，满载着丰富的观感，他感到累了。各个车间钢铁的轰隆声使他感到疲劳（也许这是由于他想起了四分之一世纪以前他创作《母亲》时的情景），高尔基把臂肘支在工厂管理处阳台的栏杆上休息了一下。这个阳台后来就被作为欢迎大会的讲台了。

阿列克塞·马克西莫维奇讲了苏维埃国家工人阶级所取得成就的国际政治意义，谈了游历苏联各地所积累的观感，并祝愿索尔莫沃人工作顺利，在劳动中取得新的胜利。

"现在摆在你们面前是一条通向坚定不移的目标的康庄大道。你们可别离开这条康庄大道！……你们要记住：你们必须文明地成长、发展，你们必须建立一支工人阶级的具有高度专业技能的知识分子队伍。我坚信你们能取得胜利，同志们！"（……）

八月九日的早晨风和日丽，"克拉拉·蔡特金"号轮船离开码头，航向巴拉赫纳。

这次历时几个小时的航行使旅客终生难忘。在上层甲板的藤圈椅上坐着几个人，正津津有味地在听高尔基讲话。这天早晨，伏尔加河上阳光明媚，景色如画，使高尔基陷入抒情的情境。他讲的是他那令人惊叹的一生中的令人惊叹的往事——阔别多年的朋友的重逢，人们受命运的拨弄，以及人们支配自己命运的故事。

高尔基所讲的事，我们从他的作品中已经熟悉，但他赋予它以新的色彩、新的细节，使我们觉得这是第一次听到、第一次接触到的事情。同这位睿智的作家、伟大的艺术家、出色的故事员相处，我们感到说不出的高兴。

造纸厂工地[232]的建设规模和工程复杂，使高尔基惊叹不已。他对功率强大的起重机和传送装置的威力大加赞赏，对造纸车间里足足有两层楼高、十米长的巨型机器赞不绝口。他异常激动，谈话中往往充溢着褒奖之词。

"谁能想到，你们这些贫穷落后的人竟能造出这么庞大的东西！真是令人吃惊，真了不起！"

当阿列克塞·马克西莫维奇准备去下诺夫戈罗德发电站[233]参观时，造纸厂厂长对他的来访表示感谢，作家不容分说地打断他的话。

"你们是多好的人呀！这应该我向你们表示感谢，因为你们使我有机会看到这美好的设想。谢谢你们，同志们！你们这儿的很多东西我都喜欢。明年春天我一定再到你们这儿来。"（……）

高尔基以惊人的毅力来到发电站参观。这位六十岁高龄的老人，今天已站了几个小时，在各个厂房和车间里足足走了几公里路，在机器房和锅炉房里热得汗流浃背。但是他仍旧不知疲倦地表现出强烈的求知欲，仍旧不可遏止地渴望尽可能多看一些，多了解一些，尽可能把发生在他周围的新的宏伟的事物铭刻在自己的心里。

"我知道劳动意味着什么，"阿列克塞·马克西莫维奇在同水电站职工告别时说，"劳动是一切欢乐和美满的源泉。在整个人类历史中，人的智慧和意志没有达到过像我们苏维埃国家现在已经达到的如此崇高的境界。我们相信，已经创造出我所看到的这一切的手，将继续创造和建设。可是，如果有人想阻止它，那么它一定会握成拳头，把横在它前进道路上的一切障碍砸个粉碎。"

八月十日，阿列克塞·马克西莫维奇在无线电实验室度过了几个小时，然后就会见下诺夫戈罗德公社编辑部全体人员和文学小组成员。

同一天晚上，下诺夫戈罗德人欢送贵宾回莫斯科。在人们致辞表示欢送之后，高尔基致答词：

"我发现我们的城市在我离别二十年之后变得比过去更美了，变得更可爱了，尤其重要的是变得更年轻了。再见，我的同乡们！谢谢你们对我的厚爱！"

利·尼·谢夫林娜

利季娅·尼古拉耶夫娜·谢夫林娜（1889—1954）——女作家。一九一七年五月十一日，在莫斯科大剧院举行的"发展与推广俄罗斯实用科学自由联合会"的一次群众大会上第一次见到高尔基。

高尔基与谢夫林娜的通信见《高尔基与苏联作家·未经刊印的通信录》。——《文学遗产》第七十卷，莫斯科，苏联科学院出版社，一九六三年版，第三六五至三七二页。

现按《利·尼·谢夫林娜文集》四卷本，第四卷，莫斯科，文艺出版社，一九六九年版，第一六六——一七三页刊印。

人

（……）一九二八年，在叶卡捷林娜·巴普洛夫娜·彼什科娃的莫斯科住所里，我和他面对面坐在桌子旁。阿列克塞·马克西莫维奇那时从意大利回来小住一段时间。他叫我去，是了解西伯利亚文学界的情况。那一年，"ВАПП"[234]在西伯利亚的某些成员因文学观点和日常生活问题闹不团结。由于文学界内部的龃龉，原来办得很好的州刊《西伯利亚星火》开始黯然失色。

我的写作生涯是从这本杂志开始的[235]，对编辑部的工作性质和情况非常熟悉，因此马·高尔基约我谈谈。然而，作家本人几乎对所有的人和事都了如指掌，比我能告诉他的还要详细。高尔基有惊人的记忆力，甚至连细枝末节也不会忘记。如有必要，他能完整地分毫不差地记起他所需要的有关的某个人或某件事，反应之敏捷犹如囊中取物。当他问我时，有时皱起眉头，注视着自己的那双手，仿佛在借此回忆自己一生中坎坷的经历似的。在这一瞬间，他好像正在倾听自己的心声，自己内心的奥秘似的。他那棕红色的头发已染上灰暗的银霜，脸孔见老了。那一天更是显得疲惫、晦暗。他那双注视着我的蓝眼睛也蒙上了困倦、灰蓝的色调。可是，他突然活跃起来，用喜悦的目光瞧了我一眼，像十一年前那样，眼睛里又亮起了蔚蓝色的光芒。这是一双年轻、明亮、孩子般信赖他人的眼睛，在了解了西伯利亚的情况以后，高尔基说：

"现在谈谈您自己吧，敬爱的同志。我们的评论家把您捧得太高了吧。"

同所有作家的经历一样，我写作生涯中的那段时间，是我的幸运时期。轰动一时的成就伴随着我。

"对您是否过奖了呢？或者您还认为这种赞扬是恰如其分的吧？"

我感到难为情。

"阿列克塞·马克西莫维奇，赞扬对我是一种鼓励。"

"那您本人是怎样评价您的'起飞'的呢？鹰一般的'起飞'，是吗？"

我默不作声地耸耸肩膀。他也沉默了一会儿，然后莞尔一笑说：

"我喜欢一位评论家所说的中肯的意见。他是这样评论您的：谢夫林娜黏上托尔斯泰的胡子还为时过早。这就是说，亲爱的女士别急于黏上胡子。文学家永远也不能急于求成、自我陶醉。要掌握这个生活规律。请您相信，这样您将会工作得更顺利，更出色。"

高尔基热爱俄罗斯文学，对它有着深厚的感情和责任感。他渴望能有大作家脱颖而出，密切关注着任何一位有天赋的人才，并随时准备给予帮助，但不能容忍初涉文坛就自命不凡、骄傲自大之辈。后来他更严厉、尖锐，更直截了当地批评我。他曾再三请我为《集体农庄庄员》杂志写一篇短篇小说，但他收到后却毫不留情地把稿子涂改得面目全非，甚至不加任何评论将原稿退回来。

可是，当他称赞我的时候，我是多么地幸运。他对我的短篇小说《塔尼娅》[236]的祝贺，对我来说是最难能可贵的褒扬。

阿列克塞·马克西莫维奇待人非常宽厚，富有同情心。本文写到的那一天，他很快就心平气和了。显然，他给我的"下马威"对我产生了强烈的影响。"得啦，得啦，"他说，"我又训人啦，请别生气。我就是这种习惯，越喜欢越要训人。您是能做到的，您很有潜力。但是……说实话，也不必过于夸奖，必须工作，顽强地工作。请谈谈您自己的情况吧。日子过得怎么样？有谁常去你们的文学沙龙？您可别把魔术师也招引到文学圈子中来。"

"是啊，听说弗谢沃洛德·伊凡诺夫过去做过魔术师。"

高尔基开朗而高兴地笑了。

"他作为魔术师并不高明，但作为一个作家……我可不敢妄加评论！我不想过于地夸奖他。他这人……很有意思。"

阿列克塞·马克西莫维奇很喜欢弗谢沃洛德·伊凡诺夫。看来，他是唯一一个高尔基对他的好感从未突然失掉的人（哪怕为时甚短）。我在谈了自己的情况之后，也问阿列克塞·马克西莫维奇，他身体怎样，自我感觉如何。

他微微眯起眼睛，用手指搔了一下前额，回答说：

"没什么，很好！一切都很好！身体健康，有饭吃，有烟抽。现在到处给我荣誉称号。昨天我去看了精神病患者，我怕哪一天会有人宣布我是名誉精神病人哪。"

我趁这次会见给我留下的印象鲜明时给高尔基写了一封热情洋溢的信。他的回信是一本正经的，干巴巴的。信的开头是这样的：

"我不是高级僧正[237]，您也不是诵经士[238]。"[239]（……）

从高尔基确立作家的荣誉——名噪一时的荣誉之日起——他就受到了人们的爱戴或憎恨，对他持漠不关心的态度的人是没有的。许许多多的人以责备求全的爱或执着的恨来折磨他，这是可以理解的。作家的复杂性格使他个人的爱憎表现带着尖锐的棱角，天生的心地善良和为政治思想而斗争的战士的残酷无情在他身上结合在一起了。对人们强烈的怜悯要求他对另一些人毫不留情地予以揭露。因此，不同的人以不同的态度对待他这样的作家和人。他的每一个成就都会使自己同时受到伤害，他过着敏感的、警惕的生活。他更多地凭感觉，而不是凭理智揣度人们在日常生活中对他的态度，而他的直觉往往是正确的。只要有人对他冷淡一分，他就会对他们冷淡三分。因此，他对周围的人们的态度忽冷忽热。有时在热闹的场合他也显得异常孤独。

我记得，有一次我们好多人分几辆汽车从作家代表大会来到这里[240]。我们在阿列克塞·马克西莫维奇和家人一起居住的别墅露天凉台上开会，直至晚上八点。高尔基提出了必须关心民族文学问题，各加盟共和国民族译成俄文的杂志[241]，组织一次少数民族的话剧、歌剧和芭蕾舞剧团在莫斯科会演等等。（……）

那天晚上我们告别时，我想告诉他，他在我们中间具有何等重大的意义，可是我却找不到令人信服的、能对活着的人表达人类的崇高的爱，而听起来又不至于有奉承、怜悯或者虚情假意之嫌的言辞。特别是如果此人站得比你高，哪怕这只是形式上如此而已。何况高尔基并不仅仅是在形式上高踞于我之上。阿列克塞·马克西莫维奇从我的眼神和一般的临别祝愿中感觉到我对他的一片忠诚和感激之情。他非常亲切地说：

"再见，敬爱的鞑靼女神，您的眼睛像滚珠轴承一样明亮。"

他对我的这个称呼后来在他从克里米亚的捷谢里的来信中又重复了一次[242]。这是我收到的马克西姆·高尔基的最后一封信。他在这封信里把我大大地夸奖了一番，称我为"一个醉心于文学的人"。我把高尔基对我表示关怀的这些事例公之于世并不是为了夸赞自己。阿列克塞·马克西莫维奇对人关怀备至，我是在同高尔基交往中受到他亲切的垂爱，并在面临生活中的疑难犹豫不决的艰难时刻得到他支持的众多的人中间的一个。因此，在我的回忆录中，我不能不对这些情况直言不讳……

马克西姆·高尔基的伟大朋友，比如列宁，对他的影响表现在高尔基严于律己又能严格要求别的文学家。

高尔基不容许作家脱离集体。他要我们了解，并且在生活中看到我们时代的人。他要我们了解奠定社会主义劳动基础的人们的过去。因此他倡议集体编写工厂史[243]、城市史、教育机构史。当人们把工作计划和收集到的资料交给他审阅时，他不会放过任何一个细小的误差。他自己对工作一丝不苟，也不容许别人懒散怠惰、敷衍塞责，工作轻率潦草，只求装潢门面。高尔基对现为科学院院士的阿·德·斯佩兰斯基教授十分尊重和友好，这不仅仅是由于他富有才华，而且是因为他工作极其勤奋。高尔基曾对我说：

"女士，您该向斯佩兰斯基学学他是怎样工作的。当他在家里有事无法写作的时候，他就把所有学术笔记包在台布里打个结，带到研究所去。在任何地方，在任何时间，他都能写作，而且善于从百忙中抽出时间用于著作。人家常跟我说起他所创造的奇迹。文学家却不会这样工作。"

然而高尔基能这么做。他家里的人有时不得不打断阿列克塞·马克西莫维奇的工作，或者不让他继续看深深吸引住他的书。他瞒过爱护他的精力的亲人们的警惕，常常在卧室里看书看到深夜，而别人却以为他已经睡了呢。有一次早餐时，他对在场的人说：

"我整夜没睡，书看得入迷了。《老伊梅列丁的一生》[244]，真是一本好书。非常有趣。"（……）

高尔基的一位亲人责怪他不该彻夜不眠。他调皮地皱皱眉头，幽默地把手一摊说：

"哟，我说漏了嘴！你们这帮东西可要对我严加看管了。"

阿列克塞·马克西莫维奇感情异常丰富，他经常为一首乐曲、一支歌、一幅画或者小说中的某一句话而热泪盈眶。他不喜欢掉眼泪，往往为此而辩解一番，像是犯了什么错误似的。这种多愁善感并不妨碍他的铁面无私，如果他认为某个人的行为、某段话不对。一次，在高尔基家里举行的文学家与政府和政治局成员的座谈会上，他对我的发言很不满意，毫不留情地尅了我一顿。他在讲话时宣称：

"这是一个大胆的发言，但并非出于理智，而是其他的品质所致！"

他也知道他的评价会引起怎样的反应。会议休息时，我站在一旁，脸色苍白，嘴唇直哆嗦。高尔基从我身旁走过，朝我头顶上方看了一眼，表情严肃地擦身而过，不容我作任何辩解。

阿列克塞·马克西莫维奇经常向许多人声明，他不是一个好的剧作家。我不相信他的话。对于针对他剧作的否定态度，他并不是毫不介意的。在听取意见时，他会跟你争辩、解释，甚至生气。

他在征询我对剧本《耶戈尔·布雷乔夫等人》的意见时，提了许多问题。以我不多的看法，剧本内容深刻，易为观众理解。我看过多遍，每遍兴趣不减。剧本首演后，我对高尔基说，终场前出现神职人员不免有哗众取宠之嫌，有伤大雅，令人遗憾，这出自像他这样的作家手笔，使人感到奇怪。阿列克塞·马克西莫维奇激动起来，他耸耸肩膀，摊开双手，边咳嗽边叹息：

"您怎么没看出来，这不是我的主意，他们给加进去的，是剧院加进去的[245]。从剧本的整个格调来看，这是显而易见的嘛。您不辨真伪，妄加评论，那就请您看看我的剧本吧，瞧——这哪儿有牧师呢？"

他的心情一直没有平静下来，直到我看了他的剧本结尾。可是，对于一个久享盛誉、深知自己力量的作家来说，我的评价又算得了什么呢！他爱戏剧艺术，对它爱护备至，唯恐别人在评价他本人对戏剧艺术的贡献时掺进了"沙子"。（……）

阿列克塞·马克西莫维奇的儿子故世了[246]。泥土还没有冻结，但已冰冷硬实。当人们把灵柩缒下幽幽墓穴时，绳子吱吱作响。当需要扔第一把土时，高尔基在墓穴旁边出现了，有人递给他一把小铲子。我没看清他是怎样把一片悲恸之情撒向爱子最后的归宿地的。但是我从后面看到这位高个子老人的宽阔的肩膀在颤抖，佝偻着的背脊在哆嗦。人们扶着他，向墓地出口走去。

生活需要的是信赖，那种不容许对未来担惊受怕的信赖。生活更不容许徒劳无益地抱怨过去。可怎么能不抱怨呢？阿列克塞·马克西莫维奇是在亲人和挚友的狭小圈子里熬过丧子之痛的，他没有向我们流露过悲痛的感情。在丧礼以后，他在我们面前依旧是一位酷爱劳动、热烈憧憬着未来的生活有趣、爱憎分明、毫不妥协地同政治上的颓废情绪进行斗争的战士。然而，与以往相比，他越来越频繁地感到精神疲乏，体力不支，而且经常闹病。

有一次，有几位作家来阿列克塞·马克西莫维奇在哥尔克村的住所会见罗曼·罗兰[247]。这是一个晴朗的夏日，抑或是美好的初秋的一天，我记不清楚了。罗曼·罗兰披一件暖和的斗篷，浅咖啡色的领子像是老式女披风的，但他还是蜷缩着身子，一副畏寒怕冷的可怜相。罗曼·罗兰说话时声音很轻，作家们还是进屋同他个别交谈，他妻子替他一个个传唤。他的脸很瘦，毫无血色，泛着蜡一样的黄光，而阿列克塞·马克西莫维奇在他身旁显得很健康，虽然上了年纪，但绝不见老。

我在走廊里吸烟，身子半掩在门后。阿列克塞·马克西莫维奇正好从房间里出来抽烟，他站在我旁边，生气地对我说，我近来写得太少了。

"您没在工作，谢夫林娜，这是可耻的！看到别的作家在写苏维埃妇女，您难道不羡慕吗？"

出于我意料之外，他的话竟使我眼泪夺眶而出。高尔基不知所措了。他看到别人掉泪总会心慌意乱，手足无措的。

"嗯，您怎么啦？怎么能这样呢！快躲到门后去，我给你掩着。干吗哭呢？我就不哭。尽管经受了一次大难。"

我的眼泪马上干了。这是女人令人遗憾的偶尔流露的弱点。

我问道：

"什么大难？您发生什么事了？"

"流行性感冒。我认为，我是挺不过去了。抵抗力越来越差，可是没有比死更糟的事了，鞑靼女神！请您牢记这一点。真令人厌恶，我可不想死。"

"哎，您这是怎么啦，阿列克塞·马克西莫维奇，您怎么说起死来了？看您的样子，您还能当罗曼·罗兰的儿辈哩。"

"真的吗？"他满意地粲然一笑，然后又严肃、坚定地补充说，"不管能不能当儿辈，反正我比他强壮多了。养好病以后，我现在身体很好。死是对人的侮辱！在我们时代不值得，真是不值得。"

这是我在他生前最后一次面对面地见到他。一九三六年六月十八日，高尔基与世长辞了！站在这位伟人的灵柩旁守灵，我心情无比沉痛。

昇曙梦

昇曙梦（1878—1958）——日本翻译家、俄罗斯文学研究家。一九二八年，昇曙梦为庆祝列·尼·托尔斯泰诞生一百周年而来苏联，就在这一次他曾和高尔基会见。

回忆录原载昇曙梦的《高尔基的生活与创作》一书，东京，一九四〇年。现按《高尔基与东方文学》，莫斯科，知识出版社，一九六八年版，第三二九—三三五页刊印。

同高尔基的交谈

一九二八年九月十六日，星期日。从清晨起天空就是阴沉沉的，还不时下着秋天的蒙蒙细雨。

还在昨天我们就约好今天下午三点钟去看高尔基。有人对我说，高尔基从列宁格勒回来后就病了，因此任何人都不接待。我说服了和高尔基相识的石田教治[248]跟阿列克塞·马克西莫维奇通个电话，向他打听一下能否接待我们，如果能接待，那么什么时候去好。高尔基回答说，我们现在去也可以。我们请求推迟一天去看他……

我看完戏[249]后就去大饭店旅馆，石田已经在等我了。我们乘电车乘到马什科夫胡同，不多会儿就到了高尔基居住的大楼。

迎接我们的秘书是一位中年男子。我们从照片上已熟悉的高尔基紧跟着秘书也出来了。

"非常高兴。"他说，并紧紧地握了一下我的手，然后，搂着我的肩膀，把我领到一间不大的、非常普通的，对全世界闻名的作家来说有点过于简朴的房间，那个房间是他的卧室兼书房。

我们坐在靠窗口的桌子旁。高尔基穿着一件普通的灰上衣，这使他的瘦削宽阔的双肩显得不太突出，从绣花小圆帽下露出剪得短短的头发。他可能被人看作鞑靼人或高加索人。他那双浅蓝色的眼睛透过眼镜的厚玻璃在热情而和蔼可亲地瞧着世界，他的胡子像农民的那样悬垂着，额头上深深的皱纹标志着过去流浪岁月的印记。但早期的画像把高尔基画得太无产阶级化了，而现在的画像则把他的外表画得理想化，都没有正确地表达出作家的精神面貌。由于长年累月的病痛，他的脸孔显得疲惫，但他还是精神抖擞，不像个病人，尽管还在剧烈地咳嗽。他说话的声音很低，令人难以想象，他过去还是一个出色的男高音哩。（……）在他平静而从容不迫的谈话中充满着热情。我立刻感觉到跟他谈话很轻松，毫不拘束。

（……）我从刚刚在剧院里看过的《底层》这个话剧谈起。这个剧本我早在二十年前就已译成日文了[250]。

高尔基说："我已有二十年没看过这个话剧上演了。大概演得不好吧……"我觉得高尔基似乎不愿谈这个话题。

我发现在写字台上摆着一大堆已经发黄的稿纸，我想这是他最近写的长篇小说《四十年》的手稿[251]。

"不，我现在不是在写长篇小说，"高尔基说，"这些是全国各地的青年工人给我寄来的手稿和信件。我要尽力把所有这些东西看完，并且对一切有关文学和创作技巧的问题做出回答。我的责任就是帮助我们正在成长的一代。在意大利我也是每天收到十来封这样的信。"

（……）的确，高尔基尽管自己很忙，但长年以来他一直在和文学青年通信，不给他们回信的情况从未有过。他相信这些工人通讯员和农村通讯员将来能成为优秀的新闻记者和作家。他对无产阶级艺术的胜利,对新文学的胜利深信不疑,他非常关心新文学的命运。这种坚强的信念是建立在高瞻远瞩的基础上的。

高尔基给我看了他阅读过的一些手稿,他在稿子的页边上用他那不工整的书法写上了大量的批注,他接着说:"当我寄还手稿时,我一定给稿子的作者附上一封信。年轻的工人通讯员和农村通讯员请我了解他们的作品,并为它们写上评语。可能这些稿子将永远不会问世,但是它们都有着人道主义的精神,响着人民群众的呼声,我们从中可以了解到苏联青年正在想些什么。我深信,在不久的将来,无产阶级一定能创造出自己的艺术。在列宁格勒我就亲眼看到,在每天下午四点钟以后,就有三百名青年工人在艾尔米塔什博物馆听艺术讲座。瞧,我们的文化工作已经达到何等的程度,这就是它的成果呀!这使我非常高兴。"

看来,他仿佛已经在这些工人听讲者中间看到未来的伟大艺术家了。

我们的话题转到了日本的文学和艺术。高尔基谈了日本的古典艺术的特点,谈了它比欧洲艺术的优越性所在和对西方现代艺术的影响,特别热烈地评论了"浮世绘"[252]学派的画家——铃木春信、葛饰北斋、春多川歌麿的绘画。他说在列宁格勒的收藏物中现在还保存着近一百幅日本艺术作品。

(……)我知道,高尔基早就赞赏日本艺术,并想到日本去,在莫斯科我再一次证实,他不仅仅是喜爱日本古典艺术,而且还在认真地研究它。我觉得遗憾的是,我没有给他带几本画册来。(……)我答应高尔基,我一回到日本就把"浮世绘"画集寄给他。

日本现代艺术没有引起高尔基的巨大兴趣。

"我在米兰曾经去参观过一位侨住法国的日本画家的展览会。但是,"高尔基说,"一点有意思的东西也没有看到,只有两幅木雕刻是日本的真正艺术作品,给我留下深刻的印象。"

高尔基指责现代日本艺术在模仿欧洲艺术。

"我真不懂,为什么日本人要模仿欧洲文明,而轻视自己的卓越文化。日本人没有必要向欧洲人学习。应当善于珍视自己的文化及其特色。"

高尔基对日本的兴趣并不限于艺术，还包括谈到的皮里尼亚克的《日本游记》[253]。

"皮里尼亚克的《游记》内容很肤浅，对日本的观察不深刻。阿谢耶夫的《意大利游记》[254] 的内容要丰富得多。在俄国，人们对日本的研究还不够，往往是根据西方的翻译作品来了解日本的。对这一切事物，俄国人应当有自己的看法。不能像皮里尼亚克那样去看日本。必须深入了解日本的精神和文化实质。我本人已经早就想去日本了。"

我利用这个机会邀请高尔基访问我国。

"日本人早就等候您的光临，而日本即将出版您的多卷本文集[255]。如果健康状况允许的话，现在就和我一起去日本吧。我将陪您旅行。"

"谢谢您和所有日本读者对我的深情厚谊。很抱歉，现在我还不能去。今年冬天我将在意大利索伦托过，明年春天我再到你们那儿过樱花节……如果情况许可，我一定去。明年五月我得回俄国。先从那不勒斯乘船去日本，然后再经过符拉迪沃斯托克（海参崴）回俄国。这是令人神往的。"

接着，高尔基以愉快的心情向我打听，从那不勒斯到日本路上需要几天，到时候那边的天气怎样。我当时想，他可能明年真的会来日本的。

我离开东京以前，山本实彦[256] 就要我请高尔基为改造社的杂志写一篇关于亚洲和日本文化的文章。我向高尔基谈起了这件事，他欣然同意了。我想随身把它带走，因此我就问他，能否趁我还在莫斯科的时候就把这篇文章写好。

"这不可能。现在我整天忙于给文学青年写回信，十月份我就要去索伦托。简直是没时间。一到索伦托，我就马上写[257]，并赶在杂志新年号付排以前寄去。"

高尔基问了我的地址，并把它记在小笔记本上。

我们的话题又转到苏联文学上去了。

"你对哪位当代苏联作家最有期望？"我问道。

想了一会儿，高尔基回答说：

"现在俄国有许多有才华的作家。伊凡诺夫、列昂诺夫、巴别尔、费定和革拉特科夫都前程远大。我总是怀着极大的兴趣读他们的作品。不久前出版了奥廖沙的《羡慕》和肖洛霍夫的《静静的顿河》，这些都是非常好的作品。如果他们继续这样写下去，那么他俩将来一定会成为大作家的。"（……）

"革命前的作家中你最欣赏哪些人？"

"岑斯基、魏列萨耶夫、阿列克谢·托尔斯泰和布宁。"

我问他："你对苏维埃共和国的现在和未来有些什么想法？"

谈到这个问题，高尔基明显地活跃起来了，似乎我终于问起他正想要对我说的问题。

"苏维埃共和国当前正在人们生活的各个领域进行建设新文化的巨大工作。这项工作将来还会大规模地扩大，热心从事这项工作的人的创造性劳动无疑会带来丰硕的成果。只要不是工农政府的敌人，他就不会否定这个事实。正如您所知道的，苏维埃共和国现在已经经受着财政困难。我们的经济在帝国主义战争之前在技术上没有得到发展，而现在国内战争又几乎把经济给摧残了。千万不要忘记，我们经常处在侵略成性的帝国主义国家的包围之中，我们的人民在沙皇统治时期食不果腹，因此现在他们想吃得饱饱的，并有充分的休息。这些人常常看到苏维埃政权的缺点比优点要多得多，就是在这种复杂而困难的条件下，苏维埃政府在最近几年来还是在恢复和发展国民经济的工作中取得了惊人的成就。我们在团结工人和农民，在培养群众的社会主义觉悟方面取得了多么重大的成就呀！如果我说，现在劳动人民越来越顽强地追求知识、追求文化——追求新的生活，这并不夸大。这十年来工人阶级已经出色地证明，他们是国家无愧的主人和建设的英雄。未来的俄国革命史学家必将十分惊奇地记载下俄国工人和神奇勇敢的劳动。人民越来越认清自己政府的目标，并从自己中间推举大批新生活的积极建设者。现在已有六十三万四千名妇女在苏维埃机构中工作，还有一支宏大的工人通讯员、农村通讯员队伍和数以万计的工农速成中学学生——他们是苏维埃国家的瑰宝！这就是我们生气勃勃的创造力量。"

我提了一个问题："对近来在俄国看到的怠工、失业、酗酒、小孩的胡作非为、青年的道德败坏等现象，你是怎样看的？"

"事实终究是事实。我又不是瞎子，我清楚地看到，并且知道我们复杂的现实生活中的各个方面和它的一些悲剧性的矛盾。（……）然而这不是什么新的东西，它在任何时代和任何社会中都曾有过。而在我们这儿它们是在建设苏维埃国家的过渡时期中出现的，但这不能作为否定苏联政府近十年来在文化和社会生活方面取得巨大成就的根据。"高尔基说完后就沉默起来。

"成就"这个词来得正是时候。我问起了他的一本新办的杂志[258]：

"我想了解一下您准备出版的《我们的成就》杂志的宗旨和任务。"

"杂志由国家出版社出版。我只是这个杂志的工作人员之一。（……）它的基本宗旨是向群众展示苏联国家建设的全貌。我认为，在科学、技术、农业等方面的任何发明、计划和成就对教育劳动人民都起着极好的作用，并将是促进工人提高劳动生产率的因素。因此这本新杂志应该吸收全国各地的工人通讯员和农村通讯员参加工作。这样的人已经有了，这就是我们的巨大成就。他们将给杂志带来许多有关新文化的萌芽以及农村和工厂新生活的有意义的材料。总而言之，我们想对苏联的整个建设工作进行总结。"

高尔基剧烈地猛咳起来，我发觉他坐得过久了。时钟已指向四点半，医生也来到高尔基家，并在隔壁房间秘书那儿等候。我从口袋里取出了一个记事本，请求高尔基亲笔题词留念。他写道：

衷心地欢迎日本文学家和演员[259]，他们的高超艺术久已使我十分钦佩，并永远地使我心旷神怡。

马·高尔基

1928 年 9 月 16 日于莫斯科

然后高尔基拿出两张最近拍的照片，在每一张照片上签了名，分别送给了我和石田。我们向他表示感谢，请他原谅我们的打扰，并和他握了握手。高尔基把我们送到会客室门口和我们告别。

当沿着光线暗淡的长楼梯下楼时，我一直想着他。（……）他以旺盛的精力在继续工作，比起十到十五年前，他的精力并不见得减退。作为艺术家，高尔基还风华正茂，才气横溢。他是一个永远为未来活着的人。

我们走上大街，天空中仍下着蒙蒙秋雨……

库·雅·戈尔布诺夫

库兹马·雅科夫列维奇·戈尔布诺夫（1903年生）——作家，专写农村生活的短篇小说的作者。

本文原载《俄罗斯文学报》一九六八年三月二十二日，第十三期，现根据该报刊印。

四个小时

（……）……在狭窄的佩霍尔卡小河对岸的小桥后面，有一幢天蓝色的带阁楼的小别墅。我们乘车来到了这里。

我刚走进一间明亮的长房形房间，后来才知道那是一间饭厅——不知从哪儿传来了一个低沉、有点儿瘖哑的声音：

"客人来了！请他上这儿来吧！……"

我踏上铺着一条普通的长条地毯的、吱吱作响的、很陡的楼梯上了楼。这是高尔基的工作室。里面放着一张做工简单的大写字台和一把硬圈椅，后面是一只大书架。书架上一层层都是书。

阿列克塞·马克西莫维奇穿着一件淡蓝色的衬衫，结着同样颜色的领带。他坐在圈椅上抽烟，把烟灰掸进一只绿色的勺形大烟灰缸。

我是看了他好久以前所拍的照片才记得高尔基的，他有短短的胡子和浓密的长头发。而现在，他那修剪得异乎寻常的平头的头发已逐渐斑白，胡子下垂着，而那双眼睛是蓝色的、全神贯注的、敏锐的，同时又是和蔼可亲的。

"这就是说，是从塞兹兰来的？据说，还是个办报的人哩！"他的声音在那间不大的房间里回荡。

"从塞兹兰来的，是个办报的人[260]。"我证实说，一边尽量给自己壮胆。

"我知道那个小城市。它离虾岛不远。我不知道，你们为什么管它叫虾岛；在我青年时代，那儿并没有虾呀！大约三十年前我曾和加林－米哈伊洛夫斯基[261]一起经过塞兹兰到过那儿。您知道这个人吗？"

"知道。"

"我们一只虾也没有找到。加林一气之下从塞兹兰的一家钟表店老板那儿买了二十块手表。"

"干吗买这么多？"

"事情是这样的：这个钟表店老板狠狠地揍了一个小徒弟，加林上去为他说情，这个残酷拷打徒弟的衣冠禽兽答应放他的徒弟回家，但有一个条件，就是要把他的手表全部买下。可能，他是开玩笑，可加林却把他的话当真[262]。加林是个慷慨而又十分仁慈的人……办报纸不妨碍你写作吗？"阿列克塞·马克西莫维奇突然问道。

"妨碍。有点儿吃力。"

"真是叫人纳闷，真是叫人非常纳闷，我认为，办报纸应当有助于写作。"

他突然从一叠纸张下面抽出了我的稿子[263]，用它轻轻地拍了一下桌子。

"要知道，你这儿所写的一切，"他咳了起来，用手帕捂住嘴唇，"写得并不怎么坏嘛，以后会有人看的，我敢保证。我认为，所有这一切都是办报纸的结果，您说对吗？"

"是的，我曾多次到农村去采访过。"

"嘿，您瞧，这个土匪、富农的走狗、杀人凶手古里亚什，您是在哪儿发现的？"

因为确有其事，所以我毫不困难地回答说：

"我第一次是在集市上看到像古里亚什的人的……后来我在梦中又见到了他。"

"对！"高尔基得意地说，好像事先就知道我会这样回答似的。"可是您正面人物也写得不错，而正面人物是比较难写的。老实话！这是我根据切身经验知道的，非常遗憾，因为世界上坏的要比好的多得多……而这些人……"他翻阅着稿子说，"您也见到过牧人加西林的女共青团员安卡吗？"

"不完全这样。"我不好意思地说，等待着我的那些不可容许的夸张被揭穿。

"这是对的，"阿列克塞·马克西莫维奇说，"好的就需要用想象来补充……"

我没有作声，因为我不完全明白他想说些什么。

秋天日短，转眼即逝。黄昏，窗外已暮色沉沉，可是高尔基却没有开灯。他划起火柴又重新点上一支烟，并把积在大烟灰缸里的烟头和火柴点着火。他瞧着那时隐时现的一点火光，瞧着那袅袅升起的蓝烟，又重新翻阅起我的稿子。在暮色中，我还能看出他在稿子的页边和字里行间用蓝铅笔划上一些粗粗的记号。

"我在这里给你划了一些道道，您看一看。如果同意，就请您修改一下……噢，例如，您所写的'带有玫瑰花的壁纸'，当然你指的是糊墙纸。可是'壁纸'这个词，正如您所知道的，在黑话里指的是'左轮手枪'。因此，为了不吓着读者，我建议您修改一下。我记得，您有一句话写得非常不清楚，使人不明白究竟是谁坐在湖岸上……是您作品中的主人公还是那些您如此喜欢描写的'老奸巨猾的坏蛋'。"

可能是暮色才没让他看到在提到这些该死的坏蛋时我所显露出的窘态。

"可是总的说来，我说您写得不错。并且是有益的。"真的，这远远出乎我的意料。"你几岁了？……二十三岁？……你还得继续写下去。如果你不仅仅想做一个业余写作者的话。"

下面有一个妇女在高声喊："吃饭了，阿列克塞·马克西莫维奇！"

他问我："你有时间吗？能留下吃饭吗？"

怎么能不留下呢！

在灯光通亮的我已经熟悉的饭厅里，他一再生动地谈论着作家对人民的责任，谈论作家的主要任务是把新生活的萌芽写出来，不要干违心的事，不要说假话……

这次谈话——在楼上的书房里和在吃饭的时候——一共进行了四个小时。这四个小时确定了我一生的方向，并促使我深入思考今后如何更好地干好我所喜爱的艰巨事业。

很晚我才乘汽车离开他家。但在灯光明亮的台阶上突然出现了高尔基的高大身影。

"羊毛花毯！带条羊毛花毯去！你会着凉的。夜间很冷。"

我打开车门喊道："谢谢！"并且还补充说，我不会着凉的——这是个暖和的夜晚，非常暖和的夜晚。

那是在一九一八年九月底。（……）

费·谢·博戈罗茨基

费奥多尔·谢苗诺维奇·博戈罗茨基(1895—1959)——画家。高尔基曾与其父一起在律师亚·伊·拉宁事务所工作。费·谢·博戈罗茨基曾为高尔基画过几幅肖像画(现在藏于特列季亚科夫美术陈列馆和莫斯科高尔基博物馆)。

本文按费奥多尔·博戈罗茨基:《一位画家的回忆》,莫斯科,苏联艺术家出版社,一九五九年,第二八五—三〇六页刊印。

……我陪阿列克塞·马克西莫维奇参观了柏林的一些博物馆[264]。

弗里德里希[265]博物馆[266]给阿列克塞·马克西莫维奇留下的印象最深。他在每幅画前停留的时间都不短,而且看得十分仔细,有时还后退几步从远处打量,好像是把自己所看到的东西总结一番似的。他喜欢各种流派的画家,诸如伦勃朗和弗朗士·哈尔斯、委拉斯开兹和提香[267]、鲁本斯和勃鲁盖尔[268]……在谈到叶罗尼莫·波斯赫[269]的画时,他说这是"集各种噩梦之大成"。我记得高尔基非常喜欢佛罗伦萨画家(特别是佩鲁吉诺、平图里乔、波提切利[270])、荷兰画家和西班牙画家,而对德国画家比较冷淡。他对较晚期的英国画家和法国画家较感兴趣,他对他们非常熟悉。我们在各个大厅走了很长时间,我曾多次建议阿列克塞·马克西莫维奇休息一下,可是他一次也没有坐下来休息过。看完博物馆后，阿列克塞·马克西莫维奇想喝咖啡。我们在菩提树下大街的咖啡馆里坐了大约半小时，然后乘出租汽车去参观位于前兵器馆里的军事博物馆。这儿在高大、阴暗的大厅内悬挂着具有重大价值和历史意义的战事画。除了维尔纳教授外，我现在已记不清这些画的作者的姓名了，但是这些画都出自深知军事的人之手。

第二天我们继续参观。收藏现代造型艺术作品的王子宫引起了阿列克塞·马克西莫维奇最浓厚的兴趣。他对这里的很多东西非常欣赏，但对不少作品也不尽赞同，而其中某些画，主要是后期印象派画家的话却引起了他的愤懑。他对写生画的知识简直使我大为震惊。例如，当看到一幅乌特里洛[271]描绘冬天的画时，他说："风景画得差点儿劲。我记得在巴黎有一幅乌特里洛画的冬景，那幅画才气势雄浑，含意深刻。而这幅画则有点儿杂乱无章。"

高尔基对绘画的构图问题也颇有研究，能对各种各样风格流派的绘画做出非常正确的评价。

我们乘出租汽车在柏林逛大街，顺便参观了几个私人美术陈列馆，还到一位有名的绘画收藏家、画商弗雷希特海姆家里做客。阿列克塞·马克西莫维奇终于怀着明显的满意心情说：

"嗯，这一次对柏林的写生画我可真正大饱眼福了。要知道，这是光辉灿烂的艺术呀！"

有一个晚上，我们去舒曼剧院看小歌剧《三个火枪手》。

阿列克塞·马克西莫维奇在包厢里一出现，剧场内顿时活跃起来。不仅观众，而且连乐队里的乐师们也都站了起来，想好好看看这位蜚声国外的著名俄国作家。

在幕间休息时，阿列克塞·马克西莫维奇没有离开包厢，就是这样，观众还是令人讨厌地把他团团围住，有人要求他签名留念，有人只是想亲眼瞧瞧这位名人。（……）

一九二九年十一月初，我和格·里亚日斯基及亚·米津正忙于为即将来临的十月革命节庆祝活动布置商务代表处的俱乐部。工作正紧张的时候，有人交给我一份电报，电报说高尔基邀请我去索伦托，并说旅费可到某银行去取……

几天以后，我告别了朋友们便启程去遥远的地方旅行了。（……）

一天早晨，阿列克塞·马克西莫维奇提出想去看看我的画稿。早饭后他和家人来到了旅馆，甚至连两个孙女玛尔法和达里娅也带来了。我在房间里摆好画稿，阿列克塞·马克西莫维奇便非常仔细地看起来。不用说，我当时是多么激动呀！沉默不久后，如同往常一样，他一边咳嗽一边说，他喜欢这些画稿。（……）在发现这些画稿我没有署名后，他劝告我说，对自己的作品必须署名，以免今后给为确定"无名画家"的作品出于谁的手笔的修复家和艺术家带来多余的工作。

我请求阿列克塞·马克西莫维奇对我的作品进行批评指正，他回答说："最好的批评家是你自己。你甭想有什么批评能教你什么。应该向所有的人学习，听取各种意见，但是不要模仿任何人，走自己的路，凭你的良知去做……而主要的是，要从事创作，毕生都要紧张地去从事创作。"高尔基对我的关怀确实使我深受鼓舞。说实在的，什么是画家创作生涯中最重要的呢？我想，最重要的，莫过于及时说出亲切的话语，道义上的支持，对他的劳动表示善意的关注。非常遗憾，这一切在画家的生活中实在太少了……

阿列克塞·马克西莫维奇就是一个创作精力极其旺盛的人。他的日程表大致如此：他早上大约八点钟起床，吃过简单的早餐便到书房里开始工作，他的书房就在饭厅旁边；两点钟吃午饭，饭后阿列克塞·马克西莫维奇又工作到四、五点钟，然后散一会儿步；五点钟开始喝茶，到晚上八点钟才吃晚饭，晚饭后，阿列克塞·马克西莫维奇或者在书房看信件，或者下楼和聚集在那儿的人们交谈，听留声机或跳舞。我在索伦托逗留的日子里，阿列克塞·马克西莫维奇正在写《克里姆·萨姆金的一生》。在他的一举一动中都可以感到创作的艰辛：他很少散步，几乎什么地方也不去。

开始给作家画肖像的日子来到了。然而我觉得在这些日子里要求阿列克塞·马克西莫维奇坐在那里让我画像，那简直是大不敬的事，因此我只得等待适当的时候再说。我终于决定和他谈谈这个问题。阿列克塞·马克西莫维奇非常乐意地答应坐下来让我给他画巨幅肖像。我建议在晚上工作，看来这是合他的心意的，但是谁都知道，在晚上的光线下画画是非常吃力的，何况我一天下来身体也异常劳累。我们商定在楼下一个房间里工作，这间屋过去曾经是拉基茨基和娜杰日达·阿列克谢耶夫娜的工作室，后者曾十分努力地从事写生画。

阿列克塞·马克西莫维奇坐在靠墙的一把简陋的厨房里用的椅子上。我想画出作家的日常姿态，不用任何陪衬，尽可能画得简洁些，并更加富有表情。油画底布大约 1.5 米。在用木炭很快画出草图后，我就开始上油彩。第一次持续了两个小时，其余的十次到十一次每次都没有超过一个半小时。阿列克塞·马克西莫维奇做出的姿势非常出色，甚至还伸出手来夹着一支香烟。我心里直发慌，生怕这幅肖像画"不成功"。可是"模特儿"本人却帮助我克服了这种心理——阿列克塞·马克西莫维奇是那么神态自如，并以非常亲切的口气和我交谈，因而使我的疑虑顿时消失了。

每天晚上——我们大约是在九点钟开始工作——阿列克塞·马克西莫维奇都给我讲他自己的生平事迹。可是这是多么动人的讲述呀！这简直是一部关于他漫长一生的生动小说，充满令人难忘的印象和极其细微的感受。他时而谈到用十四艘轮船为萨拉普尔商人库尔巴托夫出殡的荒诞葬礼，时而谈到他本人和切尔卡什[272]的原型人物在尼古拉耶夫医院里的会见……[273] 他还谈到曾使奥尔多·夏里亚宾潸然泪下的下诺夫戈罗德吉他手安季佩奇·特洛伊茨基。

阿列克塞·马克西莫维奇证实，他和夏里亚宾是一九〇〇年以后在下诺夫戈罗德认识的，至于有关他俩曾一起在喀山歌剧院工作过的传说则纯属虚构。

一天晚上，话题转到画家身上。"我的老兄，大家都知道苏里科夫[274]是位大画家，"阿列克塞·马克西莫维奇说，"可是他的素描并不优美。不管你怎样认为，可他的素描比起写生画来要差一些。列宾[275]——才是真正的美术大师。还有谢罗夫[276]也是一位引人神往的画家！说起来真遗憾，我不会画画！假如我懂得写景的话，那我描绘起风景或室内陈设来就要容易多啦。以后请你注意，要是你从事文学的话，那就请你不要讲述而要描绘：用画来写作。懂吗？把这些画连接起来串成一线。我的老兄，用画来写作吧。"

这个晚上我还听到他谈起其他一些画家,例如他说,画家鲍里斯·格里戈里耶夫尽管有才华,但并不聪明;说法国画家克洛德·莫奈、西斯莱和毕萨罗[277]都是乐观主义派,因而能引人入胜;而乌特里洛的稚气常常使人讨厌和有矫揉造作之感;现在住在巴黎的画家亚历山大·雅科夫列夫,看来高尔基是非常喜欢的,谈起他来,高尔基是乐意的,并且是赞许的。

"头等的素描画家,你知道吗!真是技艺超群!"

我们想起法利列耶夫这个可爱的人,但他是一位没有能真正施展才能的画家。阿列克塞·马克西莫维奇还善意地提起鲍·库斯托利耶夫[278]这位献身于艺术的画家的名字,他在瘫痪的十年内画的那些油画充满了坚强的意志和无比的热情。阿列克塞·马克西莫维奇什么画家都知道,在他的谈吐中经常出现列宾、谢罗夫、科罗温[279]、瓦斯涅佐夫兄弟[280]、涅斯捷罗夫[281]、布罗茨基[282]以及其他许多画家的名字。

高尔基在谈到二十世纪头十年在卡普里岛工作过的一批画家时显得特别亲切,他们是:伊·布罗茨基、谢·普罗霍罗夫、加·戈列洛夫[283]、戈尔巴托夫、叶·切普佐夫[284]、康·韦希洛夫、格·博布罗夫斯基[285]等等。[286]

有一次,我们起初和睦地谈话最后几乎以争论来结束。阿列克塞·马克西莫维奇指责我们的写生画缺乏想象力:

"是的,先生,画画要有生活气息,要有自己的风格,等等——这一切都是对的。但幻想呢?请问,幻想在哪儿,想象力在哪儿?为什么我们就没有像丘尔利奥尼斯这样的画家呢?他的画才是真正的音乐写生画哩[287]。"

我不同意他的看法,我说丘尔利奥尼斯跟职业绘画毫无关系,尤其与现实主义毫不相干,他在造型艺术方面也半瓶子醋。对此,阿列克塞·马克西莫维奇开始有点生气,他说:

"为什么现实主义就不能有浪漫主义色彩?这么说,现实主义就一点儿也不需要造型艺术和音乐等等了。我之所以喜欢丘尔利奥尼斯,就是由于他能使我像一个文艺工作者那样来思考问题!就是这样!如果坦率地说,那就是在我们当今的苏联写生画中还存在着过多的写实主义。问题就在写实主义太多啦!"

为了证实这一想法，阿列克塞·马克西莫维奇指出，甚至连布罗茨基这样的天才写生画家也十分看重写实作品。

"可是谢罗夫，"他说，"难道他受到了写实主义的支配吗？不，他是最伟大的现实主义者，同时又是有自己风格的画家，这样的人是很少的！我非常喜欢谢罗夫，他既是坚强的人，又是非常好的艺术家。我记得，他是怎么为我画肖像的，他比列宾画得认真得多，这是真的！"（……）

有时候，我们沿着公路散步。高尔基当时已经六十岁了，可是走起路来步履还非常轻捷。我甚至想说，他的步态很优美，就像运动员似的。阿列克塞·马克西莫维奇尽管有点驼背，但体态还是很匀称的，因为他身材高大，所以他的双肩显得不那么宽大，完全不像通常人们所描写的那样。

我们散步的时候，海阔天空地无所不谈！我们谈论过杰出的俄罗斯艺术家希尔韦斯特尔·谢德林[288]，也谈论过曾在罗马住了三十年的亚历山大·伊凡诺夫[289]，谈论过卡·布留洛夫[290]的造诣精湛的技艺，也谈论过费·陀思妥耶夫斯基[291]的阴郁，"毒辣"的天赋和罗曼·罗兰的艺术创作的才华……当然，谈得最多的还是我们的祖国，莫斯科、彼得堡、下诺夫戈罗德和伏尔加河……

我们眺望那展现在我们面前的远处的辽阔无垠的大海，眺望那在午间烟雾中昏昏欲睡的维苏威火山，同时回想起俄罗斯的风景，虽然它不那么光彩夺目，但却是深沉的，充满迷人的魅力。

谢·萨·凯姆拉德

谢苗·萨穆伊洛维奇·凯姆拉德（生于 1902 年）——新闻记者。

本文原载《俄罗斯文学报》，一九六八年三月二十二日，第十三期。现从该报转载。

在那不勒斯的那个时候……

机会！为什么不利用这个机会呢？！

我走到他跟前，用由于激动而稍带嘶哑的声音说：

"阿列克塞·马克西莫维奇！"

从岸上传来了意大利人的说话声。在船尾后面，受到千万首抒情歌曲歌颂的海湾的浪涛懒洋洋地发出击拍声。在右边地平线上，看起来好像就在近旁的维苏威火山，从它那永恒的烟囱里不时地冒出黑烟。

"阿列克塞·马克西莫维奇！"

我们在那不勒斯逗留已是第三天了。在过去的两天里，我们几乎没有离开过高尔基。我们是因在"阿布哈兹"号内燃机轮船上作环绕欧洲航行而得过奖的二百五十七名工人突击手，随行的还有一批新闻记者和文艺工作者，其中就有笔者。

这是第一批去国外的苏联旅游者……第一次旅行……又是乘坐第一个五年计划期间建造的第一艘舒适漂亮的内燃机轮船,它完全是在我们苏联的工厂,用我们国产的原料亲手建造成的……(……)

我们知道高尔基住在索伦托离那不勒斯不远的地方。我们做梦也想跟他见面。虽然我们如此不可遏止地期望同他见面,可是谁也没有料到他会来那不勒斯码头迎接我们[292]。

轮船上所有的人都欣喜若狂。青年人奔向右舷去欢迎伟大的作家,响起了雷鸣般的"乌拉"声。

"你好,我一九〇五年的老战友!"希林喊道。

高尔基愣了一下,但终于认出了希林。他登上甲板,同这个将近十五年未见过面的希林热烈亲吻。他们一起回忆一九〇五年的街垒战,回忆同沙皇制度进行斗争的情景。萨洛夫把自己的一本书献给了他[293]。

这时候检验证件的手续办好了,我们离船上了岸。想不到的事在继续发生,高尔基表示自愿充当我们在那不勒斯旅游的向导。首先他邀请我们所有的三百人,其中包括一部分船员登上城里的最高点——圣马丁山,从山上俯瞰那不勒斯,一切都看得清清楚楚。在山顶上有一家小饭馆。高尔基请所有的人到那儿喝葡萄酒。

"小伙子们,喝点什么吧。"他请求说。

于是在那不勒斯上空响起了"沿着母—亲—河伏—尔—加顺流而下……""沿着小河,沿着小河卡赞卡蹒跚而行……"的歌声。

我们很晚才回到船上。

"马克西姆,赶快回家跑一趟,把我的稿子拿来。"高尔基对儿子说。

他开始和希林以及其他同志交谈。儿子正要开车走。我没有参加这次谈话,而是死乞白赖地跟着马克西姆去索伦托。马克西姆灵巧地操纵着方向盘,机警地注视着迎面疾驰的道路说,这条路是私人的,两端都设有征收过路费的税卡,税卡之间有电话联系。他,马克西姆在意大利被人视为优秀的汽车竞技运动员之一。当他在索伦托和那不勒斯之间来回跑车的时候(来回共六十公里),一个税卡常常跟另一个税卡打赌说,他多少分钟准能到达。他父亲一再叮嘱他开车要小心。

一小时后我们回来了。当时天已经黑了,马克西姆把稿子交给了他的父亲。

当时莫斯科正在对工业党进行审讯[294],判处了一批破坏分子。所有的资产阶级报刊都为他们辩护,指责苏维埃政权"不人道"。在我们到达的前一天,高尔基写了一篇有关审讯的文章(好像是《致人道主义者》)[295]。他把这篇文章念给我们听了。

……我们开始喝茶。举行"文娱晚会"。人们唱起:"太阳升太阳落……[296]"
高尔基挥手说:

"不要,不要唱这首歌了,"他请求说,"这首歌已经过时了。它是我在坐监牢的时候写的。而现在锁链已经砸断,就没有必要再回忆它了。还是让我们唱首愉快的歌好些。"

……第二天,一大批旅游者随高尔基一起去参观了博物馆,他把那里收藏的艺术瑰宝指点给他们看,并且做了讲解,另一部分人则按照他的建议去了庞贝。

……第三天,整个早晨我都没有走出船舱。我想趁记忆犹新的时候立即写信给我少年时代的朋友薇拉·霍鲁扎娅,她的名字现在已为千百万人所熟悉了[297],谈谈这几天来的感想,因为她已多年身陷囹圄,对自由生活已毫无印象了。她在波兰法西斯监狱里受折磨已第六个年头了,她是因积极参加西部白俄罗斯的革命运动而被监禁在那儿的。

……信写完后我走出船舱,正碰上阿列克塞·马克西莫维奇坐在特等舱里吸烟。

我就当机立断,向高尔基走去。

早在夏天我就对一本收集了薇拉从监狱里寄给我和她母亲、兄弟姐妹以及其他几个同志的信的小册子做好了付印的准备工作。我把这本书取名为《狱中来信》。这次离开莫斯科之前我收到了该书的清样,我随身把它带来了,并给高尔基看。

阿列克塞·马克西莫维奇拿起清样,把眼镜架在鼻梁上,开始读起来。他慢慢地一页一页翻阅着,而我却焦急地在椅子上坐不安定,想猜出他在想些什么。

"阿列克塞·马克西莫维奇！"当高尔基停下阅读时，我恳求说，"薇拉不是一个人在坐牢，在福尔东监狱里还有许多姑娘。如果你给她们哪怕写几个问候的字，她们会很高兴的。在这封信里，我告诉她们我与您的相见。但是她们在牢房里读到您写的几行字会比读到我这封信高兴多少倍呀！"

高尔基仔细地看着我，从口袋里拿出自来水笔，用清楚的工工整整字体在我的信第一页的左上角写上了：

"请接受我衷心的问候。——马·高尔基。"

这是在一九三〇年十一月二十八日。（……）

不是杜撰出来的。薇·霍鲁扎娅（她的姓是我在当时的秘密情况下给省略的）的《狱中来信》的特点是，这些信充满不寻常的人生乐趣和某种热情洋溢的乐观主义。

过了一些时候我把这本书送给了娜·康·克鲁普斯卡娅，她也同样指出了这一特点。

"这些信是从波兰监狱发出的……是写给亲人和同事们的信，"她在《真理报》上写道，"这些信给人以强烈的印象。它们表达了一个年轻女共青团员的狱中感受。这些信没有任何骇人听闻的描述，而是写得那么朴素真挚。但是从字里行间却可以感到一个意志坚强的人，一个具有坚定信念的革命者，一个为工人事业而斗争的战士在瞧着你……在这些信中有的是生机、青春和毅力！"[298]

娜杰日达·康斯坦丁诺夫娜给予《狱中来信》以极高的评价。我不知道还有什么语言比这更感人了。

"这不由得使我回想起伊里奇在狱中的情况，"伊里奇的妻子、朋友、助手和战友写道，"他的每一封给同志们的信都使人感到精神振奋，充满着无穷无尽的毅力，对同志们的亲切关怀，对家人的深情厚谊和比一切都要重要的对事业的兴趣和搞好事业的关心。"

……岸上一些戴着古怪的插有公鸡羽毛帽子的意大利宪兵、戴着有帽徽的拿破仑时代的三角制帽的宪兵和墨索里尼的黑衫党人来回巡逻。我小心翼翼地把那张珍贵的信纸紧贴在胸口——它之所以珍贵是由于这上面有伟大作家的附言，我离船上了岸，朝邮局走去，我突然停了下来，不，太冒险啦！信可能寄不到。还是从莫斯科寄出为好。

……在练马场对面，加里宁大街的一座大楼里（现在那里是克里姆林宫大会堂戏票的售票处），曾经设有一个组织的司令部，光这个组织的名称就曾使全世界的反动派胆战心惊，这就是共产国际执行委员会！我曾经有机会去那儿。我就把信带到那儿，请他们一有机会就寄出，当然也是通过秘密途径。

信是不是发出？我不知道。可能，就在第一站，也就是在莫斯科就给卡住了；也可能已经越过国境，但落入了波兰保安警察（波兰法西斯暗探局当时的称呼）的手中。总之，薇拉没有收到这封信。

"我去年想了整整一年，但很少给你写信，"她在较晚（1931年1月）的一封信中写道，"我也大约已经有一年没有收到你信了。但是收到过一些明信片，收到过从高加索山区、地中海沿岸、汉堡和伊斯坦布尔寄来的一些简短但意味深长的问候信。不用对你说，你也清楚，当我收到这些明信片和问候信时，我是多么感激，多么高兴呀……

"我记得，你曾答应我描述和高尔基会见的情况。我在报上看到他由于拉姆金[299]案件而写给工人与农民的信。我们是多么高兴呀！我们的马克西姆什卡[300]和我们站在一起！"

在另一封信（1931年5月）中她写道：

"我亲爱的好朋友！我想写这封信已很久了，而我思绪万千……我感觉良好。一想到你，想到我们两个人在一起的时候，想到阳光普照的苏联，想到你们沸腾的生活，我就感觉良好。而那些听惯了的声音——院子里的脚步声、说话声和钥匙的叮当声，在走廊里不知怎么地慢慢远去，开始安静下来。这有什么可说的，这是监狱！监狱！监狱！难道任何时候能够心平气和地来断定这一切吗？噢，不可能。不一会儿这安静下来的，已经远去的声音又将猛烈地揪痛你的心。我用关于'宏亮的'（但不是'忧郁的'而是洋洋得意的，这是我同高尔基的意见有分歧）尘世生活音乐的思想来盖住这声音。这样一来，我又感觉良好，我毕竟是感觉良好的，要知道，这不过是监狱……

"阿列克塞·马克西莫维奇的问候我没有收到，这很遗憾，真是莫大的遗憾。可是后来我们听到关于他的很多好消息。是的，朋友，任何时代都没有比我们的时代更美好。……"

从那时起迄今差不多已过去四十年了。但下面的想法直到今天还在烦扰着我：如果我当时在莫斯科或意大利把信投入普通邮箱，它就可能寄到了。直到现在我还为那件事感到难受，即阿·马·高尔基的衷心问候没有寄到，因而未能给监狱带来光明的喜悦，而在那不勒斯和伟大作家会见时我设想的他的问候将给难友们带去节日的欢欣也没有实现……

安·谢·库尔斯卡娅

安娜·谢尔盖耶夫娜·库尔斯卡娅（1882—1964）——党和国家的活动家。一九二八至一九三二年间苏联驻意大利的全权代表德·伊·库尔斯基的妻子。

本文最初发表于《十月》，一九四一年，第六期；现按《同时代人回忆马·高尔基》，莫斯科，国家文学艺术出版社一九五五年版，第六一二—六二三页刊印。

高尔基一九二八年在意大利

一九二八年我和苏联驻意大利的全权代表德·伊·库尔斯基来到罗马的时候，我们就怀着愉快的迫不及待的心情盼望尽快地会见马克西姆·高尔基了。不久我们就得到消息说，高尔基将从索伦托经罗马去莫斯科[301]。那时他还在意大利过冬天。

火车站上聚集着一小批苏联公民，他们怀着焦急的心情等候火车的到来。

在到达的旅客中间，我们一下子就看到高尔基修长而挺拔的体态了，他头上戴着一顶揉皱的黑毡帽，手里提着一只扁平的装满东西的黄皮手提箱。我们所有的人都朝他奔去。有人想帮他拿手提箱，阿列克塞·马克西莫维奇尽管面带笑容，但坚决宣布说："我不会让任何人拿这只箱子，这里有我的手稿。""可你的帽子为什么这么旧呢？"突然有一个和母亲一起来火车站的苏联小孩向高尔基问道。高尔基朝那个发问的小孩俯下身去，并以非常认真的样子答道："我用帽子熬汤来着。"大家都笑了起来，而这笑声便使我们和阿列克塞·马克西莫维奇亲近起来。我们这批人在意大利人好奇的目光下紧紧地围着高尔基，向出口走去。

在家里，大家紧紧地围着高尔基坐下。当他脱下帽子，那浓密的、还没有十分斑白的、剪成平头的头发使我们大吃一惊。还是那个问起过帽子的小男孩，他现在就坐在高尔基身旁，盯着高尔基的头看，再一次向他提出一个问题："伯伯，你为什么会有这样浓密的头发呢？"而阿列克塞·马克西莫维奇又同样认真地回答他："我是用西红柿洗头发的。"

我们建议阿列克塞·马克西莫维奇在乘火车前休息一下，可是他根本不想听劝他休息的话。他迅速地到各个房间跑了一遍，看了看挂在那儿的画，他好奇地注视着每一个人，仿佛是用目光在揣摩着每一个人似的。我们坐下来准备吃饭。"大家都讲俄语，这有多好呀，"高尔基说，"听到俄语是多么高兴呀。"他执拗地谢绝吃饭。"家里人总是没完没了地让我吃这吃那，"他抱怨起自己的亲属，"我一直习惯少吃，早年我当装卸工的时候，给我的口粮是两磅面包、黄油、米饭和其他热食物。我从来就吃不完。"

而我准备请他吃白汁鸡："请吃吧，阿列克塞·马克西莫维奇。""怎么还有脚，这是什么肉呀？"阿列克塞·马克西莫维奇继续开玩笑说，"要知道这儿的鸡是用椴树肉皮做的。"有人端上了西红柿。"难道这也可以吃吗？瞧，这些西红柿维生素多得溢出来了！"

在吃饭的时候，时间不知不觉地过去了。大家都知道，阿列克塞·马克西莫维奇是一位非常有趣的交谈者。他生气勃勃、才思敏捷，在自己的谈话中常常夹杂着鲜明的比喻、回忆和自己一生中充满惊险情节的故事。谈话因高尔基的儿子马克西姆的出现给打断了，他提醒父亲该去火车站了。我们都有些奇怪：儿子竟直呼父亲的名字"阿列克塞"，父亲却称儿子为"老头"，而且是以某种特别温柔的口吻说出这个词的。（……）

一九二八年秋我们在等待回索伦托去的高尔基。结果他没有在罗马停留，就直接去索伦托了。不久我们收到阿列克塞·马克西莫维奇的一封邀请我们去他那儿做客的亲切友好的信。（……）

……从阿列克塞·马克西莫维奇书房的阳台上望去，展现在我们面前的是那不勒斯海湾的令人惊奇的风景和正在冒烟的维苏威火山。我们环顾了一下那间宽敞的陈设简单的房间：屏风后面有一张简朴的床；角落里的钉子上挂着一件彩色的东方人穿的长袍和一顶绣花小圆帽；还有一个小玻璃柜，里面收藏着他多年来精心收集的精致的象牙工艺品；书架上摆着许多书；窗边有一张大桌子，上面放着笔记本、稿子和书本……（……）

高尔基工作非常繁忙。他的儿子马克西姆对父亲的大量手稿几乎来不及打出。由于马克西姆工作勤奋，阿列克塞·马克西莫维奇开玩笑地把儿子叫作"印刷机"。"父亲的工作日程表是令人惊叹的，"马克西姆·阿列克谢耶维奇对我们说，"他起床很早，究竟在什么时候起床，我们谁也不知道，接着他便在楼上自己的卧室里喝茶，他不喜欢别人打断他的工作，他就这样一直不停地工作到吃午饭。阿列克塞·马克西莫维奇什么时候睡觉，我们也不知道。"高尔基的健康状况不大好。高尔基喜欢到海边去散步，通常是在喝晚茶之前。

我记得阿列克塞·马克西莫维奇有一次从海边散步回来时的情况。他老是戴着自己那顶细毡帽，穿着一件灰色的绒线衣，手里拿着一根粗粗的癞节很多的手杖。"我每天去海边的采石场，看工人砸石头，"阿列克塞·马克西莫维奇说，"他们是用光肩膀搬运约十五普特重的石头的，有些人只垫一块破布。而旁边就是海滨浴场，在水中飘飘欲仙的人们在寻欢作乐，轮船从旁边驶过，响着音乐声……可是工人们却整天都在劳动。哪怕有些小车也好……"

费·瓦·革拉特科夫

费奥多尔·瓦西里耶维奇·革拉特科夫（1883—1958）——作家。一九〇一年他把自己的第一部短篇小说寄给了高尔基，从此他们就开始通信了，但直到一九一七年才第一次相见。

高尔基和革拉特科夫的通信见《高尔基和苏联作家·未曾发表过的书信集》——《文学遗产》第七十卷。莫斯科，苏联科学院出版社，一九六三年版，第六十三至一二四页。

现按《同时代人回忆高尔基》，莫斯科，国家文艺出版社，一九五五年版，第三六一—三六四页刊印。

忆高尔基

（……）一九三〇年的秋天我有机会在索伦托的阿·马·高尔基家里做了几天客。他的别墅从正面看不美观，但从狭窄的街道上望去却好像是大花园中间的一座真正的宫殿。离别墅不远，在树林后面展现出一片一望无际的蓝色海洋，悬崖下面的深处是天蓝色的那不勒斯湾，在海湾上空右面非常遥远的地方，维苏威火山在火山口上空升起了一股灰色巨大的圆锥状的浓烟。通向海边的陡峭的斜坡长满橄榄树和其他亚热带树的丛林，好像铺上了天鹅绒似的。那几天的天气非常好，使人炫目的晴朗，炎热，无风——真是令人心旷神怡的日子。我们每天都沿着弯弯曲曲的小路朝下走，走向海边，而这段散步的时间就在关于我们的国家，关于文学的文学家，关于意大利的谈话中不知不觉地过去了。

有一次阿列克塞·马克西莫维奇用手杖朝四周一挥说：

"请欣赏，请记住：这儿的大自然简直是嘉年华。这儿的一切——不管是海，还是山和岩崖……都在表演和歌唱。"

此时，上面什么地方有一头驴子吼叫起来。

"你听，甚至连驴子也在唱抒情曲。"

我们都笑了起来。

"但是，我们还难以习惯大自然的这种节目：大自然在这儿变成了道具和布景。它——像这儿的一切——都被用来大发横财。人民却含辛茹苦，苟延残喘。既有黄金，又有破衣烂衫。我们国家对待自己的态度是严峻的，而且人民也都是忘我的劳动者。我们人民的历史——这是一部伟大的劳动史和伟大的斗争史。多么了不起的人民啊！任何地方的劳动者都不会像我们国家的劳动者那样具有英雄气概、创造性和诗意。为了站在全人类的前面，我们的人民经历了苦难，经历了折磨和奴役，经历了黑暗的野蛮生活和专制统治，经历了不断的斗争。而且任何地方也没有像我们俄罗斯人那样的文学。就拿民歌来说吧，它们像史诗那样广博，像沉思那样深邃。这样的歌曲只有胸怀广阔的人民在反抗压迫时，在追求真理和正义的忧郁思念中才会产生。我们每一个人都有自己的坎坷经历。"

他拄着手杖上山，走得很快，我好不容易才跟上他。要知道他是有病的呀。我为他在登上陡坡时的迅速和轻捷而感到惊奇，但是他一边走一边解释说：

"老习惯了。我曾一天走过六十俄里哩。"

他对我表示不相信的惊叹声笑了笑。

"谁都不相信我说的，只有列夫·尼古拉耶维奇[302]马上就相信了。他见到过在亚斯纳亚·波利亚纳附近的大路上徒步行走的朝圣的香客。他们走起来似乎都不慌不忙，但坚持不懈，每天总要走上六十俄里。"

我们先在花园里，后来又在宽敞的书房里一直谈论着往事。这些往事使我想起，在我少年时代最艰难的日子里是他挽救了我。失业、流浪、精神苦闷和悲观失望曾使我产生自杀的念头。他的两本短篇小说集[303]使我大为震惊，仿佛把我带到了户外，指引我奔向自由，并使我精神焕发和充满自信。他激动起来，并开始用手抻抻胡子。

"好吧，那就请您谈谈自己吧——谈谈您的童年时代、青年时代……把一切都讲出来，什么也不要隐瞒，把一切痛苦全都讲出来……"

我不相连贯地给他讲述了我童年时代在农村，在黑海渔场，在城郊的工人区的几件事，讲述了我父母倒霉的遭遇，讲述了我怎样靠个人奋斗闯入人世间，当我的期望和努力在难以逾越的障碍面前碰得粉碎时，我充满了绝望的情绪……他走到我跟前，抓住我的肩膀。

"听我说，我的先生，原来我一点也不知道你的一生呀……请你答应我，您马上把过去所经历的事情写一部小说。一定要写出来！一回到家就开始写。夏天我要来莫斯科，您要把所写的东西念给我听。这非常重要，非常重要！我们的青年人应当知道，为了使他们的儿孙们过上幸福的生活，老一代人走过的是怎样的一条道路，他们所经历过的是怎样的斗争。必须让他们知道，造就一个人是多么不容易，他在劳动和斗争中是何等顽强和坚毅，他所走过的那条通向自由的道路是何等不可思议。各种阵营的文学家已经写了许多有关我们农民的小说，但是他们笔下的庄稼汉要么是顶好的温良谦让的苦命人，要么相反，是残酷的笨拙的野蛮人。然而庄稼汉是朴实的、睿智的、有才干的人，他们热爱劳动，富有反抗精神，他们热爱和平，乐观豁达，精力充沛，并且深知自身价值。请写吧，照你了解和理解的去写他，您应当了解庄稼汉的。但最主要的是，要阐明他们为什么伟大和他们历来的夙愿是什么。不要忽视那些沉痛和消极的现象——而这些现象在过去是经常发生的，而且是不可避免的——但是您要强调积极的、生气勃勃的现象，并且要清晰地阐明这些现象。我相信，这将是一本好书。"

"但这毕竟是一本棘手的书呀，阿列克塞·马克西莫维奇。"

"可您不要感到不好意思。您要满怀信心勇敢地去写。在这本书里一切都会各得其所的。"

这次谈话深深地铭记在我的心里,好多天我一直在思考这次谈话。(……)

……几年后,这本描述我的童年和少年时代的传记体小说,即我这一代人生活的编年史终于完成了。我实现了我想通过人物形象来讲述我童年和少年时代的遥远生活的夙愿。[304](……)

米·叶·科里佐夫

米哈伊尔·叶菲莫维奇·科里佐夫（弗里德兰德的笔名，1898—1942）——新闻记者。曾和高尔基合编《在国外》杂志（1932—1936）。

《高尔基和科里佐夫书信集》见《阿·马·高尔基档案》（十四卷本），莫斯科，科学出版社，一九三九至一九七六年，第十卷第二册第二二四—二五二页。

本文写于一九三二年。现按米哈伊尔·科里佐夫：《文学家肖像》，莫斯科，真理报出版社，一九五六年，第七—十一页刊印。

当个作家意味着什么

暗淡的阳光晒得红色的天鹅绒和大使馆里的镀金家具微微发热。在玻璃窗外面——菩提树下大街上神色不安的人们川流不息[305]。一队敲着定音鼓和皮鼓的警察骑兵连正在行走。穿着褐色衬衫，胸前交叉地系着皮带的希特勒冲锋队员踏着沉重的脚步声走过。

高尔基凝视窗外，他用眼睛打量着每一个行人、每一辆汽车和每一个坐车的人，接着有点生气地解释说：

"人们过去对你说过帕列赫劳动组合的作品已不如过去，这真是冤枉呀！

事实完全不是这样。他们在艺术上曾有过非常有意义的转变,出现了新的图案装饰,一些具有新特点的非常有意义的东西正在成熟。而帕列赫人是能工巧匠,他们正在完成大型作品!……[306]"

……在窗前的十字路口,街上的交通已被堵塞。刚刚走过一营军队,但交通警察为了保持一定距离,堵住了一连串的汽车,于是司机们揿汽车喇叭发出刺耳的嘈杂声。然后仿佛是在回敬这种嘈杂声似的,他突然说道:

"我们现在已经着手生产为日常生活所需要的煎锅和炉叉,生产各种水桶和锅子了,这非常好。但是我冒昧地说,对钉子的生产还不够重视。完全不够重视!工业和建筑业需要钉子,这就不用说了。就是在简单的农业劳动中,钉子也比任何煎锅和炉叉重要得多!"

……那些在世界大屠杀中大发横财的占统治地位的荷兰商人不让苏联代表团去阿姆斯特丹参加反战大会。高尔基草拟电报稿,同时在与阿姆斯特丹和莫斯科进行交涉,接见来访者并听取他们的意见。他翻阅各种报纸,并用铅笔在报上做着各种记号,继续修改自己在反战大会上的发言稿,但能否去发言,看来很成问题。在拟电报稿和同两个城市交涉的过程中,他忙里偷闲,趁没有什么事情的当儿,抽出两个小时独自溜出去吸吸新鲜空气,休息一下,振作振作精神。

"我们到处找您,为什么您不和我们一起去?!真是件杰作——佩尔加姆古城堡[307]在艺术上和严格的科学意义上得到了复原。巴比伦宫恢复了,但不是什么模型,也不是某种全景图,而是同实物一样大小的整座城墙和城门,还保持着原来的色调。那壁画,那镶嵌艺术,真是壮观极了![308]"

时间已经很晚了,当他从勃兰登堡大门昏暗的侧影旁边经过时,在穿着千篇一律的德国人的衬托下,他那高大的身材,以及宽檐帽和长胡子显得有点不合群,他累了,而且等待他的是需要用氧气枕头的难受又闷热的夜晚,难以入睡,尽管如此,他还是不断地用低沉的嗓子说道:

"我们到底该怎么办《文学学习》呢?这事业快完蛋了[309]。编辑部几乎垮台,积极分子的工作效力差。应当让编辑部向组织委员会靠拢。然后再按出版系统对它进行改组……"

到了早上，他把白党分子办的报纸放在一边后，又胸有成竹地说：

"应当把作家伊克斯[310]吸引到我们的《在国外》杂志来干工作才好。他已经完全脱离白党了，但现在还待在国外，能够写些有关法国风土人情的有趣的文章。他在那边老百姓当中生活过许多年。"

像过去一样，现在的一些低级趣味的报纸胡说什么高尔基以两车厢的鱼子和一百五十万美元的代价把自己出卖给布尔什维克了，胡说什么高尔基和他一家人在苏哈列夫卡广场[311]出卖政府赠送给他的埃尔米塔日绘画。

……是的，布尔什维克收买了高尔基，全部地终生地收买了他，并将永远利用他。

高尔基之所以被收买，是由于他在布尔什维克党内找到了一大批像他本人那样的在漫长而坎坷的一生中为工人阶级的利益，为反对人压迫人、人侮辱人，为争取人类的尊严而孜孜不倦地进行斗争的战士。

还找到了这样的一批工作者。高尔基的工作作风是布尔什维克的作风。他对文学的渴求早在童年时代就迸发出来了，而且在他一生中一直像炽热的篝火那样燃烧着，在最近几年和党密切接触后，这种渴求变得更多方面了——这是布尔什维克对文学的渴求。

还因为这个缘故，布尔什维克才爱上了他，他也爱上了布尔什维克。

这是布尔什维克的工作者的作风——专心致志地工作，不为周围环境所左右，而是想的、干的和所回忆的事情是重要的，不以地点、当前的气候和时间为转移。高尔基走遍各个城市，周游世界各国，会见成千上万的人，收到数以千计的信件，但是他在这个旋涡中却能出色地掌握住自己的意向和志趣，从不忘记它们，更不背离它们，而是异常顽强和耐心地一往直前。

在柏林纷乱嘈杂中他不受任何干扰，维护帕列赫手工业者的声誉，为向农村供应钉子进行宣传鼓动。而在莫斯科近郊的密林深处，他看着窗外的俄罗斯秋天的光秃秃的白桦树，以同样热烈而又坚定的口吻说：

"您这个人不是在西班牙待过吗[312]，难道一点也没有听到过埃萨·德·克罗兹吗[313]？他虽然是葡萄牙人，但在西班牙却遐迩闻名。他的《遗物》是一部非常好的作品，是反宗教的小说[314]。我感到奇怪，它怎么能够在那儿出版。至少得列入罗马教皇的禁书单。"

接着他使无知的交换者陷入困境,他跟他们谈到意大利的发掘工作,谈到从尸体中抽血的经验,谈到荷兰的一些能工巧匠的绘画,谈到美国石油净化的方法。他那极好的记忆力不单单是收藏大堆事实,而且能结合伟大艺术家——辩证法家的大胆精神和运用自如的能力对这些事实进行对比和判断。

他可以出色地把大量的事实、人名和活生生的人联结起来——生动地穿插在创作之中。这位令人惊叹、从不停笔的作家,他有布尔什维克的头脑。他用这个布尔什维克的头脑为布尔什维克,为工人,为那些过去是"底层民众"的人也就是为那些像他本人一样从他们中间闯出来的人思考问题和进行创作。(……)

许多年后成为年轻的苏维埃文学的领袖和导师的马克西姆·高尔基仍不断地要求把他们的学生和徒弟们培养得"更出众些"。他常常是严厉的,而且爱发脾气,常常敲打我们这些苏维埃作家,而且是用结实的粗棍子敲打我们。他痛斥无知,痛斥不文明的行为,痛斥不尊重苏维埃作家崇高职业的态度。他成为作家所走过的道路是非常富有戏剧性的和与众不同的,他一直在为文学发挥革命的、有战斗精神的、唯物主义的作用而斗争,反对反动的、神秘主义的文艺空话。

他从那最黑暗的和被资本主义社会抛弃的社会底层登上我们时代的世界文化顶峰后,仍始终保持着对劳动者的爱,对剥削者的恨,对活生生的人和事的满腔热忱,创作中的革命现实主义,文化工作中的国际主义气魄和对不论在何处和如何发生的一切具体事物的无限关注。他把这一切看作是自己的最好武器,这也就是说当个布尔什维克作家意味着什么。

列·韦·尼库林

列夫·韦尼阿米诺维奇·尼库林(1891—1967)——作家。惊险和历史小说作者,并著有关于俄罗斯艺术家的书。

根据《同时代人回忆马·高尔基》,莫斯科,国家书籍出版社,一九五五年版第五三九—五五五页原文刊印。

在高尔基家里

(……)一九三一年春天,在天气刚刚转暖的日子里,高尔基再一次来到了莫斯科。他这次来,健康状况不允许他到全国各地旅行。这对作家来说是件大为伤心的事。但是国内的生活,苏联人民的生活却一直展现在他的眼前,他知道人民在想什么,他和过去一样,仍在为文化的各个领域中的巨大的、富有成果的工作付出自己的全部力量。

正是在一九三一年这一年,阿列克塞·马克西莫维奇在莫斯科的小尼基茨卡亚大街的寓所里定居下来,于是这个寓所也就成为高尔基进行伟大创作和组织工作的中心[315]。

高尔基的寓所坐落在小尼基茨卡亚大街和斯皮里多夫卡大街(现阿列克谢·托尔斯泰大街)的拐角处。紧挨着寓所有一个不大的花园。花园里树木茂盛，春天和夏天，一片葱茏的绿荫笼罩着宽敞房间的大窗。这个房间是高尔基家的餐室，同时又是他与各种职业、各种年龄的人——从白发苍苍的知名学者到充满稚气的少先队员——会见的地方。（……）

这个房间有一扇宽敞的门通向图书馆。

就在这儿，图书馆的门槛上，常出现阿列克塞·马克西莫维奇高大、匀称的身影。……

在小尼基茨卡亚大街的寓所里与马克西姆的最初几次会见一转眼已经多年，现在，当我们想到从此阿列克塞·马克西莫维奇的高大身影再也不会出现在这门口，从此再也不会听到他那低声咳嗽和低沉声音的"您好"时，我们内心感到非常悲痛。

艺术家给我们留下了高尔基的形象：他的匀称的身体，他的头发的颜色，他的关切的、寻根究底的，有时又是严厉的眼神。但是只要是见到过这位作家的人，就会在记忆中留下当他谈论起那些多才多艺、富有天赋、谦虚朴实的人们时，他那轻盈的、几乎是听不到声音的步态、他那眼神中的亲切和温存。当他谈论起敌人或那些不足挂齿的和行为不端的人时，他的眼里就会冒出愤怒的火花。

高尔基具有像年轻人那样轻盈的步伐，敏捷的思路，炯炯的目光——几乎一直保持到生命的最后几天。因而没有谁称高尔基为老人，虽然那时他已经是六十开外的人了。

人们是从书本上认识高尔基以及想象出作者的形象的。人们看到的是一位严于律己、一生中历尽艰辛的思想家，他相信真理、正义和理智必然取得胜利。人们看到的是那些我们称之为经典作家、文学家中的一位伟大作家，他相信文学的崇高使命和作为公民的作家职责。他的读者所看到和所了解到的高尔基就是这样的一个人。他们在自己生活中所遇到的高尔基也是这样的一个人。在他身上没有丝毫令人失望的东西。甚至从外表上来看，高尔基也正是撰写《童年》《我的大学》《母亲》的作者。

瞧，高尔基走进兼餐室的大房间，面对自己的客人，在铺着彩色桌布的餐桌旁坐下。他不浪费时间去讲在这种场合下常讲的"客套"话，不寻找话题，不寻求从什么开始谈起，而是直截了当地开始谈话，他的谈话总是很深刻的、具有重大意义的、饶有兴味的……

他用深思熟虑的、聚精会神地瞧着自己的客人，有时突然抬起眼睛朝着大窗子外看去——窗子外面绿树成荫，可以看到蔚蓝色的天空和缓缓移动的浮云。阿列克塞·马克西莫维奇的手指转动着火柴盒或烟卷盒。有时候，阿列克塞·马克西莫维奇继续思考他在客人来的时候所想的问题，他为这一思考所吸引，并继续发展和加深这一思考，并且把客人也吸引到这个话题中来。这样一来，客人就仿佛从半途中插进高尔基和自己所进行的谈话之中了。可以毫不自卑地说，有时同高尔基谈话是很艰难的。阿列克塞·马克西莫维奇的学问非常渊博。这是扎扎实实的、非常深邃的学识，囊括了人类所掌握的最优秀的东西。他谈论哲学著作、历史学、经济学、医学、考古学，谈论新的科学发明，谈论西方知识分子的精神危机。他总能找到交谈者感兴趣的话题，因此跟高尔基谈话，无论是对科学家和工人突击手来说，还是对作家、演员、艺术家和少先队员来说，都是一样饶有兴趣的。

瞧，他又在讲索尔莫沃造船厂的钣金工[316]的这个职业，讲这些拥有勇士般气力的令人惊讶的人。他对人们劳动的爱，他对工人职业及其劳动特点的了如指掌，总会使你惊讶不已。

高尔基的生平经历就是一部在人间广为结交，有所发现，但也不断失望的历史。无论是克里米亚和高加索的大道、小路和山间小道，还是里海渔场，小车站、小客店或在草原上篝火旁的聊天……所有这一切都没有从他的记忆中消失。他能以惊人的准确性说出一个人的名字，会见的地点和年份。有时他也记不得某个人的父名或某件事的细节，这时候高尔基就稍停片刻，不耐烦地用手指敲打着桌子，皱起眉头，显出生气的样子，于是好久以前的往事的细枝末节又立刻回到他的记忆中来了。

我们时常向他问起列夫·托尔斯泰。阿列克塞·马克西莫维奇一谈起托尔斯泰就心情激动，几乎是崇拜他，为大自然能产生这样伟大的艺术家，能产生如此出色地直通人类心灵的人而感到高兴。阿列克塞·马克西莫维奇天才地撰写了关于托尔斯泰的回忆录，我们受到这本回忆录的影响极深，但是与高尔基谈话仍然能了解到许多新的东西，因此在我们面前的托尔斯泰是一位严峻，善于讥讽，对人的弱点批判得相当严厉的天才。（……）

阿列克塞·马克西莫维奇听到过最肮脏的骂人话，看到过人侮辱人的情景，但他与人交谈时，用词纯洁，恰如其分，甚至当他谈论起那些残酷的毫无怜悯心的恶棍，眼睛里燃起愤怒的火花时，也只是简短地充满怒气地说：

"畜生，竟有这样的畜生，真难以想象！"

高尔基能够被感动得掉眼泪，但这并不是他多愁善感，这是替人们高兴，为人们心灵中的好品质赞叹。（……）

……高尔基每天起得很早。门铃一响，背着沉甸甸邮袋的邮递员就出现在门口。邮袋中有信件、杂志、报纸，信件是从苏联寄来的，报纸不仅有中央出版的，还有工厂大量印发的。有时装在邮递员邮袋中的所有东西全是阿列克塞·马克西莫维奇一天的信件。

在索伦托[317]，高尔基在从事《克里姆·萨姆金的一生》的写作。他真是具有绝妙特征的性格……我们有时在阿列克塞·马克西莫维奇情绪上发现一些无法解释的变化。有时他在我们中间显得有些严肃，甚至闷闷不乐。这是他写《克里姆·萨姆金的一生》期间长久处在自己所写的情节的影响之下所表现出来的。这位大人物具有不可思议的敏感性。

午后阿列克塞·马克西莫维奇就停止工作。他敲起了钟，把所有的家人都叫回屋里，他们都躲在花园中稻草编的挡板下，这些挡板是为日益成熟的橙子遮挡炎热的阳光的。（……）

中午以后，无论是在日落时，还是在晚上，我们都来到那间相当拥挤的房间，坐在桌旁。饭桌上的谈话就这样开始了，这些谈话成了善于有趣地和引人入胜地讲故事的人们的一种比赛。坦白地说，我们暗暗有一个目的，就是迫使阿列克塞·马克西莫维奇参加这个比赛。高尔基首先赞扬了对话人有趣而又俏皮的讲述，但是他却不甘示弱，立即控制了周围的人的注意力，由于他见识多广，观察敏锐，并且有罕见的讲故事才能，因此，在这次比赛中他轻而易举地赢得了胜利。

有一次，我仅仅记下了阿列克塞·马克西莫维奇这些口述的故事的梗概。

它们是：

关于伏尔加河轮船上某个船长的故事。这位船长肯定地说，他看透了纸牌游戏，只是因为这个缘故，他才从来不玩。

关于一个爱上省长夫人的黑帮分子——年轻商人的故事。在这位省长夫人的红人中，有一个阔少爷大学生。因此，年轻的商人老是哭哭啼啼，借酒浇愁。

关于莫斯科的一个百万富商兰宁的故事，他去土耳其的伊斯坦布尔，只是为了到一群情妇那儿去住几天。他在苏丹的情妇那儿，碰上不可思议的意外事故后平安无事地逃跑了。

关于夏里亚宾的故事。他准备演唱《普斯科文姑娘》中的伊凡雷帝[318]。高尔基建议他读读克柳切夫斯基[319]的作品和梅伊[320]的剧本。夏里亚宾回答说："可是这个德国人是谁呢？[321]"

关于奸细阿泽夫和塔塔罗夫的外表和癖好，以及夏里亚宾不知道他们是什么人就跟他们一起玩打棒游戏的故事。

关于奸细塔塔罗夫在华沙怎样被人杀死的故事。

听过这些描绘非常细腻的日常生活和往日情景的小故事后，我们恋恋不舍地离去了——到午夜的时候高尔基的房子才安静下来，这种制度是医生为阿列克塞·马克西莫维奇制定的。可是年轻人，特别是高尔基的儿子马克西姆·阿列克谢耶维奇却还是不能安静下来。通常大家聚集在地下室的厨房里，喧闹声和笑声不会从那儿传到上面的房间去的。大家坐在那儿直到天亮，说俏皮话，表演当场编成的喜剧场面——马克西姆·阿列克谢耶维奇有即兴创作的才能。

有一天，有人对阿列克塞·马克西莫维奇说起了厨房里一次特别愉快的不眠之夜，他有点不高兴，并以开玩笑的责备口吻说：

"你们这些小鬼……也不叫我这个老夫子来参加。"

索伦托的日日夜夜就是这样度过的。

有一次，阿列克塞·马克西莫维奇答应朗诵自己的短篇小说。他的朗诵开始时好像有点儿同一个声调，仿佛缺乏热情似的，但当他一页一页朗诵下去时就逐渐把听众吸引到作品中主人公的内心世界中去了。我们请他朗诵一个小故事《海行》[322]——实际上这仅仅是描述渔民们从里海渔场回来的故事。阿列克塞·马克西莫维奇眼睛看着书桌朗诵，但他看到的并不是几个字母和几行字，而是浪峰上的浪花和一个美女，她所心爱的渔夫，而我们立刻感觉到吹来一阵带有咸味的海风，既看到遥远的大海，又看到这些强有力的、美丽的人物所充溢的生活的欢愉。

天气终于稳定了，开始热起来了，于是我们就在花园里作长时间的散步。

我们在花园里进行高尔基所喜爱的消遣活动。我们点上篝火。阿列克塞·马克西莫维奇也像大家一样捡橙子树的枯树枝。黄色的火舌在碎木块之间蠕动，交织在一起。温暖的夜晚降临了，篝火的火焰冲散了幽蓝的昏暗。火星直朝上蹿，黑暗在篝火的熊熊火焰面前消失了。

在莫斯科近郊也搞过这样的活动，只是在那儿不是烧橙子树枝，而是烧白桦树、白杨树的碎木块和干树枝。点燃篝火的这一爱好是某种象征。也许，这是对青年时代，对流浪生涯，对在大路和小径上漫游的回忆。

高尔基在异邦也过着在国内一样的生活。书信、报纸、朋友们的来到、苏联海员和苏联外交工作人员的来访都使他国外的生活过得比较愉快。这儿，在这间被庄重命名为别墅的狭小的房间里就有着国内的气氛，甚至还出了一种定名为《索伦托真理报》[323]的墙报，阿列克塞·马克西莫维奇在墙报上写过一些诙谐的简讯哩。

马克西姆·阿列克谢耶维奇常常在晚上提议打"傻瓜"[324]，所有的人都热烈地参加。阿列克塞·马克西莫维奇牌打得非常出色，每当出了一张好牌就会引起哈哈大笑。这种并不复杂，而且令人愉快的牌戏，对阿列克塞·马克西莫维奇来说，是一种休息。它使他丢下每天的顽强的劳动，这对永远充满灵感的勤奋的劳动者（马克西姆·高尔基在一生中就是这样的劳动者）来说，是很好的休息。

有一次，阿列克塞·马克西莫维奇谈起夏里亚宾。他不久前曾在那不勒斯最后一次听夏里亚宾的演唱[325]。那不勒斯的人们欣喜若狂。

"要知道，"阿列克塞·马克西莫维奇说，"意大利人民为世界培养出最出色的歌唱家，如卡鲁索[326]、蒂塔·鲁福[327]、巴蒂斯蒂尼[328]。意大利是歌唱家的故乡，但是像夏里亚宾那样的歌唱家，他们现在没有，过去没有，将来也不会有！"

他甚至扬扬得意地、高兴地把舌头弹得响了一下。

当高尔基谈起这位天才演员时，他的声音里蕴含着亲切的温情。

桌子上放上了留声机和唱片，过了一会儿夏里亚宾的嗓音就响彻"伊利—索里托"别墅柏树和月桂树的上空。

"要知道，这个人所产生的影响有多大，当时在喜欢听甜蜜的那不勒斯歌曲的意大利，在伦敦，在芝加哥，在澳大利亚，他让人们听到了我们忧郁的伏尔加船夫曲。大家听得出了神，因为他们多么喜欢这首歌呀！……我们的海员曾讲过这么一个故事：有一次他们的船开到一个珊瑚岛去修理，那是在很远很远的大洋洲的某个地方，那里的人几乎都是赤身裸体地来回走，突然听到我们祖国的伏尔加船夫曲——'拉完一把又一把'……他们听到了夏里亚宾的歌声，当然是唱片放出的声音。俄罗斯歌曲响彻全世界，真是誉满全球，这只有费多尔，只有俄罗斯的天才能做到。这就是艺术的力量。"

尽管高尔基非常喜爱夏里亚宾，因为他是一位有艺术天才的演员，但是他对夏里亚宾还是严厉的，只要有需要，他总是给这位自尊心很强的人讲道理，并当面指责他。当然，他并没有原谅夏里亚宾，因为这位天才的俄罗斯歌唱家在国外没有意志力，同与他格格不入的一切决裂，回到祖国来。（……）

在离开意大利时，高尔基跟那不勒斯告别了。他热爱意大利人民，始终把他们，同一伙匪帮和冒险分子，同意大利法西斯分子及其首领区分开。意大利人民也了解和热爱高尔基。在离开那不勒斯之前（他已永远离开意大利了），阿列克塞·马克西莫维奇最后一次参观了那不勒斯国家博物馆。他最后一次瞻仰了里贝拉[329]的作品《巴库斯[330]》，看了庞培的古希腊罗马的雕像狄奥尼索斯[331]。博物馆的看守人和保管员也像他们保护的古希腊罗马的牧师雕像那样古老，他们把古代艺术的伟大鉴赏家高尔基先生送到大门口，高尔基为这样的告别感到激动。他抬了抬自己的宽边礼帽以表示对他们欢送的答礼。他们走到门口，脱帽站在那里——这是在法西斯统治下的那不勒斯向伟大的苏联作家表示敬意的沉默的示威。（……）

鲍·叶·扎哈瓦

鲍里斯·叶夫根尼耶维奇·扎哈瓦（1899—1976）——国立瓦赫坦戈夫剧院的导演、演员，教育家，许多关于演员和导演艺术论著的作者。他第一个在国立瓦赫坦戈夫剧院[332]上演高尔基的《耶戈尔·布雷乔夫等人》。由鲍·史楚金[333]主演的《耶戈尔·布雷乔夫等人》的上演已成为苏联戏剧史中的重大事件。

根据《同时代人回忆马·高尔基》，莫斯科，国家文学出版社，一九五五年版，第六四〇至六四九页刊印。

（摘自《一位导演的回忆录》）

曾为跟阿·马·高尔基有过个人交往而感到喜悦的艺术家，不能不在自己后来的全部生活中在内心深处保持着对这位伟大作家的无限感激之情。无论是阿·马·高尔基的赞扬，还是他的指责（这些指责有时是很严厉的，甚至是毫不留情的——假如要我说的话，这是善意的），总是充满一位为争取真正艺术的高度真实的战士的思想原则性和不妥协性。它们深深地印在我心里，并且留下了不可磨灭的痕迹。

我有幸从阿·马·高尔基口中既听到过赞许，也听到过指责。

不管是赞许，还是指责，我都永远不会忘记。这发生在一九三二年的春天。汽车载着我和瓦赫坦戈夫剧院的一批演员飞驰在莫扎伊斯克公路上。我是为了向阿·马·高尔基汇报自己上演《耶戈尔·布雷乔夫等人》的计划而到他那儿去的。

阿列克塞·马克西莫维奇在台阶上愉快地欢迎我们。我们走进房子，围着一张大圆桌坐了下来。

我感觉到阿列克塞·马克西莫维奇的目光注视着我。我看到他不时地在烟嘴里更换烟卷，使劲地吸着，默不作声地在听我讲。我讲完后，便忐忑不安地等待着他判断。

"好吧，"阿列克塞·马克西莫维奇停顿了一会儿后说，这一停顿对我来说简直是太长了，"我想，你一定会成功的。你已经做了许多工作。"

在我向阿列克塞·马克西莫维奇谈了自己上演《耶戈尔·布雷乔夫等人》的计划以后，就开始和演员们一起工作了，阿列克塞·马克西莫维奇则去国外了，直到最后彩排前我一直没有再和他来往过[334]。

我和所有演员在最后彩排前满怀的那种激动心情，是难以用笔墨形容的，因为作者本人将要出席我们的彩排。如果考虑到我们对剧本所做的改动，这种激动是不难理解的：我们将各幕戏划分成许多场次，重新安排台词，这么一来，这一幕的一些台词跑到另一幕去了；我们编了序幕，剧本中又增加了朗诵报纸和诗歌等场面，有的地方我们甚至斗胆自编了一些插话——想想都害怕！——冒昧地插进了高尔基写的台词中。所有这一切，除了纯属演戏的需要之外，都是导演和演员的结晶，如布雷乔夫跟着留声机的音乐跳舞，这完全不是由原作者在舞台说明中所规定的，因而完全是剧院杜撰出来的。我们当时不知道高尔基将怎样看待这一切。他会不会感到受了侮辱呢？我们的随意修改会不会引起他的不满和愤怒呢？他会不会要求在演出时把导演和演员们加进的所有想当然的情节和无聊的噱头统统去掉呢？说实话，我们原来以为，我们这一切发明都是为了一个唯一的目的，就是尽可能比较深刻、比较鲜明和形象地揭示出每一段、每一场戏和全剧的思想。但同时我们曾不安地怀疑过：可能只是我们自己认为，通过我们的舞台手段我们能取得良好的效果，而实际上我们只是在歪曲、改变和丑化当代最伟大作家的作品。普希金所说的话是否就是针对我们说的呢：

    拙劣的画家以混沌的笔触
    把一幅天才的绘画涂污，
    在那上面胡乱地做出
    他自己的毫无规律的图画[335]。

  是敢作敢为，还是轻举妄动？是创造性的勇敢行为，还是蛮横无理？我们完全明白，这在两者之间有着很大差别。但是差别又在哪儿呢？而我们是属于哪一种人呢：是轻举妄动的莽撞人，是蛮横无理的无赖汉，还是有理由和伟大作家进行创造性合作的艺术家呢？对这些问题的答案只能从作者本人那儿去寻求。我们已经求得答案了：高尔基同意演出，并几乎对我们所做的一切表示赞许。

  在第一次幕间休息时就已经清楚了，他喜欢这次演出。但是我仍是有点担心：第一幕中作者原来的措辞已做了相当大的改动。说真的，高尔基已接受我们编写的开场白（在幕前部分的朗诵词是从报上摘下的几个片段），因此这使我们感到高兴，然而最主要的还在前面。

  第二幕开始了。我和高尔基并排坐在导演的小桌子后面，并不时地斜过眼去看看他。看来，他是满意的。这时布雷乔夫和女修道院长的一场戏开始了，史楚金走到留声机跟前，放起唱片。他一边说话，一边开始轻盈地跳起舞来。阿列克塞·马克西莫维奇的脸上露出不安的神色，我的心沉下去了。"通不过，无论如何也通不过！"我想。就在这时候，扮演布雷乔夫的史楚金雄赳赳地挺直身子，双手叉腰，并且嘿的一声侧身朝女修道院长走去，突然开始了踢腿下跳。"不行，不行，"高尔基又激动又生气地低声说，"这个不行，你们一定得将这个删去，要知道，他是一个病人呀！""一切全完了！"我想。但是，这时候史楚金表演出强忍着使自己不发出呻吟来，并用手顶住右腰，好像布雷乔夫正集中自己的全部注意力，不让自己痛得叫起来。"噢，原来是这样。"

高尔基说，"那就没有问题了，这样处理是可以的。"我轻松地舒了口气，而坐在大厅里为数不多的观众突然爆发出一阵暴风雨般的掌声。"当然，这是胡闹，"高尔基补充说，"但这是好的胡闹，这是允许的。"

接下来一切进行得很顺利。阿列克塞·马克西莫维奇开怀地笑了，并大大地赞扬了演员们。他特别喜欢喇叭手的那一场。

当排演结束时，在场的人都聚集在剧院经理的办公室里参加座谈会。大家都想听听高尔基将要说些什么。

阿列克塞·马克西莫维奇一开始提了一些小小的修改意见，接着便开始评论整个演出，他说了如下的一些话：

"我应当感谢演员同志们。我说的完全是肺腑之言——他们演得非常好。所有的人都演得很好，只是需要作几次小小的修改，这我已经说过了。如果我作为一个观众而不作为作者的话，那我可以说，你们的演出是很有意思的，观众也将会发出笑声，而这些是非常重要的。"

"我为剧院给这一剧本新增添的一切感到由衷的惊喜。"高尔基补充说，"我认为，剧院和作者的这种合作形式就其本身来说是极其可贵的，特别是对我们这个时代来说。现在有经验的剧院就应当帮助缺少经验的年轻作者，而你们既然能在这方面帮助一位年老的作者,而这位作者假定说是这方面的'行家'，那么你们就更应当坚持这种做法，来帮助年轻的作者。你们在这方面一定能够做出巨大而宝贵的贡献。现在剧院是有条件这样做的……这种和作者的合作是一种极其有意义的事情。你们可以对那些爱吹毛求疵的年轻作者说：'瞧，我们连高尔基老头的作品也进行了加工，小伙子们，你们还有什么可自命不凡呢？'……"

高尔基也谈到开场，他说："序幕朗读报纸，这非常好。它作为演员与作者合作的一种手法，可以认为是剧院的功绩。"

关于布雷乔夫的跳舞，他这样说："这也是你们对观众的功绩，因为你们用它美化了剧本，突出了布雷乔夫的个性。"然而，高尔基又指出，"布雷乔夫作为一个病人，跳得太过分了，踢腿下跳对病人来说是困难的。"同时他提出了一个建议："不应该让布雷乔夫去放留声机（我们是让布雷乔夫自己放唱片，自己摇留声机的。——扎哈瓦注）。为了跳舞，让他偶然用手指戳动一下留声机，音乐响起来了，他便开始跳起来。跳舞应当是偶然的，不是事先考虑好的，应当这样：他走到留声机跟前，用手指戳动一下，响起音乐——接着跳起来！"他接着补充说："这是令人发笑的一场戏。"高尔基的这些意见，当然引起了我们的重视，并且在后来也照办了。

就这样，高尔基同意了这出戏的演出。他不仅几乎一点也没有反对剧院"增添的内容"，而且还承认剧院的这种做法原则上是正确的，赞同剧院创造性的精神，肯定剧院所采取的通过舞台手段强调原作内容的做法。

尽管高尔基赞同了这种手法以及这种手法在超出戏剧中的具体运用，但是无论演出的本身，还是导演的最初设想，仍然有些东西引发了高尔基极其尖锐的反对意见。

在我向他汇报自己的演出计划时，他就不同意如下两个情节：

第一个情节是这样的。我决定围绕着一张呢面牌桌来安排第二幕中的一个场面设计，剧中人物一边玩纸牌，一边进行对话。高尔基喜欢这个想法。但当我说出我要把呢面牌桌放在一幅圣像下面时，他就立即反对说："不，不，这个不行！他们不会在圣像下面玩纸牌的。这不真实。"我顿时感到羞愧了。我感到羞愧，完全不是因为我违反生活常识，我可能确实不知道商人不会在圣像下面玩纸牌。不，为什么我会选择这种庸俗的讽喻呢？正是这点使我从内心深处感到羞愧。在圣像下面玩牌！我原来觉得这样做将带有象征性。无稽之谈！这种"象征"简直是毫无价值！

但是，我的天啊！我在我们剧院的舞台上曾经看到过多少这种杜撰出来的情节呀！用外部标志代替深刻揭示人物形象的内心世界；用极简单的象征来代替活生生的现实。

引起高尔基反对的第二个情节是这样的。

我原以为让观众一下子就明白该剧的剧情发生在怎样的历史情况下，是非常重要的。因为剧本中已写明，在第一幕中布雷乔夫从伤兵医院回来。我决定安排一个小小的序幕，以便表明布雷乔夫是在医生和巴夫林神父的陪同下来参观医院的。我想可以把布雷乔夫的下面一段话移到这儿来："伤了那么多人，看着都叫人害怕。现在这些人到哪儿去了？"我原来认为，这样做可以马上把观众带进第一次世界大战的情节中去，从而使他们一开始就从这个角度感受到剧本中所发生的一切。

但是，阿列克塞·马克西莫维奇坚决反对这点，他指出，我的构思"越出剧本中所描述的实际情况的范围"了。于是在我的想象中一个采用读报这一序幕的新方案成熟了，后来高尔基对这个序幕表示满意。其实，这个新编的序幕解决了同一个目的，即把观众带进社会历史环境中去，而整个剧情也就是在这种环境下展开的。但是，这一次这个目的的实现没有"越出剧本中所描述的实际情况的范围"。我这才永远明白，一个导演应当力求展示实际情况，但是一定要通过剧本本身所提供的那个实际情况。如果把剧本中所发生的情况称之为"小世界"，而把发生在剧本以外的情况称之为"大世界"，那么可以这样说，小世界应当作为大世界的反映来展示。那时候导演的工作就不会漫无边际，而会深入下去，那时候剧中人物的心理将像反映最深刻的社会政治过程那样被揭示出来，并且要求仔细而又深入的发掘。

就这样，高尔基顺便提出的上述批评性意见使我对自己创作中的许多东西做了深入思考和重新检查。

但是，高尔基在最后彩排后所提出的意见对我来说还具有更大的意义。这里仍然只是两个情节遭到他的反对。

第一个情节是第二幕的结局。我想把它提高到广泛概括的程度，使它具有超出日常生活范围的音响效果，找到对观众厅产生强大影响的手段。为此，我决定用乐队非常强烈的声响来加强在舞台上实际吹响的消防队员用的喇叭声，以便真正造成"大混乱"或"世界末日"的印象。这个小小的音乐节目是形形色色的铜乐器合奏出来的。

高尔基原则上没有反对由导演提出的这项改进，他建议应改变实施的方式。"我反对乐队，"他说，"最好是都用喇叭。用两只黑里康大喇叭，或者三只。高音喇叭不会产生怒吼的印象"。我还记得，他曾建议，为了加强消防队员用的喇叭声的力量，另外再用几只喇叭，它们不要放在乐队里，而放在舞台两侧和幕后。他想，为了使观众造就错觉——这是消防队员用的喇叭发出的特别强烈的怒吼声。换言之，他同意，必要的效果应得到加强，但却反对一种效果替换另一种效果。他好像是在说明：为了使现实生活富有表达力，使观众容易了解并产生强烈的效果，您可以采取任何演出手段，但请您别创造那些破坏观众对艺术虚构真实性的信任的不真实、虚假和不必要的程式化。

高尔基更加严厉、固执和毫不妥协地反对我加进演出结尾部分的附加的一场戏。这场戏的情节如下：

当全体亲属听到在临死前的恐怖中挣扎的耶戈尔发出绝望的叫喊，而跑来把布雷乔夫抬到他的书房里去时，舞台上就开始为垂死的人举行涂油洗礼的准备工作。这时，神父巴夫林和助祭（导演引进的一个角色）出场了，他们一边行走，一边匆匆忙忙地穿法衣，走进耶戈尔的房间。全体亲属都聚集在门口，他们手里拿着教堂里用的点燃的蜡烛。"我们全体都向上帝祈祷。"——听到助祭的呼声。泰西娅用很尖的声音回答："上——帝——啊，饶恕他吧……"这时祈祷仪式开始了。窗子外面则可以听到走到跟前的游行人群的歌声。一时间宗教的歌声和响彻大街的《马赛曲》在竞赛。但是这时《马赛曲》唱得越来越响了，最后乐队也加入竞赛了。宗教的赞美歌在乐队的演奏声中淹没了，舒尔卡[336]从楼梯口跑上阁楼，打开窗子，闯入窗子的风吹散了她的头发。革命歌曲的音乐在胜利地响着。幕落。

我描写的为临死的布雷乔夫举行涂油洗礼的这一场戏，或者说被我称之为"有神父出场的这场戏"，在剧院的全体人员中赢得了非常好的评价，出席最后彩排的观众们也同样喜欢它。演出结束时响起了暴风雨般的掌声。只有一个观众反对这一场戏，他就是该剧的作者。

"不需要举行祭祷，"他生气地说，"应当删去。乐队在舞台后面一奏起来，舒尔卡就出现在窗子旁边。"他又补充说："这太突然了，我接受不了。这个你得删去。您出的这个点子不好。"

与会者企图反对高尔基的意见。大伙儿对不要这场曾对大家产生如此强烈印象的戏有点惋惜。人们迷惑不解，为什么高尔基恰恰会反对这场戏？

当阿列克塞·马克西莫维奇说到，布雷乔夫在这个剧本中并没有死时，问题才有点儿清楚。"这还不是死亡,这仅仅是疾病的严重发作。"高尔基说。按高尔基的意图,布雷乔夫之死应当是放在他打算写的三部曲的第一部和第二部(即《耶戈尔·布雷乔夫等人》和《陀斯契加耶夫等人》)之间的,而我加进去的这场"有神父出场的戏",被观众当作祭祷,这样一来就产生了布雷乔夫已经死了的印象。

"这不是祭祷,而是在举行涂油洗礼。"我企图反驳。

"可是给观众带来的印象是举行祭祷。"高尔基坚持说。

应当说,我当时还不太理解高尔基为什么不要让观众认为布雷乔夫已经死了。如果他注定要死,那又为什么一定要死在两个剧本之间呢?在我看来,他的死亡正好应在这出戏十分自然和完全合理的结束时。

然而我并没有和他争论,我和其他人一起寻找解决办法,最好能保持对我来说是珍贵的一场戏,同时又能使观众明白布雷乔夫还活着。在座谈会所有与会者的友好逼攻下,高尔基最后终于顺从了大伙儿的心意,并和我们一起去寻找这种解决办法。他声称,如果有神父出来为布雷乔夫举行涂油洗礼,布雷乔夫最好坚决把他们撵走。

"这样就好啦!"我感到高兴,"阿列克塞·马克西莫维奇,请您说出他怎么撵走这些神父的话吧!"

"说哪些话?'滚开,去你的吧!见鬼去吧!见阎王去!'"

"好极啦!我们就这样改。"

我们决定在第二天排演,于是我就把这场戏做了如下的改动。

正当在书房里举行涂油洗礼的时候,传来了布雷乔夫的叫声:"滚开!见鬼去吧!"等等。惊慌失措的神父们撩起法衣的下摆,在观众厅发出的友好的哈哈大笑声中,穿过舞台逃跑了。布雷乔夫从书房的门里向他们扔出枕头、助祭的手提香炉等物。所有的人都在惊恐中跑开了。最后舞台上出现的是布雷乔夫本人。他跪下来,他痛得咆哮起来,并叫喊着:"舒尔卡!舒尔卡!"窗子外面响起《马赛曲》,接着,布雷乔夫因疼痛而痉挛,这时舒尔卡则在阁楼上欢迎正在大街上行进的游行队伍。

这种形式的结局在初次上演时取得了巨大的成功。高尔基没有反对。看来,问题已经皆大欢喜地圆满解决了。

但是发生了意外的事！过了一段时间，高尔基再一次来看演出，第二天我们就收到了他关于删去"这场有神父出场的戏"的坚决要求。

尽管全体与会者都一致拥护我所作的剧本的结局，尽管这个结局赢得了观众们的众口交赞的好评，尽管他的要求引起了剧院全体人员和导演的反对，但他仍然坚持要删去最后这场戏，这只有高尔基才能做到。

但是高尔基为什么会变得这样固执？原来我写的这个结局实际上是不真实的。结局负有完成剧本的主题的使命。我写出的结局却没有完成这个使命，使观众的认识模糊，使他们的注意力离开了主题。布雷乔夫的形象是该剧基本主题的体现者，而我却把观众的注意力从他身上引开，并借助于强烈的手段（神父们、宗教仪式、点燃的蜡烛等）把观众的兴趣引向和剧本的主题没有直接关系的这类东西。

不能说，我所提出的这场戏一点意义也没有。它的意义在于把布雷乔夫家里阴森忧郁、令人窒息的气氛和生活中的胜利呼声（响彻大街的游行队伍的革命歌声）相对照。但是这个意义和剧本的基本主题联系不起来，而且没有完成这个主题。结果是："布雷乔夫死了——愿上帝保佑他！生活总归会胜利的。"但是关于布雷乔夫，高尔基不能，也不愿意说："愿上帝保佑他！"因而，高尔基写的布雷乔夫直到全剧结束时都没有死。

布雷乔夫在听到大街上传来的歌声时曾问道："这是干什么的？葬歌呀……又举行葬礼了！"革命歌曲在他听来像是葬歌。这里面是有深刻含义的。而我却是直接在舞台上安排了葬礼。

瞧，舒尔卡打开了窗子。她整个身心都倾注到大街上去了。她向往生活。而布雷乔夫则以自己的整个身体探向舒尔卡。旧世界死了，人们在大街上为它唱葬歌，但布雷乔夫还活着，他没有屈服，他在挣扎，他还不想死。高尔基就是这样结束自己的关于一个巨大、有力、美好的人的剧本的，这个人的一生"不是在那条街上"度过的。

正像上面已经说过的，我对剧本的结局有两个方案：第一个方案是阴森忧郁的；而第二个方案则具有大量的幽默感（神父们的逃跑）。这两个方案从外表来说都是有效果的，鲜明的、富有戏剧性的，但从实际来说，它们都是极简陋的——它们都不能完成剧本的主题，而是粗暴地破坏了主题——它们没有给人们留下思考的余地。而高尔基提出的结局则完全是另一回事。它从外表来看要朴素得多，它迫使观众去思考，让观众感到有必要去深入分析理解。的确，一个感到有必要去思考的人，往往不会醉心于热烈鼓掌、演员的谢幕和喜悦心情的表露。这些正是高尔基所不需要的。

我就这样从高尔基那儿学到了拒绝不花巨大代价所取得的成功。（……）

伊·萨·什卡帕

伊利亚·萨姆索诺维奇·什卡帕（1898年生）——特写作家。曾在高尔基领导下的《我们的成就》和其他刊物工作过。

根据伊利亚·什卡帕《同高尔基共事七年》回忆录，莫斯科，苏联作家出版社，一九六六年版，第五五—三二八页的原文刊印。

（……）我记得，这是七月二十九日[337]星期日的一个阳光普照的早晨。高尔基的秘书早在星期六就预先通知我，阿列克塞·马克西莫维奇想在休息日和我聊聊。

我沿着宽阔的楼梯登上了马什科夫胡同内的一幢莫斯科式房子的四层，在写着大大的"16号"的门前停下来。是的，马克西姆·高尔基就住在这里。我已经不止一次地见过他，跟他一起工作和信函往来也将近有八个月了，但是还没有机会真正了解他。

克柳奇科夫开了门。他的夹鼻眼镜闪闪发光，他开玩笑地责备说："您整整迟到了四分钟，我跟阿列克塞·马克西莫维奇打赌输了！进来吧！"

……房间很宽敞，书架上摆满各种书籍和小雕像，高尔基从一张桌子的后面站起身来——他身材修长，有点儿驼背，穿着一套浅灰色的西服。他稍微眯起那双在栗色浓眉下闪烁着浅蓝色光泽的不大的灰色眼睛亲切地瞧着我。

松软的深棕色的胡子给烟熏得发黑了。一张晒黑了的脸刮得干干净净，但显得有点疲倦。双颊上的皱纹、高高隆起的颧骨更加给人以非常疲劳甚至可以说是有病的印象。布满皱纹的前额、平顶头上夹着白发的黑发说明在我面前站着的不是一个年迈的，但却是不太健康的人。

"你好，你好！"他开始用低沉的声音说，"我们终于见面了！请坐！"

高尔基带着某种使人捉摸不透的微笑打量着我。

"我过去从你来信中还认为你是一个女人哩！……什卡帕！这是什么样的姓呀……"他继续说。

这句话还没有说完，高尔基就突然咳嗽起来。从他的胸腔里发出一阵阵低沉的声音，他用手帕捂着嘴唇，整个身子痉挛似的震颤起来，仿佛在他的胸腔里有火药爆炸似的。他前俯后仰，想尽力把咳嗽压下去。他的脸也涨红了，眼睛也润湿了，泪水在睫毛上闪烁，沿着面颊淌到胡子里。

但他终于直起身子，深深地吸了一口气。朝着克柳奇科夫和我看了一眼。

"不要害怕！……这折磨人的咳嗽也就是这么一阵子……正像我们世界上所有事物一样，一切都会过去的！"

这些"О"字音发得特别重的话语听起来有些忧郁，甚至有些伤感：好像是在说，岁月不饶人，在劫难逃！

我们开始交谈起来。他对我问得很仔细，他要我谈谈自己的经历。他不断提出问题，并问起我过去的某些情况。我心甘情愿地像对自己的长辈和朋友一样，把自己度过的三十年的经历全都告诉他了。

特别使他感兴趣的是农村集体化的事。农村集体化将怎样进行？各种各样的农民是怎样对待生活中的这个骤然改变的？这些经济和政治意外情况对我们苏维埃政权会不会带来危险？人们是否乐意从事劳动？富农的积极性如何？

谈话持续了几个小时。咳嗽不止一次地打断我们的谈话。这时高尔基抽起烟来，我发现他抽烟并没有把烟深深地吸进去，但是抽得相当频繁，并且总是往烟嘴里塞一小块棉花。克柳奇科夫几次握住他那卷烟的手，还不给他火柴。

"阿列克塞·马克西莫维奇,"克柳奇科夫温和地但却坚决地说,"早已超过定额了!"

于是,高尔基握住烟嘴,抱怨道:

"哪有这样的道理?!连吸烟都要限制!以后就更不得了啦!"

我是十点钟来的,现在时间近下午一点,而主人却找到了新的话题。(……)他谈起了普希金。

"真的,他的血液里有一团火,因而他满怀激情!这种激情不是盲目的,而是充满崇高志向的社会激情。是天才的激情呀!……您是怎么想的,为什么普希金要到决斗中去寻找满足呢?为什么他认为,一切以死来吓唬人的东西'对于必死者的心灵却隐藏着不可名状的快感——说不定,这正好保证永垂不朽'?"[338](……)

"我想,"高尔基继续说,"在这几行诗里包含着积极性和大无畏精神的全部哲学……只有那些具有高度觉悟、热爱生活并准备捍卫生活的人,才能享受到为崇高目的而奋斗的快乐。那种连蟑螂走动的沙沙声都害怕的人,是永远也无法理解这几行诗的含义的。""难道您也属于这类人?"高尔基问道,并开朗地笑了起来。

"可是,普希金没有讲过!这是您的解释!"乌里茨基[339]反驳说。

"这就是说,他是在号召为斗争而斗争?!"高尔基问道。

"我不明白!"乌里茨基仍然坚持己见。

"可是我明白!他没有号召人们去胡闹。人们不是为了荣誉,不是为了达到个人目的而走上断头台的,而是像通常所说的,为了理想,为了自己的朋友而走上断头台的!普希金深信,面临死亡而毫无惧色的英雄,人民群众是永志不忘的。我认为这是他对人民群众内心的英明洞察。"(……)

原来,高尔基在全神贯注地思量着对普希金的评价。他谈到普希金的一些小悲剧,认为这都是一些杰作,每个小悲剧都有鲜明的人物形象,充满着性格的冲突和深邃的思想。他称普希金是最热忱的心理学家、人类学家和全才。他谈到《吝啬的骑士》和《莫扎特和萨列里》,并援引了《吝啬的骑士》第二场戏中的几行诗。

"你们听着,并好好琢磨一下:

只要我打个呼哨,

血腥的阴谋便言听计从,

胆怯地向我身旁靠拢;

将有人舔我的手,

将有人窥视我的眼神,

力图从中把我意志的暗示读懂……

对了!如果为了替藏在这里的玩意儿

而流出的所有眼泪、鲜血和汗水

突然从地底涌出来,

那么,又将洪水滔天,世界又将进入洪荒时代

——那我在这地窖里准得呛死。"*

[* 引自戴启篁译作《吝啬的骑士》(《普希金戏剧选》,漓江出版社,1982年12月第一版,第137—138页)。——译者注]

接着,高尔基又一次非常兴奋地发出感叹:

"要知道这说得有多好!……金钱就是邪恶,吝啬就是狂妄,使人等同于野兽!普希金明白'天才和邪恶是水火不相容的两种现象',这也令人震惊地反映在《莫扎特和萨列里》中。是的,天才和邪恶是水火不相容的两种现象,因为天才为集体服务,它不按邪恶的心机行事!而邪恶是以人不为己、天诛地灭为信条,是集体不共戴天的敌人。"

我们在聆听高尔基讲话,有时请求他对某些地方加以解释。乌里茨基不同意天才人物不做邪恶的事,而总是为集体服务的看法。他举出马其顿王亚历山大、恺撒和拿破仑以及类似他们的活动家,为了私利都干过不少肮脏的勾当。可是高尔基却仍坚持己见。

"这些人不是天才,而是屠夫!甚至是笨拙的屠夫!真正的天才总是对人民怀有好意的!天才总是和人民在一起,总是关心人民的疾苦,保护人民的安全。可拿破仑他们呢?……虚荣心吧他们吞噬了,正像大蛇吞噬小蛇那

样……也可以借用果戈理的话来说：他们是天才，但是另一方面的天才……他们是歪才！切扎雷·龙勃罗梭说，天才就是精神错乱[340]，这是不对的。亏他想得出来，真是个糊涂蛋！天才——这就是智慧发展到几乎能解决一切问题的境地。歌德接近于真理，他认为有健全思维的人是人类的真正天才！"

听着高尔基的话，我感觉到了不可名状的喜悦。他的思想像脱了缰的马纵横奔驰，从一个问题谈到另一个问题，我们则紧跟不舍。好像，他高擎自己的智慧明灯，带领我们畅游知识迷宫。乌里茨基的一些插话和反驳越发使高尔基兴奋起来，他不断举出例子，说出自己的想法，并问道：

"谁是不容争辩的天才？人类不乏聪明绝顶的人……如牛顿、巴斯德、爱因斯坦、马克思、列宁……他们虽然是不同时代、不同气质的人，但是有一点他们是相似的，那就是他们为人类开辟了新的道路。他们是属于人民的，因为他们为百姓服务。可是那些天才的屠夫们又怎样呢？他们是掠夺的能手！'天才的统帅'归根到底是一些独裁者。他们把自己的威严建立在人民的白骨上。他们从自己掠夺来的战利品中分出一小部分给自己周围的人，他们腐蚀和愚弄人们，把人们变成奴隶和仆人。"

他怀着深深的信念和鄙视态度谈论着"另一方面的天才们"。这样的活动家，照他的话来说，同样保留在人们的记忆之中，但他们是凶恶和兽性的化身，这特别明显地体现在《新约全书》中的那个想要杀害一个名叫弥赛亚的婴儿而杀害几千名儿童的伊罗德·伊杜梅亚宁[341]。（……）

接着高尔基又谈到普希金。他不容许人们认为这位永远活在人们心里的诗人还有某些东西没被想到，还有东西被歪曲和被弄模糊了。按照高尔基的意见，睿智的头脑和高尚的心灵，使普希金能够达到诗的顶峰，并赋予他比任何人更能"用语言把人心燃亮"的力量[342]。（……）

高尔基关于十月革命的谈话，我记忆犹新。我想，这是因为他讲得非常清楚和朴实。

"要知道，"阿列克塞·马克西莫维奇说，"我是人，因此人的一些弱点我都有。我们都会犯错误，但是一旦认识到，我们就能改正错误。是的，我对无产阶级的成熟性和农民的革命潜力估计不足。这也许是我离开祖国的结果，我对某些东西没有注意到。我不是一个政治家！只有列宁才能洞察一切，并做出正确的判断。但是，要知道，他是天才，他是伟大事业的缔造者！……我看到党做了大量工作，唤起群众的觉悟。战争冲刷掉了庄稼汉身上旧偏见的疮痂，打开了他们的眼界，可是我对这一点却考虑得不够。我怕那些身穿士兵大衣的憎恨一切的乡下佬会把无产阶级在革命中仅有的阵地一扫而光。我怕他们无法无天的行为会把革命推向灭亡的泥潭。我的确害怕了，所以什么也写不出来！"

这次高尔基烟抽得比平时多。我朝克柳奇科夫看了一眼，希望他会阻止高尔基继续抽烟。但是克柳奇科夫不知怎么的慌了神，不敢打断谈话，何况咳嗽几乎没有妨碍阿列克塞·马克西莫维奇的谈话。高尔基慢慢地吸着烟，边吸边吐，沉默了一会儿，又继续说出自己的想法：

"是的，当时的确是这样，我估计会发生可怕的事情！但是列宁和党拯救了革命，并将革命引向深入。顺便提一下，当时犯错误的不仅仅是我……旧世界的基础完全垮台了。很多人和我一样希望社会主义革命取得胜利，可是旧世界的垮台把我们吓坏了，的确是吓坏了！……当然，这是痛苦的慰藉，尤其对高尔基更是如此[343]！"

阿列克塞·马克西莫维奇对突然脱口而出的双关语笑了起来。

"现在大家都已明白，"他继续说，"列宁和他的党在斗争的所有阶段都是正确的。如果说彼得大帝为俄国打开了一扇通向欧洲的窗户，那么列宁则为全人类打开了一扇通向社会主义未来的窗户。在两个时代的交接时响起了'阿芙乐尔'号巡洋舰的炮声，这炮声埋葬了过去，迎来了未来。"

高尔基谈到列宁曾不容置辩地说明了马克思关于只有在无产阶级的领导下，才能使生活从三根旧的支柱（私有制、嫉妒和贪婪）转向无产阶级社会的新基础的理论的正确性。

"但是还有许多人不了解这是多么急剧的变革啊！而人类已经进入了多么美好的时代啊！我和你们也进入了！"阿列克塞·马克西莫维奇靠在椅子背上大声感叹说。

我们停了片刻，在大高脚酒杯里还有没有喝完的酒。科申科夫[344]、巴尔科夫[345]和我都对这次谈话以及毫无拘束的气氛感到高兴。

有时我觉得，高尔基虽在跟我们谈话，但实际上却是在跟他自己谈话。至少，有时感觉到他"想得出神"。但是每当他摇晃脑袋，就好像在说他又想起什么新的东西来了。他沉思了一会儿继续说：

"是的，十月革命在十天内就真正地震撼了全世界！约翰·里德写得好[346]，完全符合事实！他的书是艺术家业务工作上的典范！……这是一个很有意思的人，他在临死前请求将他的尸体火化，并把骨灰用飞机撒向大地！人们没有听从他的意见，把他安葬在红场上……为什么不尊重他的意见呢？人已经死了，那么最好还是让他的事业，而不是让墓碑来使人们怀念他！"

接着他再一次谈到十月革命，称它为世界史进程中的最光辉的里程碑。照他的话来说，无论是基督教改革还是文艺复兴，以及一七八九年的法国大革命[347]，都不能和我们人民在一九一七年所完成的十月革命相媲美！（……）

高尔基一下子吸引住了我们。他在谈到过去的事情后便把话题转向未来。他关于十月革命的论述乃是对被压迫者战胜压迫者的颂扬。高尔基把新的"世界统治者"——劳动[348]和将把人类引向前进并在地球上确立平等、给予人们以真正幸福和自由的理性的胜利等量齐观。（……）

萨哈罗夫[349]不好意思地提醒说：

"我们想要了解一下关于天才的问题！我们的问题已写在那上边。"他指指一张字条。

高尔基拿起萨哈罗夫的那张条子看过后放在自己面前。

"请原谅——我疏忽了……我不大相信有天生的天才。我在这方面是个异教徒！据说，演说家、科学家是可以培养出来的，而诗人则是天生的。但人们又有另一种说法：上帝创造天才，但是上帝并不创造智慧！人们通常把某种禀赋，把对这种或那种活动的爱好称之为天才——天赋。但是如果不发展这种爱好，那么这种爱好就会销声匿迹，就会完蛋。普希金是在物质生活宽裕得足以使天才成长和空气中充满诗歌的环境中产生的。没有这种条件，我们就不可能有普希金。帕格尼尼[350]，这位音乐艺术界高手生活在那个家庭，使他从小耳边就响着小提琴声，而小提琴就像他的奶妈似的。至于托尔斯泰和其他一些天才，那就更不用说了，他们都是在有利的环境中成长的。谁能怀疑在平民中间被毁掉了何止一个普希金、帕格尼尼和托尔斯泰呢？科利佐夫[351]、斯列普什金[352]、波列扎耶夫[353]的命运——难道还不能证实这一点吗？为了培养对文艺工作的爱好，就需要环境、相应的条件，并为之付出巨大的劳动。要知道，普希金、帕格尼尼以及其他人都是孜孜不倦地工作的……仿佛他们的头上始终高悬着监工的皮鞭似的！正如精通普希金诗文的人所说，普希金对自己写的某些诗篇的段落都是经过十次、十二次修改的。而帕格尼尼从童年时代起小提琴的弓子就没有离过手，甚至在走路时也要训练自己的指法！……"

高尔基停了一会儿，稍稍眯起眼睛，沉思起来。

"天才……灵感！"他用讥讽的口吻重复说，"人们断定，不久前去世的爱迪生为了改进亚布洛奇科夫[354]的电灯——高尔基用眼睛看了看天花板下面的枝形吊灯架——在世界各地寻我做白炽灯灯丝的材料。他终于找到了，但为此却进行了一万次以上的试验！这个就是灵感嘛！而作家和发明家没有什么不同……你们也要斟酌斟酌、修订修订，斟酌每一个词句——你们要去寻找必要的修辞造句。俗话说，有志者事竟成，正是这样的！就是这个天才的发明家爱迪生说过：'天才——这是百分之一的才能加上百分之九十九的汗水！'说得多好呀！我可以肯定地说，文学家的天才是热爱劳动和不断锻炼的结果。连契诃夫这个不容争辩的天才直到生命结束之前还一直希望自己能学会写出完善的作品。"

仿佛在检查别人是否听明白自己说的话，高尔基看了看听众的脸。索博列夫[355]和萨哈罗夫在低声交谈，博布雷舍夫[356]微笑并晃动着脑袋。高尔基对朝他倾过身去的克柳奇科夫解答着问题，然后突然问道：

"果戈理、莱蒙托夫、托尔斯泰算不算天才？"

"那还用说！"几个人立刻同声回答说。

"可是，果戈理为了写《死魂灵》流了十年的汗水，而且根据绝对可靠的证据，他曾经修改了十次，一直到把它写成他最爱说的'最佳杰作'为止——我说的第一卷。莱蒙托夫的《恶魔》几乎九易其稿，有些地方保留了十三处异文!莱蒙托夫一直到生命的最后时刻都在改写这首诗。托尔斯泰的《战争与和平》,他曾亲自改写过四次……[357]"

"七次!关于这件事我读到过!"有人高声地说。

"好极了——七次!"高尔基表示同意,"《复活》修改过六次。为了写《哈泽——穆拉特》中七页的内容,托尔斯泰读了一车厢的书,写作花了多年工夫……请你们看一看许多公认的作品的初稿吧!它们都是很松散而又平淡的!可是里面却渗透作家的心血,都经过多次的润色。一个好打架的人曾断言说,上帝总是站在多数人一边。要我说,天才总是喜欢那些热爱劳动的人!天才在劳动中成长起来,正像发酵中的面团一样。"

索博列夫坐不住了,他要求发言。在得到允许后,他说,他非常喜欢马雅可夫斯基,马雅可夫斯基关于文学劳动的论点,也像"您阿列克塞·马克西莫维奇"的一样。

"那就请你们听我朗诵吧!"索博列夫接着就稍微拖长声音朗诵起来:

"作诗——

　　　和镭的提炼一样:

一年的劳动,

　　　　一克的产量。

为了提炼仅仅一个词儿,

要耗费

　　几千吨

　　　语言的矿。"[358]

高尔基接着这个话头说:

"正是这样:'为了一个词儿,要耗费几千吨语言的矿!''一年的劳动,一克的产量……'。当然,不仅诗歌是这样,散文也是这样……我同意有人说的:'文学是犍牛创造的!'是犍牛,而不是蜻蜓创造的!因此,我就再说一遍:天才——这就是劳动!"(……)

六月二十四日，伊凡·科申科夫给高尔基看了一张小报——莫斯科报纸《为了集体化》出版的《快报》。这份小报刊登的是与苏联英雄莫洛科夫同志会见的消息[359]。高尔基拿着《快报》仔细看莫洛科夫一家人的照片。照片的当中坐着英雄的母亲，一位五十开外的妇女，她把手掌放在膝盖上，围着头巾，身穿农妇肥大的无袖长衣。高尔基慢悠悠地仿佛是在让人默写似的在朗诵：

"这是莫洛科夫的全家照……向我的英雄儿子致意。如果列宁的党和苏维埃政权号召你去保卫祖国，我就会第一个说：去吧，儿子，就像你营救切柳斯金号船员那样英勇地去保卫祖国吧。你的母亲安娜·斯杰潘诺夫娜·莫洛科娃。"

高尔基向科申科夫说：

"您是从哪儿弄来这张小报的？"

"报馆寄来的！"

高尔基朝坐在桌子后面的人们看了一眼继续说：

"过去古希腊母亲送儿子去打仗，总是给他们一块盾牌，并说：'带着它回来或者躺在它上面回来！'这就是说，如果活着回来，就带着盾牌和胜利回来，要是死了，那就躺在盾牌上被抬着回来，绝不能做丢失荣誉和武器的怕死鬼和逃兵……安娜·斯杰潘诺夫娜未必知道斯巴达母亲们的这种风俗习惯，但是她说的并不比她们差。这就是在为劳动集体服务的新的基础上恢复古代的英勇精神——如果它们存在过的话！这样的人民是不可战胜的！那些侵犯他们和平劳动的人将玩火自焚！"（……）

高尔基谈到德国、日本、意大利的战争准备，谈到它们重新瓜分世界的野心。

"当然，首先应该用苏联陆军的实力来对付这种战争宣传……但是同样应当讲清楚法西斯主义对文化的威胁。长在日趋衰老的世界身上的这个发出臭味的脓疮有引起灾难的危险。因为法西斯主义有一种可怕的做法，这就是它在以绝对忠于元首及其命令的精神，教育正在成长的一代。法西斯主义正在扼杀青年人独立思考和对现实生活的客观评价的能力……它正在愚弄青少年,正在使其成为没有头脑的刽子手。法西斯主义的得逞——这就是文化的覆灭!今天它已经将文化装进帆布袋,准备把它抛进大海!"(……)

高尔基看完由谢尔盖·瓦西里耶夫和格奥尔吉·瓦西里耶夫兄弟导演的影片《恰巴耶夫》[360]回到家里。和他一起去看电影的有克柳奇科夫夫妇、高尔基家的老朋友即画家拉基茨基和科申科夫。高尔基脱去外衣,然后在桌边坐下。家里人围坐在他的身旁。

在坐汽车回家的路上,他们没有谈起这部电影的观后感。现在他们围绕着在银幕上所看到的一切议论开了,异口同声地称赞这是一部非常好的影片。高尔基默不作声地听着大家的议论,有时则在思考着什么问题。大伙儿发现这一情况,便请求他谈谈自己对影片的看法。他继续抽着烟,并不急于加入别人的谈话。在晚饭桌上,等大家谈完后,高尔基便问道:

"您想知道,"他转向拉基茨基说,"《恰巴耶夫》之所以得到成功的奥秘所在吗?"

"是的,是的!"拉基茨基说,"影片好极了!但它的力量来自哪儿呢?"

高尔基回答:

"我想,它的成功来自极佳的材料和那些懂得造型艺术规律的导演对它正确的处理,这两者的结合造就了最纯的完美结果。"

他朝昏暗的窗子看了一眼,补充说:

"导演们显示出运用这些规律的非常卓越的才能。"

通常不爱说话的拉基茨基请高尔基谈谈这种结合表现在哪儿。

"我指的是,"高尔基回答说,一边继续看着窗子,"在题材构思上,恰巴耶夫这个卓有成效的历史人物是非常真实的。主题内容展开的社会背景或社会环境,也充满生动的场面。主人公、他的朋友和敌人都在起作用,都在发生冲突和进行斗争。冲突永远是文艺作品的灵魂!不是那些无知无识的小卒的机械的冲突,而是解决主人公的生存的最重大问题的冲突!恰巴耶夫和恰巴耶夫师的战士们极其强烈地希望按照新的方法生活,而他们的敌人——'雪兔'则想要按照旧的方式生活下去,不愿从'灰牲口'[361]的背上爬下来。新事物汹涌而来,而旧事物则在疯狂挣扎!观众在每一个镜头里都看到,只要出现孤注一掷的场面,这两种力量和激情就开始斗争。从第一分钟起,观众就不安地在想:谁将取得胜利?是以英雄好汉瓦西里·伊凡诺维奇[362]为首的恰巴耶夫师的战士们,还是以白卫军上校为首的那伙乌合之众?"

高尔基的话刚停下来,可是拉基茨基和科申科夫却不让他停歇。看起来,他本人也想谈谈使他感到激动的这部电影。

"主人公的命运——这是主要的,它能激起人们对文艺作品的兴趣,"高尔基说,"瓦西里耶夫兄弟明白这一点。他们使冲突尖锐化了,深化了,可以说是,使敌对的力量短兵相接……电影用特写镜头显示恰巴耶夫和上校,而且用的是强光。这不是对两个人的临摹,而是使他们典型化了,也不是为他们照相,而是显示他们精神焕发,体格魁梧。这就给予人物形象以力量。也可以说,这是导演们和福尔曼诺夫本人所采用的一种手法,这种手法简洁明了,不拖泥带水。"(……)

由《恰巴耶夫》影片引起的晚间的谈话成了电影艺术的座谈会。它直到很晚才结束。在高尔基的家里,常常进行这类谈话,有时是顺便谈起的,有时是无缘无故发生的。他喜欢无拘无束的谈话。同时我还发现,主人在有意识地引导这种表面上看来是无拘无束的谈话,而对于他来说,这种谈话是了解新情况的来源。我有时甚至觉得,他是在进行试验,在检查自己的结论和推测。(……)

话题转到了弗拉基米尔·马雅可夫斯基诗集的第六卷。(……)

高尔基拿着这本不大的装潢精美的诗集翻来覆去地瞧,欣赏它的装帧。接着开始翻阅起来,有时停下来,低声地读着排成梯形的诗句。

我们坐在桌子旁边,既感到高兴又感到不好意思,因为谈话的时间显然拖得太长了。博布雷舍夫和我早就想告辞,但是看到高尔基"沉浸"在书中,一点儿也不急——否则克柳奇科夫早就会提醒说:"该走了,家人早就在等你们了。"寂静突然被主人的声音打破了,他在朗诵《弗拉基米尔·伊里奇·列宁》这首长诗,大概从第五、第六页开始朗诵的。屋内响起了高尔基低沉的声音:

关于列宁

　　　　难道能够

也是说"上帝恩赐的

　　　　　　领袖?"

如果说

　　　他是

　　　　　帝王的和上天的,

我

　　决不能抑制住

　　　　　自己的气愤,

我

　　一定要

　　　　横冲直撞

奔入送葬的队伍

　　　　挡住膜拜的人群。*

(*引用余振译《马雅可夫斯基选集》第二卷,人民文学出版社,1984年版,第405页。)

高尔基缓慢地、抑扬顿挫地一页接一页地朗读,我们觉得,他对生动地描述列宁伟大形象和人们失去领袖后的巨大悲痛的每一个词都在深思着。当他读到诗人把列宁作为一个普通人来描述时,他的声音低得几乎听不清了:

他,正如同你们

　　　　　和我,

　　　　　　完全一样,

不过,

　　也许

　　　　在他的眼窝近旁,

　　　　思想揳下

　　　　　　比我们

　　　　　　　　更多的皱纹，

　　而嘴唇比我们

　　　　　　更风趣

　　　　　　　　更坚强。*

（*同前，第408页。）

高尔基停止朗读。他的脸上淌着激动的眼泪。他用手帕拭去眼泪说：

"朴素的语言，可是讲得恰到好处……"他说，把眼镜擦干净，接着又继续翻下一页。有时他停下来，重复着看某些段落。就这样他朗读了关于党、关于集体力量的诗篇。他好像是第一次读马雅可夫斯基的诗似的。

如果我说，高尔基很欣赏《弗拉基米尔·伊里奇·列宁》这首诗，那是毫不夸张的。他认为，诗人是"领会列宁"了的，完全理解列宁的事业和心灵，并以自己的、新的方式描绘列宁。

在看了一眼最后一页的结尾后，高尔基朗诵道：

　　万岁，

　　　　即将到来的欢乐的革命！

　　这是——

　　　　历史上所能看到的

　　　　　　　　一切战争中

　　唯一的

　　　　伟大的战争。*

（*同前，第536页。）

读完后，他仰靠在椅背上，休憩了一会儿，然后注视着最后一页，说道：

"写得好！写得好！他语言铿锵有力，他把它们排列成行，然后下令：'起步走！'这些诗行就起步走了，并像召唤人们上战场的战鼓那样击奏起来。

写得太好了……真有两手。"

他放下诗卷。我们听了他的这番议论都感到惊奇不已,并低声交换着看法。谁都没有预料到,高尔基会给马雅可夫斯基如此高的评价。因为直到诗人逝世之前,高尔基对马雅可夫斯基的态度还是十分冷淡的[363]。而在诗人去世后四年的今天,高尔基却对他大加赞扬。

"在他的诗里,思想和感情是完全融为一体的!他找到了写诗的新途径、新形式!"

高尔基说完后,沉思起来。

"我们文学界已不止一次地失去了风华正茂的作家!普希金、莱蒙托夫没有发挥他们的才能就过早地离开了人间,而现在的马雅可夫斯基也同样如此。"(……)

高尔基整个一生不论对大人物还是小人物都给予关心。从他在坎德博夫卡村为戈尔平娜·盖琴科维护女人的荣誉的日子起[364],高尔基在一生中始终是一切被压迫者的热心的保护人。

高尔基对儿童和青年人的态度向来是满怀热情和关怀备至的。他的这种态度纯粹是列宁式的——深入细致、严肃认真、始终如一的。高尔基十分清楚,社会主义只有在完成十月革命的一代人为自己培养出合格的接班人的情况下才能取得胜利。

他曾不止一次地说过:"只有受到正在成长的一代人支持的那种制度才能存在下去。"(……)

高尔基早就知道马卡连柯其人,并和他通过信,但是他倡导的教育方法只是一九三八年七月在参观哈尔科夫近郊设在过去的库里雅什修道院的儿童教养院时才见到[365]。在特写《苏联游记》(《我们的成就》1929 年第 2 期)中,高尔基用了六页篇幅来描述由马卡连柯创办的儿童教养院的生活。他十分赞赏那些过去的失足青少年所取得的成绩。有一次,他在和该杂志的工作人员交谈周游全国的观感时曾经说:

"在生活中曾遇见过不少奇迹般的情况。但是在库里雅什教养院里所见到的那些情况则是'特殊的奇迹'……那儿创造了什么奇迹呢?他们把那些在别的情况下注定要死亡的不成器的人全部培养成出色的工作人员、诚实的人。而这是在马卡连柯领导下完成的。当然他是一位有才能的人，但主要的，他是依靠什么才取得成功的？他以正确的态度对待儿童，他没有过分迁就孩子们的幼稚想法，没有顺着他们的想法去做——他教他们劳动，教他们创造物质财富！我看到：劳动确实使他们得到新生。他从精神方面培养孩子成为集体主义者，而又不使他们失去个性，他们中的每个人都有'自己的特点'。劳动使他们成为朋友和兄弟，我在教养院中就没有看到卑鄙的嫉妒和贪婪。一代新人正在成长！难道这不是奇迹吗？"

谈到这件事，高尔基严厉地环视了一下所有听他说话的人，仿佛在寻找反驳他的人，他正准备证明劳动对于教育有决定性的意义。

另外一次，他劝导我说："不要跟孩子们去谈论工作——要让他们去工作！要把小学生带到工厂和田间去。让他们学会不是用指尖而是用整只手去拿零件，让他们不怕牛尾巴，不怕钻到拖拉机下面去工作。顺便提一下，在这方面我们应当向福特[366]学习。"

接着高尔基建议我们去读读亨利·福特的书：《我的生活和工作》《今天和明天》。

"你们在这些书里可以知道，老亨利·福特是怎样教育自己的继承人小亨利·福特的。十八岁的儿子刚念完机械学院，老福特就让他钻到汽车下面去工作，并亲自检查他是否能拆卸机器。只有在这之后，老福特才把管理底特律汽车工厂的事交给了自己的继承人。坦率地说，这就是值得仿效的榜样。谁想要保留一双白净净的手，谁就会饿死和闷死。教育者应当永远记住这个真理！我认为，马卡连柯的教育思想及其贯彻执行，在教育科学中开创了一个新时期！"

我曾经和高尔基去过波尔舍夫的少年犯教养院[367]。那些过去的少年犯把他像亲人似的围起来，向他汇报自己在学习和独立劳动中所取得的成绩。他为之感到兴奋。

"嘿，真热啊！"他开玩笑地说，一边用手帕擦拭湿润的眼睛。

他特别珍惜有天赋的儿童，常跟他们通信，并在物质上帮助他们。曾有这样一个名叫薇拉·扎科娃的年轻姑娘[368]。她热烈追求知识，倾心于文艺工作，有极好的记忆力、敏锐的智慧，她酷爱书籍，酷爱生活。高尔基一直注视着她的成长和发展，指导她写作，她写过几篇关于老一辈的作品，发表在高尔基主办的刊物上。毫无疑问，如果不是过早去世的话，她会大有作为的。

高尔基也经常对我们说：

"也可以说，教育中最主要的就是使人们养成劳动的习惯，使他们不干工作就觉得无聊，就会去找工作做。"

他认为学习和公益生产劳动密切结合就是达到这个目的的途径。

有一次他半开玩笑地说：

"有时候我想步列夫·托尔斯泰的后尘，开办一所自己的学校———一所不是为儿童而是为家长们开办的学校。"

他眯起眼睛，摸摸胡子，笑了起来。

"看来，我这个教师不怎么样！很可能我上第一课时就会发脾气，就会同自己的学生吵起架来。可是我非常想给母亲们写个呼吁书，并在呼吁书中说……"

他停了一下，走到我们正在聊天的图书室的书架跟前，接着就开始发挥他认为对家长们应当进行的开导方法的想象：

"我想要对她们这样说：我们正在按照自己的形状塑造自己的孩子们，而后又抱怨镜子，说什么镜子不对头，把他们照成缺胳膊少腿和大嘴巴的模样。因此我极其诚恳地想劝告他们：请你们别溺爱自己的孩子，而要理智地爱他们，这样才能培养他们成为刚强坚毅的人！我知道，把他们紧紧地搂在怀里，塞一颗糖果在他们嘴里，并说：玩去吧，这要比善于让他们有事情做和用心观察他们做手工作业要容易得多。学前教育机构和中小学已经在帮助你们了，但是你们自己也要作为新的一代人的有理智的教育者那样去行事。因此快些从自己身上根除像普洛斯塔科娃[369]太太们和奥勃洛莫夫[370]老爷们的毛病，因为他们'模范地'使自己的孩子畸形发展，扼杀了孩子们的生活能力。你们时刻都要牢记这个教训！（……）我们时常忘记，没有经常性的体力劳动，不做体操，身心会退化的，一定会被毁掉的！我们的任务就是消除脑力劳动和体力劳动相脱离的现象。家庭和学校都应当培养孩子们对日常的体力劳动的爱好，发挥劳动的反射作用！教学和教育的组织工作，应做到使劳动教育像口粮中的面包那样成为教育体系中的一个不可缺少的组成部分。"

有人说，似乎城市生活条件不能为儿童和少年们找到合适的工作，高尔基认为这不是重要的理由。

"这不是实际的情况，"高尔基反对这些人的看法，"可以教会孩子们自我服务，收拾住所、院子、买食品，补自己的衣服，做饭——不管怎么样，在任何情况都得做嘛……问题是如何安排放学后的时间。等到习惯了以后，孩子将会自己去找合适的事干。可是如果母亲对十四岁的舒萝奇卡[371]说：'玩去吧，一切活儿全都由我来做'，那她就一定培养不出一个心灵手巧的女儿来。这样的例子我可见得多啦。"（……）

我们时常听他说：

"我是一个老头子了，在走到终点之前一定会说：整个一生我都感觉到体力劳动对自己大有好处。它们对我的身心来说，就像空气那样必要啊！我确信，百分之九十的疾病都是由于缺少经常性的体力劳动造成的。劳动创造人，使人立足于地球。劳动不仅是最好的教师，而且是生活中的最好的学校哩。它还是最好的医生，它能使人不生病。（……）我确信，脑力工作和体力工作的正确的相互交替，一定能使人类兴旺发达，使人们健康长寿，生活愉快。合乎实际要求的营养加上人们在日常生活总禁止喝酒，就能使人类奇迹般地改变面貌！人们（我确信）就一定能免受疾病的折磨，而且能活到二百岁！"

他曾说过：

"家长和学校要让孩子们养成热爱劳动的习惯，这样就能使他们改掉懒惰、不听话和其他恶习。家长和学校就一定会把生活中最强有力的武器送到他们手中。不要把孩子们培养成类似室内的花草，要在室外锻炼他们的身心。同时少让孩子们感到一切都是为了他们，他们是最优秀的分子，是宇宙的中心。这将会助长他们的自命不凡，会把他们引入歧途的！要抚养和爱护他们，但不要让自己成为奴隶，而使孩子们成为你们的小霸主。应该懂得，用这样的态度来对待孩子们将会使他们成为二流子和冷酷无情的利己主义者！到后来妈妈们势必为这样的孩子悲泣和懊悔。其实，这样的结果是由母亲们自己的关怀备至造成的。"

……住在捷谢里的别墅里，阿列克塞·马克西莫维奇已六十岁，而且还患有肺病和心脏病，可是他仍每天打扫花园、打石子、烧篝火。在他的书房的近处为加工木材而存放着一套细木工和施工用的工具。他交替进行着书架边的笔头工作和木工台边的手工操作。他曾说，在从事体力劳动的时候，头脑中会出现"一些最突出的想法，产生一些从前不曾有过的，甚至得花几小时去寻求的形象"。他是为了锻炼双手、双脚和背脊而去寻找工作的。

他是言行一致的。

高尔基认为，这种想法是不容争辩的：劳动教育能够创造奇迹，人的理性不仅可以培养，而且还可以再培养。（……）

娜·瓦·切尔托娃

娜杰日达·瓦西里耶夫娜·切尔托娃（1903年生）——女作家和女新闻记者。

对高尔基的回忆原载《西伯利亚星火》杂志（1947年第1期）。现根据一九六八年三月二十七日第十三期《文学报》的新版刊印。

谆谆教诲

一九三四至一九三五年，我有机会和作家弗·扎祖勃林[372]、尼·扎莫什金[373]、尼·马什科夫采夫[374]参加一次高尔基发起的十分有意义的活动：我们被吸收参加高尔基亲自领导的《集体农庄庄员》杂志编辑部工作[375]，我坦率地承认，这使我感到高兴，同时又害怕做不好面临的工作。

阿列克塞·马克西莫维奇立即劝导我们要认清委派我们做的工作是一个创举，因为这是为苏联农民创办第一份杂志，是一份高水平的、不折不扣的艺术和科学杂志。（……）

杂志绝对禁止《集体农庄庄员》编辑部的工作人员在来稿上写上自己的意见，只许用铅笔对某个笔误注上能看出来而又可用橡皮擦干净的符号。但是从来没有发生过无人负责的现象——每篇稿子从一开始读到由阿列克塞·马克西莫维奇批准进行编辑，一直到杂志的出版问世都由一位文学编辑负责。

然而当准备发排的手稿上发现错误时，高尔基态度是非常严厉的。他不仅对不通顺的句子或意思表达不明确的句子，甚至对一个错用的逗号都不会原谅的。"把这一页像读祈祷文那样，连读上十遍，而且要大声地读！"高尔基不止一次这样地说。经我们看来已是最后的定稿了，可是稿子从阿列克塞·马克西莫维奇那里退回来时，我的天呀，往往被画满道道，涂改得厉害。当你看完全部稿子，读完写在上面的意见，你就会像在烧得热气腾腾的蒸汽浴室里洗澡一样浑身出汗。为了你不再浑身出汗，或者不如说为了不再受鞭笞，那么在把稿件放进送交高尔基审阅的文件夹之前，你最好坐下来，塞住耳朵，把稿子一行接一行地喃喃读上一二十遍。

阿列克塞·马克西莫维奇对稿子一般都要审阅两遍：第一遍是在确定每期的内容之前，另一遍是在发排之前。这第二遍审稿最使我们感动。他看完后总要给编辑部写一封详尽的信。这是一些出色的信，可以说是充满关于我们的农民读者，关于文学，关于我们必须阐明的艺术问题的极其有意义的想法的大纲。

我们总是以迫不及待的心情等待着看由"老夫子"（编辑部就是这样亲切地称呼高尔基的）审阅过的厚厚的文件夹。

有时候高尔基自己在小尼基茨卡大街的家里召开编辑部会议。我对一九三四年十二月举行的一次会议记得特别清楚。

阿列克塞·马克西莫维奇手中拿着我们送给他审阅的文件来了。我们立刻围住他。在这样很近的距离看到他的机会是不多的，因而我就会贪婪地仔细瞧他。他有宽阔的老年性佝偻的肩膀，还有一双碧蓝的充满年轻人那种光泽的眼睛；沉厚、深沉的男低音——不断地好像是从空荡荡的胸腔发出很响的咳嗽声。（在1931年第一次会见时，我也仔细地瞧过高尔基，记得那时我也是为如此相互矛盾的印象感到惊讶的。）和我同去的作家伊·格·戈利特贝格[376]当时谈起了西伯利亚，而高尔基则低着头，一边在注意地听他说，一边用手指敲打着桌子。"他非常苍老，病得很厉害。"我忧郁地想道。但他突然抬起头来看一看，我这才看到，在他那双像年轻人一般的碧蓝的眼睛里闪耀出好奇的讪笑。

我们和阿列克塞·马克西莫维奇一起围着一张圆桌坐下。他慢悠悠地翻开那令人神往的文件夹。

"怎么说呢？科学论文看来都是不错的。"阿列克塞·马克西莫维奇友好地朝科学部主任看了一眼。"那就这样吧。但是散文却不好，"他忧心忡忡地补充说，"太糟了。"

我们不知所措地一句话也不说。有什么可说的呢？集体农庄的题材已经在年轻的苏联文学中萌芽了，它是由一些令人抱有很大希望的大手笔精心促成的。但是伴随这一艰巨过程而来的却是大量出自那些混迹于古老的农村的才疏学浅、只擅长使用各种方言的人的作品。甚至很难说清楚，文学中出现的这些"现象"和我们主编想为集体农庄农民出一本崭新的杂志的愿望是多么不相符合。

高尔基对稿子一篇接着一篇着手进行分析：使他特别恼火的，是那些由相当有名气的作者马马虎虎供给我们草率写成的短篇小说。

"他们把废品全扔来了，并且认为：既是农民看的杂志，那所有的东西都可以塞进去了。这不是敷衍了事吗？"阿列克塞·马克西莫维奇闷声闷气地说道。

"去请普里什文[377]、索科洛夫－米基托夫[378]写些短篇小说吧……应当使农民读者享受到真正的、实实在在的艺术，而不要给他们提供那些作品——把农民写成愚昧无知和野蛮透顶的人。这有什么稀奇的！"

"伊凡·卡达耶夫[379]已经答应给我们写篇短篇小说或特写了。"我插话说。

阿列克塞·马克西莫维奇突然不知怎么地特别高兴，并和善地微笑了。

"挺好的作家！是的。应当去找这样的作家。不然的话，我看你们这里尽找一些西伯利亚人。"他把带有开玩笑但又严厉的眼光转向散文部主任弗·雅·扎祖勃林。"我已经听说，莫斯科的作家对我们杂志抱漠不关心的态度。他们还不理解！他们不理解《集体农庄庄员》是为农民办的第一份杂志。只要想一想，这是第一份杂志呀！"他热烈而又兴奋地重复说。"有时我甚至连觉都睡不着，老是在脑子里思量着我还能为我们的《集体农庄庄员》杂志做点什么事。不久前我写了一篇短篇小说，叫作《公牛》。当然我一定会把它给你们的……380"他不好意思地笑了笑。"有一天夜里，真的，甚至写了首诗……是首即兴诗。这诗是为农民写的。早晨重读一遍，不用说，当然给烧掉了。"

"哎呀，那不是白费气力吗！"扎莫什金脱口而出。

阿列克塞·马克西莫维奇置之不理。接着又沉默了一会儿，问道：

"但我们到底该向作家们做些什么呢？"

当时大家纷纷提出建议，如召开一次作家会议，请高尔基首先发言，或安排一次关于杂志的广播谈话……大家都谈了起来，七嘴八舌，非常热烈，争论此起彼伏。可是我已记不得在谈到什么问题时，弗·雅·扎祖勃林突然对高尔基说：

"我正在读你的《克里姆·萨姆金的一生》，阿列克塞·马克西莫维奇，你可知道，我给你勾去了不少。"

高尔基立刻朝他看了一眼，接着便有点冷淡和警觉地说：

"真的？"

我们都默不作声。而高尔基则疲惫地把他那夹杂着灰白色坚硬头发的平头朝肩膀一歪，听着突如其来的评论家的充满火药味的讲话。此刻他好像一只鸟，一只强壮的、严峻的、孤独的鸟。

"勾吧，勾吧。"他面带几乎觉察不出来的讪笑说。

"不愧为老战士。"我心里想。他在自己的写作生涯中经受了多少攻击啊！像今天这样的突然袭击又算得了什么呢？过去的攻击既含敌意又非常凶狠……

"现在我在看一些诗，"阿列克塞·马克西莫维奇开始说话，又把我们带回到所谈话题上来，"看得很多。但我怎么也不理解，谁称得上诗人，什么称得上诗？"

"这是怎么一回事，阿列克塞·马克西莫维奇，"尼·伊·扎莫什金提出异议，"你可记得，在巴格里茨基的诗中曾指出'吉洪诺夫[381]、谢尔文斯基[382]、帕斯捷尔纳克[383]……'而在年轻的诗人中间则首推帕维尔·瓦西里耶夫。他是一位大天才可是……"尼古拉·伊凡诺维奇一时语塞，并不好意思地补充说，"这人真糟糕，又在丢人现眼了。"

高尔基沉默良久，皱起眉头。大伙儿对他那篇严厉抨击帕维尔·瓦西里耶夫的流氓行为和对其进行的尖锐批评仍记忆犹新[384]。西伯利亚人瓦西里耶夫曾写过一些使我们这些人和他的老乡都理所当然地为之自豪的诗。然而他又那样丢人现眼，使自己的朋友们感到绝望。

"你们要知道，"阿列克塞·马克西莫维奇最后又说起话来，"我是不喜欢议论别人是非的人，所以我就安之若素。如果生活在那种是非圈子里，那谁知道……可能我也已成为一个丢人现眼的人了。这种气氛……我是想象得出来的！"

突然，谁都不说一句话了。然而，好像，大家都在思考着：高尔基在自己的文章中说起瓦西里耶夫的名字本来就是心情沉重的，他不可能不知道瓦西里耶夫那些卓越的诗篇。

不久我们发现高尔基已经疲倦了，于是互使眼色后就站起身来。

"我年纪老了，腰痛而且还气喘得难受。"阿列克塞·马克西莫维奇一边咳嗽，一边说，同时还紧紧地和我们握手告别。

第二天，人们在编辑部大谈他们在高尔基家里开会的事。

"他再活上十年就好了！"我在为高尔基担心，也可能是我第一次意识到，这个人每活上一天对我们来说是何等宝贵呀……

尤·巴·格尔曼

尤里·巴甫洛维奇·格尔曼（1910—1967）——作家。

回忆录写于一九五八至一九六四年。根据《尤里·格尔曼选集》（6卷本）第二卷，列宁格勒文学艺术出版社，一九七五年版，第五二五—五三三页刊印。

忆高尔基

> 生活中总有让人做出英雄行为的地方。凡是找不到这种地方的人要不是懒虫就是胆小鬼，不然就是他们不懂生活[385]。
>
> ——马·高尔基

当我在瓦西里耶夫斯基岛马雷大街上的一家生意不兴隆的理发店里读到阿列克塞·马克西莫维奇写的关于我的那些亲切的话语时，我刚过二十一岁。他的话是亲切的，但又是谨慎的。我记得这样一句话："如果小伙子不误入歧途，那他将来就能成功……"[386]

"不误入歧途……"我困惑不解地思考着，"可是，说实在的，为什么我会误入歧途呢？"

正是这个"不误入歧途"，无论是在开往莫斯科的列车车厢里，还是当我来到莫斯科小尼茨卡亚大街高尔基的寓所门前,以及坐在把我载往阿列克塞·马克西莫维奇的别墅区的汽车里都一直刺痛着我的心。

天气闷热,一场大雷雨就要降临。我们大家坐在汽车里本来就已惶恐不安。除了司机以外,我们谁也没有见过高尔基。我们过去只是从画像上,从文集上,从单行本上,从报刊文章上熟悉他的。我们中间的每一个人只是按照自己的想法去想象高尔基,正像过去想象契科夫、托尔斯泰、柯罗连科、莱蒙托夫、普希金一样,现在我们是乘车前往拜访活生生的高尔基,而且知道他是一位大作家。这有点不相称,在过了好久以后,当我回忆起在汽车里的这个时刻的时候,我觉得好像一路上我们中间谁都没有说过一句话。

当时我是怎样走进高尔基书房的——我现在完全记不清楚了。仿佛有一股浓烟把我笼罩住了,而当这股浓烟消失时,我才看到高尔基,看到我坐在写字台前面,他对我当时的精神状态感到非常不舒服。他根本不能忍受任何"多愁善感"——这是我后来才明白的,而此刻我顾不上去思考,顾不上去观察。但是不知道为什么我感到提心吊胆,认为高尔基一定会一开始就提出一些我一个也回答不出的奥妙问题。例如:"你对黑格尔[387]有什么想法?"

可是他没有向我问起黑格尔。夏天的大雷雨在敞开的大窗子外面怒吼,树叶随风飞扬,长空中电光闪闪。当时的景象十分可怕,但它对于尽情描写大自然的不朽的美及其各种各样的现象的人来说都是令人神往的。可是高尔基仿佛没有发现这一切,而是关切和一本正经地问我现在住在哪儿,住得怎么样。我低声地告诉他,我住在瓦西里耶夫斯基岛上,但高尔基并不需要知道这方面的事情。原来他所关心的是我住房面积有多大,我的邻居和整幢公寓怎么样。我的房门是朝着厨房的,煤油炉子的女主人们的关系是复杂的。高尔基递给我一张纸和一支铅笔,建议我把这些相互关系用示意图的形式画出来。他以最有特色的手势抿抿胡子,问道:

"这个女主人反对这一个?而这一个女主人是中立的?哎呀,她和这一个联合在一起?太有趣了,非常有趣!于是乎大家全都联合起来对付这个住在拐角上的女主人?但这个女主人又怎么样呢?真没有想到,这位太太多么勇敢呀!而你自己有煤油炉子吗?那它放在哪儿呢?"

我突然发觉，高尔基在问我平时吃些什么，而我却毫不腼腆，完全忘记了在我面前的是一位活生生的大作家，详尽地回答了这些问题。

"洋大头菜是用水煎的吗？可你怎么不知道洋大头菜是不能用水煎的呀？要知道煎和水是互相排斥的。据我所知，应该用油煎……"

我好像从来不曾遇见像高尔基那样关心交谈者极普通的日常生活的人。我曾见到那些善于听别人讲话的人，但是我也不止一次地见过那些和别人谈话时基本上只听自己，并且醉心于他们所产生的印象的人。我见过那些看起来在有礼貌地听别人说话，但实际上却在想自己的事的人。我曾遇见过许多听讲的人，但我却从未想象过会有人能够像阿列克塞·马克西莫维奇那样真诚地聚精会神地听别人说话，那样地表示同情，那样饶有兴趣地集中注意力，那样亲切地对待自己的交谈者。当然，这儿的问题不在于对我这个经历最平凡的人的态度如何，而是在于它有另一层更重大的意思。我们大家，我们整个一代人，显然在各方面都使高尔基发生兴趣。他想了解我们究竟是什么样的人。我们的生活细节，我们具体的日常活动都使他感兴趣，引起他的注意并使他激动。他不仅想知道我们在读些什么书，而且想知道我们吃些什么东西。他亲自关心着我们这些还仅仅是未来文学工作者的年轻一代，关心着我们的身心健康，希望我们有清晰明确的思想，希望我们不要虚度年华，希望我们不搞重复劳动，希望我们每个人走自己的路，并为我们作为它的公民的那个国家做出最大的贡献。

……关于烧洋大头菜和公用厨房里煤油炉的谈话使我清醒过来了。现在我已看到高尔基。我记得他穿的是天蓝色衬衫和灰色上装，记得高尔基脸上那闪电的反光，记得他一边把香烟放进烟嘴，一边谈起我那本书[388]。我由于带有年轻人所特有的那种自信，只是准备来听听恭维赞扬话的，所以甚至没有带铅笔和纸来记录高尔基的意见。

高尔基开始对我进行批评了，可这是多么厉害的批评呀！

我记得，起初我还不明白，所有这些严厉的话正是针对我的书说的。我以为，高尔基讲的完全是另外一部他不喜欢的作品——他用自己的长指头很快地翻阅的那部长篇小说。阿列克塞·马克西莫维奇一边生气（的确是在生气，因为高尔基从来没有在谈论文学时表现出漠不关心和狂妄自大的神态），一边用低沉的声音申斥语言错误、"废话"、我的格言式的写法、一般性的毛病，以及那些流利的，仿佛是十分顺利的流行句子。混淆"给别人穿上"和"自己穿上"[389]这一类的大错误使他愤怒起来。

"如果你是一位文学工作者，即使是年轻的文学工作者，那么请费心把'给别人穿上'和'自己穿上'这些词义的混淆永远搞清楚。这是干这项职业的基础。也许你指望编辑去改？而编辑又指望核对员去改吗？"

我沉默不语。

"你这部长篇小说抄写过几次？"

"一次。"我不无自豪地说。

"可是老爷，你，不认为这是无赖行为吗？"高尔基提醒说。

他沉默了一会儿，然后又令人发笑地补充说：

"这样的东西最好像小偷那样躲着点人，而不要用它来吹牛。一次！"他带着无法表达的愤怒和嫌恶的口吻重复了一次。"这就是说，坐多少时候就写出多少东西来了。真是好样的！"

高尔基瞧也不瞧我，久久地生闷气，接着又说：

"这本书必须全部重写。不是抄写，并且要在序言中指出，您对我的建议非常感激，好像您根本没有写过这种肤浅的东西。您去过中国和法国没有？"

"没有，没有去过。"我含糊不清地说。

"可您写了……"高尔基痛心地说，"现在您该怎么办呢？您怎么能这样？"

我说诺特贝格工程师是我的凯尔贝格的原型，他讲述了很多关于周游世界的故事，长篇小说《序曲》起初只是《少年无产者》杂志上的一篇特写，而我只是想把像诺特贝格这样的外国专家的经历详细地写出来。

"你想，你想，"高尔基埋怨说，"要是你把你的特写带给我或寄给我，我们可以一起商量商量，然后你到国外跑跑，那里什么样的书都能买到。那时候你再去改写吧，当然，要写上十多次才行……"

他又一次谈起小说来。旁人可能会想，小说的打字稿甚至还没有打出来，也许，它仅仅在写，可是他高尔基却建议我如何写出这样的小说来……

在提建议时，他一次也没有把小说中的人物搞混，他记得他们的姓名、性格，记得情节。他刚刚把这本书骂了一顿，可是这位最伟大的高尔基，仍然记得书中的一切，因此，我又有了信心，开始感到轻松自在，甚至有一瞬间，我竟然忘记坐在我面前和我谈话的不是别人而是阿列克塞·马克西莫维奇。我对某件事向他提出异议说：

"不，阿列克塞·马克西莫维奇，这完全不是那样……"

自然，我刹那间就清醒过来，甚至感到害怕了。但高尔基好像喜欢我的不同意见。他叫我把自己的一切论据详尽地列出来，当时他高兴得搓着双手，把我弄得不知所措。

后来有几次我发现，高尔基常常对那些非常容易同意和随声附和他意见的人生气，我还发现他在别人随声附和和表示非常高兴之后突然沉默下来，并在他的眼睛里闪现出苦闷和疲倦的神情。

关于小说的谈话是这样结束的：

"我过分称赞了您的小说，"高尔基说，"非常过分。这对我们文学家来说是常有的事，当然也不仅仅是我们。有时候，不客气地说，一首极其平常的诗，由于它的崇尚辞藻的文体符合我们的心意，就被认为是首好诗。您的《序曲》和我许多想法是符合的。您在书中所表达的激情和坚强信念使我高兴。但这本书距离真正的文学还差得远哩。可您别伤心，您还有时间……"

接着又对我说：

"这本书必须重写！记住了吗？"

不久，我就完成了《序曲》的重写工作。高尔基读完后忧郁地对我说：

"现在好些了。比过去好多了。几乎是称得上好了。但是，你要明白，这只是'几乎'。应该知道写的是什么，这是不容置辩的法则。应当写生活，一定要写生活，写生活的最深处，只有这样，详细情节才是真实的，而不是大概的。唉，这是文学作品的灾难——到处是大概，省略号，不着边际的叙述。看起来相似，而实际上又不是那么回事。你既感觉不到高兴和惊奇，也感觉不到自己是颇有成就的。可不是吗！"

我向高尔基提了一个问题，这是一个往往使大多数年轻的文学工作者感到苦恼的问题。他感到高兴，摇着头发剪得短短的平头，目光炯炯地开始说：

"如果一个人具有今后从事写作的基础，那么他就不应当问别人，他应不应该写。不应当问，懂吗？因为你心里想些什么，我是不知道的，不知道你有多大的能耐，这是难以测定和衡量的。难道我是一杆秤吗？我们的事业和拉小提琴或演唱抒情歌曲不是一回事儿。学拉小提琴或演唱时，无疑可以说'去请教艺术大师去，他会告诉你的'。可我却不是艺术大师，我是个文学家，是个读者。真正的文学家，你可以对他说一千次他不行，可是他仍然要写，你拿他一点办法也没有。你要知道，他随时随地都要写，道理很简单，就是他不能不写。"

想了一下，停了一会儿，高尔基接着又说：

"嗯，不是有一些刚出几本小册子的作者嘛。真遗憾，他们有时总认为自己真是作家了，特别是在有点成绩的时候更是如此。这种现象倒挺有意思的。但他们根本不是作家。实际上，任何一个人，只要他不是花花公子，不是撒谎者或者妄自尊大的蠢物，都有可能对自己和自己的生活写出并非没有意思的小书来的。不仅能写出并非没有意思的书，而且甚至能写出非常有意思的书。有时在这种情况下，令人伤心的不愉快的事情就会接踵而来。有个人写了一本小书，他就不干工作了，所谓的朋友就把他称之为天才，可是这位天才再也写不出什么东西了。他以后接连失败，可是他不是从自己的文学修养底子薄方面去找原因，而是认为嫉妒他的人在捣鬼，是命运不佳，开始疑神疑鬼，到处写申诉，还向我求援，好像我是主管文艺司似的。但是如何对待这些最初出版的书，是件复杂的事，非常复杂的事。苏维埃政权在人民群众中造就了成千上万的极有才能的人。二十年来人们走过很长的路程，很多人自己发现了自己——为什么不可以谈谈这些发现呢？有些书写得并不怎么高明，但谈起来却令人无法平静，激动不已。既准确，又简练，而主要的是有值得给人们讲的内容。其中有想与人们分享的财富，有对别人有益的思想。因此人们会问：他们是不是作家？我不敢妄加评论。我不会，也不想，今后也不准备去评论……"

另一次，高尔基问我准备写什么，我说得语无伦次。他在房间里走动、咳嗽，并不时地朝我看看，突然他停下步子，说：

"如果我没有记错的话，关于这次爱尔兰起义有英语速记报告。大约是在一九三〇年出版的。此外，在那几年有许多东西分散刊登在报刊上。"

接着，他站在那间宽大的、几乎是空荡荡的房子的中央，用他那双集中注意力回首往事的眼睛从旁睨着我，开始口授小册子、杂志上文章的日期。我一一记下，同时觉得，并且直到现在还觉得，这是奇迹：这是个很偏的问题，何况在俄国也鲜为人知，已经过去几十年了——这一切怎么可能仍然留在高尔基的记忆之中呢？……

后来我检查了一下，他讲的二十二个标题只错了三个。

在晚上喝茶的时候卢戈夫斯科依[390]问高尔基：他怎么处理每天收到的如此大量的信件。阿列克塞·马克西莫维奇轻声地笑着说：

"除了敲诈勒索者和精神病患者外，我全都回信。"

他沉默了一会儿又补充说：

"其实，我也给精神病患者回信的。你可知道，在他们中间会遇见一些非常有趣的人。老实说，我有时候甚至会想：你真的患了精神病吗？既狡猾，又聪明……有一个人来找我，开头讲得的确头头是道，非常动听，可是后来越讲越不行了，真是个疯子……当然有时也会发生巧合的情况。春天有一位合理化建议者从斯维尔德洛夫斯克来我这儿。他是一位挺有意思的人，学问渊博，头脑清醒。他提过很多好建议，现在仍在不断地提，而他提的建议在某种程度上确是对人们有利的，都是为了众人，而且现在对每个人来说都是必需的。可是就在此时，我收到斯维尔科洛夫斯克一位文学工作者的一封充满怨恨和无限忧愁的信。看来，他没有什么东西可写，主人公也没有，他想造一个出来，可是又不知道写谁好。没有适合于他写的体裁，他没有遇到可尊敬的人（瞧，他在狡猾地奉承我啦！）。我就写信告诉他那个斯维尔德洛夫斯克合理化建议者的地址，建议他写这样的人，现在我们正在等候这个建议的结果。我们不喜欢寻根问底，一点也不喜欢。"

关于我的书《可怜的亨利希》[391]，高尔基曾寄给我一封评语极坏的信，并在见面时不愉快地说：

"你不要见怪，我在暮年越来越想使人们能看到自己周围的好人好事，看到这些好人是怎样形成的。你们在国外生活，可以说什么也没有学到，你们对国外生活有什么了解？你们中间的一个人寄给我一首描写意大利生活的诗。诗里什么内容也没有。他是船上的一位机械师，他只是随轮船停靠在意大利时在那儿待过几个航次。当他开始给我讲起自己朋友的时候我听得出神了。而在诗中老是圣母，圣母的，圣母同他这个傻瓜有什么相干呢？"

接着他十分忧郁地问道：

"为什么你们都是这样的？"

他长时间地在房间里来回走着，突然向我建议说：

"你最好是写费利克斯·埃德蒙多维奇·捷尔任斯基[392]。写本给孩子们看的小册子。我给你讲一段情节——你愿意听吗？"

于是他就不知为什么露出笑容，同时吸着香烟，讲了一则肃反工作者在国内战争的饥荒年代如何"欺骗"捷尔任斯基同志的简短而又动人的故事。那天卢比扬卡食堂给大伙吃的是马肉汤，而给捷尔任斯基的却是猪肉煎土豆。但人们告诉他今天所有的人午饭都吃猪肉煎土豆。

"我也参加了这场作弄他的把戏，"高尔基说，"但人们警告我不许泄密……"

他还是一边来回踱步，一边说：

"有一次我去找菲利克斯·埃德蒙多维奇替人说情（那时有各种各样的人总是求我去为他们说情），捷尔任斯基出来迎接我，在走廊里我们相遇了。他的眼睛红得像家兔的眼睛一样，他问道：'阿列克塞·马克西莫维奇，什么时候才不需要残酷镇压呢？……'我能回答什么呢？他是一个空前未有的心地非常纯洁的人。"

过了一会儿，高尔基问我现在在写什么。我告诉他在写《我们的几个熟人》。他像往常一样全神贯注地听着，不时重问，然后说：

"写一个厨师——这很好，非常好，一个搞伙食的人，并且尽力想把伙食搞得美味一些的人，绝不会是个坏人。请你读读这样一本小书——布里利亚·萨瓦连写的《味觉生理学》[393]吧，不客气地说，你会从中得到关于烹调艺术的许多知识的。"

接着他便微笑起来。

"真有意思，人们真是什么样的书都写。"

而我则十分惊讶地想了想："上帝呀，他哪里有工夫读这么多书呀？"

《我们的几个熟人》的片段在列宁格勒出的一本文选上刊出了[394]。高尔基读了有关厨师的这一片段便困惑不解地对我说：

"嗯，怎么没有提到布里利亚·萨瓦连的书呢？要知道这是真正厨师的福音书呀。"

我回答阿列克塞·马克西莫维奇说，这本书还没有找到。于是高尔基马上大光其火说：

"怎么会找不到这本书呢？你怎么不去找呢？你有什么权力不去找呢？你看，你真是够窝囊的！"

过了两天，高尔基的秘书打电话要我去他那儿。在小尼基茨卡亚大街的空荡荡的饭厅里我读了布里利亚·萨瓦连的那本书，并且还从中做了摘录。这一天我没有见到高尔基。以后他再也没有跟我谈起过这件事。

我不知道，可能，从来也不知道有人能像高尔基这样善于欣赏和由衷喜欢才气横溢、内容真实的书。

我记得，有一次在别墅里的时候，突然下起倾盆大雨，高尔基看到一本遗忘在花园中的书，便轻捷地跑过去取那本书，一瞬间，他全身都湿透了，但他仿佛毫不在意，十分珍惜地把那厚厚的一本书擦干了，并对我们所有的年轻人说：

"这该死的雨！这是阿列克塞·尼古拉耶维奇·托尔斯泰的书呀！写得多好呀！写得多么优秀呀！一位出色卓越的作家……"

我们在这儿的凉台坐了很久，他以完全是少年人的热情谈论着托尔斯泰，后来又谈到尤里·尼古拉耶夫——回想起小说《丘赫利亚》[395]，他的眼睛里就突然滚动着喜悦的泪珠。整个这一天，是我所记得的美好日子中的一天，如果可以这样表达的话。高尔基精力充沛，兴高采烈，向我们夸耀最新一期《我们的成就》杂志（他非常喜欢这份杂志，甚至于问我这位年轻的文学工作者，我们年轻人对他创办的这份杂志有什么想法），并且不知疲倦地赞扬苏维埃文学的现状，又说它将变得怎么好。

"你们不知道，"他说，"你们还年轻，而且仅仅谈了一些自己写的或周围的人写的东西。而我知道我们的文艺工作者可从来不会去思考为什么需要艺术和是否需要艺术等问题。可要知道这是多么重要呀！同志们，这是基础的基础……"

后来，高尔基一边不时地搅动着正在熄灭的火堆，一边在听一位作家讲话。这位作家就阿列克塞·马克西莫维奇现已发表的文章用优美而又完整的句子向他表示钦佩。高尔基突然说：

"这并不全是那样。有些论点我有意浓缩了。由于对你们略有所知，所以我正在等待你们在报刊上对我文章的反应。我曾推测，文学论战将会激烈起来。没有文学论战就不会有生气勃勃的文学生活。无聊！比如你们年轻人坐在这儿听我说话，装出有礼貌的样子，可是知道恐怕每个人都有自己的看法。是不是这样？你们为什么眨眼睛呢？得了吧，也许你们不同意我说的话？还是我们真的什么都看透了，认为我们绝对不需要任何文学论战？是不是因为这是废话，这是绝对不可能的，这一切全都是胡说八道……"

我们默不作声。

高尔基喘了一口气，但还是愉快地说：

"同志们，应当互相反驳。文学是生气勃勃的事业，可是只要我一公开发言，你们就立刻引证我的话，仿佛我说的话就是法律似的。这是我的意见，文学家高尔基的意见。这样你就愿意跟一位就算比你更有经验的文学家那样跟我交谈，而不是跟文艺司在交谈……"

我最后一次看到的高尔基就是这样的。后来我只在灵柩里看到他了。我站在灵柩旁边，但怎么也不相信这世上最生气勃勃的人中间有一位已经故世了。但是我却不知怎么便回想起他对我讲的话来：

"同志们，应当互相反驳。文学是生气勃勃的事业……"

萨·穆·穆卡诺夫

萨比特·穆卡诺维奇·穆卡诺夫（1900—1973）——哈萨克作家。
本文原载《十月》杂志一九六八年，第三期专辑，现根据该专辑刊印。

他活着，他和我们在一起

（……）大家知道，一九三二年拉普因联共（布）中央做出的决议而被解散，接着就成立了苏联作家协会组织委员会，马克西姆·高尔基成为该委员会的主席[396]。从这时起，苏联作家的生活就开始了一个新的时期。

从组织委员会工作开始的头几天起，来自辽阔祖国的各个角落，来自各加盟和自治共和国、自治州和区的不同民族的作家都聚集到他居住的沃罗夫斯基大街。阿列克塞·马克西莫维奇接待了他们。苏联作家协会成了族际机构。

高尔基和作家们交谈，询问他们物质上和创作上的需要，并且通常当场解决许多问题。他很关心各民族的文化、艺术和文学。

当时我在莫斯科红色教授学院学习[397]，参加拉普的工作，而后又参加组织委员会的工作，曾不止一次地遇见过阿列克塞·马克西莫维奇。

有一次，高尔基和我谈话时谈起哈萨克的民间创作。

"你坐在装满金子的箱子上，因此你应当在自己的创作中充分地利用这些有重要价值的东西。"

另一次，高尔基曾经问起，哈萨克妇女中是否有女作家。我援引哈萨克民间创作说，在十九世纪中叶以前，当时所有的哈萨克人都过着游牧生活，妇女们是不大依赖男人的。当时在哈萨克人中间有许多女性是天才即兴诗人，她们在赛诗会上多次赢得胜利。

在十九世纪中叶，当沙皇俄国使哈萨克草原完全殖民地化后，相当大的一部分哈萨克人开始转向半游牧生活方式。由于这个缘故，封建主义得到了加强，哈萨克妇女就成了为之付出彩礼的家庭中的女奴隶。她们再没有工夫从事诗歌创作了。

"而现在呢？"高尔基问道。

"从哈萨克苏维埃社会主义共和国成立之时起[398]就一直进行着妇女解放的坚决斗争。现在已涌现出第一批哈萨克女作家。她们已有几十人之多了。"

"这非常好，"高尔基说。"应当帮助她们。我们希望在她们中间出现出类拔萃的人。"（……）

我们，各兄弟共和国的作家们时常受到阿列克塞·马克西莫维奇在创作方面的帮助。在读了他的长篇小说《我的大学》后，我们决定写自传体的作品。我曾请阿列克塞·马克西莫维奇帮助我出出主意。

他说："最好的出主意的人是生活本身。如果你真实地写生活，那你就能正确地描写你们民族生活中的社会变化和阶级动向。""不过应当知道，"高尔基强调指出，"你是从什么立场反映这种生活。因为可以用各种角度反映生活。我们的观点是列宁主义。那就从这种立场出发来写作吧。"

在写自传体三部曲《生活的学校》的三十年内[399]，我从来也没有忘记高尔基的这些忠告。

阿列克塞·马克西莫维奇故世已经不少年了。从那时起许多事物都已发生了变化。但是高尔基开辟的道路——社会主义现实主义的道路却没有改变。现在我们祖国各兄弟民族的文学正沿着这条道路前进。（……）

玛·雅·先加列维奇

玛加丽特·雅科夫列夫娜·先加列维奇（1901—1975）——女作家。她在第一次全苏作家代表大会召开时是乌克兰《消息报》的女记者。
本文原载一九六八年二月七日第六号《文学报》，现根据该报刊印。

终生难忘

第一次全苏作家会议是一次重大的社会事件[400]。我记得，在电车里，在大街上，到处都可以听到有关代表大会、文学和苏联作家的谈话。所有的人都对马克西姆·高尔基即将做的报告表示关心。

代表大会的通行证和入场券很多，但是，当然，如果圆柱大厅能大上几百倍，它仍然是容纳不下所有希望一饱眼福的人们。我有一张新闻记者包厢的入场券。

阿列克塞·马克西莫维奇走上讲台。他抬起眉毛，环视一下大厅，微笑着，摇了几下头，等了一会儿……代表们继续向他致敬……他皱了一下眉头，一本正经地朝放在他面前的提纲看了一眼……

终于安静下来……高尔基开始做报告。

画家们在肖像画里通常赋予阿列克塞·马克西莫维奇以某些特别显眼的特

征——力图加深他前额上的皱纹，使他的头发竖立起来。但是，就我所记得的，阿列克塞·马克西莫维奇的脸部"表情"实际上并非如此——他时而表现出聚精会神、陷入沉思的样子，时而突然不知怎么的显得非常活跃、敏锐，在他的眼睛深处简直像孩子般地闪耀着非常淘气的神情……

杰米扬·别德内把我介绍给马克西莫维奇。

乌克兰报纸和编辑部委托我写一篇关于代表大会某一位代表的特写。但是这次代表大会有那么多的杰出人物，以致我不知道写谁好。我请高尔基给我出主意。第二天阿列克塞·马克西莫维奇亲自来到新闻记者包厢。

"请你看看那边！"他的目光指向一位围着白色三角头巾的、身材不高的、上了年纪的妇女。"去找她，这是一位有趣的杰出人物。你写好了让我拜读一下，好吗？"

就在那一天，我认识了阿格里平娜·加夫里洛夫娜·科列瓦诺娃[401]。

阿格里平娜·加夫里洛夫娜·科列瓦诺娃的一生确实是不平凡的。她是轮船码头的装卸女工，几乎是不识字的，可是她写了一本以自己的经历为基础的书。而现在，阿格里平娜·科列瓦诺娃已经是全苏作家代表大会的代表了。

"明天大会休息的时候请你来这儿一趟。我尽可能在今天读完它，"高尔基说，"编辑部里的人大概在等这篇特写了吧？"

我怀着可以理解的激动和焦急的心情等待着明天，等待着阿列克塞·马克西莫维奇的会见，我已经事先想象到他会怎样严厉批评我的作品了……阿列克塞·马克西莫维奇觉察到我的激动，便立刻说：

"请你把特写寄出去吧，否则编辑部里的人要等得不耐烦了。"

这句话使我平静下来。

"我在上面写了一些意见，"阿列克塞·马克西莫维奇说，同时把手稿还给了我。"现在没有时间交谈了，虽然我很想和你谈谈。"他补充说。

我急忙赶回家去，把特写重读一遍。这个特写开头写科列瓦诺娃艰苦凄凉的童年，然后按时间的顺序讲述她一生的经历。关于这一点，阿列克塞·马克西莫维奇在手稿的页边上写了如下的意见：

"我想，最好一开头就介绍在代表大会讲台上的科列瓦诺娃，这样能引起读者的注意。不久前还是一个目不识丁的农民，现在却是站在全苏作家代表大会上讲话的女作家了。这对我们来说是重要的、意味深长的、有代表性的。"

在特写中讲述科列瓦诺娃喜欢听伏尔加河歌曲曾对她发生巨大的影响的段落旁边，阿列克塞·马克西莫维奇在边页上写上了"很好！"。

阿列克塞·马克西莫维奇在谈到科列瓦诺娃加入共产党段落的地方写了这样的批语：

"请写得明确些，科列瓦诺娃是什么时候入党的，这很重要！请用某些详细情节强调一下这个对人们的一生来说是最有意义的事件。"

我考虑了阿列克塞·马克西莫维奇的建议，并尽自己的所能，在特写的原稿中做了相应的修改。然后把特写寄往基辅，它刊登在那专为第一次全苏作家代表大会而出的报纸上。遗憾的是，带有阿列克塞·马克西莫维奇批语的特写手稿于卫国战争时在基辅被毁掉了。

在代表大会上，我和高尔基另外还有几次交谈。

编辑部曾给我一项任务：要为报纸向出席代表大会的一位外国作家、苏联的朋友组稿。于是阿列克塞·马克西莫维奇就在这方面给我提出一个宝贵的建议。

"去和马丁·安德逊－尼克索[402]谈谈吧，"他说，"尼克索是我们真诚的朋友，你可知道，有一种说法，'眼睛里流露出内心活动'，尼克索的眼睛里的确流露出了内心活动。"

第二天，在代表大会的一次中间休息时，阿列克塞·马克西莫维奇把我介绍给赤色马丁认识，他是这样叫尼克索的。尼克索非常乐意接受写文章的请求。马丁·安德逊－尼克索在文章中是怀着巨大的敬爱和感激之情谈论苏联的。

在和尼克索交谈时，我说起阿列克塞·马克西莫维奇说的话。在赤色马丁的眼睛里果真流露出非常清晰和纯洁的内心活动。尼克索怀着巨大的兴趣问起乌克兰的作家情况，问起我们的文学……

在代表大会开过不久，我又来到莫斯科，再一次会见了高尔基。这两次会见永远留在我的记忆之中。

……那天天气晴朗。阳光普照。当我走进房间时,阿列克塞·马克西莫维奇坐在一张桌子旁边。他抬起头,站起身来,走过来迎接我,在友好的相互问候后,让我坐在他的对面。

"和阿列克塞·马克西莫维奇谈些什么,从什么开始谈,他将会有兴趣和我交谈吗?"——我考虑了一下。

高尔基凝视着我,五彩缤纷的太阳光点一刹那间在桌子上闪烁了一下。

阿列克塞·马克西莫维奇突然竖起眉毛,"你瞧,这太阳光点跑得多快呀!"他微笑了一下说,"为什么给它取'小兔子'[403]这个词呢?!老百姓这样叫它是有道理的,也许,这太阳光点是像小兔子那样胆小?"阿列克塞·马克西莫维奇摇摇头说:"真是个胆小鬼……你瞧,它在桌面上跑得多快?它害怕了。它不是怕你,而是怕我这个身材高大、头发蓬松的人,它一害怕就逃跑了。"

我不由得笑了起来——阿列克塞·马克西莫维奇把太阳光点形容得这样活灵活现。我突然开始为自己的胆怯而感到羞愧。因为我已知道在我面前的是一位愿意帮助和开导我的朋友了……

我的胆怯消失了,于是我就讲述自己童年时代的一件事:我的女房东为了不让"女房客的小猫"在脚跟前碍事,便用水冲我喜爱的小猫。我当时是个女大学生,生平第一次感到什么是不公正。

"而你是不是试试写这件事?女房东、女大学生和小猫。试试,好吗?"高尔基说。生平第一次感到什么是不公正,这是一件很难受的事情,我们每个人都经受过。每个人的感受不一样……那就把关于"女大学生"的事写出来吧。应当让我们的青年人知道过去,这样他们就能越来越鲜明地理解今天。

"你在一九一七年十月革命时几岁?"阿列克塞·马克西莫维奇问道。

"这一代人的少年时代是美好的。"阿列克塞·马克西莫维奇说。

我说,在我少年时代最鲜明的印象就是和列宁的会见。

"你出席过共青团第三次代表大会?"阿列克塞·马克西莫维奇赶快问道。

"不,我在共产国际第四次代表大会上听过列宁的报告。"

高尔基问，弗拉基米尔·伊里奇在做报告时外表看来如何。

"弗拉基米尔·伊里奇有非常出色的通晓多种语言才能。"阿列克塞·马克西莫维奇说，"我记得在卡普里他和意大利渔民对话的情景，他讲得那样轻松自如，仿佛他同说意大利语言的人是沾亲带故的。弗拉基米尔·伊里奇也非常精通德语，但是要用非本国语做这样长篇大论的报告还是很费力的，而他当时已经病了，病了……[404]"

在阿列克塞·马克西莫维奇的眼睛里忽而闪现出泪花。他用手掌遮住眼睛。然后轻轻地，仿佛自言自语地说：

"这个感觉真是令人惊异——你可知道，列宁已经离开我们了，可你却仍然感到他还活着，和我们在一起——他的精力多充沛，真可谓无穷无尽……他现在仍然和我们在一起，在我们的事业中并在党内实现他的意愿……你能听到列宁的报告，这是终生难忘的事。"接着他又关心地补充说："写下来，一定得写下来。关于列宁的每一句真实的话都是宝贵的。"

按照阿列克塞·马克西莫维奇的嘱咐，我当天晚上就写了和弗·伊·列宁的这次会见。这个笔记奠定了一九四五年刊登在《女工》杂志上我所写的《回忆列宁》一文的基础[405]。

我记得，我曾见到过当时在奥布拉兹佐夫[406]医院里治病的米哈伊尔·米哈伊洛维奇·科秋宾斯基，提到科秋宾斯基曾常到我祖父的家里来。

阿列克塞·马克西莫维奇详细地询问了有关米哈伊尔·米哈伊洛维奇·科秋宾斯基的种种情况。

我讲起了自己在童年时代曾为《哈里佳》[407]掉过眼泪，讲起了他怎样朗诵高尔基的《意大利童话》——那本书是阿列克塞·马克西莫维奇寄给米·米·科秋宾斯基的。

阿列克塞·马克西莫维奇怀着深沉的爱谈着科秋宾斯基。在他的讲话中蕴含着对这样过早逝世的亲密朋友、伟大天才的悲痛，对他最珍贵的乌克兰人民的兄弟文学的关怀……

"你们的青年人现在工作得怎样？"阿列克塞·马克西莫维奇问道。

我说，大多数年轻乌克兰作家都和报纸有联系，许多人常到工地、工厂和集体农庄去，指导企业的文学小组。

"好！好样的！"阿列克塞·马克西莫维奇称赞说，"报社也不害怕和他们接触，好极了！"

高尔基问我现在在写些什么和已经写了什么。

我说，已经出版了几本短篇小说集和特写集，作为特写作家，我曾去过克里沃罗日耶、顿巴斯、第聂伯河国家建设工程局。

"你什么时候去过第聂伯河建设工程局的？"阿列克塞·马克西莫维奇问道。

"一九三二年的夏天和秋天在建设第聂伯河水电站时和一九三二年十月第聂伯河水电站落成典礼时……"

"现在我为未能参加第聂伯河水电站的落成典礼而感到遗憾。"阿列克塞·马克西莫维奇说，"这真是人类劳动的喜庆日！"

阿列克塞·马克西莫维奇又一次谈起年轻的新兴作家。

"你们年轻人旅游多见识广，这很好，活动对于作家来说是有益的，非常有益的……活动……你可记得，舒伯特[408]有一首《冬日之旅》的歌曲。这是一部好作品，抵得上一部五幕剧的歌剧……"

在和高尔基谈话以后会产生许多新颖有趣的想法。阿列克塞·马克西莫维奇用敏锐的眼光不时地看看交谈者，向对方提出一些问题，以便搞清楚和猜测在他面前的是一个什么样的人。他时而温柔和令人兴奋，时而要求严格和态度严厉，他非常善于帮助别人，出些必要的主意。阿列克塞·马克西莫维奇在认识一个人的同时，也和他一起分享自己的丰富思想、感情和天赋。

阿·尼·托尔斯泰

阿列克塞·尼古拉耶维奇·托尔斯泰（1883—1945）——作家。高尔基对托尔斯泰的才华评价很高，非常喜欢这个人。

本文原载一九三七年六月十八日第一四二期《消息报》；同时在列宁格勒《真理报》六月十八日第一三九期和《接班人》报六月十八日第一三八期上发表。今按《阿列克塞·托尔斯泰文集（十卷本）》第十卷，莫斯科，国家文学出版社，一九六一年，第三百七十三—三百七十五页刊印。

人们应当按照这个榜样来塑造自己

在作家代表大会结束后的宴会上，人们要我担任出洋相的余兴节目报幕员。我在台上没有待上十分钟，阿列克塞·马克西莫维奇和他一家人坐的那张桌子旁边有人叫我从台上下来……阿列克塞·马克西莫维奇很不客气地说：

"坐下……"接着用鼻子连发呼哧声，而后友好地，但仍然生气地说，"你碰到鬼了！我真想朝你头上甩盘子。"

我明白了。阿列克塞·马克西莫维奇像往常一样，为我在台上搞滑稽短剧降低自己的作家身份而真的生气了。

这就是阿列克塞·马克西莫维奇的性格……

他既喜欢笑声，也喜欢开玩笑，但在对待作家、艺术家、创作者的称号上他却是一丝不苟的，严峻的，满怀激情的。

他在听某个新兴的有才华的作家的作品时，能大哭，站起身来，离开桌子，一边用手指擦拭眼睛，一边喃喃地说："写得好，这些鬼东西。"

但如果你弄虚作假，耍滑头，不老实，那就能凭第六感官感觉到——你有失自己身份而到妥协的地步，这时他就会用手指头敲起桌子来，他的浅蓝色眼睛就朝旁边看……这时在他身上，仁慈心肠，如此恢宏大度的仁慈心肠，就和渐渐出现的忿愤斗争开了。当仁慈心肠最后终于让步时，他就会用低沉的声音说出许多毫不留情的话语，而且都是当面指着鼻子说的！这位作家就会挨上一顿痛骂……

阿列克塞·马克西莫维奇是最后一个伟大的俄罗斯经典作家。他真正地保持了伟大的俄罗斯文学的传统。其传统之一就是认清我们称之为艺术的那个奇怪现象的对人类的整个价值和重大意义。

因此，他对创作的任何表现……从某个帕列赫锦匣，从唱起来很好听的民歌到大莫斯科的建筑方案[409]都持充满激情的态度，这就完全可以理解了。

在创作上多才多艺、对一切现象都感兴趣的人，我们只知道还有一个艺术家，就是普希金。而阿列克塞·马克西莫维奇有一个优越条件，就是在他面前已展现出他的国家的未来和人类未来的鲜明、真实的前景。他看到了自己努力的成果，看到了作为"自豪的人"在摆脱贫穷屈辱和奴役之后开始建设社会主义了。他对国家的人非常热烈的信任，已经证明是正确的了。他早在少年时代就走上的这条路——社会主义道路，已经成为现实了。

他经常重复说："但愿我还能再活上十年。"他年复一年地使自己肩负起越来越繁重的工作。编辑杂志和文集，全部手稿都要审阅，他重新修改了自己的几个剧本[410]，写了历史性的长篇作品《克里姆·萨姆金的一生》、一些剧本和短篇小说。

他不允许自己落后于生活的步伐。他想知道一切，他想投身一切建设、发展、变化、创造的事业中去。他给孩子们写了成百上千封信。他深切地关注着全苏实验医学研究所的每一件小事情[411]。

尽管他名冠全球，博古通今，可是他依然是一个地地道道的俄罗斯人。他非常热爱自己重新获得的社会主义祖国。

他为她献出了自己的才智和生命。他毫不吝惜自己。在逝世前的几个小时，当他的一位地位显赫的朋友[412]前来向他诀别时，阿列克塞·马克西莫维奇几乎停止呼吸，但仍然稍稍抬起身来并说，依照对方的意见，还需要他做些什么。

他就是这样一个人。他就这样为我们所有的人做出了榜样。人们应当按照这个榜样来塑造自己。

阿·拉·科普捷洛夫

阿法纳西·拉扎列维奇·科普捷洛夫（1903年生）——作家。

本文第一次发表于《西伯利亚星火》杂志一九三六年第五期。现按阿法纳西·科普捷洛夫的《往事与近事》（回忆·论文·特写）诺沃西比尔斯克，一九七二年版第二十一——二十九页刊印。

在马克西姆·高尔基家里做客

一九二八年，在《西伯利亚星火》杂志上出现了阿列克塞·马克西莫维奇给弗拉基米尔·雅科夫列维奇·扎祖布林关于以亲切的态度对待"文学稚子"的信的摘录[413]。我这一代作家当时还是"稚子"，因此高尔基热情的话就像父辈的话那样使我们感到高兴。（……）

一九二九年七月初，我怀着高尔基是这样富有同情心并且慈父般地关怀我们的想法来到了莫斯科。在我到达首都的第二天，当时在国家出版社工作的《西伯利亚星火》杂志创办人之一的米哈伊尔·米哈伊洛维奇·巴索夫打电话给高尔基的秘书说：

"这里来了一位西伯利亚人，可是你是知道的，阿列克塞·马克西莫维奇一直很关心西伯利亚的事情。现在有一些新的情况，可能对我们有用……西伯利亚的来客可以讲讲。"

第二天早晨，我已经在对着卡捷林娜·巴甫洛夫娜·彼什科娃的住宅，马什科夫胡同1号了，刚从意大利回来的阿列克塞·马克西莫维奇就住在这里。一个长方形的带有一扇大窗子的房间就是他的书房，靠墙处摆着几只柞木书柜，角落里放一张床，门对面的靠窗处放一张桌子，在桌上靠近文具的地方放着一只装满已削好的铅笔的木笔筒，到处都是书、杂志和报纸。

我怀着非常激动的心情跨过这个房间的门槛。离开桌子出来迎接我的，是一位有点驼背的身材高大的人，他两肩陡峭、坚实、身穿深灰色的夏天短袖衬衫和白裤子。在满布深刻皱纹的脸上，从毛茸茸的胡子下面露出热情亲切的笑容。我的手被捏在阿列克塞·马克西莫维奇的宽大有力、骨骼粗大的手中。他把我领到办公桌前。

"请坐，西伯利亚人，请你说说。你来莫斯科要待很久吗？是第一次来吗？你已经参观过哪些地方？你非常喜欢首都吗？"

他在桌子另一边的椅子上坐下。我瞧了一眼，并为他年届花甲而头上还几乎没有白发而感到高兴。高尔基看来要比实际的年龄还年轻些，虽然时常咳嗽，但看上去还是强壮的。

桌子上放着老式的大开本格子纸，这种稿纸有用来写批注和校订的边页，使用起来非常方便。第一页已被高尔基写得工工整整的一行行均匀的字遮住了一半。不好，我来得不是时候，午饭前是工作时间，因而耽误了阿列克塞·马克西莫维奇看稿子。

但是高尔基一说话，我的窘态就消失了。（……）

阿列克塞·马克西莫维奇相当长时间地向我详细打听了老一代的西伯利亚作家，他们的新作品，以及他们现在在写什么。他们中的许多人他本人是认识的，他还和许多人通过信。

在他的书柜里放着新出的几期《西伯利亚星火》。

然后他谈起了那些通过报纸进入文艺界的年轻作家，同时还谈了决定出版《文学学习》杂志的问题：

"杂志将给年轻作家以帮助。他们将会明白应当写什么和不应当写什么。

我们将这样排印：在某一页上刊印初学写作者的短篇小说，而在另一页上刊出经过有经验的作家修改过的同一则短篇小说。"

阿列克塞·马克西莫维奇顺便谈到了正在成长的文艺工作者：

"青年人应该学习写短小的故事。学好这个，就会得心应手。"（……）

众所周知，作家应该知道全世界，而不是仅仅知道自己的城市或自己的家乡。大概，每一个文艺工作者都有朝思暮想的愿望——到各个国家去看看。现在这是容易做到的，现在苏联每年有几千个旅行团体到世界各地去。而在过去到国外去旅行是非常困难的——旅行的事甚至还没有做打算，但连我也想去看看世界了。"作家必须尽可能知道得多一些"，这是我在高尔基的《论有学识的好处》一文中读到的。这鼓舞起我去国外旅行的念头。我胆怯地提到可不可以到意大利去呢？阿列克塞·马克西莫维奇详细询问了我在哪里长大的，我在哪儿学习的，读过一些什么书，我有哪些作品已经出版了，最后鼓励我说：

"好吧。可以安排一次旅行。这样的旅行是必要的，对作家是非常有益的。非常有益。"他建议，"你需要好好准备一下，以便确定去哪儿和参观些什么，以便把艺术的各种现象研究明白。你要多读点书。"

他说出了瓦萨里[414]的几本书的名称和另外几本关于文艺复兴时期的艺术的有重大价值的旧版本。"可以到旧书商那儿去找找。如果找不到，请写信给我——我可以寄给你。"

这样令人感动的关怀还是我刚在文学上初露锋芒之后第一次遇见的哩。

高尔基把我送到门口说，他将可能留在国内过冬。但是阴晦的秋天却损害他的健康，迫使他再一次去意大利过冬了。（……）

在代表大会召开后，高尔基邀请西伯利亚作家到他家里去做客。

九月三日上午十时三十分，我们来到了小尼茨卡亚大街上的一所不大的独家住宅，那里现在挂着一块白色大理石，上面写着如下几个金字：

马·高尔基故居

1931—1936

我们被领到楼下的饭厅，房间中央摆着一张铺上白桌布的长桌。它的一边坐着穿深灰色上衣的阿列克塞·马克西莫维奇，另一边坐着伊尔库茨克人彼得·波利卡尔波维奇·彼得罗夫[415]，他是半小时前被高尔基请来谈谈他的一部关于采金者的长篇小说的。在两位交谈者的面前放着已经喝完的空杯子——主人和客人在谈话时喝了咖啡。

阿列克塞·马克西莫维奇站起身来，朝我们走上两步并朝大伙儿摆了摆手。

代表大会把他累垮了。脸上显出了倦容，似乎皱纹越来越深、越来越明显了。但是这一次在长时间的紧张工作后，他好像比巴·科林[416]大概是一九三二年一至二月在意大利给他画的肖像画上的神气更加精神饱满、更加强壮和年轻了：看来，祖国的空气确实是有益的。

我们坐到桌旁。（……）

高尔基是一位罕见的聚精会神的交谈者。他在听完一个人的发言后发现另一个想说点什么的时候，他就把自己那知心人的清澈目光朝他一瞥：

"好吧……就请你说吧……"

当话题回到关于《西伯利亚星火》的问题上来时，阿列克塞·马克西莫维奇建议：

"你们必须扩大杂志的篇幅。"并当场问道："可你们有造纸厂吗？"

"在东西伯利亚边疆已经计划建造一个联合企业。"某个伊尔库茨克人说。

"联合企业——这时间太长。你们最好建造一个小型工厂。你们那里的木材很多，可造纸厂现在还没有，不好。"

大家谈论到在为代表大会举办的图书展览会上似乎没有展出一本西伯利亚出版的书。

"边区文学是一项伟大的文化事业，"阿列克塞·马克西莫维奇指出，"在莫斯科某些人还不理解这一点。应当加强边区文学。"

"请到我们那儿去做客吧，阿列克塞·马克西莫维奇。您不是早就想到西伯利亚去了吗？"

"曾经想去……但现在我怎么能去呢？……心脏……"他把手在胸口按了

一会儿，"心律不正常，不是说非常不正常，而是……有时会出毛病。登上圆柱大厅中间还得停下来休息一下——感到吃力。"

他把火柴折断，把它们在烟灰缸内堆成堆，然后点燃起来。（……）

诗人伊凡·莫尔恰诺夫－西比尔斯基谈起伊尔库萨克少先队员写的一本书——《翘鼻子少先队员们的宿营地》[417]。

"可我没有认出你来，"高尔基说，"你上次和少先队员们一起来哥尔克村时穿的衣服不是这样的……你们西伯利亚的孩子很有趣，身体都是很棒的。他们使我们别墅里所有的人都大吃一惊，'这些人一定胜过我们！'个个都很健康、强壮。第二天在你们走后又有一批滚珠轴承厂的少先队员来我这儿，那些孩子羸弱一些，同时还比较神经过敏。他们没有那样安详和有力，没有。"

"我们想再版《翘鼻子少先队员们的宿营地》这本书。"

"有必要吗？"

"印出来的全卖完了。"

"请考虑一下——是否有必要。这是一次有意思的试验，但是危险的试验。突然所有的孩子都开始写作了。"阿列克塞·马克西莫维奇再一次笑了笑，"所有的人都想当作家……"

话题转到文学评论，我们这些西伯利亚人抱怨说：

"关于在西伯利亚出版的书，在莫斯科根本没有人提起过……"

阿列克塞·马克西莫维奇叹了口气说：

"你们自己已经看见了——评论家在代表大会上都默不作声。这是很能说明问题的。在代表大会前我们曾召开过几次评论家会议，就是在这个房间里召开的。你们知道吗，来的都是地道的中世纪的烦琐哲学家。真的，是一些空谈玄理的不务实际的人。从他们的谈话中什么也没有得到。（……）

"你们这些西伯利亚作家应该帮助少数民族作家。你们那儿是一个多种语言的地方。有一个犹加吉尔人（捷基·奥杜洛克。他的书在1934年出版。阿杜·科普捷洛夫注）写了一本好书——《伊姆捷乌尔金老大的一生》。我从代表大会到家里取出这本书看了，一口气就把它读完了。而此书共有一百五十页。真是一本好书！我一直读到深夜两点钟。使我感到惊讶的，是人们用木钻头取火！而对你来说，已经是二十世纪了，开始电子、无线电时代了！这是不久以前的事嘛……可那本书上都写些什么呀！展现在读者面前的是完全无人知道的生活情景……"

到了该告辞的时候了——有人预先告诉我们说，高尔基今天事情特别多——于是我们在互使眼色之后，就开始站起身来。

"现在什么时候了？"阿列克塞·马克西莫维奇掏出手表，"还有半小时可以谈谈。离接待下一个客人，我还有三十分钟……你们昨天在哪儿？朝鲜人举行的晚会怎么样？我是在塔吉克人那里。非常有意思！那边的姑娘们舞跳得多好呀！整个身体都在动！姿势和动作有多美呀！特别是两只手。好极啦！真正非凡的艺术哪！"

然后他想起了国家出版社社长尼·尼·纳科里亚科夫在代表大会上的发言：

"纳科里亚科夫列举了叫人受不了的数字。只要想一想近几年来有百分之七十五的书不值得再版，实际上是废品，平淡的，不需要的。这使我大失所望。我们大家全都应该对这个数字负责。"

在谈话将结束时，阿列克塞·马克西莫维奇问起我们对国际青年节时红场的印象怎样，后来又说：

"这是多么好的庆祝游行呀！这是青春的节日！特别使我感动的是少年伏罗希夫射击手队伍。你们注意到没有？他们走得多带劲呀！好像是真正的战士似的。你们想一想，他们不得不拿起步枪来代替鲜花——这是令人不安的国际局势的要求。而且他们已经非常熟练地掌握了步枪。他们是文化的捍卫者。你们记得吗，走在他们后面的是手拿绯红的天竺牡丹的姑娘们？我因为自己年纪大了，一碰到高兴的事情就容易掉眼泪。但这一次甚至连那些按照地位不应该掉眼泪的人也忍不住了。我们这儿正在成长的青年是多么美好和健康呀！多么强大的力量呀！嘿，要是别人不干扰我们该多好呀！……当你看到我们的青年和想到未来的战争，对敌人就会义愤填膺……"

他举起攥紧拳头的双手，并且有力地挥着拳头说：

"恨不得亲自抓住并把所有这些希特勒分子和墨索里尼匪徒消灭光。用自己的双手消灭他们。他们准备侵犯这样的青年！战争一爆发，这些孩子中间的许多人就将永远回不来了……"

当我们离开时，他紧紧地握了一下我们的手，并把我们送到门口。我们相信，海燕的强有力的声音仍将久久地响彻全世界，并希望下一次会见可能在西伯利亚。但是他的逝世却让这个希望破灭了……（……）

伊·阿·西夫科

伊琳·阿基莫夫娜·西夫科（未出嫁前姓尼库申娜）（1915年生）——集体农庄大田生产队队员。

本文原载《共青团真理报》一九六八年三月二十八日，第七十三号，现由该报转载。

怀念

在我们城里[418]紧靠顿河河岸的地方矗立着一座纪念像。一个身材高大、有点儿驼背的人眯着眼睛向远处眺望。

马克西姆·高尔基……

我常来这儿的堤岸上回首往事……

一九三四年五月七日，我们一行十二人乘车来到莫斯科。我们当时被称为知名人士——乌克兰亚速海-里海地区社会主义工农业优秀突击手。但是我害怕这个崇高的称号。我老是觉得这是一场梦，而这场梦是从集体农庄主席召见我的时刻开始的。我想，我将为什么事情而挨骂，可他从桌旁站起来握我的手说："伊里什卡[419]，是这么回事，你将作为我们农村的知名人士、集体农庄女突击手去莫斯科啦……"我简直吓坏啦。我这次怎么去呢，我这一生连火车也没有见过哪……

整个村庄的人都来欢送我,他们为我缝制了一件红绸子的连衫裙。他们嘱咐我必须在莫斯科当加里宁同志接见我时穿上这连衫裙,就是说,以便显示出自己不仅在心灵上而且在外表上都是一个红色的女共青团员。

关于我如何到达莫斯科、如何在莫斯科游览,以及见到加里宁、季米特罗夫同志时的心情,这一下子是说不完的……而五月七日有人告诉我说,阿列克塞·马克西莫维奇·高尔基想见我们。这多令人高兴呀!因为我们大家都记得,当伟大的无产阶级作家周游苏联时,他曾到过我们顿河。而后他写了一则关于萨尔斯克草原的故事[420],我们集体农庄就在这片草原上。

我们乘上两辆汽车,前往城外阿列克塞·马克西莫维奇当时所住的别墅[421]。我记得,汽车开到一所白色的小房子前,四周都是花卉,我看到有一个身材高大的瘦瘦的人拿着喷水壶在院子里浇花。我不曾想到,这会是高尔基。我看到,大伙儿突然从汽车里跳出来欢迎他。而他已经迎着客人们走来。我直到现在还记得,他穿着灰衬衫,双肩是那样尖削,有点儿驼背,胡子已经斑白。他微笑着走过来。当时我羞怯起来,躲到司机尼基塔·伊佐托夫背后去了。

高尔基走到我们跟前突然问道:"伊拉·尼库利申娜在哪儿?"他怎么知道我的姓名的,直到现在我还是弄不明白。这时,我就立刻站到前面去。他第一个和我握手,然后跟所有的客人打了招呼。

我们走进屋里。会客室里充满阳光并且很宽敞,放着几张长条桌和椅子。我在靠房门的边角坐下,但高尔基又一次朝着我说:"伊拉,请你到这儿来吧,跟我坐在一块儿。"他把一杯茶移到我面前,问道:"你有多大了,伊拉?""快满十九岁了。"我回答说。"出嫁了没有?""还没有。"我的脸孔也红起来了。于是高尔基说:"摄影师,请给我跟这个姑娘合照一张相吧,你瞧,那我就年轻二十岁啦……"

阿列克塞·马克西莫维奇和我合拍的这张照片已经在我房间里挂了三十四年啦。他那时是那样高兴、亲切,老是开玩笑。我坐在那儿想:为什么他跟我像跟一个小姑娘那样地讲话呢?还问起未婚夫来着……当我对周围环境稍微熟悉之后，就大胆起来，不管三七二十一地对他说："可我是共青团生产大队的大队长。"他诡秘地微微一笑，朝着当时在场的所有人说："你们瞧，同志们，看来我已经僵化了。我和她，好像和一个已达到结婚年龄的姑娘在谈话，而她原来是一个大田生产队队长……伊拉，那就请你告诉我们，你是怎样带领自己的生产大队工作的？而像你这样年轻的姑娘怎么会被任命为生产队长的？……"

这样一问，我就立即把一切都讲了。有什么就讲什么。我讲述了，我是怎样在十五岁时就加入共青团的，怎样在故乡博戈罗季茨克耶村建立起共青团支部并成为第一位团支部书记的，怎样从富农那儿弄到粮食，富农的走狗怎样朝我射击，他们怎样想用叉子刺杀我……同时还讲了我们生产队开始只有十二人，而后来却多了三倍的人，并且总是提前完成播种任务……

"而我想知道，你们生产队是否有老年人？"阿列克塞·马克西莫维奇问道。我说："怎么没有呢，既有老头子，也有上了年纪的妇女。""那他们听你的话吗？""当然听话呀！"高尔基说："你们瞧瞧她吧，她甚至对这个一点也不感到惊奇哩。要得到老年人的尊敬是不容易的，可不是吗？我自己对此是深有体会的。"他突然又问道："如果我给《集体农庄庄员》杂志写点你的什么东西，你会反对吗？"在这种情况下我完全不知所措了……

而过了一些时候，阿列克塞·马克西莫维奇就把这第一期《集体农庄庄员》杂志寄给我了。我把它打开一看，简直不相信自己的眼睛了。我念道："我见到了十九岁的女生产队长伊琳娜·尼库利申娜。她的生产队里有四十八名男女社员，'庄稼汉'拿着叉子打她，'就像打一只牝熊那样'，尽管她一点儿也不像牝熊，她是一个非常可爱的姑娘，仿佛甚至是没有什么力气似的。但是只要你一听到她那聪明务实的讲话，你就会感觉到她对集体主义的力量是深信不疑的，感觉到她对知识的力量有正确的评价……"[422]

要知道在我们村子里人们是怎样一遍又一遍地读着这本杂志的！而且人们还憧憬着我们集体农庄的未来哩。

这里我不按顺序先说一下，我去年去过博戈罗季茨科耶村。现在那里已经是"祖国"集体农庄中心庄园的所在地。那儿的一切都已变样了！看到非常美丽的文化宫、学校、幼儿园、医院、综合生活服务网点我就感到万分高兴……而集体农庄庄员们的房子是多么漂亮呀!

我还遇见几位老朋友,一起回想起我和高尔基通信的事。

而我和高尔基的通信是从那次难忘的会见开始的。当谈话结束时,阿列克塞·马克西莫维奇提出:"伊拉,如果我跟你通信,你不会反对吧?"我说:"怎么会呢?阿列克塞·马克西莫维奇,这对我来说将是多么高兴的事呀!""那么将来出嫁时你会请我参加婚礼吗?"我说:"一定!"我们的谈话就到此结束。阿列克塞·马克西莫维奇祝我取得成就,并一再叮嘱我一定要学习。我当时答应他,只要当自己的集体农庄每一个劳动日能达到十二公斤粮食时,我就去学习……

一九三七年,我终于实现了高尔基对我的最后嘱咐——我去新切尔卡斯克城进了高级党校学习。而在这之前我是一个识字不多的人。

后来,我又当了十二年集体农庄主席,又当了镇苏维埃主席,又在罗斯托夫市的几个企业里当了普通女工,并从那儿退休。在这整个人生道路上,敬爱的无产阶级作家的形象总是支持、鼓舞着我。关于我和他的友谊,关于他的朴实、人道精神,关于他对我一生的美好影响,我曾对自己的孩子们说过,也曾对孩子们和中学生讲过。现在就将蕴藏在心里的一切全都对《共青团真理报》的读者们讲出来。

请你们原谅我把这一切如此详尽地描述出来了。但请你们相信,要简短地讲述我已经珍存了三十四年的最美好的记忆是困难的。(……)

阿·亚·苏尔科夫

阿列克谢·亚历山德罗维奇·苏尔科夫（1899年生）——诗人。
本文原载《文学报》一九七二年十月十一日，第四十一号，现由该报转载。

我们的主编既仁慈又严厉

一九三四年秋天，在第一次作家代表大会召开后不久，阿·马·高尔基的秘书彼·彼·克雷奇科夫有一次打电话给我，约我到小尼基茨卡亚大街他们的住处去一趟，说是要进行一次"严肃的谈话"。

因为在这之前我曾有多次偶然的机会，主要是在集体前往拜访时见到过高尔基，所以我百思不得其解：我们德高望重的老作家，有什么事要找我？

我战战兢兢地在约定的时刻来到小尼基茨卡亚大街的独家住宅。

彼得·彼得罗维奇·克雷奇科夫在外室迎接我，在寒暄之后，把我领到了高尔基的工作室。

主人不在书房。在等候的时候，我开始浏览书架上的图书的书脊，因而没有发觉阿列克塞·马克西莫维奇走进房间。

待我听到响声回转身来时，我看见阿列克塞·马克西莫维奇已经站在我的面前，他身材魁梧，有点儿驼背，身上穿着一件柔软的衬衫和一件针织的灰色绒线衣。

他向我伸过手来说：

"喂，您好，苏尔科夫同志！让我们坐得稍近一些认识认识吧。请你坐到这儿来。"他指指靠近写字台的那把圈椅说，"我们来谈谈一件可能使您感兴趣的事情。"

他在写字台旁坐下后就问起我，和我有来往的那些作家对不久前召开的代表大会有何评价。然后话题又转到如何对待刚开始写作的文学青年的工作上来[423]。他非常留心和饶有兴趣地听我讲述有关莫斯科工人文学小组和联合会的事情，讲述哪些人在出版社当评论新作家稿件的顾问，讲述"拉普"提出的突击工作队员参与文学的号召遭到可悲失败的原因[424]。他特别留心地听我讲述如何在现今的文学研究所——前身是当年的青年工人文学夜大中安排教学工作和创作讲习班的情况，这所学校乃是在高尔基的倡议下创办起来的[425]。

阿列克塞·马克西莫维奇在我的讲述过程中曾有几次插话，在探问和听取了一切之后，他摸摸胡子说：

"那现在让我们来谈谈主要的问题吧！你不是刚刚毕业于红色教授学院[426]吗？这么说，你在理论上已经得到深造了。不久前你在代表大会上做了相当不错的发言，你帮助斯塔夫斯基准备了他的有关青年作者文学的报告。而从你的讲述中也可以看出，你早就对文学新手的工作发生了兴趣了，考虑到这一切，因此我想对你提出一个工作上的建议。

"您知道，我们列宁格勒从一九三〇年起就出了一份《文学学习》的杂志[427]，它是由我编辑的。总的来说是一份不坏而有益的杂志，它并没有辜负自己的存在。

"它配合文学夜大，能够在以必要的知识和经验来武装那些刚刚从事文学工作的青年人方面带来很大的好处。

"在列宁格勒有许多为杂志效劳的作者。这个杂志由副主编、评论家叶菲姆·多宾领导，而且办得很好。但是杂志是以全苏联的青年为读者的，如果能与工人文学大学取得密切联系那就更有好处了。总而言之，我们商量了一下并决定把编辑部迁到这儿——莫斯科来，使它更接近作家协会理事会，更接近主编[428]。因此，自然应当有一个经常在莫斯科的人来领导它。因而我就想道：你是否对这个工作感兴趣？我并不急于等待您的回音，请你考虑一下吧。请你更好地熟悉一下杂志。我是否把你当作领导人来安排？我在培养文学青年问题上的观点你是知道的——想必你已读过那些文章，你参加过工人作者的座谈会。总而言之，三思而后行，如果拿定了主意那就请你通知我。"

从高尔基那儿离开时，我对这一突如其来的建议感到不安[429]。（……）

高尔基是个有分寸的领导人和要求严厉的主编。我们按时给他寄去每一期的计划和文章的校样。而每一次阿列克塞·马克西莫维奇都亲自（在电话里或在住所）或通过彼·克雷奇科夫既对那些计划又对它的校样提出自己的意见。当高尔基在莫斯科或在莫斯科近郊哥尔克村的别墅的时候是这样做的，当他为了摆脱莫斯科变化无常的气候而去克里米亚或捷谢里休养的时候也是这样做的。正如我已经说过的那样，我应当向主编提出杂志的计划。可是我觉得自己没有能力详细掌握那些应当在杂志上阐明的全部问题，由于我深信自己对民间创作问题多少懂得一些，在提出的计划中便对这些问题说明得特别详细。

我们把计划送给主编后就得到了编辑部主要工作人员到哥尔克村他那儿去的邀请。（……）

我们的谈话一直延续到半夜。在饭厅的门口出现了女管家[430]，她指指手表，做着手势提醒主人，该是他休息的时候了。

阿列克塞·马克西莫维奇不大情愿地从桌旁站了起来，对我们说：

"请你们原谅我，同志们。这位老是折磨我的女人反正是不会放过我的。我老了，老了。现在再也不能坐在桌旁工作七八个小时了……"

七八个小时。这是在六十七岁的时候呀！在患结核病肺穿孔的情况下，这还不算，每天还有一、二、三次，而有时是五次跟渴望会见这位伟大的文学巨匠的有各种各样需要的人们和集体谈话！

就在那次访问阿列克塞·马克西莫维奇的时候，我才知道我过于自信——认为自己非常了解有关研究民间创作的一些问题。

高尔基说，由我制定的这个部分"相当好"，但立即又劝我要注意一些新的、我过去未曾列出的民间创作方面的研究问题。他提出了一些我所不知道的民俗学家的出色著作，并建议我向那些作者就某些题目组稿。（……）

我最后一次遇见自己的主编是在克里米亚的捷谢里[431]，他当时在那儿过冬。

红军节那天，我从塞瓦斯托波尔附近海里的一艘潜水艇上发出了一则无线电报道。（……）

第二天将近中午的时候，在完成了从塞瓦斯托波尔到拜达尔的短距离行驶之后，我乘汽车来到了捷谢里，阿列克塞·马克西莫维奇亲切地迎接我，但不知怎么的有点儿没精打采，大概身体不舒服。

他向我详细打听了有关编辑部的事情，对最近寄给他的几期杂志提出了一些意见。因为我当时是诗歌部的书记，所以对去年夏天与高尔基的会见后我们诗人在创作活动中是否出成果颇感兴趣。

后来他对一位当时还年轻的文学工作者讲了几句抱怨的话，那个人因阿列克塞·马克西莫维奇曾帮助他出第一本书而声名鹊起，他把自己还未完成的而且是非常不成熟的新作品寄给高尔基，高尔基读完这部作品后建议他不忙于出版，可是他在杂志上登出来了，杂志的编辑"抱怨高尔基对他的批评，因而以发表这部作品来故意刁难高尔基"。

午饭后我乘车回塞瓦斯托波尔，心里对我这次拜访留下了忧郁的印象，而这次拜访竟成了永诀！

夏天，阿列克塞·马克西莫维奇就去世了。我没有能在他弥留时见到他。我当时在农村，很晚才知道这个使我们遭受重大损失的噩耗。

关于在他"手底下"工作的光辉岁月的记述，我还保存着两封长信。这两封信说明：他是如何把他所主编的杂志的事情紧紧贴在自己心坎上的，他是如何关怀文学青年的命运，把文学青年看作我们文学的明天的。

因而，在我们整个俄罗斯文学史中大概没有像高尔基这样的作家，他从自己文学生涯的最初年代起，就对文学青年奉献出这么多的精力和心力，并把这么多的人领进了文学界，他们的名字现在已经写在文学史的卷头页上了。

亚·安·普罗科菲耶夫

亚历山大·安德烈耶维奇·普罗科菲耶夫（1900—1971）——诗人。

本文写于一九四一年，现根据下文刊印：亚历山大·安德烈耶维奇·普罗科菲耶夫：《诗歌之光：关于文学的文章和札记》，列宁格勒，苏联作家出版社，一九七五年，第一四九——五一页。

在高尔基那儿做客

一九三五年夏天，费定、马尔夏克[432]、特尼扬诺夫[433]、伊林[434]和我收到去高尔基那儿做客的邀请。我不知道怎样对待这一邀请，因为高尔基在不久之前曾大发雷霆，狠狠地批评我对亚·莫尔恰诺夫的《农民》一书的编辑工作[435]。批评是对的，但是很厉害，我觉得似乎有些过分。我重新问了作家协会：让我到高尔基那儿做客的邀请是否发错了？"没有。"莫斯科回答我，并确认我们此行是必要的。

我们在莫斯科得知，有大批作家与高尔基会见[436]。但是我们是走运的。高尔基单独地接待了我们，没有和一般的会见混在一起。

……哥尔克村的别墅。大门敞开着，我们沿着花园中的小径进去。我将见到高尔基啦！他将怎样对待我呢？我将对他讲些什么呢？可是高尔基已经在大门口等候我们啦。我走到他跟前向他自我介绍，并握了握他的手。他端详着我，握住我的手说：

"我严厉批评过的就是你吗？"

"是的，就是我，阿列克塞·马克西莫维奇，"我不好意思地回答，"但没有什么，没有什么。"（这时已经开始嘟嘟哝哝地说，现在一切已经过去了。）

"是啊，背后批评容易一些，而当面就不好意思啦。"阿列克塞·马克西莫维奇说。

这些话我永远也不会忘记。现在当我重复说这句话时，先前的那种曾朝我汹涌而来的热流再一次充满我的心扉。

"高尔基朴实而热诚，"我回来后这样写着，"岁月没有使他憔悴，他精神饱满。"

我怎么也没有料到，一年后我会站在守灵队里为高尔基守灵，一年后的六月底，肖邦的送葬曲会响彻全国和全世界，高尔基已不在人间了……

高尔基烟吸得很多。在他面前的桌子上放着一只烟灰缸，烟灰缸里有一些划过的火柴。我看到高尔基对火光有着强烈的爱好。他就在烟灰缸内把半烧过的火柴堆在一起，接着就把它们点燃。小小的篝火在燃烧，高尔基感到心满意足。

罗曼·罗兰当时在高尔基家里做客。他由于身体不舒服而未参加我们的谈话。我们大家就上楼去看他。一位身材高大的人撩开方格毛毯从沙发上站起身来。我永远记得他那两道灰眉毛。我们跟罗曼·罗兰的谈话很简短，高尔基也参加了。我现在好像还看见他站在那面积不大的房间门边，还看见那有点驼背，用双手抚摸着浅火红色的胡子、心地善良、为人朴实的阿列克塞·马克西莫维奇。

后来在吃饭的时候，我和他谈了许多关于民间创作、电影的事，还朗诵了诗。我知道他非常喜欢俄罗斯壮士歌中的主人公瓦西里·布斯拉耶夫。高尔基在跟我谈话时说起，最好创作一个歌剧，让布斯拉耶夫成为该剧的主要角色[437]。高尔基问我有没有萨哈罗夫写的《关于俄罗斯大地的传说》[438]。他答应找到这本书后就寄给我。

高尔基喜欢民间创作增强了我对民间创作的信心。我为此非常感激他。

下面让我援引一九三五年七月二十日出的那一期《列宁格勒文学》上的几段话：

"在四个小时内我们和阿列克塞·马克西莫维奇交谈了许多事情。

"关于电影。高尔基热烈地评论了最近发行的两部影片。这就是关于《国境线》和《佩波》的评论[439]。

"我把阿列克塞·马克西莫维奇的注意力引向影片《佩波》的最后一段情节，也就是在监狱门前的示威游行，并说，我觉得这个情节不真实。

"高尔基回答说，他知道这所监狱，知道它的窗子离地面很近，并说影片是真实的……

"返回时我和萨·雅·马尔夏克同乘一辆汽车。

"'这就是高尔基！'马尔夏克说，'照我看来，只要有点才能的人，在同高尔基的接触中，都能被他的关怀所鼓舞。'

"我永远同意他的意见。"

尤·亚·沙波林

尤里·亚历山德罗维奇·沙波林（1887—1965）——作曲家。

本文原载于《星期日》周刊，一九六八年二月十八日，第八期，现由该刊转载。

忆高尔基

（……）我第一次和高尔基握手是在他的小尼基茨卡亚大街的家里，是高尔基的多年老朋友、当时大剧院的女院长叶连娜·康斯坦丁诺夫娜·马利诺夫斯卡娅用车子把我带到他那儿去的[440]。这是在一九三一年六月一日，那是一个阳光灿烂的晴朗的日子。有一双敏锐的蓝灰色眼睛和一头稍微带有火红色头发的身材高大、背有点驼的高尔基，一走进有几扇开得几乎有整座墙壁那么宽的窗子的大房间，就向我伸出一只温暖的大手。

高尔基在下诺夫戈罗德的老相识和密友马利诺夫斯卡娅这次来的目的，是想请作家写歌剧《母亲》的歌词。她把我带来好像是充当顾问的。但就这个题目刚刚开始的谈话却被阿列克谢·尼古拉耶维奇·托尔斯泰的突然出现给打断了。高尔基对他怀有真正可以说是慈父般的感情，高尔基拥抱了他，并把他带进另一个房间。马利诺夫斯卡娅请高尔基写歌词的企图完全失败了[441]。她离开了，而我则被留下，并在高尔基家里度过了一整天。从那时起到他去世前，我经常去他在小尼基茨卡亚大街的家和哥尔克村的别墅，这同他儿子马克西姆和我建立起的友谊有很大关系。

高尔基珍视音乐，因为其具有像他所说的一种能深深打动人心和比任何别的艺术都能更好地表达人生的欢乐和悲伤的"神奇"力量。他曾不止一次地谈过有关交响乐的想法，交响乐的主题可以是歌颂人民不自由时候的劳动，也可以是歌颂现在人民已经取得自由后的劳动。

遗憾的是，伟大作家的这个想法没有实现，正如他以壮士歌材料创作歌颂民间英雄的歌剧的愿望也没有得到实现一样。阿列克塞·马克西莫维奇再三建议在鲜明反映俄罗斯人民英勇往事的壮士的叙事诗中寻找题材。他说："已经解放的人民应当知道通过艺术形象来讲述自己的历史。"上面经我加上引号的这句话，正如伟大作家的其他美学论点一样，我一字不差、正确无误地转达了。他曾不止一次地谈到俄罗斯抒情诗的问题。瓦西里·布斯拉耶夫的形象尤其把他吸引住了。"比如说，关于瓦西里·布斯拉耶夫的传说就是写歌剧的最美好的材料[442]。"

有一次在谈起歌剧的歌词时，阿列克塞·马克西莫维奇说："每个作曲家都熟悉自己才能的最强有力的方面，因此应当写出能鲜明地表达这些方面的歌词来。"另一次他又回到这个题目上来，带着有些教训和命令的语气说："作曲家应当自己写歌词，而作家、文学家的使命只是充当作曲家构思的助手。"

有一次我们不知为什么谈起了伏尔加河的歌曲来。"我知道许多伏尔加河歌曲，但是在我得到的那些民间歌集中，却找不到它们。"接着他就狡黠地稍微眯起右眼说，"找个时间我唱给您听听。"这个机会我等了很久才等到。可是当阿列克塞·马克西莫维奇有一次毅然抓住我的手说，"我们走"，说着就把我带进住宅尽头的一个房间时，我得到了多大的奖赏呀！我们走进房间时，阿列克塞·马克西莫维奇在环视了一下房间后，表示满意地说："可是没有大钢琴呀！""为什么要大钢琴？"我回答说，"我们没有它也行。您就请唱吧，我记下来。"在这之后，主人锁上门就开始用自己那稍微有点儿颤抖的声音唱了起来，其高度和音色都接近于男中音歌手。

他是站着唱的，把右手按在胸口，而左手则举在头侧。

怎样来描述我的心情呢？我在最初几分钟是如此激动，以致好久都不能集中思想做记录。在我终于控制了自己后，我拿起铅笔录下了两首歌。我毫不夸张地说，其中之一的《纤夫曲》中"我们光着脚板向前走，饥肠辘辘实难受，米科拉，你把纤绳递给我"，乃是俄罗斯民间歌曲艺术的杰作。后来当高尔基已不在人世时，我把这首歌加工成了声乐曲和钢琴曲[443]。

这几天，在娜杰日达·阿列克谢耶夫娜·彼什科娃建议我发表回忆阿列克塞·马克西莫维奇的文章后，我整天在想这件事，我突然想起，我过去在高尔基为我歌唱我做记录时犯下一个不可饶恕的过失。我朝着自己的前额一击，并对自己痛苦地高声说："你为什么没有想到把高尔基的歌声录成唱片呢！"要知道当现在高尔基已经不在我们中间的时候，这个录音，这个独一无二的录音，就价值连城了。但是过去的事情，正如常言所说的，是再也挽回不了了。

所有熟悉阿列克塞·马克西莫维奇的人都对他的异乎寻常的记忆力感到惊奇。我想举一个例子来证实伟大作家在音乐方面的惊人的才能。应他的请求，我为他演奏了我好久以前写成的歌剧《十二月党人》中的几段[444]。在写完第四场（在雷列耶夫[445]那儿）后，我在一次会见时把它演奏给高尔基听，那是他第一次听到。过了一年我上小尼基茨卡亚大街去，经过了长久的别离之后又遇见了阿列克塞·马克西莫维奇。我们天南海北地聊了一会儿。突然主人猛地站了起来，把我拉到钢琴前面说："请您把那个玩意儿弹给我听听。""什么玩意儿？"我不解其意地问道。"喏，就是去年弹的那个。"我明白了，他说的是第四场，于是我就弹奏起第四场。"可您为什么把它删节了呢？"高尔基严厉地问道。我真服了。您想一想吧，作品只听过一次就记得如此的清楚，竟能发现后来所做出的删节。这不是任何大音乐家都能做到的呀！

有一次高尔基非常突然地提出要去斯坦尼斯拉夫斯基[446]和涅米罗维奇－丹琴柯[447]剧院听肖斯塔科维奇[448]的歌剧《姆岑斯克县的马克白思夫人》[449]。我们坐的是包厢。卡捷琳娜的咏叹调（第二场中的）、警察分场的一场戏和最后整个一幕戏使高尔基叹赏不已。这幕戏特别使作家感动，因而他不时地擦拭涌出的眼泪。弗·伊·涅米罗维奇－丹琴柯走进了包厢，为了不妨碍他们，我就从包厢里出来了。当然，我没有想去问他们这么久地谈些什么，估计是歌剧演出的事。

有一次我把女钢琴家尤金娜带到小尼基茨卡亚大街去。当时她正处在自己演奏艺术的顶峰，她演奏了巴赫的曲子，她的演奏使主人非常感动。有一次阿列克塞·马克西莫维奇一边听着格里格[450]的曲子一边说："在他的音乐中你可以看到北方大自然的神奇景象：既有雾气腾腾的早晨，又有阳光普照的小草地、峡谷和悬崖、宁静的牧场、静悄悄的小溪，并且你还会感到自豪的人民的力量。"

高尔基曾在和我谈话时谈了一桩我所不知道的情况，是哪一年我可记不清了，但是他说的话我是记得清楚的（我当时曾记下来）。这些话是这么说的："有一次我从索伦托来到那不勒斯，您瞧，我打听到费奥多尔（他是这样叫夏里亚宾的）前一天刚离开我们住的旅馆。我深信，如果我能见到他，并能两人单独地谈一谈，长时间地谈一谈，我会说服他回祖国的。"

高尔基有着一颗像他本人谈到自己作品中的一个主人公具有的"会唱歌的心"。他深刻地理解音乐并喜爱音乐。亚历山大·波洛克[451]在一次庆祝会上的祝词中曾如此美好和关切地谈论过高尔基，他这样祝愿伟大作家："希望音乐的严厉、愤怒、自发而仁慈的精神永远留在他身上，因为他作为艺术家是忠于这种精神的。"[452]

我不是偶然地把这两个名字联结在一起。他们的作品是那样的一种精神食粮——它在我的人生道路上喂养了我，并且将在它的结束阶段继续喂养我。

高尔基的荣誉与日俱增。我不知道，如果在俄罗斯需要的时候没有出现这位把作家和人民两种身份在自己身上结合的巨人，苏联艺术的道路将会是怎样的呀，关于人，他曾这样庄严地说过："人这个字听起来多么自豪！"

伊·彼·亚温泽姆

伊尔玛·彼得罗夫娜·亚温泽姆（1897—1975）——俄罗斯人民演员，民歌演唱者。

本文是下列一书中的一章：伊尔玛·亚温泽姆：《蒐集歌曲的人》，莫斯科，《青年近卫军报》出版社，一九六八年版，第六一——六六页。

在阿·马·高尔基那儿做客

一九三五年七月十三日夏天一个平常的日子，但是它对我来说，却是一个不平常的日子呀！前一天，阿·马·高尔基的秘书彼·彼·克留奇科夫打电话给我，通知我说，阿列克塞·马克西莫维奇想给在他哥尔克村家里做客的法国作家罗曼·罗兰介绍我的艺术，因此请我去一趟。我将在当代两位大作家面前唱歌，我是非常喜欢他们的作品的。

当我们来到哥尔克村时，阿列克塞·马克西莫维奇的亲人们已在前室迎接我们了。在登上二层楼后，我们不知不觉地走到了一个有白色大理石圆柱的大房间。在房间当中放着一张罩上白桌布的桌子，桌上有一大束插在花瓶里的粉红色的芍药。右边，在圆柱和墙壁之间，我一眼就发现一架钢琴；左边——一张不大的椭圆形的桌子和几把软圈椅。

我在等待这次会见时是多么激动呀！但当阿列克塞·马克西莫维奇平静的声音传来，他高大的身子出现在门槛上时，当他的温暖有力而又柔软的手握着我的手时，当我碰上他那关切的眼光时，我就立即觉得好受和放心了，仿佛我和他是多年的老朋友和知交似的。

阿列克塞·马克西莫维奇亲切地朝我微笑，请我坐下，并低声地说："我认识你，我已经不止一次地从无线电台和作家代表大会的音乐会上听到过你唱歌了。"毫不拘束的谈话开始了。我们开始谈起罗曼·罗兰来，正在这个时候，罗曼·罗兰本人就突然在房门口出现了。他身材高大、瘦削，穿着一件带有雪白的浆硬领子的深灰色上装。我看到一张苍白的、带有稍微有点儿尖的鼻子和炯炯有神的几乎是透明的脸庞。跟他一起走进房间的，是他的妻子玛丽亚·巴甫洛夫娜，跟在他们后面的，是高尔基的儿子和媳妇以及列宁格勒女画家瓦·米·霍达谢维奇。我们互相寒暄一番。

我们谈起了天气。阿列克塞·马克西莫维奇告我们：不久前他在花园里散步，一群小鸡突然遇到一阵大风。它们的两只纤细的小腿站立不住了，像鲜黄色的小球似的在滚动。而母鸡则竖起羽毛，发出叫喊声紧跟在自己刚孵养出的小鸡后面跑。

"如果我也被大风如此任意地驱赶，那我大概也会像这些小鸡那样感到不是滋味的！"主人开玩笑说。

大家都笑起来了。我一边倾听着他那柔和的把非重音"O"读成"O"音的乡音，一边看着阿列克塞·马克西莫维奇。他说得多么自如、轻松，他是多么善于一下子在自己的周围造成一种友好的无拘无束的气氛呀！

后来阿列克塞·马克西莫维奇请我唱歌。我走到钢琴前并简短地讲了讲第一支歌《关于鞑靼俘虏的民间故事》的内容。我唱得如在梦中，直到唱完时才醒过来，意识到自己是在两位伟大的艺术家面前唱歌使我非常激动，使我欢欣鼓舞，使我增加了新的力量。我尽力揭示歌曲的富有诗意的内容和情调，把民间音乐的优美传给我的听众。我想要使这两个人能像我一样对这些歌曲感到亲切和珍贵！

我唱了我在西伯利亚记录下来的俄罗斯民歌和绝妙的乌克兰民歌《你听，

我的兄弟》,接着又唱了巴什基尔人的、鞑靼人的、亚美尼亚人的、犹太人的、白俄罗斯人的民歌……

"最出色的是关于俘虏的那支歌,"罗曼·罗兰说,"在法国也有和它类似的《罗兰王之歌》[453],它也是这样庄严、沉着的叙事体的歌曲……"

阿列克塞·马克西莫维奇也同意这种说法。

午后我又唱了许多歌,听着令人愉快的、充满热情的歌声,阿列克塞·马克西莫维奇脸上露出亲切的微笑,开始击掌。而他的击掌是非常有趣的:他整个躯体转向我,舒展着双手,仿佛想要拥抱,并且拍打着双掌,同时在赞许地嘟哝着什么。他身上散发出多么令人神往的力量,他有的是朴实和直率。

晚上喝茶的时候,阿列克塞·马克西莫维奇谈了许多有关意大利的事情。通过他的讲述,这个遥远国家的景象:它的大自然、日常生活的人们,真就像在我眼前。高尔基非常熟悉和热爱意大利民歌。

他说:"有些歌曲往往由一些来自民间的无名诗人和作曲家、小手工业者、渔夫、市井商贩所编成。有时候,这样的歌曲会受到欢迎并很快地得到传播。有时甚至会搬上舞台由职业歌手演唱。"

阿列克塞·马克西莫维奇无比生动和幽默地给我们讲述了一件他目睹的事情。一位女歌手在一个小剧院里演唱了一支在听众中获得巨大成功的歌曲。台下传来了"我们要见见作曲者,我们要见见作曲者!"的呼声。女歌手鞠了一躬,走进后台。观众听得一些隐隐约约的嘈杂声:后台发生了什么事情,拉什么人上舞台,而有人死也不肯上台来。

女歌手重新走出来,还是一个人。"我们要见见作曲者,我们要见见作曲者!"观众坚持着。最后女歌手终于把一个死也不肯上台的"作曲者"叫上台来,此人是一个身穿方格裤子和破上衣的身材修长的大高个子……观众由于这意外的事情而霎时安静了下来,而在安静之中从楼座传来了一个人的声音:"啊哟——哟!多高的个子呀!"随后笑声大作,接着又是一阵狂热的鼓掌声。后来才知道,这首歌的作者原来是当地的一个手工业者。

阿列克塞·马克西莫维奇还想起,有一次他在米兰的斯卡拉歌剧院的情景。那儿正在演出罗西尼[454]的歌剧《塞维利亚的理发师》。在演出中有四个巡回演员，其中有费奥多尔·伊凡诺维奇·夏里亚宾参加演唱歌剧中几个主角的独唱部分。歌词是用意大利语演唱的。按照惯例，巡回演员是不许再唱一次自己唱的歌词的。演出前夏里亚宾和自己的朋友们打过赌，说他将再唱一次《诽谤》。

剧院里的人挤得满满的。夏里亚宾一出来，听众就报以暴风雨般的掌声。在演唱《诽谤》的歌词后，听众欣喜若狂。听众哗然，疯狂叫喊——俄罗斯歌唱家演唱的这段独唱使所有的听众都折服了。

突然，扮演堂·巴西辽的夏里亚宾走到舞台前沿，向前伸出那只五个指头大大张开的瘦瘦的手，做了一个富有表情的手势，仿佛在要求观众们静下来，然后又把头转向巴特罗，用最纯粹的意大利语说："你可知道诽谤是怎么一回事吗？"他绝望地挥了一下手说："不，你们不知道诽谤是怎么一回事！"

接着，他转向剧场的观众厅说："而你们可知道什么是诽谤吗？"于是在笼罩大厅的寂静中，费奥多尔·伊凡诺维奇一边请指挥和乐队开始演奏，一边说："谁也不知道什么是诽谤！先生们！让我们再一次告诉大家，为大家解释什么是诽谤吧！"

乐队指挥不知所措，完全被这位俄罗斯演员天才的魅力所吸引，举起了指挥棒……于是夏里亚宾就第二次演唱了《诽谤》这段独唱。你们可以想象到剧场里欣喜若狂的情景。

夏里亚宾的技巧这样高超，这样出色，以致使剧院经理处原谅了他机智的越轨行为。夏里亚宾的打赌就这样打赢了……

我们谈起了日本。我说，我曾去过那儿两次。后来又谈起了书籍的事情，谈起了一本不久前由科学院出版社出版的《伊戈尔远征记》[455]。阿列克塞·马克西莫维奇赞扬了该书的装帧，特别是帕列赫画家戈利科夫的插图。谈起了帕列赫[456]生产的艺术品，谈起了索博列夫[457]的新书《民间木刻》[458]。高尔基为我知道这些书而感到高兴。而阿列克塞·马克西莫维奇在谈到我们第一批女跳伞运动员时是多么高兴呀！他说："快乐、机灵的姑娘，她们从飞机上跳下来毫不费力，她们谈起这件事就像谈论最日常的事情那样简单和平常。"他喜欢博尔舍夫工学团的小伙子们，他们随带着完整的业余歌舞游艺会来到高尔基这儿，有歌唱、三弦琴弹奏和舞蹈[459]。

阿列克塞·马克西莫维奇回想起不久前来访的博尔舍夫工学团的小伙子们时，谈起了我们业余文娱艺术的成就。他说："对那些民间多才多艺的人独具的明快、清新的风格，不能不大吃一惊。艺术帮助我们对人们进行再教育，艺术正在把集体组织和团结起来……正在培养人们良好的审美力……"

接着他再一次重复俄罗斯民歌对发展苏联音乐艺术有着多么巨大的意义，俄罗斯音乐艺术中最伟大的作品都是和各种形式的俄罗斯民间创作有联系的。无论在歌剧中，还是在俄罗斯大作曲家的交响乐作品中都广泛地揭示出，在民间创作中存在着简洁的但富有深刻表达力的歌曲和故事。

阿列克塞·马克西莫维奇非常赞赏我唱给他听的经过加工的歌曲，也特别喜欢谢·瓦西连科[460]、施泰因堡[461]、米·米·伊波利托夫－伊凡诺夫[462]加工的作品。

后来，当我在会见之后重读高尔基一些作品时，我方才懂得他为发展兄弟民族的民族艺术包括音乐做了许多工作。他写道："我面前有一本《哈萨克－吉尔吉斯歌曲一千首》——这些歌曲已配上乐谱和它们独特的旋律——这是给未来的莫扎特、贝多芬、肖邦、穆索尔斯基和格里格们的丰富资料。从各地（从泽梁人、布里亚特人、楚瓦什人、马里人等等那儿）为未来的天才音乐家们提供势如泉涌的惊人优美的旋律……你想，当然，这不仅仅对未来的音乐，而且对国家的未来，所有讲各种语言的劳动人民一定能学会相互尊重，并且一定能实现由他们自古以来所积累的全部的美。这是必然的，一定会有这一天的……"

伟大的作家在这里说出了发展年轻苏维埃音乐的完整的艺术纲领。现在当我回想起高尔基所说的在艺术中，朴素与现实主义、忠实于历史真实和深刻的人民性是何等重要的话时，我就激动地认为这位天才艺术家和天才人物的这些卓越遗训是何等伟大、英明，具有何等积极作用的力量。

但是，还是让我再一次谈谈那次终生难忘的会见吧。

我们谈起了文学并且再一次谈起了歌曲。

阿列克塞·马克西莫维奇声音里带着慈父般的爱抚说："您瞧，米沙·肖洛霍夫知道顿河哥萨克许多美妙的歌曲。应当带你去认识认识他！"

我们为这次关于音乐的饶有兴味的谈话而坐得过久，一直谈到午夜。阿列克塞·马克西莫维奇盼咐我走的时候多剪点芍药花带走，他交给我一满抱花，说：

"请你们时常来呀！一定还要来呀！"

我表示感谢。

"你们大约又要到什么地方去很久吧……盼望你们再来！"

我们笑起来了。过了一天我从阿列克塞·马克西莫维奇那儿收到一叠他和罗曼·罗兰的照片和一本有他热情洋溢题词的非常美好的《高尔基文选》，以及一封信和由他亲自记下的四首极好的古老的俄罗斯歌曲。

他在信中写道：

"这里，伊尔玛·彼得罗夫娜，附上我过去答应给您的几首歌……非常希望您用这些古老的俄罗斯歌曲给您上演的丰富多彩的节目锦上添花。衷心感谢您给我带来了一个美好的夜晚，您唱得太好啦！——马·高尔基[463]。"

米·费·奥舒尔科夫

米哈伊尔·费奥多洛维奇·奥舒尔科夫（1906年生）——电影摄影师和导演，俄罗斯联邦人民演员，曾参加影片《我们的高尔基》的拍摄工作。

本文原载《俄罗斯文学报》一九六八年三月十二日第十三期，现由该报转载。

"以后再说，以后再说"……

我很幸运，在多年从事纪录片拍摄的工作中，有机会见到我国杰出的人物。但是我现在怀着特别激动的心情回想起我和伟大的无产阶级作家阿·马·高尔基会见的情景，我曾不止一次地为他拍过影片。

背有点驼的魁梧身体，带着高尔基独有的、（我想说是）抒情诗般的温柔的微笑——掀起小胡子的得意的一笑的富有表情的面孔；还有那双眼睛，时而炯炯有神，时而严厉认真，但总是富有表情——难道这一切能够忘记吗！

阿·马·高尔基不喜欢别人给他拍电影，但我却能够做到这件事：我时常去阿列克塞·马克西莫维奇在哥尔克村的别墅。他和我相处熟了，因此在见面时就常把手放在我的肩上说："喂，老头，近况怎么样？"有时我碰上阿列克塞·马克西莫维奇在花园里拾干树枝堆成几个小堆烧篝火，他非常喜欢篝火，因为它使他想起伏尔加河来！如果你问他这个可以拍下来吗？他老是习惯地回答说："以后再说，以后再说。"

但是在一九三二年九月的一天，有人通知我们说，阿列克塞·马克西莫维奇已经答应拍电影，并为有声电影发表演说。那时的拍摄机还不完善，这使我们感到颇为不安。给高尔基拍摄第一部有声电影这可不是开玩笑的事！我们很仔细地检查了自己的声响设备。终于一切都准备就绪。

我们乘车前往哥尔克村的高尔基别墅。我们碰上阿列克塞·马克西莫维奇的心情不错，他走到我们跟前，并向所有的人问好后说："走吧，请给我们看看你们带来了什么玩意儿。"我们的电影录音员阿·卡拉肖夫[464]向阿列克塞·马克西莫维奇介绍了工程师绍林发明的录音机的录音原理。有声电影的摄影还刚刚开始进入纪录片的工作实践。当我们把麦克风放在桌子上，大家全都准备好，准备开动摄影机时，高尔基突然咳嗽说："你们为什么白白地浪费胶片，我又不是演说家，跟你们讲些什么呢？讲电影的作用吗？"接着，沉默了一会儿后，他就开始谈论文化了[465]。这次具有历史意义的摄影就这样开始了……

像任何真正的艺术家那样，高尔基爱美，爱青春。红场上的体育大检阅他大为高兴，他并不是老是待在上面，待在观礼台上，而是时常走下来，走下陵墓，以便能更接近青年人和运动员们，看到他们的脸孔。

"真没想到，多么好的青年呀！你看……你看……"阿列克塞·马克西莫维奇往往反复说。

一九三四年九月十七日到九月二十一日，在高尔基主持下，工会大厦的圆柱大厅里举行了第一次全苏作家代表大会。我们这些新闻纪录片摄影师的任务是把这次代表大会拍成电影。当时感光力低的胶片和效果不高的光学仪器在光线不足时是无法拍摄的，因此我们不得不在大厅的许多地方摆上强烈的聚光灯。在阿列克塞·马克西莫维奇走上讲台之前，一切都已安排停当。我们把向高尔基鼓掌的代表们的这个镜头拍成功了。他好久没能讲话，我们的"弧光灯"使大厅变热了，并使他的眼睛看不清楚了，最后，阿列克塞·马克西莫维奇戴上眼镜严厉地同时又开玩笑地说："把这只鬼灯拿开！"过了一会儿，为高尔基拍的镜头终于拍成功了。

在会议休息时,我拍了阿列克塞·马克西莫维奇和民间诗人苏莱曼·斯塔利斯基[466]谈话的镜头。高尔基从代表大会的讲台上走下来时是这样谈论他的:"你们要爱惜那些像苏莱曼那样能够创造俄罗斯诗歌中的瑰宝的人。"

在作家代表大会上拍摄的镜头中,我特别记得阿列克塞·马克西莫维奇在和"格林奇哈"——索菲亚·约夫娜·格林琴科,集体农庄女庄员,弗·斯塔夫斯基[467]的长篇小说《四散奔逃》的女主人公谈话那个镜头[468]。阿列克塞·马克西莫维奇起劲地做手势,有时皱起眉头,对什么表示不满意。遗憾的是忙于拍摄,我没有记住他们谈了些什么。

一九三五年五月阿·马·高尔基收到罗曼·罗兰的夫人玛利亚·巴甫洛夫娜的信说,罗曼·罗兰即将来苏联,这样一来我们六月三十日就能在红场上给他们拍电影了,到时他们会在那儿观看体育大检阅。那天罗曼·罗兰裹着一条格子毛毯坐在观礼台的椅子上。医生们本来是不准他这一天外出的,可是他说服了医生——准他半小时假去红场。但是和高尔基的会见、大检阅的色调鲜艳以及不同凡响、欢迎他和高尔基的运动员们,所有这一切都使罗曼·罗兰在红场上一直待到检阅结束。检阅后我请求阿列克塞·马克西莫维奇同意我去别墅拍他和罗曼·罗兰在一起的镜头。阿列克塞·马克西莫维奇表示同意。这一天上他那儿去的还有为了会见罗曼·罗兰而来的苏联作家们。会见是在大厅里进行的,我们不能在那儿拍片,所以我们就在靠近从别墅去花园的出口处放了一张藤沙发,并在会见结束时请罗曼·罗兰和高尔基就座,后面站着罗曼·罗兰的夫人玛利亚·巴甫洛夫娜。看到我们拍的是电影片,他们就进行毫无拘束的谈话。罗曼·罗兰的健康情况非常不好,甚至在这样炎热的七月份的日子里还离不开羊毛毯子,把它披在肩上。在这之后,我又拍了他们在花园中散步和在喷水池边谈话的镜头……七月二十一日,罗曼·罗兰回国了。他们的这次会见是第一次也是仅有的一次。在动身之前,他送给高尔基一张有自己亲笔签名的照片:"怀着深为激动的心情赠给我亲爱的朋友高尔基,以此纪念在他身边度过的美好的几个星期。——罗曼·罗兰。莫斯科,一九三三年七月二十一日。"

已经日落西山，当所有的人都已离去的时候，阿列克塞·马克西莫维奇突然自己想拍张照片。"你听我说，老头。请你给我拍一张穿西服的照片吧。"阿列克塞·马克西莫维奇请秘书坐汽车去莫斯科取他想穿的拍照的那套西服。

　　我们等了很久，但我这时拍了阿列克塞·马克西莫维奇坐在办公桌后面的照片。这是一张特别的桌子，比正常的桌子要高些，因为医生不准高尔基太低地俯身工作。西服终于拿来了，但天完全黑了，可是错过这样非常难得的机会——拍张新照片，而且是他自己提出要拍的——这该是很可惜的。我帮阿列克塞·马克西莫维奇穿上了取来的衣服并戴上那顶非常大的黑色宽檐帽子；斗篷也是同样的颜色。只好请阿列克塞·马克西莫维奇从房间坐到阳台上来，因为那里的光线比较好，并请他不要多走动，因为拍摄的速度要放慢。我非常担心，但幸亏效果很好，照过相后我热烈地感谢高尔基，而他在告别时却用自己伏尔加人把非重音"O"读成"O"的乡音说："只是请您在这张照片下方必须替我写上：'一八九五年我在萨马拉城穿的就是这套带斗篷的衣服。'"

　　我现在激动和亲切地回想起这位朴实的人的有时看起来好像是无关紧要的一切片言只语、插话和意见，他已把自己全部的才能和巨大的创造力献给了可爱的祖国。

彼·安·巴甫连柯

彼得·安德烈耶维奇·巴甫连柯（1839—1954）——作家。

本文第一次发表于文艺作品的选集《克里米亚》。一九四八年，第二期。现根据《同时代人回忆高尔基》，莫斯科，国家文学出版社，一九五五年版，第五二三—五三一页原文刊印。

回忆阿·马·高尔基的几个片段

（……）我第一次见到高尔基是在一九三二年，曾经是我少年时代幻想中的英雄人物的那个人，在小尼基茨卡亚大街上一家独家住宅的前厅里站在我面前并亲切地请我进去，我好像觉得，他怀着过分的好奇心在仔细地看我这个他还不认识的陌生人。当时我还不知道高尔基对待一切新来的人的癖好，他对这些人正像对一本没有读过的书那样，老是期待着某些发现似的。

这是一九三二年四月，在联共（布）中央撤销俄罗斯无产阶级联合会（"拉普"）之后不久[469]。我是和尼·谢·吉洪诺夫一起去的，是他把高尔基要我在最近几天去谈谈近东情况的邀请转达给我的[470]。我爽快大胆地同意了。

但是当我见到阿列克塞·马克西莫维奇时，我就不由得在他审视的目光下腼腆起来，当时显然是，我说不出一句话来，而且举止也非常笨拙而可笑。

那一天高尔基家里的人很多,从列宁格勒来了阿列克塞·尼古拉耶维奇·托尔斯泰、斯尼扬诺夫和吉洪诺夫,还来了几个莫斯科人——法捷耶夫、叶尔米洛夫[471],好像还有尼库林等人。谈话涉及许多方面。在我的记忆中只保留着高尔基对我提出的一些问题——是否早就写作,现在在写些什么。在知道我已完成一部描写巴黎公社时期的长篇小说《街垒》后,他就立刻建议我读一读某些书。幸亏我回答得出,他所建议的那些书我已经读过了。

"您看过梯也尔[472]的书吗?"

我做了肯定的回答,并补充说,我认识一位当时退职后住在莫斯科的现在还活着的巴黎公社的参加者[473]。高尔基对此很感兴趣。

"他是谁,是什么人?他在巴黎公社时期是干什么工作的?他现在住在哪儿?"

好像他问这些是为了明天就要去找巴黎公社这个老社员,并且要对我所讲的一切详细地重新审查一遍似的。

高尔基对那些不熟悉自己材料的文学工作者是不能容忍的,因此我懂得,如果我在第一次考验中失败,那我对他来说就不再存在了。

几年之后,在阿列克塞·马克西莫维奇的家里又一次谈起关于巴黎公社的问题,那是由罗曼·罗兰到他那儿做客所引起的[474]。

我是作为关于巴黎公社这本书的作者而被介绍给这位贵宾的,因此罗曼·罗兰就自然地对我是否去过巴黎、是在哪儿并怎样为自己的著作收集材料等事发生兴趣了。我记得,阿列克塞·马克西莫维奇的目光十分不安和忧虑重重,生怕我会把事情弄糟。他在听我回答罗曼·罗兰的话时,一直用手指敲打着桌子。当他搞明白我的大部分材料是从苏联档案馆里取得的,并且我能够相当有信心地跟一位最有学问的法国人交谈巴黎公社的事情时,高尔基就微笑起来了。为同胞自豪,这是他令人惊异的特点!瞧,尽管不是法国人,可是却知道……真有他的……——他当时满意的微笑就是这个意思。(……)

高尔基家里的晚会对我们作家来说是有重大意义的学校。有时你在喝茶或者吃晚饭时能够了解到那么多的东西,以致后来连自己也不明白,不知道这些必要的和不寻常的东西怎么能共存。高尔基邀请学者、作家、画家、从事实际工作的人在一起——这就成了获得知识和交谈经验的学院，成了探讨各种大胆的计划和设想的研究院。

谈得最少的是情节和题材，高尔基总是避开从狭隘的专业和技术上来谈论文学。在同他谈话时吸引他的是共同关心的问题，选题问题……

主题思想，这才是他感兴趣的东西。我们将对自己的读者说些什么和谈论些什么，我们要把读者引向何方，如果不能引导他们，那又是什么缘故，由于哪些障碍？

他是一个非凡的讲故事的能手。不是在讲述，而是在简短有力地塑造；听他讲故事，同样是在学习写作。他对我们来说，仿佛是在有声地写作。大概就像在美术学院那样，大画家们总是当着学生们的面，用木炭画出速写和人物的草图，以此来教会学生们在刹那间抓住本质的东西。

有时高尔基讲的话听起来是很严厉的。他是最热忱的、真诚可爱的人，但是他对庸俗的故事，对写得不通的句子，却会像教师那样严厉，对任何人都会毫不留情地痛骂一顿。

他热爱文学，特别是俄罗斯文学，非常了解和高度评价它的思想性和忘我牺牲精神。对他来说最神圣的东西是我们的艺术巨人——普希金、莱蒙托夫、别林斯基、屠格涅夫、托尔斯泰的遗产。他把它看作民族财富，认为应该倍加珍惜地发扬它，而不是把它挥霍掉。但是对被阿列克塞·马克西莫维奇加以愤怒痛斥的心术不正的人来说，这是个灾难。在他的嘴里，"俄罗斯作家"这个词听起来是多么庄严和自豪呀！因此每个人都突然认清了自己是属于这支光荣大军的（就算是在最后一列吧）。

当你坐在那儿一边喝茶一边听阿列克塞·马克西莫维奇讲话时，你就会突然惴惴不安地感到，按职业来说，你就是普希金的战友，你同屠格涅夫、车尔尼雪夫斯基、列夫·托尔斯泰、契科夫是盟友，我的老天啊！你是他们遗产的合法继承人，甚至是他们的接班人。

在回想起我同高尔基的几次会见时，我曾不止一次地对自己说：如果我这一生不是有幸见到、听到并求教于高尔基的话，我的文学工作者生涯一定会是另外一种情况，充满艰难险阻，当然，我完全不是说我已经把一切必要的知识都学到手了,并敢于称自己为高尔基的学生。

对一件事我不能不感到遗憾,那就是我认识他并没有多少年。

有一段时间我曾负责领导两种高尔基创办的刊物——《集体农庄庄员》杂志和称之为《第十六年》《第十七年》[475](以此类推)的文艺作品选集,并曾亲眼看到高尔基是怎样做通讯员的工作的。我是有意用"工作"这个动词的。因为阿列克塞·马克西莫维奇的书信往来不能是别的,只能称之为一项巨大而复杂的"工作"。

写信并不是一件容易的事,堪称一门艺术。但是在我们的文学里却有许多写书信体文学的巨匠,如安东·帕夫洛维奇·契诃夫。

通过他的孜孜不倦的志同道合的朋友玛丽亚·帕夫洛夫娜·契诃娃的劳动,契诃夫所有书信的出版工作完成时[476],我们怀着惊奇和景仰的心情看到,契诃夫在自己的书信中,在每篇印数只有一、二份的小小说中做了大量工作。如果写短篇小说是契诃夫同成千上万人交谈的手段,那么写信每一次只能同一个人和一个心灵进行交往——由此可见契诃夫深入到自己通讯员们的心灵是多么深啊!

如果有人要我用一句话来说明契诃夫书信的风格,我能说的就是"关怀"这个词。契诃夫对无论什么人、无论什么事总是关怀备至的。这是一些为别人的不幸而难受的人的书信。它们有时甚至比他写的短篇小说还要真诚和亲切,因为在它们之中蕴含着作者本人的个性。

写信对高尔基来说,这也是他的工作。有时是在对初学写作者做工作,有时是在对没有取得成功的发明者做工作,有时是同少数民族文化活动家谈文学翻译的原则或举办苏联各族人民的剧院等问题。

契诃夫和高尔基都是非常出色的通信能手,他们写起信来从来不会感到厌倦,而且格式多种多样,真是无与伦比。

在给为数众多的《集体农庄庄员》杂志的稿件作者写回信时,我通常向阿列克塞·马克西莫维奇汇报的,只是我给谁写了回信和写了些什么。可是这些汇报却给我带来那么多的苦恼。

有一次我向他汇报,我准备把一部篇幅很长、写得文理不通的长篇小说稿件退还给西伯利亚某地的作者。

"此人有家室吗？"高尔基十分注意地听完后问道。

"谁呀，阿列克塞·马克西莫维奇？"

"就是你说的这个作者嘛，还有谁呢，总不是我和你吧。"

"不知道。"

"真可惜！……可那边有谁知道他吗？可能这个人已经结婚了……鬼才知道……可能已经有孩子了……没有什么东西养活他们……他这个人，你知道吗，可能听人说过，长篇小说的稿费很高，因此就寄来了。此人年龄不小了吧？"

"他关于自己的情况一点儿也没有写。"

"问题不在他没有写！而应当想办法从侧面了解一下。如果是年轻人，你就骂得厉害一些，他能忍受住。但如果是老年人，你就得宽恕他。我曾遇见过这样一个人——到七十二岁才开始写诗。咦，对这种人怎么能再给予打击呢？"

这部长篇小说，当然拖延了很久才退回去。这样除了原来的工作外，又添了新的工作——打听不走运的作者的年龄和家庭状况。

他对别人有非凡的记忆力，对图书也是这样。有一天我告诉阿列克塞·马克西莫维奇说，有一个小老头把一本非常有趣的日记本送到编辑部来了。这个小老头过去是个驯兽者。有一次他从一个村子去另一个村子，遭到了富农的袭击。他就对自己驯熟的熊说："米什卡，救救我吧！富农们冲上来了！"熊就从雪橇里跳出来把袭击者赶走了。从那时起，只要驯兽者一声喊："富农们冲上来了！"熊就会直立起来——这时你不能走近它，否则它会把你撕碎的。

阿列克塞·马克西莫维奇一边听我讲，一边皱起了眉头，仿佛在回想着什么……

"是不是一个这样的小个子，留着小胡子的？……一只眼睛比另一只眼睛高的？……说起话来有点儿发音不清楚的？"

"是的，"我说，"大概是这样的。"

"不就是那个死皮赖脸的人嘛，"阿列克塞·马克西莫维奇微笑着说，"他曾在十月革命胜利后的头几年把这本自己的'日记'给我看过，而我当时就对他说过，他这是剽窃来的东西……"

"别那么想，阿列克塞·马克西莫维奇，他是那样一个一本正经的小老头呀……"

"对，对，对……就是他。剽窃来的东西，剽窃来的东西。您去找找一八九八年的《新时代》的副刊看。那里，您听我说，我记不得在哪一期了，有一个叫埃米略·萨利加利的意大利人的有趣的回忆录，讲的就是这回事。而熊恰恰是这样的，受过训练的。也有什么人在路上给它咬死的。"

当我费了九牛二虎之力在图书馆里找到并看完埃米略·萨利加利的东西后[477]，就没有什么可说的了。小老头果真是从头到尾抄袭意大利人的。同样令人惊奇的是，我同阿列克塞·马克西莫维奇的谈话是在萨利加利的回忆录发表后的第三十五年。

编写《工厂史》以及《国内战争史》的主意是由高尔基提出来的[478]。他是一个热心拥护搞集体创作的人。他从合作社想到了艺术的新的前景，因此他一再建议作家们一定要教育青年进行集体劳动，到群众中去，从而赋予事业以最大的规模。他在年轻人创作中所喜欢的正是他们的规模宏大。规模宏大和敢作敢为！

诗歌和小故事写得倒不少，可是对它们说不上是好是坏，这常常使人光火。

"亲爱的，你为什么写作？"这样的问题对于高尔基来说是空洞无聊的，因为他自己不是在"写作"，而是在"工作"，而且确切地知道是为谁和为什么而做这做那的。一篇普普通通的杂志上的随笔，如能使他发现一点儿新颖的东西，那么它比起大文学家，哪怕甚至是与他交往甚密的文学家的金玉其外、败絮其中的长篇小说来，都会使他更加高兴的。

"现在有人开始写作，很好，但写得少了些。"他不止一次地这样说，同时举出托尔斯泰一生所写的全部作品的数字。

"真是多产作家啊！"

看来他对一年只写两三页的作者是不满意的。他不喜欢那些拙劣的作品，照我看来，他是从心里蔑视它们的。有时，在想起喜欢漫游俄罗斯的普希金时他说：

"他到处漫游，各处走走……你们是无法和他比的……他从来不闲着待在家里，而有益的事也做了……对吧！……"

他突然不再谈论普希金，但又想起与这有密切联系的事来：

"过去我认识一个渔夫……他一辈子都在计算自己捕了多少鱼……结果数量很多……几乎有两海轮吧……他为此非常自豪……是一个能干的渔夫。"

他对劳动有强烈的爱。

有一次他从伏尔加河旅行回来之后[479]谈起了流浪汉的事。

"我认为他们已不存在啦，不……又出现了……可是，我看到一个流浪汉……有人让他把驳船里的水舀干，而他使这活儿机械化了！他装上一个抽水机……自己仰面朝天地躺着，用一只脚踏一下踏板——水就跑出来了。我们问他：'你在休息？'——'干吗休息，我已机械化了嘛！'"他接着就笑了起来，非常满意这个机灵的流浪汉。"他还说，'现在没有技术可不行呀！……'我那时候的流浪汉已经绝迹啦……"（……）

一九三三年，一批作家（尼·吉洪诺夫、弗·卢戈夫斯科伊、彼·巴甫连柯）从达吉斯坦创作旅行回来后[480]告诉阿列克塞·马克西莫维奇有关在南达吉斯坦山区遇见下斯塔利诗人苏莱曼的事，在那个时候之前，在自己的共和国以外尚无人知道苏莱曼哩。第二年，苏莱曼老人被邀出席全苏作家第一次代表大会，并且是主席团的成员。我有幸把苏莱曼介绍给高尔基认识。苏莱曼非常激动，甚至几次脱下自己黑色的羊皮帽子，揩去头上的汗……苏莱曼身材矮小，羊皮高帽才使他显得身子高一些，惹人注意一些，我建议他坐在魁梧的高尔基身旁不要脱下羊皮高帽。

"哎哟，亲爱的，"老人绝望地挥挥手说，"当你头顶上打响雷时，用鞋掌是挡不住雷轰的呀。有一件事使我十分高兴，就是我们俩都是老头子，虽然在年龄上我比他大些——我希望别人不要嘲笑我。"

而高尔基已经走上前来迎接他，一边笑容可掬地舒展双手拥抱他。在相互问候后，高尔基就立即坐下，免得自己显得比苏莱曼高大，因为这会使客人难堪的。

晚上，苏莱曼朝阿列克塞·马克西莫维奇那边点头，对我说：

"像。"

他用知之甚少的俄语明确而漂亮地说出这个发音不容易的词，他对这个词没有加任何修饰语，而就是这个词准确地表达了他的意思。

我后悔没有立刻理解他说的话。

"过去心里想的，就是这样的。"老人一边为自己没有被人很好地理解而生气，一边补充说，直到此时，我才认清他对高尔基如此简短的评语的真正价值。

高尔基完全像苏莱曼早就在想象中所形成的那个高尔基的形象。高尔基正是苏莱曼原来所想象的那个样子，因而老人为他原来对阿列克塞·马克西莫维奇所想象的如此正确无误，为他的想法和实际生活如此出色地相吻合，为他所想象的一切本来就应该这样而感到自豪。

的确，无论是谁，甚至第一次见到阿列克塞·马克西莫维奇的人都会感觉到他像是个老熟人。对他可以随便怎么交谈，也可以随便谈些什么。他具有秘而不露的特殊纯朴，纯粹是高尔基式的纯朴。但是这种纯朴既不是好心肠的纯朴，也不是天真幼稚的纯朴。高尔基无论是在愤怒还是在高兴时，都是朴实无华、毫不做作的，他也从来不以自己的纯朴来修饰对人们严峻的真实看法。

他活了这么一大把年纪，并且还培养出一代追随者和门生，可我觉得，他总是感到自己还很年轻，几乎还没有饱经沧桑，而且真诚地羡慕那些知道他本人所不知道的某些东西的人。他喜欢收藏象牙雕刻，并精通这方面的知识。

有一段时间他曾收集各种奖章——只要他一讲话，准会讲述关于这些奖章的事！

他能一连几个小时听人家讲述有关各种职业的故事。有一天他跟侦讯处的一个相识的侦探在一起坐了一整夜，倾听那个人对自己的工作的回忆。他对劳动的诗意还特别感兴趣，不仅是作为一个人，而且无疑的是作为一个艺术家也是如此。直到自己生命的最后时刻，他还非常清楚地记得烤制面包的事情，并且喜欢忠告别人应当怎样烤制面包才好。他非常熟悉鸟类。"鸟是好人。"——他曾开玩笑地这样说。住在克里米亚的捷谢里时，他对当地的事情极感兴趣。在一九三五年秋天，我曾经是他在捷谢里各种热烈争辩的见证人。诸如关于南岸的供水问题，关于赫尔松博物馆的预算，关于克里米亚的桑树和蜜蜂为什么不多，关于繁殖细毛绵羊等问题。

我刚从远东回来，关于我在那儿所见到事情的讲述，却使从来没有到过伏尔加河以东地区的高尔基很感兴趣。但是他对远东情况的熟悉却令人吃惊，以致我时常觉得，我这个到过那儿的人反而比只从书本上知道太平洋沿岸的他所知道的情况要少。他几乎能背诵阿尔谢尼耶夫[481]的《在乌苏里原始森林》一书，并且不断地好找碴儿似地详细打听原始森林有些什么变化，那里的人怎么样，他对我对德尔苏－乌扎拉这个人物形象一点儿也不能有所补充，对我关于阿尔谢耶夫未曾发表过的遗著毫无所知，对我还未曾去过库页岛上"契诃夫到过的地方[482]"始终感到遗憾。

共青城的建设使他非常感兴趣[483]。他能一连几个小时听别人讲述共青城建设者的事迹，一边用手指打着榧子，一边喃喃地说些赞许的话。

俄罗斯人是他最钟爱的人，但苏维埃人却完全地征服了他的想象力。

他常说，撰写有关俄罗斯和苏维埃性格的科研作品的时候已经来到了，并环视着在他那儿做客的文学家们补充说："如果我再年轻些，我就要写一本刻画人物的书。写上三十个，或者说五十个人物。全是一些优秀人物，并且我会超过所有你们这些年轻人。你们赶上来吧！"（……）

采取随便什么艺术手段，从小品文到长篇小说，从论文到评论，从像《克里姆·萨姆金的一生》中俄罗斯生活的编年史到写给中小学生的信来塑造人的心灵，形成自己同时代人的意识、感觉和性格，对高尔基来说，这就是生活。

他有一次说："在写作之前，我总是对自己提出三个问题：我要写什么，怎样写，为什么而写？"

与别人不同，他不能"为自己写作"，不能生活在与现实世界脱离的想象的世界中，不能只写"表现"自己的东西。高尔基按自己禀性的气质来说是个鼓动员。他是为发生影响而写作的，因此不能把高尔基想象成为隐士，看作是那些以爱好者为对象的作品的作者。

引导、改造、更新、充实、完善——这就是高尔基对待艺术的态度的基础。

历史还是第一次给予我们这种气魄和这种主人翁气质的作家……

康·安·特列尼奥夫

康斯坦丁·安德烈耶夫·特列尼奥夫（1877—1945）——作家。

本文最初发表于《同时代人回忆马·高尔基》，莫斯科，国家文学出版社，一九五五年版第三三六—三七一页，现由该书转载。

我与高尔基的几次会晤

我们的几次会晤多多少少带有偶然性，而且时间都不长。我已经不止一次地回想起，我和高尔基的通信相识是从一九一一年开始的，当时我把自己的第一部作品寄到卡普里岛他那儿去了，而他却为此写了一封热情洋溢的信给我。这封信现在还保存在高尔基博物馆里，并在不久以前发表了。打那以后我就开始和阿列克塞·马克西莫维奇通信，这对我的创作生涯起过巨大的作用。

大家都知道，阿列克塞·马克西莫维奇是在一九一四至一九一八年世界大战开始前从意大利回俄国的[484]。还在卡普里岛时，阿列克塞·马克西莫维奇就非常热情地请我上他那儿去了。他回俄国后又重新发出这个邀请。一九一六年五月我从彼得格勒到穆斯塔米亚基看他，芬兰的大自然景色有些凄凉，森林中的两层楼别墅，离湖泊或海湾不远。我走进大门，出来迎接我的是从照片上认识的玛利亚·费奥多罗夫娜·安德烈耶娃。

"能见阿列克塞·马克西莫维奇吗？"

"阿廖沙[485]！有人找你！"玛利亚·费奥多罗夫娜朝上面喊道，并请我上二楼去。我走上楼去。在楼梯平台上站着一个人——无疑是高尔基，但和我们在照片上常见的那个高尔基并不十分像。平头，火红色的大胡子，有皱纹的脸孔。他蓦地使我想起童年时代认识的一个鞋匠，可朝着我微笑的却是一双美得惊人和富有表情的蓝眼睛。

高尔基紧紧地握了一下我的手，接着我们站了好久，默默地相互注视着，我俩都异常高大，都有点驼背，接着就突然像按照口令似的一起说："你原来就是这样的！"

然后就大笑起来。阿列克塞·马克西莫维奇把我领进他的书房，让我坐在沙发上，就开始以那种纯朴和亲切的口吻谈话了，这种纯朴和亲切，是我一生中不仅在与名人而且在与日常的"重要人物"谈话时所从未遇到过的。我们想起什么就谈什么。帝国主义战争的第二个年头行将结束，俄国军人吃了败仗，后方出现了经济崩溃——这就是我们谈话的背景。

我们一直谈到中午，然后下楼，阿列克塞·马克西莫维奇给我倒水盥洗，他从一个高水罐里给我倒水洗手和洗头，而大人物的这种服务也是非常有意思的。

下午阿列克塞·马克西莫维奇深入地谈了他的出版计划，其中谈的很多的是已开始发行的由他编辑的杂志《编年史》[486]。

当我准备离开时，天色已晚。阿列克塞·马克西莫维奇亲切地挽留我住下来，我婉言谢绝，带着一捆刚刚由他亲笔签名的他的书离开了。

我和高尔基的第二次会晤完全是偶然的。

一九一六年夏天，天刚破晓，我从莫斯科来到辛菲罗波尔，因为当时我家里什么人也没有，所以我就在车站茶点部坐下来，要了一杯茶。这时阿列克塞·马克西莫维奇走到邻座跟前，我喊了他一声。原来，他是要到福罗斯夏里亚宾那里（夏里亚宾在那儿有别墅）写他的自传[487]的。按照他们事先约定的，夏里亚宾应该派汽车来迎接高尔基，但是汽车却没有来，我们坐了差不多两小时后，就进城去找汽车运输办事处。时间还早，街上既没有马车也没有电车，我们就步行出发了。可是，我们此行却不顺利——汽车没有找到，况且阿列克塞·马克西莫维奇的腿又痛得厉害。我们步行回到车站。不过，高尔基并不在意走路不方便。他认出了一些熟悉的地方，回想起和这些地方有关的一些事情，指出了他在青春时代曾经铺过路的那个地方[488]，而在回来的路上还顺便非常详细地、连最细小的情节也不放过地谈起了他和一个女乞丐相遇的情景。女乞丐的小孩就坐在一只箱子里。过后不久，这一切我都在他出色的短篇小说《大灾星》中发现了。

我们在车站叫了咖啡，可是夏里亚宾的司机竟然已经在等候阿列克塞·马克西莫维奇了，而且想开车走了。

第三次会晤也同样是出乎意外的，也是在克里米亚[489]，在费奥多西亚的车站上。我和阿列克塞·马克西莫维奇又一次同乘一列火车，但事先不知道，是在车站的出口处叫马车时相遇的。后来我们乘同一辆四轮轻便马车去科克杰贝尔[490]。当时的时局是令人不安的——科尔尼洛夫[491]的叛乱阴谋才刚被揭露出来，尚未肃清[492]。阿列克塞·马克西莫维奇谈了一些有关彼得格勒的非常有趣的情况，但说话不多，心情不愉快。他住在科克杰贝尔海边的一幢别墅里，时常到我这儿来，和我一家人一起拍照。我直到现在还保存着这样一张照片：在阿列克塞·马克西莫维奇的膝盖上坐着我三岁的女儿娜塔莎，在她和高尔基手里都拿着洋娃娃，两个人的脸上都带着近似傲慢的自豪表情。

阿列克塞·马克西莫维奇和我准备在科克杰贝尔为自己建造别墅，但时局却不让我们为这些和平时期应办的事情操心。从那时起直到第二次从意大利回到莫斯科，我就一直未曾见到他[493]。

在科克杰贝尔我不得不信服阿列克塞·马克西莫维奇的博学。有一次我和他沿着海岸散步。在靠近海岸的干枯的草地里掠过一只跑动的鸟。阿列克塞·马克西莫维奇马上就说出它属于哪个品种，并讲述了这种鸟的生活特点，顺便还谈了和它同种的鸟类的整个情况。在拾起一块科克杰贝尔海滨浴场以它出名的小石头后，他又给我上了一堂矿物学的课，讲述了卡拉达格的死火山的历史，以及科克杰贝尔海湾的历史。

当时是暴风雨的时代。只要两三个人碰在一起,就会开始激烈争论,这些争论就会发展成为飞行集会。在高尔基的周围每天都有争论发生。他投入了同形形色色的敌人的斗争,从颓废派诗人到露骨的反动派。他的发言是充满激情和令人信服的。(……)

我最后一次和高尔基会晤是在一九三六年,就在他逝世前两个月。在那时侯能见到高尔基是不容易的,几乎是不可能的。可是一九三六年五月却有一项有关创作的非常重要的而又相当困难的任务摆在我的面前,致使我必须尽一切努力设法见到阿列克塞·马克西莫维奇。

人民委员会做出决议,建议一批剧作家创作一个剧本以纪念伟大的十月社会主义革命二十周年,并允许塑造弗拉基米尔·伊里奇·列宁的舞台形象。

我选的题目是《十月革命在彼得格勒》。

期限被硬性规定为一年。

对我来说,这几乎是一项无法完成的任务。我的工作进行得非常慢。仅仅为这样的"十月革命"剧本收集材料,就至少要花一年时间。摆在我面前的选择是:或者是接受政府的建议,或者是拒绝不干;如果接受,那又怎样着手完成这个任务呢?

高尔基此时住在克里米亚的捷谢里。我打听了一下,原来,过去曾对作家们会见阿列克塞·马克西莫维奇加以阻挠的他的那位秘书,此刻就在莫斯科。我打电报给高尔基,请示他是否同意我前去拜访,得到的回音是一个词,"恭候"。

我到达捷谢里正碰上吃中饭的时刻。高尔基一家人正围坐在饭桌旁……阿列克塞·马克西莫维奇当时在加紧按照最严格的工作计划进行工作,这时正怀着愉快的心情,从设有他的工作室的二楼走下来。吃饭时他讲了许多关于自己的经历,关于自己的亲属,特别是关于堂兄弟萨什卡[494]的事情,阿列克塞·马克西莫维奇曾帮助萨什卡和年龄比他大一倍的妻子离婚。午饭后我们来到主人的书房。

"喂,康斯坦丁·安德烈耶维奇,"高尔基开始直截了当地说,"我们的文学情况不太好。"他对那几年只出了少量的卓越的苏联文学书籍非常不满。

我问他:"在文学青年中间有没有新秀?"阿列克塞·马克西莫维奇带着有一些保留条件地说出了两个人的名字。现在这两位作家还在写作,看来没有辜负高尔基的期望。

我们像十年前那样朴实、坦率和同志式地进行交谈。但后来在谈话结束时,我向他提出了令自己讨厌的请求。阿列克塞·马克西莫维奇对我的事情很热心,并为我提出了一些非常宝贵的意见,这些意见后来我都采用了[495]。

他的书桌上天晓得堆满了一些什么——又是各种精装的样书,又是什么草案、图表,又是堆积如山的稿子,又是一沓沓的信件,又是什么克里米亚的石头。

在我们科克杰贝尔的会晤和最后一次见面[496]之间,在我这方面发生了某些私人性质的事件,我在受到文科大学的高等教育后,又突然想起应当补充一些自然科学知识,在已经是两个孩子的父亲和文艺工作者的时候,又毕业于克里米亚大学的农艺系。

我记得在学习生物学和矿物学时,我经常看见博学多才的高尔基在自己面前,为了不丢脸,我就时常见见阿列克塞·马克西莫维奇。我也想同放在我面前的石头进行谈话。唉,关于矿物学的谈话怎么也谈不起来。看来我脑子里的石头和与我交谈的人脑子里的石头不一样。这时候阿列克塞·马克西莫维奇的气色不好。他的脸显得呆板无神。在书房的角落里我发现有几只氧气袋,这是供高尔基夜间用的。

我和他分别时热烈而又紧紧地亲吻,仿佛我俩都已感觉到这是最后一次的亲吻了。

当我从捷谢里登上公路时,在我面前舒展出克里米亚南岸地区的全景。远处的阿卢普卡市隐约可见,它的后面是科列兹市。我回想起高尔基谈论列夫·托尔斯泰那本书中的一段情节,即当他有一次从雅尔塔来到科列兹,看到坐在岸上的托尔斯泰时,悄悄地绕过了他,以免打扰他,"我感动地掉下了眼泪,想道:'只要他活着,我在这世界上就不是一个孤儿了。'"

现在我重复这些话,把它们用在高尔基身上,同样是一掬喜悦之泪。我哪里知道,还不到两个月,我就站在他的灵柩旁边一掬悲恸之泪呢!

库克雷尼克塞

库克雷尼克塞,米哈伊尔·瓦西里耶维奇·库普里亚诺夫(1903年生)、波尔菲里·尼基季奇·克雷洛夫(1902年生)和尼古拉·亚历山德罗维奇·索科洛夫(1903年生)三人的集体笔名——画家。

回忆录原载于《艺术》杂志,一九四一年第三期;现在刊印的是《库克雷尼克塞三人》一书中的一章,莫斯科,苏联画家出版社,一九七五年第二〇六—二一五页,原作者对此有所修订。

在高尔基身边

一九二八年春天,阿·马·高尔基从意大利回到了莫斯科。

《工农通讯员》杂志编辑部给了我们几张入场券,参加同伟大作家最初的一次会见。工农通讯员们集合在库赫米斯捷罗夫俱乐部里,阿列克塞·马克西莫维奇将在那儿发表演说[497],玛·伊乌里扬诺娃建议在杂志上刊登有关这次会见的材料而委托我们给作家画些特写。

我们的座位在主席团离开讲台不远的地方。挤得水泄不通的俱乐部大厅里人们在焦急不安地等待着高尔基的出现。瞧他进来了——他身材高大,皮肤在南方晒得黑黑的,穿着一件浅色的夏季外衣。雷鸣般的热烈欢呼在整个大厅里回荡着。阿列克塞·马克西莫维奇从人数众多的主席团里挤了过去,深为雷鸣般的掌声和欢呼声所激动,他和玛丽亚·伊里尼奇娜、国家出版社社长阿·巴·哈拉托夫及其他人并排坐在一起。我们正好坐在作家的后面。

发言开始了。几位工人通讯员和农村通讯员相继走上讲台对作家表示欢迎。高尔基全神贯注地听取发言,并饶有兴趣地凝视着每一个发言的人。他很激动,用一只长烟嘴在吸烟。我们能从侧面看到阿列克塞·马克西莫维奇,可以把他画下来,我们也就这样做了,要知道这是我们一生中第一次见到敬爱的作家啊,而且离得这么近,就坐在身旁。

在讲台上发言的是一位中年妇女,她是农村通讯员。她生动地、生气勃勃地面对高尔基讲述着:她是怎样从一个不识字的、无家可归的妇女成为一个有经验的农业工人和农村报刊通讯员的。听了这位妇女的经历,高尔基非常激动,几次朝我们这边转过脸来。并且还用手指打了一个榧子,而有时则揩去眼泪,激动地发出感叹:

"这是多好的女人呀!这太好啦!多好的人哪!"

在结束自己的发言后,这位妇女走到阿列克塞·马克西莫维奇跟前同他握手。他深受感动,当即吻了她一下。

在休息时高尔基和主席团的成员们一起走进一间不大的房间去休息。《工人通讯员》杂志的工作人员从我们这儿拿走了一张我们从侧面为高尔基画的速写画去给他看,高尔基看了一眼就用北方俄罗斯人常把非重音"О"读为"О"的乡音说:

"你瞧,我的眼睛简直像乌鸦了!"

工作人员请求他在为杂志画的速写下面写点什么东西。高尔基回答说:

"好吧,我就写:这是我。"

于是就拿起铅笔,用又大又粗的字体签上了自己的名字。

不久《工农通讯员》杂志就发表了关于这次大会的详细报道和我们为高尔基画的上面有他亲笔签名的速写画[498]。

休息后高尔基在雷鸣般的掌声下登上讲台,被聚集在讲台附近参加会见的人团团围住。作家非常激动,预先声明,他不是一个演说家,并且不擅长讲话，但可以试试简单地讲些他是怎样成为作家的。整个大厅都在全神贯注地聆听——阿廖沙·彼什科夫是怎样成为马克西姆·高尔基的。然后阿列克塞·马克西莫维奇以座谈会的形式回答会见参加者提出的一些问题[499]。

阿列克塞·马克西莫维奇·高尔基对我们的艺术生涯曾起过巨大的作用。要是不遇见他——我们走的就会是另一条路。在遇见高尔基之前，我们主要接近于文学的漫画家。我们画作家们的素描以及文学题材的漫画，它们多半是刊登在专业性的文学杂志上的，甚至刊登在发行量相当大的刊物上，如《探照灯》《红色庄稼地》《共青团真理报》《接班人》等等——我们也发表一些有关描绘文学作品中题材的意见。我们喜欢这项工作，但我们不知怎么却未曾想到过摆脱这种题材的狭隘框框。说真的，在这之前，我们曾画过一些宣传画，曾为几本儿童读物作过插图，但对我们来说，这有点儿逢场作戏，有点儿和我们所从事的"专业"的主要工作不相干。

我们和伟大作家的会见，那已经是家庭气氛的会见，那是发生在一九三一年八月二十四日。情况是这样的：国家出版社社长阿·巴·哈拉托夫，一位心肠最好的人，有一次对我们说：

"库克雷尼克塞，我在意大利曾去过高尔基那儿，我曾跟他谈起过你们。他知道你们的漫画。我们讲好，等阿列克塞·马克西莫维奇来莫斯科时，他将和你们见面。我会安排的。"

于是我们就带着哈拉托夫的信去见高尔基。早上十一时整，按照约定的时间，我们走进赫尔岑大街上的一幢房子[500]。

门开了，我们被请进了作家的书房。阿列克塞·马克西莫维奇身穿灰色上衣、蓝衬衫，头戴突厥族小花帽，微笑着站在门边。

"'歪曲我们现实的人们'，你们好！"他说，"请进来。"

最初几分钟我们感到很窘。原来是多么想见到他，向他详细打听许多情况，向他请教，可现在所有准备好的问题都不知跑到哪儿去了，并且不知道，跟这样的大人物可以谈些什么。可是他是一个富有经验的聪明人，像对孩子们似的瞧了我们一眼，就自个儿先开口了：

"就这样吧，同志们。请允许我像父亲那样地跟你们谈谈，带些劝谕地并广泛地谈谈许多事情。你们现在干的是很好的并且是重大的事业,但是你们有些局限在描绘文学作品的题材上。可是要知道,现实生活要比它们广泛得多。现在是你们着手搞更加崇高和富有意义的题材的时候了。"

他在跟我们谈话时不断提出一些问题:"可你们熟悉漫画史吗?在漫画家中间你们比较喜欢哪一个呢?"

高尔基问我们是否喜欢多米耶[501],并且马上讲起他在国外看到过偶尔出售的这位杰出画家的价钱非常便宜的自画石印本。

"多米耶有可以向他学习的东西。"

作家对我们是否出过国很感兴趣。

"嗯,你们应当去那儿看看。"他说,并开始措辞非常锋利明快而又绘声绘影地谈起意大利,谈起意大利人的生活。

"在梵蒂冈那边举行的是多好的游行呀!身穿黑衣服、红衣服、白衣服的僧侣们在大街上走着……这个国家的风俗相当有趣,比如说,意大利人非常迷信。他们特别迷信驼背的人。他们认为,如果用手碰一下驼背,那你就会走运,而如果把钱币在驼背上摩擦一下,那你就会发财。乘电车是使人最难受的。意大利画家很多。有的是天才的画家。我认识的一位名叫卡雷诺的。画了自己的一幅自画像——正在刮胡须的画家。(在这个时候,高尔基做出卡雷诺是怎样刮胡须的样子)真是一位天才画家!"

阿列克塞·马克西莫维奇答应为我们订阅外国杂志并搞到我们所需要的书。谈话进行得很轻松,一会儿谈到讽刺性杂志的出版计划,一会儿谈到考茨基[502]和希法亭[503]("小虱子"),一会儿谈到国际问题。我们对高尔基说,除了最近时期的文学插图外,还随身带来了由我们作插图的小书、宣传画和"大众画"[504]。

地板上堆满揭露克伦斯基和一九〇五年革命的宣传画的复制品。

作家的第一个意见是:

"印得这样坏!纸张和颜色都不好。工作太马虎了。"

阿列克塞·马克西莫维奇非常仔细地看着宣传画。如果喜欢就称赞一番,并询问这些宣传画是送到哪儿去的。

"送到俱乐部和农村图书阅览室去的。"我们回答。

"很好,但印数多少?"

"两万五千份。"

"太少,太少了。"高尔基摇头说。

宣传画都翻阅过了。我们又重新坐到桌子旁,给他看文学画册里的画。阿列克塞·马克西莫维奇一边浏览漫画,一边真诚地笑着,有时笑得咳嗽,接着就马上提出批评,批评有时是非常严厉的。当回想起一位著名的苏联画家给他画的肖像画时,高尔基说:

"这不是我的肖像画。这幅画没传神。"

在会见结束的时候,阿列克塞·马克西莫维奇建议我们举办一次自己的画展。他答应为画展目录写前言。他邀请我们去意大利时到他那儿去做客。

我们在高尔基那儿待了一个半小时。我们深感不安地离开了他。在回家的路上,我们回想起他的每一句话。

阿列克塞·马克西莫维奇大大地超额完成了自己所有的诺言。我们从他那儿收到多米耶的几本非常好的专著、法国和英国的漫画史、古代漫画史、三十五年来的《天真的人》杂志[505],以及许多外国杂志。高尔基也写好了他答应为我们画展目录写的前言。这个前言是这样的:"我不知道,过去是否存在过,同时我也没有想到在漫画的领域能够存在像我们库克雷尼克塞那样三位一体配合默契、不可分离的创作集体。

"他们的才能是公认的,通过六年来的机智俏皮而又可喜的工作,他们出色地证明自己在不断成长,并使自己的创作具有重要的价值。我不是有意要恭维他们,就我对这些人的了解,我认为他们不需要别人赞扬。但是应该特别强调一个事实——大概是古怪艺术的古怪方面唯一的事实——这就是清楚地看到并细腻地描绘出可笑的东西,这也就是他们三个人以画家的身份进行集体创作的事实。

"我认为,绘画艺术上的这种同心协力和富有成果的合作比语言文学工作中的合作要困难得多,是难得成功的。因此是非常值得重视和鼓励的,因为这个经验仿佛已将关于画家们集体创作的可能性从理论上转向实践了。这是我在库克雷尼克塞的工作中所看到的主要东西。

"许多人认为漫画是生活的'哈哈镜'。对那些这样看待漫画的人早就应该坚决地说：'脸丑别怨镜子'。漫画——从社会观点来说，是一种很有意义和非常有益的艺术，它能描绘出当代风云人物或他们的候补人物的冠冕堂皇的面孔上各种各样用'肉眼'不能经常看到的被扭曲的丑态。我这里指的是形形色色的希特勒分子，以及那些不愿意成为社会主义作品中的主人公的公民。这些被扭曲的丑态以'肉眼'来捕捉是困难的，因为，众所周知，内在的丑陋经常会被外部的仪表优雅非常巧妙地掩饰起来。

"漫画家的敏锐而精确的眼力非常善于揭露外部和内部的矛盾。

"如果库克雷尼克塞集体的眼力再有听觉的帮助，那么他们眼睛的批判和讽刺力量就能大大地提高。

"他们想必知道，爱撒谎的舌头也能相当不错地说出一些响亮而又有分量的话来。同时他们也知道，对于许多可敬的公民来说，个人的一瓦罐菜汤要比祖国的命运贵重得多。因此他们应当学会听出什么是花言巧语，而为了听出这种'花言巧语'，就必须知道当前的、当年的和当代的政治问题。

"掌握这种知识就会无限地扩大他们观察的范围并使题材多样化。苏联诚实的人们，新生活方式、新文化的建设者们，现在仍然还在旧时代的垃圾土壤上，在旧时代的有毒而又虚伪的尘埃中工作。库克雷尼克塞应当无情地揭露和揭穿企图逃避死亡的一切，无论它隐藏得多么巧妙，无论它隐藏在什么地方。

"他们，照我看来，有点过于专门从事描绘文学中的题材和文学家。这也不坏。在文学作品中经常还保留着许多可笑的东西，文学家也习惯于把自己看成有优点的人，尽管这种优点只是鼻子上的赘疣或者是过分自我崇拜的肿瘤。

"但是不能仅仅局限于画一些火红色头发的人或黑色头发的人的漫画。我们生活和工作在享有嘲笑和讥笑的特殊权利的国家里。我们的敌人是很厉害的敌人，但是从来还没有过像他们那样可笑的敌人。

"我认为，库克雷尼克塞应当更经常地设法了解欧洲，了解大洋彼岸，了解国外的情况。那边可笑的事情和下流的事情同样的多。

"其次,我衷心祝愿他们不断学习和不断成长,不断成长和不断学习。

"他们是非常有才能的,他们现在正在从事很好的工作,并且能把它干得更好。我祝愿他们三位有更亲密的友谊,在工作中更加同心协力。——马·高尔基。"

一九三二年春季的一天,阿列克塞·马克西莫维奇将来参观我们的画展[506]。

我们兴奋极了。我们检查了许多次——是否一切都安排停当了。

"来了!"

高尔基穿着一件夏季外衣,戴着一顶绣花小圆帽走进来了。跟他一起来的有他的儿子马克西姆、媳妇娜杰日达·阿列克谢耶夫娜和其他一些人。除了我们三个人外,这儿还有作家亚·阿尔汉格尔斯基和画展的装饰者兼美术家斯·捷林加特尔。

高尔基开始仔细地观看展品。我们陪着他从一个展览台走到另一个展览台。在一个地方悬挂着我们的初次绘画尝试——一组描绘国内战争史的图画。在看过这组图画后阿列克塞·马克西莫维奇说:

"嗯,这现在还不是你们的领域。"

作家对一组讽刺画《古老的莫斯科》看了很久。他一边低声地笑了一下,一边指点着这组画中的某些细节。他对我们木偶戏中的木偶很感兴趣[507]。

根据阿列克塞·马克西莫维奇的建议,我们决定为他的长篇小说《克里姆·萨姆金的一生》作插图。在准备这项工作时,我们翻阅了各种各样的材料,研究了各种人的典型性格、服装、发式、生活环境。我们下了很大的功夫,做了巨大的工作,全心全意地对待这项工作。因为《克里姆·萨姆金的一生》有一千多页,而对某些人物的描写分散在所有的四卷之中。各人的性格在整个作品中也都是不断发展的。为了寻求插图的风格和总的结构,工作的开始阶段是很苦恼的。这是困难的,而且不是一下子能找到解决办法的。

但是经过六个月的努力,我们还是完成了五十幅插图。我们决定把它们送给高尔基看。阿列克塞·马克西莫维奇那时在生病,所以要我们把插图寄给他看。我们就照此办了。过了一个星期,我们收到了寄回来的插图。随同这些插图送来的还附有两张由打字机打印的高尔基对每幅插图的意见,原来,在五十幅插图中只有七幅是他未提出修改意见而完全认可的,其他的插图他都要求修改或重画。

高尔基的意见是非常具体的。在"克里姆·萨姆金在缝衬衣的女裁缝那里"的这幅插图里,我们在房间的角落里挂了一幅圣像,虽然在原文里对它只字未提。阿列克塞·马克西莫维奇写道:"如果要挂圣像,那就该挂在它该挂的地方,而不可能挂在这个角落里。而且缝衬衣的女裁缝们也从来不是胖的。"对有鸽子的那幅插图是这样写的:"人们好像是在朝鸽子那边看?"在我们画的插图里他们看的方向确实不完全正确。在描写尼古拉二世来到下新城集市的那幅插图里,我们画了一大堆人把帽子抛向天空。高尔基指出:"沙皇画得很好,但必须有向天空高举的双手,因为帽子自己是不会飞向天空的。"

作家写的其他意见是:

"没有人群。绳子太细。旗子太少。人群、挂在天空绳索上的钟都应该画得小一些。"

"利季娅头上像插了一把布掸子。请把她的头稍许梳梳好吧。"

"加邦——太瘦了,画得有点像厌世绝欲的人了。"

"狂热跳神画得不成功。需要我给你们讲讲这是怎么一回事……"

高尔基写道:我们插图的讽刺成分比需要的多了,插图太漫画化了,应当使她们现实一些,不要过多的讽刺。

阿列克塞·马克西莫维奇的意见使我们感到非常沮丧,甚至倾向于放弃这项工作。然而我们最后决定,应当试试重新画插图。开始试试走日常生活的道路,寻求更现实的风格,不在漫画的基础上,而在更深刻、更广阔的特征上创造人物形象。

修改工作花去我们近半年的时间,修改终于完成了,必须再送去给高尔基看。出版社跟他通了电话,并约定好我们在九月一日(一九三三年)前去哥尔克村找阿列克塞·马克西莫维奇,他当时住在那儿。

自然,我们非常不安:高尔基将怎样评价我们的工作?二十幅是我们加工修改的，二十三幅是在做出新的构思方案，有时是在挑选出新的因素后重新画的，作家对这一切是赞许还是挑剔呢？

阿列克塞·马克西莫维奇看了第一幅画——"孩子们"，那幅画是我们重新画的。对这幅画他没有什么原则性的意见。

"只不过是，"他建议说，"这个姑娘坐的位置要换一下，对吗？"

我们都感到惊奇，为什么我们自己却没有发现，这个姑娘确实是坐得不舒服呢？

高尔基在看瓦拉夫卡的肖像时说：

"现在好一些了，只是胡子不是俄罗斯人的，应从两侧补一点。"

对"尼古拉二世在下新城集市"的那幅插图则说：

"可人们在哪儿欢迎他——在莫斯科还是在下新城？在下新城？那么在第一排就不能站着这样一些小商人。这里要有这样一个穿橙黄色衬衫和长筒靴子的拉手风琴的'工人'在拉手风琴。"

在《克里姆·萨姆金的一生》的插图中，我们时常重复的是同一类型的长着大胡子的人们。关于这一点高尔基说：

"应该寻找另外一种类型。你们时常重复这种有大胡子的人。"

他非常喜欢克里姆·萨姆金本人的画像，他同样也喜欢德罗诺夫的画像。

"德罗诺夫画得很好。他应当是一个无耻之徒。后来我们把他写成了出版商。"

所有的插图就这样审查好了。我们问他在我们修改后对图有什么感想。

"很好，很好。摆脱漫画的味道了。"

"这么说，可以付印了？"

"嗯，当然，快去付印吧。"阿列克塞·马克西莫维奇答道，并做了一个手势请我们坐下来吃饭。

吃饭时交谈的话题是青年时代。

"瞧，我们当时——头上戴的帽子是上宽檐的，肩上披的是披风。"

高尔基请人给他把老式披风拿来。他离开桌子，在肩上披上披风，就以这种姿态站着，身材高大，背有点驼。

"我那时就是这样穿戴的。居民们看见我就往门洞里躲。而姑娘们却没有什么,停下来看看,她们喜欢这个样子。"

后来谈到不久前举行的画展。阿列克塞·马克西莫维奇曾经去参观过[508]。我们问他喜欢什么,不喜欢什么。他说,总的印象不太深。我们问了一下,他是否准备对这次画展写篇文章。

"我是想对我们的画展写篇文章的,"高尔基回答说,"但是我一个人的姓名也不提。我们常常会搞成这样的事:某个大人物以个人的观点对某件事写篇文章,并且署上自己的姓名,而后人们就把他的意见变成金科玉律了。我不会这样写的,但我一定要写。我以为,我们的画展上展出的有关儿童和少先队员及描绘他们生活的图画太少了……"

不久我们就离开了。高尔基送我们到大门口。这时已近午夜了。从转弯处忽然闪现出汽车的前灯光,这是还有什么人尽管时间这么晚又到阿列克塞·马克西莫维奇那儿去了。

巴·德·科林

巴维尔·德米特里耶维奇·科林（1892—1967）——画家，帕列赫圣像画家出身。

科林所画的高尔基肖像乃是优秀的高尔基肖像之一（收藏于特列季亚克夫画廊，莫斯科）。

本文根据《同时代人回忆马·高尔基》，莫斯科，国家文学出版社，一九五五年版，第六二五—六三九页刊印。

我与阿·马·高尔基的几次会晤

（……）二十世纪三十年代初，我住在阿尔巴特23号，在我这所房子的顶间有一个工作室。工作室面积不大，但却非常舒适，光线也很好。这间工作室的唯一缺点是热得吓人，并且在炎热的夏天很闷，因为是在屋顶下。工作室分为两个部分：一部分住着我和妻子，我们还有一间黑暗的小厨房，它还是我们的饭厅和客厅哩；另一半住着我的兄弟亚历山大·德米特里耶维奇[509]。人们要到我们这儿来，就得沿着正门的楼梯登上五楼，通过后门还要登上两段楼梯才能到楼梯平台，推开通向顶间的铁门进去，在顶间的尽头就是我们的住房，《逝去的罗斯》这幅画的全部画稿就是在这儿完成的[510]。我有一些画家朋友，我的作品对他们发生了影响。那时安·瓦·卢那察尔斯基也来过我这儿。对我特别可贵的,是我的导师和朋友米·瓦·涅斯捷罗夫的经常来访。我的每一部新作品都是他第一个看并对它做出评价的。我当时和他谈了许多关于我今后绘画的事情……

一九三一年九月三日早上十点钟时铃响了,我穿过顶间跑去开门。门开了,我看到一个人,他对我说:"高尔基上来找你了。"我感到非常惊奇,于是就回去告诉妻子和兄弟,这个消息也使他们大为震惊。我跑去迎接高尔基。我在三楼正门楼梯平台上迎接他,他和同行者站在一起,喘不过气来。原来,当我跑到他们跟前的那个时刻,他们正在讨论是再往上走还是回去。我向他问好后,阿列克塞·马克西莫维奇说:"好吧,应该上去。"于是我们就慢慢地经过多次停歇才走完那段我上面描述过的路。

要经过工作室就得穿过我们的厨房间。我们的全部家具的陈设是从厨房开始的:在所有角落里都摆着古希腊罗马的半浮雕(厨房间的所有墙壁都给它占据了)和几幅古老的圣像,我的作品则紧靠着墙壁放着。家具不多——几把椅子和一张桌子。天花板则与顶间的结构相一致。阿列克塞·马克西莫维奇进来显得身材高大,几乎碰上厨房间的天花板,他饶有兴趣地观看了我们的全部家当。我们坐下谈了不一会儿话。阿列克塞·马克西莫维奇就用发"O"音的男低音说:"请把你的作品拿出来看看吧。"我激动地开始出示自己的作品。我听到了他的赞许:"妙极了,太棒了!"

我的作品一件接着一件地展示,最后都展示完了。我现在援引高尔基当时对我说的话。他说得对或是不对——让别人去评论吧。阿列克塞·马克西莫维奇站起身来,走到我跟前紧紧地握了一下我的手说:"好极啦!你是一位大画家!你是值得自豪的,你的艺术是真正的,健康的,特别坚实的艺术。"后来他又说:"你听我说,你应当去意大利看看那些艺术大师的作品。"我感激高尔基对我的艺术做出高度的评价,我跟他说,他的意见对我来说是很宝贵的,它使我这个常常怀疑自己能力的人坚强起来,是对我的支持。至于去意大利——这是我一生的梦想,但怎么能实现呢?"我再过一个月就要到那儿去了,让我们一块儿去吧。明天十一点钟请你到小尼基茨卡亚大街六号一幢不像样的房子来，我就住在那儿。"

在这之后，我们就到我兄弟亚历山大那儿去了。在他的画架上有一幅达·芬奇的《蒙娜丽莎》临摹本。阿列克塞·马克西莫维奇见到这幅临摹本非常高兴，请求我的兄弟卖给他。亚历山大以"非卖品"为理由而不肯出让。过了一段时间，他让步了。这幅临摹本现在还存放在小尼基茨卡亚大街阿列克塞·马克西莫维奇的书房里[511]。

送走客人后，我和妻子都为刚才发生的事感到惊讶。"高尔基来过我们这儿啦！他喜欢我的艺术！我要去意大利了。跟高尔基一块儿去意大利。"在这之前不久，有一天我对妻子说："我只要被允许从拉斐尔和米开朗琪罗的壁画前面走一趟，即使一分钟也不让停留，那我就心满意足啦。"

晚上我们去米·瓦·涅斯捷罗夫那儿做客，把曾经发生的一切全都讲给他听。他跟我们一起感到高兴。

第二天，我上小尼基茨卡亚大街去了。

阿列克塞·马克西莫维奇再一次对我说起他对我作品的印象，再一次向我说了一些令人精神振奋的话。最后阿列克塞·马克西莫维奇问道："你兄弟也想去意大利吗？"我说："当然啦。"他说："那么你俩就一起去吧。"

一九三一年十月十八日我们就跟阿列克塞·马克西莫维奇一起出国了。我们跟他的一家人乘单独的一节车厢。我记得，在斯托尔勃齐，离开国境后的第一个波兰车站，高尔基走出车厢，沿着月台走去，所有的人都认出他来了，而当我们来到餐厅坐下吃饭时，那些站在那里的搬运工人，把手放在自己的围裙后面盯着高尔基看。餐厅里有许多波兰军人，他们坐在小桌子旁边，朝高尔基这边看。（……）

阿列克塞·马克西莫维奇不是住在索伦托城内，而是住在索伦托南面两公里的索伦托村头，住在一幢面积不大的单独的二层楼房里。他那有阳台的书房在二楼，从那里可以非常清楚地俯瞰索伦托和有着永远冒烟的维苏威火山的那不勒斯湾的全景。傍晚，这一切在夕阳的辉映之下，显得非常壮丽庄严。阿列克塞·马克西莫维奇不但自己欣赏，如果来了客人，就叫客人一起欣赏。

索伦托的一天是怎样过的呢？阿列克塞·马克西莫维奇制定了一个固定

的作息时间表。早晨近九点钟他出来喝咖啡,九点钟他去自己的书房工作到两点钟,在这几小时内谁也不去打扰他。两点到三点是吃午饭的时间。吃午饭时他跟客人聊天。没有客人的日子是很少的。每个从苏联来意大利的俄国人都把拜访高尔基看作自己的责任。来的客人中有作家、艺术家、音乐家、学者、党的工作者和海员,他们是乘某一班轮船来那不勒斯的。他和所有的客人进行饶有兴味的谈话。阿列克塞·马克西莫维奇总是谛听他们讲述并向他们提出各种各样的问题。当他听到有关我们苏联的成就的某个好消息时,他就摸摸自己的胡子,他的眼睛里就流出眼泪,赞叹道:"好极啦!多好的人哪!"

午后三点到五点阿列克塞·马克西莫维奇如果身体健康就出去散步。有几次我跟他一起去散步,他拄着手杖,沿着橄榄树和意大利松中间的小路走向海边,两个小孙女玛尔法和达里娅跑在前面拾干树枝。我们来到高高的海岸上,那儿摆着一张长凳。阿列克塞·马克西莫维奇坐下,小孙女们搬来了拾到的干树枝并把它们垛起来,接着阿列克塞·马克西莫维奇就点燃起篝火。他坐着吸烟,朝着远方的维苏威火山和那不勒斯眺望。篝火熄灭了,阿列克塞·马克西莫维奇便站起身来,慢悠悠地步行回家。五点到六点钟喝茶,又是谈话。六点钟阿列克塞·马克西莫维奇回到自己的书房里独个儿工作到八点钟。八点钟吃晚饭,接着又是跟客人们谈话。晚饭后大家坐下玩纸牌,打"杜拉克"或"黑桃王后"牌。打纸牌是为了让阿列克塞·马克西莫维奇能得到休息才想出来的。有时候他提出:"让我听听音乐吧,纸牌玩腻了。"这时便开起留声机来。阿列克塞·马克西莫维奇喜欢格里格,也听芬兰人西贝柳斯[512]的作品,但放得更多的是古典音乐。晚上十点钟,家人给他端茶,十一点钟回到自己的书房他还要再看两小时左右的书。

有一次阿列克塞·马克西莫维奇坐到我身旁说:"你听我说,请你给我再画一张肖像画吧。"我回答说:"阿列克塞·马克西莫维奇,我没有画过肖像画,我怕耽误您宝贵的时间,还要让您受罪,而且可能画不好。"他说:"没关系,试试看吧,你如带着高尔基的肖像画回去,这就证明你不虚此行了。"我同意了。开始观察阿列克塞·马克西莫维奇,晚上有时给他画速写,有时跟他一块儿散步。

正是在这几次散步时我才真正看到高尔基。他拄着手杖走路，驼着背，他那有棱有角的肩膀高高突起，他那斑白的头发竖立在高高的前额上，他深深地沉思着，踽踽而行。后来有人指责我，说我画的不是我们的高尔基，说我把他画得孤独而且太严肃了。但是我所看到的他就是这样的，我看到他那高大的、有棱有角的身影在那不勒斯海湾的衬托下陷入深深的沉思之中。

在准备好油画底布和弄清楚自己画这张肖像画的意象和构图后，我就跟兄弟一起去西西里岛了。从那儿回来后就开始画这张肖像画。

原来是打算在室外画肖像画的，但阿列克塞·马克西莫维奇却时常伤风，在露天让别人画像对他来说是危险的，因此我们就在三面装有玻璃的凉台上画了几次，这样几乎就和在露天给他画一样了。还有一个人，我给他穿上高尔基的大衣，请他坐在以大海为背景的露天里让我画像。我的草图已经画好了。在画肖像画时我们大部分时间都默不作声，我在工作时不能讲话，一讲话，我的工作就会不顺利。阿列克塞·马克西莫维奇发现这一点后，他也就不作声了。当我在工作时，我是焦急不安的，但是我尽力不露出自己极端不安的样子来。这一切使我内心受尽煎熬，我的喉咙也干了，我的人也瘦了。阿列克塞·马克西莫维奇在完成一次绘画后曾对我说："巴维尔·德米特里耶维奇，你的眼睛也凹下去了。"我分四次画头部，每一次得花一个半小时到两个小时。我请阿列克塞·马克西莫维奇看一下，他很中意。（……）

阿列克塞·马克西莫维奇有一个惊人的特点：他对别人的劳动非常关心和尊重，特别是对我的劳动。有一天午后阿列克塞·马克西莫维奇把我叫到他的书房里。"我要跟您谈一谈。"他说。我现在已不能全部回想起这次谈话的内容，但这次谈的是我为他画的肖像画。阿列克塞·马克西莫维奇在谈话中对我说："请拿去发表吧，管它叫《逝去的罗斯》吧。"我和阿列克塞·马克西莫维奇也谈起过关于历史题材方面的问题。他熟悉历史，同时也喜欢谈论历史，我们也谈论过艺术。我记得我跟他谈起过米开朗琪罗在西斯廷教堂里的一些壁画[513]。他在对这位伟大画家做出应有的评价时说："而我更喜欢的还是西纽列里和他在奥尔维耶多大教堂里的壁画《反基督者的出现》[514]。这真是了不起！我认为他（西纽列里）的才能比米开朗琪罗还高。"我们也谈到米开朗琪罗的《摩西》，因为它显示出强大的精神力量。高尔基喜欢中世纪的建筑。有一次他津津有味地谈起哥特式大教堂，谈起它们的雕塑品，谈起这种雕塑品富有表达力。总之，阿列克塞·马克西莫维奇是珍视艺术的形象、思想和精神的。他不感兴趣的只是美学的纯色彩画的习作。我跟他谈了许多关于俄罗斯艺术方面的事情。他回想起列宾[515]、谢罗夫[516]、弗鲁别利[517]等人。

有一次在喝早咖啡时，我和我兄弟打算到那不勒斯去看看那不勒斯博物馆。阿列克塞·马克西莫维奇听到我们的谈话后说："带我一起去，我讨厌坐在这儿。"于是我们——阿列克塞·马克西莫维奇、我和我兄弟，马克西姆和尼基金医生就乘上汽车去了。那不勒斯博物馆的一些年老的服务员认出了阿列克塞·马克西莫维奇。几乎他们中间的每一个人都想使阿列克塞·马克西莫维奇得到分外的快乐而领他去看一些别人还未曾见过的新陈列品。一位老服务员把他领到一块古老的大理石跟前指着半浮雕，并且热心地讲解着什么。阿列克塞·马克西莫维奇耐心地听着。来参观博物馆的人认出了高尔基后，大家的眼睛就都盯着他。我还记得，阿列克塞·马克西莫维奇是怎样赞叹犹太银币上兑换商人的大而凸出的青铜头像的现实主义手法的。在参观博物馆之后，我们还参观了那不勒斯的一些大教堂。那不勒斯有一些非常卓越的巴洛克式的教堂，阿列克塞·马克西莫维奇对它们很熟悉。大伙儿都疲倦了，我们就去饭馆吃中饭。阿列克塞·马克西莫维奇和马克西姆叫了牡蛎，我们兄弟俩不敢吃，谢绝了。直到晚上大家才心满意足地回到家里……（……）

一九三四年对阿列克塞·马克西莫维奇来说是艰难的一年。儿子马克西姆去世了。父亲和儿子一直以来是和睦相处的。马克西姆对父亲说的"阿列克塞，你听我说"等等的话语，听起来叫人感到多么愉快。在安葬马克西姆的那一天，我曾在墓地上。阿列克塞·马克西莫维奇脱帽站在墓旁，微风吹散了他的头发，他用手抹着眼泪。第二天我上他们那儿去，阿列克塞·马克西莫维奇心情平静，注意力集中，没有说起马克西姆，谁也没有说起他，但是可以觉察到，阿列克塞·马克西莫维奇是一直在想念马克西姆的。我和妻子被邀请住到哥尔克村去了。我们在那儿住了一个月，这年夏天曾召开作家代表大会，因而哥尔克村的人很多。我在那儿给他画了一幅素描——他垂头丧气地凝神坐着。阿列克塞·马克西莫维奇对这幅素描微笑了一下说："像一只拔了毛的老鸟了。"这一年我病了，我的右腿大胫骨内的骨髓炎复发了。秋天去克里米亚时，阿列克塞·马克西莫维奇曾邀请我和妻子去他那儿。"你得治疗一个时期。"他说。

十月初我们来到捷谢里，并在那儿住了两个半月。在捷谢里的作息时间表也跟在索伦托和哥尔克村一个样。在三点钟到五点钟的散步时间内，阿列克塞·马克西莫维奇会在公园里除草。除了拾干树枝外，还有一桩工作，就是凿很容易砸开的油页岩石，把这种石头的碎屑用来加固小路，一家人和客人们都来帮助他干这件事，但不久就厌烦了，于是几乎所有的人都悄悄地落在后面。阿列克塞·马克西莫维奇的忠实助手是奥林皮阿达·德米特里耶夫娜[518]和我的妻子普拉斯科维娅·吉洪诺瓦。阿列克塞·马克西莫维奇通常坐在上面的一块大石块上，并用十字镐把一块块小石头刨下来，而奥林皮阿达·德米特里耶夫娜和普拉斯科维娅·吉洪诺瓦则坐在下面把它们收拾起来放到筐架上，把它们抬到一边去，而我这时候就坐在附近的小亭子里画克里米亚的山峦。晚饭后别人在玩纸牌而我则坐着画画。我当时画了整整一组素描，其中的大部分现在还保存在高尔基博物馆里哩[519]……

一九三五年年底我想要给高尔基再画一幅他坐在书房里工作的肖像画。我们讲定由我到克里米亚去找他，他再一次住在捷谢里。那是在十二月底，天气非常好，也很暖和。我给阿列克塞·马克西莫维奇画了两张为准备画肖像画的素描。阿列克塞·马克西莫维奇身体有点儿不舒服，他就建议我把画肖像画的事推迟到去莫斯科后再说。"我五月底就去莫斯科，你可以在六月份画好肖像画，然后我们去伏尔加河旅行。"

一九三五年初在造型艺术陈列馆内举行不公开的米·瓦·涅斯捷罗夫作品展览会。阿列克塞·马克西莫维奇莅临了这个展览会，他是跟涅斯捷罗夫一块儿来的。他喜欢这个展览会，但他特别喜欢那位将死于肺病的姑娘的肖像画。他请涅斯捷罗夫把这幅作品转让给他。涅斯捷罗夫不知怎么地不同意。有人问阿列克塞·马克西莫维奇："这幅作品中的什么东西使你喜欢？"阿列克塞·马克西莫维奇回答："我还从来没有看到过在艺术中竟有这样富有诗意的死哩。"

一九三五年年底我去克里米亚的时候，涅斯捷罗夫让我把他写给高尔基的回忆录请高尔基过目并转交一封信。当我动身回莫斯科时，阿列克塞·马克西莫维奇托我把回信转交给米·瓦·涅斯捷罗夫，并说："请你劝劝涅斯捷罗夫把那个姑娘的肖像画转让给我吧！"经过长时间的交涉，米哈伊尔·瓦西里耶维奇终于同意了。我和伊·巴·拉德日尼科夫一起把那幅肖像画送到哥尔克村，并把它挂在阿列克塞·马克西莫维奇的书房里。这是在阿列克塞·马克西莫维奇本人到来之前。肖像画现在还挂在那里[520]。

我在克里米亚阿列克塞·马克西莫维奇那儿迎接了新的一九三六年，并准备在一月二日去莫斯科。我和阿列克塞·马克西莫维奇的最后一次见面是在一九三六年一月二日。我需要乘汽车到塞瓦斯托波尔去转乘火车。在工作时间是不能去找阿列克塞·马克西莫维奇的。但我在十一点一定要离开。奥林皮阿达·德米特里耶夫娜对他说，我要走了，并说，我要求允许我来向他告别。当我走进书房时，阿列克塞·马克西莫维奇坐在桌子后面工作。一见到我就站起来说："这么说，你要走了？我们在莫斯科再见吧，你给我画好肖像画，我们再一起去伏尔加河旅行。"他紧紧地吻了我一下，而他对我说的最后几句话是："不要拖了，赶快给你的腿动手术。"

我当时真想不到，这就是我和他最后一次的谈话，这就是我最后一次见到阿列克塞·马克西莫维奇。

一九三六年五月底，阿列克塞·马克西莫维奇回到了莫斯科。晚上我在小尼基茨卡亚大街他家里等他，但是他被车站上欢迎的人群大大地耽误了。我当时必须离开。我决定第二天再去拜访他。第二天早晨我和米·瓦·涅斯捷罗夫一起坐在自己的办公室里。电话铃响了。我走去接电话，当我从工作室走到电话跟前，对方把话筒给挂了。原来是阿列克塞·马克西莫维奇准备去少女修道院公墓给儿子上坟，而在归途中想顺便来我这儿。他请娜杰日达·阿列克谢耶夫娜[521]打电话给我，而她则没有等我走到电话机跟前就挂上听筒了，并对阿列克塞·马克西莫维奇说科林家里没有人。这样阿列克塞·马克西莫维奇就直接从公墓回哥尔克村去了,而且第二天就病了。我每天打电话去问他的健康情况。我几次问是否可以去见他,那边回答我说,任何人都不许去看他。《真理报》关于他的健康状况的公报已开始令人忐忑不安。

十八日上午十时我打电话到哥尔克村,是奥·德·切尔科瓦来接电话的。我问她:

"阿列克塞·马克西莫维奇的健康状况怎么样?"

她回答说:

"不好,巴维尔·德米特里耶维奇,不好。"

我问:

"有希望吗?"

"嗯,希望总应该有的,但非常不好。"

过了一小时,电话铃又响了,是伊凡·巴甫洛维奇·拉德日尼科夫[522]打来的,他对我说:

"巴维尔·德米特里耶维奇,一切全完了。请收拾一切画素描所需要的东西,马上派汽车来接你,快点来吧。"

一小时后,我已经在哥尔克村了。走进卧室。阿列克塞·马克西莫维奇躺在床上,他是在那张床上与世长辞的,身上穿一件浅蓝色的衬衫,人瘦了许多并显得年轻一些。在强自控制后,我就开始画了。时间不能浪费,在我之后还有许多人等着为他取石膏面型。我的素描习作还保存在莫斯科高尔基博物馆里。在夜里很晚的时候,阿列克塞·马克西莫维奇的遗体被转移到工会大厦的圆柱大厅里去了。我在那里还画了几幅素描。成千上万的莫斯科人在阿列克塞·马克西莫维奇的灵柩前面走过,向他告别。

娜·阿·彼什科娃

娜杰日达·阿列克谢耶夫娜·彼什科娃（1900—1971）——马克西姆·彼什科夫的妻子。在高尔基逝世后，她曾精心保存一切有关纪念作家的东西，后来转赠给了国家，并曾参加在莫斯科建立的高尔基文学博物馆和故居博物馆的工作。

回忆录根据《阿·马·高尔基档案》，莫斯科，科学出版社，一九三九至一九七六年，第十三卷第二三二至二九八页的正文刊印。

同高尔基在一起

（……）一九二一年十一月初，阿列克塞·马克西莫维奇来了[523]，完全是个病人——患有血栓性静脉炎、坏血病并咯血。弗·伊·列宁坚持要阿列克塞·马克西莫维奇离开我国去国外疗养院长期治疗[524]。

我们仨——阿列克塞·马克西莫维奇、马克西姆和我前往靠近瑞士国境的圣布拉齐恩疗养院[525]。

疗养院所在地的风景非常优美，四周都是山峦和树林，我们经常下到山谷里去散步。在那儿时常遇见一些脖子上挂着用青蛙腿皮编成项圈的小男孩，我才第一次知道青蛙是可以吃的，人们把它裹着面烤着吃，可以当一道菜。

阿列克塞·马克西莫维奇不停地工作，而我们为了不妨碍他就到远处的山里去滑雪和坐雪橇玩。

马克西姆是一位出色的滑雪运动员，有时他骑上一匹马，带上滑雪板一个人进山去。我的滑雪技术很差，因此不想跟马克西姆去闲游。

在规定的时间里，马克西姆跟父亲一起工作，而我则看书、学德语。

阿列克塞·马克西莫维奇的健康恢复得很慢，咯血没有停止。

马克西姆向往独立工作，但阿列克塞·马克西莫维奇的健康状况不允许他离开，况且马克西姆一直牢记着弗·伊·列宁的话："你要在父亲身边，关心他，爱护他……"

马克西姆的神经系统也需要治疗。

在遵守相当严格的疗养制度的同时，阿列克塞·马克西莫维奇一天也没有停止过工作。来自各国的信件需要翻译出来，需要用打字机回信。马克西姆既是翻译，又是秘书。

俄国正在闹饥荒。弗·伊·列宁要求阿列克塞·马克西莫维奇写信给美国、法国、德国以及其他国家的作家，呼吁他们帮助挨饿的人们[526]。

阿列克塞·马克西莫维奇写信，马克西姆打字并寄发信件。

疗养院的生活既安静而又从容不迫。但是当阿列克塞·马克西莫维奇来到柏林后，一切全都急剧改变了：没完没了的会见，参加各种招待会，去剧院看戏和参观博物馆，等等。结果阿列克塞·马克西莫维奇刚刚有点起色的健康状况又开始恶化，因而又需要再一次去疗养院或者去某个清净的离大城市远一些的小地方。（……）

经过圣布拉齐恩高山空气治疗后，医生们建议阿列克塞·马克西莫维奇去格林斯多夫吸点海洋空气，于是我们就去那儿了[527]。

我们向德国女房东租了一幢有顶楼的别墅。别墅里各个房间的墙上悬挂着许多形形色色的古老的非洲人用的武器，特别使我们吃惊的是，放在壁炉上的已经干枯的非洲人头颅。

阿列克塞·马克西莫维奇住在二楼，我们住在楼下，客人们则住在顶楼上。

玛丽亚·伊格纳季耶夫娜·布德贝格[528]突然来到格林斯多夫，阿列克塞·马克西莫维奇还是在彼得格勒跟她认识的,她当时在《世界文学》编辑部当秘书。她带来了一只非常好看的小狐狗送给阿列克塞·马克西莫维奇。阿列克塞·马克西莫维奇管它叫库兹卡。库兹卡很快就成了大家的宠儿,我们出去旅行时也老是随身带着它。我是在这儿初次见到玛丽亚·伊格纳季耶夫娜的。我喜欢她的脸蛋、一双大大的富有表情的眼睛、匀称的身段和某种特别的举止。她聪明,活泼,博学,精通几种外语,她到过很多地方,见多识广,善于生动有趣地讲述各方面的事情。除了玛丽亚·伊格纳季耶夫娜外,在格林斯多夫,利季娅·费奥多罗夫娜·夏里亚宾娜[529]也跟我们住在一起,费奥多尔·伊凡诺维奇也来过几次。

晚上利季娅·费奥多罗夫娜经常用吉他为自己伴奏,演唱吉卜赛歌曲和古老的俄罗斯歌曲。她唱得富有感情、技艺高超,她有一副很好听的女中音嗓子。

阿列克塞·马克西莫维奇总是很乐意听她唱歌,有时还编一些令人发笑的歌词,这些歌词往往在大伙儿一致赞同下被即兴演唱:

  哎哟,我是年轻的花花公子,
  你是年迈的女主人……
    不要拧我的腿
    你怎么啦——难道我是吉他?
年轻的小姐
你的眼神搅乱了我的心
    你为什么打我的肚皮
    我是皮鼓,是吗?
年轻的小姐
对我来说——你是迷人的尤物
    你别扭我的耳朵
    难道我是手摇风琴?
小船沿着库拉河飘忽,

这简直太美啦!

哎呀,你别向我脸上吐唾沫,

我又不是你的长笛!

但是马克西姆总是处于所有晚会的首脑地位。他在出字谜、字形谜和即兴演出方面都有使不完的劲儿。他能当场编出活报剧,还穿上各种稀奇古怪的服装。只要你朝那个走出各种各样步法的马克西姆看上一眼,你就会笑出眼泪来!

在跟他亲近和他所喜欢的人们中间,马克西姆是一个很吸引人的讲故事能手和饶有兴味的交谈者。可是当他处在陌生人中间或碰到对自己有偏见的人时,他就绝不与人交谈,显得非常拘谨,默不作声。

阿列克塞·尼古拉耶维奇·托尔斯泰[530]经常来格林斯多夫,朗诵科学幻想小说《艾里达》中的片段,而阿列克塞·马克西莫维奇朗诵自己的短篇小说《苦行僧》,伊凡·谢尔盖耶维奇·索科洛夫-米基托夫[531]讲述关于俄国旅行家尼·米·普热瓦利斯基[532]和尼·尼·米克卢霍-马克莱[533]的许多有趣的事情。

从柏林来拜访阿列克塞·马克西莫维奇的苏联外交信使谈了一些在苏联发生的事件和新闻,转交了稿件和信件。

阿列克塞·马克西莫维奇一天工作不少于六到八小时,马克西姆无论怎样劝他少工作一些时间,也都无济于事。

和来自俄国的稿件一起收到的还有一些年轻作家诸如康·亚·费定、韦·亚·卡维林[534]、米·左琴科[535]、弗谢·伊凡诺夫等人的新书,我们大家都饶有兴味地阅读这些书。

总之,凡是来自祖国的一切都使阿列克塞·马克西莫维奇和我们激动和高兴。

在格林斯多夫住了一段时间以后,我们就搬到离柏林不远的别墅区萨罗夫去了。

在这儿,不顾医生的劝阻,阿列克塞·马克西莫维奇仍然大量阅读,不断工作。晚上在客人都走了以后，我们就安排阿列克塞·马克西莫维奇休息——玩打"杜拉克"（"傻瓜"）牌的纸牌游戏。我们还时常听音乐。

在写给罗曼·罗兰的信里（他经常和罗曼·罗兰通信），阿列克塞·马克西莫维奇诉说他非常怀念祖国，说他魂牵梦萦地思念着祖国。

但在萨罗夫，阿列克塞·马克西莫维奇仍不停地咯血。当身体刚刚好一些时，他就跟我们一起去了柏林。有一天我们看了根据列夫·托尔斯泰的短篇小说《波里库什卡》[536]改编、由伊·米·莫斯克温[537]主演的影片[538]。影片和演员们的演技给我们留下了非常深刻的印象。阿列克塞·马克西莫维奇当时谈了许多关于艺术中的文艺真实性的意义，预言有很大潜力的电影艺术大有前途。

我们在柏林结识了艾丽莎·特里奥列[539]，她当时正在写自己的处女作《在塔希提岛上》。

在阿·尼·托尔斯泰那儿同谢尔盖·叶赛宁[540]和伊萨多拉·邓肯[541]的会见是饶有兴味的[542]。叶赛宁情绪很高地为阿列克塞·马克西莫维奇朗诵了自己的诗歌，而邓肯则为他跳了舞。

在萨罗夫，阿列克塞·马克西莫维奇因感冒得了严重的支气管炎，肺病加剧了。医生们建议他到黑林山的一个名叫格林捷尔斯塔尔的小村落去疗养[543]，那里靠近弗赖堡。玛丽亚·伊格纳季耶夫娜·布德贝格也去那儿。（……）

医生们建议阿列克塞·马克西莫维奇去意大利，指望那儿的温暖气候能对他有所帮助。阿列克塞·马克西莫维奇没有反对。在等候签证时他想去捷克斯洛伐克，在布拉格逗留一下，他对布拉格闻名已久，也读了不少有关布拉格情况的书。

和我们一起去的，有画家伊·尼·拉基茨基和玛丽亚·伊格纳季耶夫娜·布德贝格，后者是阿列克塞·马克西莫维奇的亲密朋友和他的一些作品的外文翻译者。

这一年冬天捷克斯洛伐克非常寒冷。阿列克塞·马克西莫维奇难以忍受气候的变化，但是他仍然从马利恩巴德前往布拉格[544]，在布拉格街上散步，游览市容，参观布拉格的建筑。

阿列克塞·马克西莫维奇在 Б·奥尔波特医生那儿治疗，他是一个非常有修养、有学问的人。他那儿常举办一些有趣的音乐晚会，阿列克塞·马克西莫维奇在这些晚会上是很受欢迎的客人。

弗·伊·列宁患病的可怕消息从苏联传到了布拉格。阿列克塞·马克西莫维奇为之非常不安，他跟马克西姆久久地谈论着弗拉基米尔·伊里奇。弗拉基米尔·伊里奇去世的噩耗使阿列克塞·马克西莫维奇和我们所有的人大为震惊[545]。阿列克塞·马克西莫维奇这一天一直待在自己的房间里，什么地方也没有去。

应阿列克塞·马克西莫维奇的请求，叶卡捷林娜·巴甫洛夫娜寄来了纪念弗·伊·列宁的所有报纸。

捷克斯洛伐克离俄国这样近，这使他更加强烈地想回到祖国去，但是医生们却坚持要他立刻去意大利。……（……）

一九二四年四月初我们拿到了签证，就去意大利了[546]，在那不勒斯停留时住在"大陆"旅馆里。我们在那不勒斯会见了许多老朋友。阿列克塞·马克西莫维奇收到许多柏林来信。我们几天之后就搬到索伦托去住了。阿列克塞·马克西莫维奇在那儿受到了最热烈的欢迎。

意大利使我惊讶的是令人惊叹的大自然，温和的气候，当然还有大海。我和马克西姆有时会一连几个小时地在"大众"别墅非常美好的海滨浴场洗澡，采集马赛克。

在很久以前，这儿曾有几座别墅，后来被海水冲毁了，现在海水又把许多各种颜色的马赛克和雕塑装饰物的碎片冲到岸边，而我找到了两块极好的能作镶嵌戒指用的宝石。

在休息时，阿列克塞·马克西莫维奇就加入我们的行列，他非常喜欢在海边散步，喜欢一个人长时间坐下来看海浪，在浪涛拍岸的喧嚣声中思考问题。

在"大众"别墅平坦的屋顶上有一架瞭望镜，我们晚上常常上那儿去欣赏星光灿烂的夜空。意大利的夜晚是令人难忘的，妙不可言的。

在"大众"别墅，阿列克塞·马克西莫维奇患了急性肺炎，情况危急。抢救他的是瑞士医生苏捷尔（他在一家为外国人看病的医院里工作）。苏捷尔给他的静脉里注入大量樟脑,这样就使失去知觉的阿列克塞·马克西莫维奇恢复知觉了——危险过去了。然而高尔基已经去世的传闻却闪电式地不胫而走。于是当阿列克塞·马克西莫维奇还十分衰弱地和我们一起坐在圈椅上时,突然从花园小门口传来了铃声,马克西姆就去开门……他蓦地惊呆了,站在他面前的是一个人人都戴大礼帽、身穿丧服、手拿花圈的代表团。原来是由那不勒斯市市长派来的代表团。

马克西姆说:"谢天谢地,阿列克塞·马克西莫维奇还活着哩,发生误会了,他这次病得非常厉害,但危险已经过去了,现在他好多了。"代表团窘极了,怀着真诚的歉意离开了。而我们想到这是一个好的预兆,就派人去拿香槟酒,为祝愿阿列克塞·马克西莫维奇的健康干杯。

当阿列克塞·马克西莫维奇开始恢复健康时,我们就决定搬到别处去住,因为"大众"别墅建筑在火山凝灰岩上,它有一个令人不快的特点——白天吸进空气中的所有水分,而晚上又把它释放出来,潮湿对阿列克塞·马克西莫维奇来说是要绝对禁忌的。

画家彼·彼·孔恰洛夫斯基就住在索伦托附近,他来我们这儿做客时曾建议我们去看那幢坐落在索伦托的尽头、在陡峭的海角上的属于塞拉·卡帕里奥拉公爵的别墅。别墅(十八世纪的)及其主人我们都喜欢,我们就租下了一半房子。房东给自己留下了右边的带有单独入口的几个房间。我和马克西姆住在楼下左边,而阿列克塞·马克西莫维奇则住在别墅楼上。塞拉·卡帕里奥拉公爵是个快活、机智的人,是一位坚定的反法西斯主义者,他很快地就和马克西姆成了好朋友。他的两个女儿,叶连娜和玛蒂尔达都是很有教养的姑娘,她们侍弄花园,采集橙子、橄榄、柠檬,并拿到市场上去卖,因为他们生活拮据。

在我们家庭节日的日子里,房东一家人热烈地参加了我们家里的庆祝活动,和我们一起为儿童举办自行车竞赛,点起几大堆篝火,所有能跳的人都跳过篝火。马克西姆举办家庭演出,搞猜字谜游戏,导演戏剧的造型场面,他总是精力充沛,独出心裁。他用家里现成的东西制成稀奇古怪的服装,想出一些滑稽可笑的化装。由马克西姆塑造的各种怪诞的形象,在所有的演出中都如此独具风格，令人折服，永志不忘。

阿列克塞·马克西莫维奇"伊尔－索伦托"的工作非常多，早晨八点钟起床，九点到下午一点半工作，然后下午二点至四点午餐，午餐后的下午四点到五点就去海边散步，晚上八点吃晚餐，晚上十一点去自己的书房工作，如果没有必要的会见，就一直看书到深夜。（……）

有一天罗马来了电话，是费·伊·夏里亚宾打来的。他将在罗马演唱《鲍里斯·戈都诺夫》，并在演出后来索伦托看望阿列克塞·马克西莫维奇。他问："是否可以来？"阿列克塞·马克西莫维奇做出了另一种决定——他自己去罗马听《鲍里斯·戈都诺夫》，并和费奥多尔·伊凡诺维奇见面。

我们乘汽车去罗马，是由马克西姆开车的，跟我们一起去的还有伊凡·尼古拉耶维奇·拉基茨基。

到了罗马，我们住在旅馆里，当天晚上就去听《鲍里斯·戈都诺夫》了[547]。这次演出是令人难忘的。费奥多尔·伊凡诺维奇的演唱使所有到场的人，不分男女老少都大为震惊。

坐在我们前面的古板的英国人，在鲍里斯死了的那场戏就站了起来，竟忘了还有人坐在他后面。

在幕间休息时，为费奥多尔·伊凡诺维奇的演技欣喜若狂、非常激动的阿列克塞·马克西莫维奇到后台找他去了，而我们则留在池座里，生怕会妨碍他们的谈话。

演出结束后，我们所有的人一起走到后台去祝贺费奥多尔·伊凡诺维奇的演出成功。玛丽亚·瓦连京诺夫娜，费奥多尔·伊凡诺夫的第二个妻子也在后台，他们把我们介绍跟她认识了，马克西姆和伊凡·尼古拉耶维奇同她过去就认识。

费奥多尔·伊凡诺维奇和玛丽亚·瓦连京诺夫娜邀请我们在地下室小餐厅吃晚饭，那儿经常是演员、画家、作家们聚会的地方。桌子和椅子是由酒桶改成的，架子上按年份摆着收藏到的各种酒。在壁龛里离人们远一点的地方给我们准备了满满一桌佳肴美酒。除了我们之外，被邀请的还有画家科罗温、尼·伯努瓦以及另外一些人，什么人我却记不得了。

饭吃得非常开心。费奥多尔·伊凡诺维奇和科罗温两人都是非常出色的讲故事能手，他俩在说俏皮话方面互相竞争。

大家的情绪都非常好。阿列克塞·马克西莫维奇和马克西姆讲了许多有关苏联的有趣事情，回答了许多问题。在结束时，阿列克塞·马克西莫维奇对费奥多尔·伊凡诺维奇说："请你回祖国去看看新生活建设，看看那些新人，他们对你很感兴趣，我深信，看过之后，你会愿意留在那边的。"玛丽亚·瓦连京诺夫娜默不作声地听着，突然转向费奥多尔·伊凡诺维奇坚决地说："只有等我死了你才能去苏联[548]。"

在妻子做出这样的声明后，费奥多尔·伊凡诺维奇不知怎么的立即沉默无语了，大家的情绪立即消沉下去，阿列克塞·马克西莫维奇便不再作声，马克西姆也闷闷不乐。

之后，很快大家就各自回家了，一个开始时很愉快的晚会就这样地给破坏了……（……）

一九三三年十月底，阿列克塞·马克西莫维奇、马克西姆、玛尔法、达里娅和我来到捷谢里。

正如我们所料想的那样，地点和房子——这一切阿列克塞·马克西莫维奇全都喜欢，已经给原来的房子添造了几间客房。

和我们一起来的还有奥·德·切尔科娃，她过去曾受过护士专业教育，和我们一家很亲近。她根据医生的嘱咐护理阿列克塞·马克西莫维奇，同时还管理一切家务。

秘书彼·彼·克留奇科夫和他的妻子、儿子也来了。

阿列克塞·马克西莫维奇和往常一样，立即为自己准备了一张工作台子，并把在我们来到前就已运到的几大箱子的书分类整理出来。马克西姆和克留奇科夫也帮忙整理。

当所有的人都安顿好住处后，午饭前我们就去散步。在参观花园之后就沿着通向灯塔的道路走去，我们来到一个风景极好的小树林，那儿后来就成为阿列克塞·马克西莫维奇最喜欢散步的地方（我们称它为普希金小树林）。

我们走了很长时间，阿列克塞·马克西莫维奇虽然有病，但还是一个劲儿地走,丝毫没有倦意。

到吃中饭的时候,大家虽已饥肠辘辘,但都心满意足、兴高采烈。阿列克塞·马克西莫维奇说:"真好,太好了。"吃饭时他愉快地说笑话,胃口很好,但他在饮食上总是很有节制的。

平时他只吃大半盘汤、小小的一份第二道菜和一些甜食。而他最喜欢吃饺子。阿列克塞·马克西莫维奇不吃任何特别辣的菜,从来都不饮食过度。

他的早餐通常是把两只生鸡蛋放在茶杯里,再把一整只柠檬的汁挤进茶杯,不加盐也不加糖,他像吞生牡蛎那样把这全部吞下,然后喝一杯加牛奶和五块糖的浓咖啡,再吃一小片不涂黄油的白面包。早餐后阿列克塞·马克西莫维奇就去自己的书房工作——早上的工作时间,照他的话来说,是他最富有创造性和最有效果的时间。

在捷谢里仍旧保持原来的生活习惯,像任何时候和任何地方一样,来访的人照样络绎不绝,其中有成年人也有孩子(福罗斯小学的学生们),马克西姆照样替父亲打字。

十二月底我们所有的人都离开捷谢里回莫斯科。(……)

一九三四年四月,叶卡捷林娜·巴甫洛夫娜带着玛尔法和达里娅去捷谢里。阿列克塞·马克西莫维奇觉得身体不好就决定稍许迟几天再去,况且还有些急事要处理。马克西姆和我就跟他一起留下来了。

五月的头几天,正当阿列克塞·马克西莫维奇准备动身时,马克西姆却病倒了。他在钓鱼时受了凉,从生病的头几天起体温就升到了摄氏四十度。

前来哥尔克村看病的医生将马克西姆的病诊断为格鲁布性肺炎。后来请来的斯佩兰斯基院士也证实了这病。病情很快就恶化了,马克西姆处于危急状态。

我们向捷谢里发出了一份请叶卡捷林娜回来的急电。

马克西姆在说谵语了。

马克西姆在枝形吊灯投下的阴影里头仿佛看见了肉眼所不能看见的一架敌机。他说,只要稍微眯上眼睛,就可以从某个角度看到飞机的轮廓,说什么他已经揭开了这架飞机结构的秘密。同时他用铅笔在空烟盒上画出飞机的一些结构。

在马克西姆生病期间，阿列克塞·马克西莫维奇焦急万分，坐立不安。

在马克西姆身边，除了治病的医生外，还有我和奥林皮阿达·德米特里耶夫娜·切尔科娃轮流值班。阿列克塞·马克西莫维奇也常来和马克西姆谈心，如果发现他失去知觉，就默不作声地站立一会儿便走开，而且马上派奥里皮阿达·德米特里耶夫娜（当我值班时）或别的什么人来问："喂，怎么样？"

最后一天，阿列克塞·马克西莫维奇没有躺下睡觉，而是坐在餐厅里和斯佩兰斯基谈话，时而站起身来走到窗前，沉默良久，而楼上的爱子却快要死了。

一九三四年五月十一日，马克西姆死了。他还躺在我们房间里的床上。我听到熟悉的脚步声，接着阿列克塞·马克西莫维奇走进房间，我对眼前的事感到恍惚，脚也移不动了，呆呆地站在马克西姆身旁，生怕自己会号啕大哭，不敢看阿列克塞·马克西莫维奇的脸，我看见他的一双脚停留在床边。我不知道，这可怕的沉默持续了多久。

等我神志清醒过来时，阿列克塞·马克西莫维奇已经不在了。他是怎样离开的，我没有听到。

在马克西姆死后两小时，党和政府的一些领导人前来向阿列克塞·马克西莫维奇表示深切的同情，他在说了"这件事就不用再提了"后，便把谈话转向另外一些话题。

一九三四年五月十二日，马克西姆被安葬在新圣母公墓。生活仍以原来的速度在继续进行。从外表上看，阿列克塞·马克西莫维奇似乎一点也没有变化，照旧进行大量的文学创作，热烈地投入国家的生活——他在写关于文学艺术的论文，反对正在酝酿着的帝国主义战争和法西斯主义，接见工人代表团和文学青年代表团，在红场上会见"契留斯金号"船员[549]，主持苏联作家第一次代表大会，并在代表大会上做了主要报告。

但是，当他一个人在家里时，他却长时间地读不进书，常常在自己的房间里踱步直到深夜，他的眼神里再也没有微笑，他的背更驼了，变得越来越闷闷不乐了[550]。

那个多少年来都和他形影不离的马克西姆永远离开了。

阿列克塞·马克西莫维奇在空闲时开始更加关心两个孙女，时常跟她们谈起她们的父亲。他和我商量起有关纪念像的事情，翻阅马克西姆的照片，他想为马克西姆塑造一座全身雕塑像。马克西姆的纪念像是由雕塑家薇拉·伊格纳季耶夫娜·穆欣娜完成的。

阿列克塞·马克西莫维奇把马克西姆送给他的一些水彩画四周镶上边条，并定制了锌板。为了纪念儿子，他打算搞一本马克西姆画册，出版马克西姆的朋友们写的回忆录，他自己也想写怀念马克西姆的文章，但是，非常遗憾，这个愿望未能实现。

儿子死后，丧子之痛实在太强烈了，看来，阿列克塞·马克西莫维奇也在等待这场剧痛什么时候消失。马克西姆已经去世两年了，但是我的印象是，阿列克塞·马克西莫维奇一点也没有显得轻松一些。

过去他还时常和孙女们、和我谈起马克西姆，而现在他却把自己囿于悲痛之中，只要从他的一些话语中就可以感觉到，他想到至今他对儿子的怀念文章还什么也没有写出来，就感到很不安。

一九三六年五月底，阿列克塞·马克西莫维奇生病从捷谢里回来了[551]。

火车里很热，人家开了窗子，他又受凉了。

阿列克塞·马克西莫维奇从车站直接去小尼基茨卡亚大街，他登上二楼找孙女们说了一些话，然后去图书室挑了几本自己需要的书，拿了其中的一部分随身带着，给图书室管理员留下一张条子，没有停留，就去哥尔克村了。

在哥尔克村，阿列克塞·马克西莫维奇像往常一样，为工作准备好一切，但却未能再坐到桌旁去。

搁着铅笔的《克里姆·萨姆金一生》第一卷就这样一直搁在桌上。

第二天阿列克塞·马克西莫维奇的体温升高了，我们请来了医生。

发病的头几天过得还算平静。热度未退，但阿列克塞·马克西莫维奇仍能起来走走。往常每次搬家之后他也都会感到身体不舒服。但到六月八日病情却突然急剧恶化，我们急忙去请医生来会诊，采取了一切抢救办法，但这一次却无济于事了。过了十天，阿列克塞·马克西莫维奇就与世长辞了。

他于一九三六年六月十八日上午十一时十分逝世[552]。两年以前，他的儿子也是在哥尔克村的同一座房子里故世的。

尼·尼·布尔坚科

尼古拉·尼洛维奇·布尔坚科（1876—1946）——神经外科医师、院士、社会主义劳动英雄。

本文最初发表于《苏联艺术报》，一九三六年六月二十三日，第二十九期。现根据《同时代人回忆马·高尔基》，莫斯科，国家文学出版社，一九五五年版，第六五九—六六一页刊印。

社会主义时期的百科知识者

我曾在阿列克塞·马克西莫维奇一生的各个时期和各种场合见过他许多次。我给他本人、他的一家人、他的秘书看过病。我拜访高尔基时他没有一次不谈到一般性的问题，他最喜欢谈论科学。

高尔基是当代最伟大的人道主义者，但他憎恨任何对人的弱点和不完善的自由主义的纵容态度。虽然，他可能比谁都更了解人恶习与不幸的真正可悲的代价。因为他是从社会底层（不是借喻意义的底层，而是名副其实的底层）登上人类文化的顶峰，登上创作技巧最完美的高度的。甚至当高尔基碰上最凶恶和最残忍的人的欲念而引起激愤、狂怒和心理上的震荡时，他也从来没有失去对人们的信任。他的激情、狂怒和蔑视充满着对人类和对人们的无穷无尽的爱。

高尔基是市侩习气的敌人，这不仅是因为他是艺术家和政治家，而且是因为他本人的气质，我想说，因为他的生物本能。他仿佛是由那种最宝贵的生物材料制成的，自然界对它是极少使用，而且非常吝啬的。当我现在试图回忆阿列克塞·马克西莫维奇的形象时，我首先想到的是他个性上的两个特征：非凡的勇敢精神和坚定的目的性。高尔基不怕怀疑，不怕矛盾，他从来没有胆怯地躲避过悲剧式的和无法解决的冲突。他敢于正视生活。他的生活目的可以这样来表述，即识破大自然的奥秘，并使人们的生活自由、幸福和美好。

高尔基是社会主义时代的百科全书。大家都知道，他在组织《国内战争史》《工厂史》[553]《世界史》[554]《诗人的书》[555]《年轻人的故事》[556]等一系列出版物时做了大量的工作，而这些设想的发起人和积极实施者却只有一个人——高尔基，这难道不令人惊奇吗？！

高尔基是俄罗斯文学的泰斗，而且不仅仅是苏维埃时期的泰斗。作为最敏锐、最细心的艺术家之一，他具有发现天才的惊人能力。同有才干的青年人和初学写作者的交往是高尔基的一种嗜好。他在革命前就"发现"列昂尼德·安德烈耶夫[557]了，他把斯基塔列茨[558]带进文学界。他支持过乌克兰作家柯狄宾斯基，连马雅可夫斯基也是由他带进"大文艺界"的。革命后他是最早关心米哈伊尔·肖洛霍夫的人之一，照我看来，后者现已成为苏联文学最令人高兴和最有前途的希望了。

高尔基跟我谈得最多的是苏联科学。他一心想要建立在自己的工作方法和任务上与资本主义国家有区别的科学。他对生物科学，主要是对医学极感兴趣。当我在五月底他发病前几天见到他时，他还跟我谈论必须建立综合医学的事哩。

"你们必须创立医学科学的实事求是的哲学，这在目前还没有：几千年来医学都是靠分析、凭经验来治病的。它在寻找各种办法同各种疾病做斗争，但是它从来没有对自己提出过创立人的生物哲学的问题。医学应当成为真正的建设性和综合性的科学。"

他认为全苏实验医学研究所是解决这个重大问题的组织和方法论的基地。

这就说明高尔基为什么会对创立这个研究所如此感兴趣[559]。高尔基谈论医学时，不仅常常把它作为一门科学，而且是作为一门艺术来看待的。

医生应当善于使病人的患病的病理学上的畸形心理健康起来，医生在同疾病做斗争中的成功保证就在这里，疾病应当让位于健康和正常。

对于我来说，尤其是作为一位医生来说，能够听取世界文学最伟大的艺术家这一临终前的遗训是很荣幸的，因为我知道他曾在对艺术的信仰和对科学的信仰之间有过犹豫。有一次他通过自己作品中的一位主人公的口说过：艺术对人的理解胜过科学。但在他的生命最后时刻，他还向往过创立生物哲学，他完全承认真正科学的重要性。

我曾问过自己：在高尔基的性格中是否有某种多愁善感的东西？他是否能写出这样美好的但又像普希金的哀诗开头常用的那种充满苟安和忧愁的诗行[560]？但我给自己的回答是：不可能。在高尔基心灵中所响着的对生活的崇拜比普希金喜气洋溢的生活中的强烈得多啦。

高尔基对我们生物学来说，是自然界最有趣的现象。如果某个生物物理学家能构造出这样一架累计高尔基创作能量的能量聚光镜的话，那么这架机器就能把不可胜数的发动机全部发动起来，可是高尔基故世了。他已不再存在于我们活着的人们中间了。同样也没有那种能制造如此神奇的聚光镜的生物物理学家。我们所有搞科学和艺术的人都必须把千百万人的创造力量汇合在一起，以便继承和实现高尔基留给我们的人道主义的、非常人道主义的思想和夙愿。我们的祖国没有哪位艺术家和作家比那个骨灰已安放在克里姆林宫红墙中的人更伟大、更积极的了。

注释

1. 一九三〇年五月十六日写的信。

2. 见杰斯尼茨基和安德烈耶娃的回忆录[本书（俄文版）第1卷，第129—132、267—269页]。

3. 前进派和高尔基于一九〇九年在卡普里岛（意大利）举办的党校。

4. 一九一一年在弗·伊·列宁领导下，布尔什维克党人在巴黎近郊的龙寿姆小镇上创办党校，专门在工人中间培训党的干部，列宁曾亲自在该校讲课。

5. 高尔基曾经是俄国社会民主工党第五次（伦敦）代表大会（1907年）的代表。

6. 一九一三年六月给高尔基的信（《列宁全集》，俄文版，第5版，第48卷，第200页）。

7. 一九一九年七月九日写的信（《列宁全集》，俄文版，第5版，第55卷，第373—374页）。

8. 高尔基当时住在克伦威尔大街（今高尔基大街）二十三号。

9. 列宁的著作《帝国主义是资本主义的最高阶段》于一九一七年七月由高尔基主办的"帆"出版社出版。

10. 见回忆录原书第二一页。

11. 高尔基曾于一九二八年、一九二九年、一九三一年、一九三二年回苏联，最终于一九三三年回国定居。

12. 见原书第三七六页。

13. 见拉·阿尔斯基的回忆录，原书第一卷，第四三六页注⑥。

14. 召回派——一九〇八年在俄国社会民主工党中成立的"左倾"机会主义派别。召回派以要求从国家杜马中召回社会民主党的代表而得名。召回派要求党在合法组织中停止工作，从而有可能使党丧失与群众的联系。一九〇九年十二月召回派加入了前进派（见原书第375页注①）。一九一九年在国内战争中最后歼灭了白卫军和外国武装干涉者。

15. 在苏维埃政府迁往莫斯科（1918年3月11日）后，高尔基继续住在彼得格勒，但常来莫斯科，并多次和弗·伊·列宁会见。

16. 国家出版社——根据高尔基和安·瓦·卢那察尔斯基的倡议，经全俄中央执行委员会一九一九年五月二十一日做出决议，通过合并一系列出版社而成立的俄罗斯联邦国家出版社。国家出版社领导其他各个出版社和图书发行企业，制定纸张生产计划。该出版社出版和宣传政治书籍，第一次出版了苏联版的马克思和恩格斯的著作以及列宁、普列汉诺夫的著作，还出版了俄罗斯古典作家（普希金、果戈理、列·尼·托尔斯泰）和现代作家（马雅可夫斯基、富尔曼诺夫、绥拉菲莫维奇、革拉特珂夫、法捷耶夫）的作品。国家出版社的第一任领导人为瓦·瓦·沃洛夫斯基。

17. 二十二卷本的《高尔基选集》于一九二三至一九二四年问世。

18. 见楚科夫斯基的回忆录，原书第一卷第四〇〇页注①。

19. 一九一八年十一月二十九日在人民宫举行了由高尔基主持的群众集会，作家向人们和劳动知识分子发出呼吁，号召知识分子同苏维埃政权和取得胜利的人民合作。该演说翌日发表于《消息报》和《彼得格勒真理报》（《高尔基全集》第24卷第186—189页）。

20. 高尔基后来的讲话都有录音档案。

21. 指的是一九一八年九月二十日发表在《真理报》（第202号）上的文章《论我们报纸的性质》，列宁在文章中反对"政治喧嚷"，要求报纸多用生动的具体事例来教育群众（《列宁选集》第3卷第602页）。

22. 以高尔基为领导的科学家生活改善中央委员会开始建立于彼得格勒，而后在莫斯科和其他城市相继成立。高尔基在该委员会工作时表现出他特有的毅力、主动精神和坚定性。他首先抓学者的伙食给养问题，安排好他们的住房，给他们提供医疗服务。他经常访问科学家的实验室，关心学术著作的出版工作。一九二〇年，在他的倡议下，《科学与科学工作者》创刊了。科学家们获得了几次通俗演讲的机会。通过高尔基的筹划，从国外得到了粮食、科学仪器设备和书籍，高尔基还为科学家们安排了去国外的学术访问。

作家常常为该委员会的工作去找列宁，并总能从他那里得到帮助和支持。例如，弗·伊·列宁在接到由高尔基转交的S·D·科斯特切夫教授提出的要求提供科学工作资料的申请后，于一九二〇年四月二十二日写信给彼得格勒苏维埃说："同志们：每当高尔基同志向你们提出这类问题时，请你们一定要全力给予协助。如果有这样或那样的阻碍、干扰或反对意见，务请具体告诉我。"（《列宁全集》俄文版第51卷第184页）

高尔基去国外后仍继续关心帮助俄国学者们的工作。

23. 一九一九年十二月，弗·伊·列宁接见了A·E·费斯曼和其他一些学者，一九二一年一月二十七日，弗·伊·列宁跟彼得格勒的学者们——谢·费·奥尔登堡、B·A·斯捷克洛夫和B·H·通科夫举行了会晤。

24. 安·瓦·卢那察尔斯基于一九一七至一九二九年任教育人民委员并掌管一切文化工作。

25. 卡莫为谢苗·阿尔沙科维奇·捷尔–彼得罗相（1882—1922）的化名，职业革命家，布尔什维克。他在一九〇五至一九〇七年革命时期为外高加索战斗大队的积极组织者,曾四次被判处死刑。一九二二年遇车祸身亡。

26. 高尔基和卡莫于一九二〇年秋相识;一九二〇年十一月十三日卡莫和 C·B·梅德韦杰娃结婚时,高尔基是他们的证婚人。高尔基写过一篇特写《卡莫》(1932 年)。

27. 用肉、油和其他作料烹制成的米饭。

28. 米哈·茨哈卡亚为格鲁吉亚革命家。

29. 谢尔盖·亚科夫列维奇(1866—1945)——最早的俄国共产党人之一,杰出的党的工作者。一八九六年参加梯弗里斯社会民主党组织。积极参加一九〇五至一九〇七年革命和伟大十月社会主义革命。——在伟大卫国战争年代,曾积极从事社会工作和文学工作。一九四六年他所著的《走过的道路》一书问世。

30. 一八九八年五月高尔基在梅捷赫监狱写的一篇文章《什叶派教徒的节日》里谈到五月十七至十九日的这个节日。

31. 宗教节日,复活节后第五十天。

32. 一种高加索地方菜。——作者注

33. 一九二八年七月六日,高尔基从莫斯科出发,先后到过库尔斯克、哈尔科夫、库里亚热(访问马卡连柯领导的儿童教养院)、第聂伯罗建筑工地、扎波罗热、克里木、顿河畔罗斯托夫、巴库、梯弗里斯、科乔里、埃里温、弗拉里高加索、斯大林格勒、萨马拉、喀山、下诺夫戈罗德,最后于八月十一日返回莫斯科。

34. 见米卡埃良的回忆录,原书第一卷第四二九页注⑤。

35. 资产阶级民族主义者达什纳克党人曾于一九一八至一九二〇年统治亚美尼亚,致使亚美尼亚国力衰败,沦为外国资本家的殖民地。

36. 全苏实验医学研究所是一九三二至一九四四年间建立的一所综合性的科学研究机构,创建这一研究所是为了全面研究人的机体,探索研究防治疾病的新方法。全苏实验医学研究所成立于列宁格勒,是在一八九〇年创办的实验医学研究所的基础上建立起来的,一九三四年迁至莫斯科。

37. 由安·谢·马卡连柯领导的少年犯教养院于一九二〇年建立于波尔塔瓦,一九二六年迁至哈尔科夫附近的库里亚热寺院,一九二一年以高尔基的名字重新命名。从一九二七年起马卡连柯同时还领导弗·埃·捷尔任斯基劳动公社的工作。

高尔基和马卡连柯在一九二五至一九三五年一直保持着通信联络。高尔基对马卡连柯十分尊敬和关心,支持他对教育的探索,劝导他从事文学创作,记述他自己的教育经验,真正领会他的教育经验对社会主义建设的重大意义。当马卡连柯的新的教育思想遭到教育界庸俗社会学家的猛烈攻击,马卡连柯倦于艰巨的斗争和持久不息的紧张劳动而中断《教育诗》的写作时,高尔基就立即帮助他,给他寄钱,让他去休养,促使他完成这部作品。《教育诗》经高尔基校订,刊登于高尔基编选的《一九一七年》和《一九一八年》。

高尔基在他的特写《苏联游记》(1929年)中记述了他本人对马卡连柯教养院的观感。

38. 亚·谢·谢尔巴科夫一九二四至一九三二年间在下诺夫戈罗德从事党的工作;一九三四至一九三六年间任苏联作家协会第一书记。

39. 科学家口粮:是苏维埃政权初期按月发给科学工作者的口粮。

40. 阿·巴·哈拉托夫,粮食人民委员部部务委员会委员,从一九二一年任改善学者生活条件中央委员会主席,后为出版工作者。

41. 高尔基关于科学家问题的言论已由国家科学出版社汇编成册。

42. 高尔基于一九二八年五月二十八日回到苏联。

43. 文艺社于一八八八年成立于莫斯科,创办人之一为康·谢·斯坦尼斯拉夫斯基,他不久便领导这个文艺社,并建立了职业演员团体,一八九八年该文艺社成为莫斯科艺术剧院的核心。

Almamater(拉丁文:母校)——毕业生对这所高等学校就是这样称呼的。

44. 苏联政府任命玛·费·安德烈耶娃为北方州公社联社剧院演出团体的政治委员。一九一八至一九二一年她领导彼得格勒的剧院工作。

45. 尤·米·尤里耶夫于一九一八年春离开亚历山大剧院,建立自己的剧团,并以该剧团的力量上演了索福克勒斯的悲剧《俄狄浦斯王》。一九一八年五月十二日在杂技场首次公演。这位演员一直向往英雄主义的剧目,他认为,革命现实和正在觉醒的群众需要雄壮、宏伟的戏剧,因而打算创建自己的悲剧院。

46. 回忆录作者搞错了:高尔基的住所里没有挂伊·伊·布罗茨基画的肖像。我们没有在这个房间里停留就走进了另一个房间——阿列克塞·马克西莫维奇的卧室。

47. 高尔基于二十世纪二十年代热心于浪漫主义戏剧、高尚的悲剧和话剧的创作与演出。一九一九年二月十五日首演弗·席勒的悲剧《唐·克洛斯》的模范大剧院——"古典悲剧、高尚的喜剧和浪漫主义戏剧剧院"(现为列宁格勒高尔基模范大剧院)就成了上演这类戏剧的重要剧院。

48. 彼得格勒的一个区(现为第一至第十苏维埃大街)。

49. 格热宾图书出版社：一九一九年在彼得格勒创建的私人出版社，高尔基曾在那里主持过出版工作。

50. 据费定本人所述（见《新闻记者》1928年第3期），指的是《沉默寡言的人》，小说未发表。

51. 短篇小说《基谢尔叔叔》发表于一九一九年十一月二十二和二十三日的《塞兹兰公社社员报》，曾在俄罗斯通讯社宣传部主办的征文活动中获奖。小说主人公是一个俄国士兵，他被德军俘虏，因害怕十月革命给农村带来的变化而拒绝返回祖国。后来费定把该短篇小说的素材用于长篇小说《城与年》中。

52. 在革命后的最初年代，群众性的戏剧风行一时。高尔基设想依靠彼得格勒的作家为电影和戏剧创作一组历史题材的剧本。作家的计划得到卢那察尔斯基的支持。高尔基制定了历史画卷的写作大纲，题材从原始时代开始。这设想中一部分得到实现，有亚·勃洛克的《拉姆泽斯》、亚·阿姆菲捷阿特罗夫的《瓦西里·布斯拉耶夫》、叶·扎米亚京的《神圣的多米尼克的火光》、尼·古米廖夫的《猎犀牛》、阿·恰佩金的《戈里斯拉维奇》等。高尔基本人写了电影剧本《斯捷潘·拉辛》（1921年）。有些剧本曾在彼得格勒的一些戏院上演。

53. 阿瓦库姆（1621—1682）——大司祭、作家，俄国旧正教的拥护者。他反对尼孔的宗教改革，从而被沙皇下令烧死。

54. 会见日子是一九二〇年三月十四日。据无产阶级文化协会的刊物《未来》（1920年第13期）称，高尔基在会见无产阶级文化协会作家时发表的讲话"引起了热烈的、甚至是非常激烈的辩论"。高尔基谈到了文学界闭关自守的危害性，论及了脱离人民、脱离过去的文化传统不可能建立新文化的问题。

55. 现为拉科夫大街。

56. 高尔基指的是无产阶级文化协会的一个原则，即社会主义文化应当由无产阶级的代表来创造。

57. 一九一九年，在俄国十月革命的影响下，巴伐利亚和匈牙利相继爆发革命，成立了巴伐利亚苏维埃共和国（4月13日—5月1日）和匈牙利苏维埃共和国（3月21日—8月1日）。这两个共和国后来都被资产阶级政府扼杀在血泊里了。巴伐利亚和匈牙利的农民没有支持起义的无产阶级，是导致这两次革命失败的原因之一。

58. 巴枯宁（1814—1876）——俄国无政府主义者。

59. 爱迪生·托马斯·阿尔瓦（1847—1931）——美国杰出的发明家、企业家。

60. 安东尼·洛兰·拉瓦锡（1743—1794）——法国卓越的化学家。

61. 阿利吉里·但丁（1265—1321）——中古到文艺复兴的过渡时期最有代表性的作家，意大利诗人。

62. 詹姆士·瓦特（1736—1819）——英国卓越的发明家，一七六三年他在格拉斯奇大学当机械师时，研究改造过纽京门的蒸汽发动机。

63. 费定为这组历史画卷写了剧本《巴枯宁在德累斯顿》（描写巴枯宁参加 1848 年法国革命的情况）。这位革命家在革命后的最初年代曾引起了广泛的注意。

64. 瓦西里·布斯拉耶夫——诺夫戈罗德民间壮士歌中的主人公。

65. 亚历山大·瓦连京诺维奇·阿姆菲捷阿特罗夫（1862—1938）——俄罗斯作家。

66. 尼古拉·斯捷潘诺维奇·古米廖夫（1886—1921）——俄罗斯诗人。

67. 叶夫根尼·扎米亚京（1884—1937）——俄罗斯作家。

68. 批评家费·德·巴丘什科夫于一九二〇年三月十九日逝世。

69. 高尔基指的是革命后头几年普遍存在的对知识分子不信任的态度，很多人把知识分子看作是资产阶级的仆从，没有把自由资产阶级知识分子和民主主义知识分子区别开来。

70. 高尔基对革命前的农村的态度见序言（原书第 1 卷第 10 页）。

71. 旧时指某些宗教节日，人们在河湖等岸边举行"水祓净"仪式的地方，在仪式后有的教徒入水一洗，约旦一词据传来自耶稣举行洗礼的约旦河名。

72. 此处俄语为"Страсти-мордасти"，是有意引自高尔基的小说《大灾星》。

73. 一九二八年六月九日在《红色处女地》月刊编辑部举行。

74. 高尔基在《论市侩》一文中发挥了这些思想，该文发表于一九二九年初 [《高尔基选集》（30 卷本），莫斯科国家出版社 1944—1955 年版，第 25 卷，第 18—30 页]。

75. 高尔基与伊万诺夫是一九二一年二月底、三月初在彼得格勒会见的。

76. 伊万诺夫从西伯利亚来到彼得格勒。在国内战争时期他在西伯利亚当过红军战士和游击队员，多次目睹匪军对红军的残酷迫害。

77. 中篇小说《游击队员们》（1921 年）发表在《红色处女地》月刊第一期上。

78. 尼·安德耶夫、伊·布罗茨基、格·韦雷斯基、格·阿列克谢耶夫、列·帕斯捷尔纳克、纳·阿尔特曼、谢·切霍宁、Н·布尔金、费·玛利亚温和其他一些画家为列宁画过像。

79. 短篇小说《美好的一天》发表于《红色指挥员》杂志一九二一年第十三期。

80. 伊万诺夫为纪念苏维埃政权建立十周年于一九二二年发表中篇小说《铁甲列车 Nr. 14-

69》。他把这部小说改编成剧本。该剧本在莫斯科高尔基模范大剧院上演,成为轰动一时的大事。首演于一九二七年十一月八日。

81. 伊万诺夫在索伦托的高尔基寓所迎接了一九三三年的到来。

82. 高尔基曾在巴黎住过两次:一九一一年一月三十一日(公历 2 月 13 日)至二月十二(公历 2 月 25 日)和一九一二年三月十七日(公历 3 月 30 日)至四月五日(公历 3 月 18 日)。

83. 一九一六年伊万诺夫在《库尔干消息报》印刷厂当排字工人,这家厂的厂主是科切舍夫。

84. 剧本《陀思齐加耶夫等人》完成于一九三二年底。

85. 列奥纳多·达·芬奇(1452—1519)——意大利文艺复兴时期艺术家、自然科学家、工程师,他的名作有壁画《最后的晚餐》和肖像画《蒙娜丽莎》等。

86. 斯特恩(1713—1768)——英国小说家,著有《项狄传》(一译《特·项狄的生平与见解》),全书计九卷,系斯特恩的代表作。

87. 一九一七年斯洛尼姆斯基因受挫伤而患结核病,在彼得格勒住院治疗,当时刚出院。

88. 指世界文学出版社。

89. 博博雷金(1836—1921)——俄国作家,长期侨居国外,死于瑞士。

90. 高尔基指的大概是瓦·伊·涅米罗维奇-丹钦柯的《高加索旅途纪闻》(1880 年)、《暗无天日穷乡僻野,南高加索风土人情》(1894 年)、《达克斯坦的僻壤》(1894 年)这些作品。

91. 在第一次世界大战期间大型炮弹被称作"大炮弹"。

92. 参见原书第一卷第四三五页 P·阿尔斯基的回忆录附注 2。

93. E·德里扬斯基的中篇小说(1857 年)。

94. 利捷伊内依大街上彼得格勒的传统的书市中心。

95. 尤登尼奇于一九一九年夏开始向彼得格勒推进。十月二十日他的军队占领了巴甫洛夫斯克·沙皇村,向普尔沃逼近,但十月二十三日守城部队转入进攻,尤登尼奇遂被击垮而溃退。

96. 梅列日科夫斯基·德米特里·谢尔盖耶维奇(1866—1941)——俄国作家、哲学家、批评家,是俄国象征主义的首倡者,其《论现代俄国文学衰落的原因及新流派》(1893 年)一书是俄国象征主义的文学宣言。于一九二一年迁居国外。

97. 索罗古勃·费奥多尔·库兹米奇(1863—1927)——俄国作家。原姓捷捷尔尼科夫,为俄国象征派代表人物之一。其诗歌特征是以幻想同现实相对立,充满悲观主义色彩,但其写作技术为高尔基所赞许。著有自传体小说《恶梦》(1896 年)、《卑鄙的魔鬼》(1907 年)。

98. 马哈伊斯基分子是二十世纪初小资产阶级无政府主义派马哈伊斯基主义的信徒，鼓吹知识分子是依赖工人劳动生活的寄生阶级并对其采取敌对态度。其创始人为波兰社会主义者Β·К·马哈伊斯基。

99. 阿·费·科尼在晚年腿部骨折，拄着拐杖走路。

100. 由高尔基主持的文学家欢迎威尔斯的聚餐于一九二〇年九月三十日在文艺之家举行。

101. 文艺之家设于彼得格勒大商人叶利谢耶夫位于莫伊卡街的私邸。

102. 高尔基和威尔斯与一九〇六年在美国相识，一年之后又在伦敦会晤，后两人常通信往来。高尔基对威尔斯在一九一四至一九一八年间的反战立场有很高的评价。威尔斯于一九二〇年抵达彼得格勒，住在高尔基家里。

103. 阿姆菲捷阿特罗夫（1862—1939年）——俄国作家，一九二〇年逃亡国外，最后死于意大利。

104. 威尔斯在访问苏俄后写了《黑暗中的俄罗斯》一书（1920年）。威尔斯的记叙力求客观，给予布尔什维克以应有的评价，尽管他不相信这个国家能在没有外援的情况下摆脱"黑暗"。

105. 娜杰日达·叶涅谢耶夫娜·多贝奇娜（1884—1949年）——美术社的社长。

106. 娜·叶·多贝奇娜的美术社（艺术沙龙兼商店）经常举办绘画作品展销，举办音乐会。它坐落在马尔索夫大街和莫伊卡街拐角处一座楼房的二楼。

107. 切列米斯人——马里人的旧称。

108. 出版社坐落在造币厂大街十八号。

109. 《新年枞树——为幼儿写的小书一本》（亚·波洛克和马·高尔基主编，阿·伯努瓦和科·丘科夫斯基编写）于一九一八年由"帆"出版社出版，附有伊列宾、亚·伯努瓦、弗·扎米赖罗、瓦·霍达谢维奇等人所作的插图。这本书幽默风趣的情调是与当时传统的、甜得腻人的"圣诞节"儿童出版物截然对立的。

110. 见原书第一卷第四二八页马努恰里扬茨的回忆录，注⑦。

111. 原苏联高尔基州的城市。

112. 此画保藏在列宁格勒的普希金故居博物馆（俄罗斯文学研究所）。

113. 见原书第一卷第四三二页巴达耶夫的回忆录，注②。

114. 彼·彼·克柳奇科夫——高尔基的助手，负责与文学团体、出版社和社会团体的联系工作的秘书。玛·伊·本肯多夫－扎克列夫斯卡娅（后改姓布德贝格）——世界文学出版社秘书，后来是高尔基的秘书。曾将他的作品译成英文，协助他与国外文学家通信。玛·亚·海因策——下诺夫戈罗德一位药剂师的女儿，一九〇五年这位药剂师被黑帮分子杀害。霍达谢维奇的丈夫——画家安·罗·季德里克斯。

115. 即伊·尼·拉基茨基。

116. 高尔基居住在德国小镇萨洛夫的时间是一九二二年九月二十五日到一九二三年六月。

117. 高尔基因肺部有病，桌子高一些比较舒服。

118. 谢肉节——大斋前的一个星期，是斯拉夫民族的春天的节日。——译者注

119. 原文是德语。

120. 庞贝——意大利那不勒斯附近的古城，约建于公元前七世纪，距维苏威火山约十公里，一九七九年八月火山爆发，全城被火山灰掩埋。

121. 伯拉克西特列斯（约前390—约前330）——古希腊雕塑家。

122. 普叙赫——希腊神话中人类灵魂的化身。——译者注

123. 马其顿王亚历山大（前356—前323）——建立了世界上领土面积最大的古代君主国——亚历山大帝国。

124. 镶嵌画——由彩色石块、玻璃、陶片等材料镶嵌成的图案。——译者注

125. 提香（约1488/1490—1576）——意大利画家，文艺复兴时代威尼斯画派的代表人物。

126. 名画《保罗三世与亚历山德罗及奥塔维奥·法尔奈塞》。

127. 一九二九年六月二十七日到七月十一日高尔基在列宁格勒，住在欧洲饭店。

128. 帕特和帕塔赫——无声电影中的喜剧人物（帕特又高又瘦，帕塔赫又矮又胖），深受观众的喜爱，因而也被搬上了舞台。

129. 谢·米·基洛夫（1886—1934）——苏联国务和党的活动家，1934年被暗杀。

130. 谢·戈罗杰茨基（1884—1967）——苏联俄罗斯诗人。

131. 尤·李别进斯基（1898—1959）——苏联俄罗斯作家。

132. 奥林皮阿达的昵称。——译者注

133. 一种牌戏的名称，具体玩法不详。——译者注

134. 谢·米·基洛夫于一九三四年十二月被共产党的敌人杀害。

135. 高尔基于一九三四年十二月写信给费定："基洛夫的被害使我沮丧至极，我觉得自己被击得粉碎，总之这太糟啦。我十分敬重和爱戴此人。"

136. 见原书第一卷第一九〇页涅斯捷罗夫的回忆录。

137. 弗·格·盖达罗夫——演员。奥·弗·格佐夫斯卡娅的丈夫。

138. 加涅茨基（费尔斯滕贝格）·雅科夫·斯坦尼斯拉沃维奇（1879—1937）——外交官。——译者注

139. 以弗·伊·夏里亚宾的名字命名的戏剧学校于一九一八年夏在莫斯科由几个业余演出团体联合组成。学校教学是在斯坦尼斯拉夫斯基体系的基础上建立起来的。莫斯科艺术剧院的演员们在这儿授课。斯坦尼斯拉夫斯基的女儿也在该校学习，他本人对学校的工作极其关心。

140. 在一九一〇至一九一七年和一九二〇年，格佐夫斯卡娅曾在莫斯科艺术剧院参加演出。她扮演得最成功的角色之一是卡·哥儿多尼的《女店主》中的米兰多林娜。

141. 格佐夫斯卡娅和盖达罗夫曾多次在国外音乐会上演出，表演列·安德烈耶夫的《人的一生》第二幕中的拉斯科利尼科夫和索尼娅的一场戏，还朗诵契诃夫的短篇小说，莱蒙托夫、波洛克、马雅可夫斯基的诗歌。

142. 根据格佐夫斯卡娅的回忆，马雅可夫斯基曾给她第一个朗诵了《我们的进行曲》，并把他亲手抄写的诗稿送给她，还指点她如何朗诵这首诗。

143. 在二十世纪二十年代末，高尔基写过电影剧本《去底层之路》，描写各个主人公进夜店之前的坎坷命运，剧本未完成。

144. 当时有许多电影厂厂长都曾经是商人（奥·弗·格佐夫斯卡娅注）。

145. 戈德霍尔德·艾弗来姆·莱辛（1729—1781）——德国剧作家、文艺理论家，十八世纪德国启蒙时代的主要活动家。

146. 荷马——传说中的古希腊诗人，生于公元前十二至前八世纪之间，伟大史诗《伊利亚特》与《奥德赛》的作者。

147. 安东·弗朗索瓦·普雷沃·德艾克齐尔（1697—1763）——法国作家，文学史上称"普雷沃神甫"。著述超过百种，现只有一部小说《德·格里奥骑士和曼侬·莱斯戈的故事》（1831年春），简称《曼侬·莱斯戈》传世。

148. 格佐夫斯卡娅是擅长即兴表演讽刺小品的杰出演员，她常在小范围的观众面前大显身手。

149. 《年鉴》月刊曾刊登克·阿·季米里亚泽夫的论文：《当代生活中的科学》（1916年第1期）、《纪念一位好友（回忆马·马·科瓦列夫斯基）》（1916年第8期）。一九一八年，"帆"出版社出版了他的著作《红旗，一位科学家的寓言》。"帆"出版社还计划出版季米里亚泽夫的论文集《科学与生活》（该论文集于1920年由国家出版社出版，书名为《科学与民主》）。

150. 同名人指玛尔法·波萨德尼察（博列茨卡娅）——诺夫戈罗德的遗孀，于十五世纪领导过与莫斯科敌对的诺夫戈罗德贵族党。

151. 水兵们于一九二五年九月三十日拜访高尔基。

152. 在长篇小说《克里姆·萨姆金的一生》全卷出版以前，某些篇章曾以《四十年》（三部曲）为题见诸报章。第一部问世时书名为《克里姆·萨姆金的一生》。

153. 在二十世纪二十年代，"科学地安排劳动"（HOT）问题曾得到广泛的研究。当时还建立了劳动研究所专门对合理安排劳动的问题进行研究。

154. 在发表于一九二六年八月十一日《消息报》上的给雅·斯·加涅斯基的信中，高尔基对弗·埃·捷尔任斯基的逝世（1926 年 7 月 20 日）做出了反应，因而激怒了侨居国外的白俄报刊。

155. 指一九二五年九月十七日玛·伊·布德别尔格的房间被搜查。

156. 搜查事件后高尔基致电墨索里尼，提出他在索伦托能否有一个安静的工作环境的问题，并声称如果不可能，他将不得不离开意大利。搜查在意大利文学界引起了义愤，人们纷纷向政府表示抗议。同年十月，克尔任采夫为高尔基住所被搜查一事与墨索里尼会晤。墨索里尼说，搜查出于误会，以后不会再发生类似事件。

157. 尼·亚·伯努瓦夫妇于一九二六年秋季去索伦托拜访高尔基。

158. 鲍·费·夏里亚宾一九二五年毕业于国家高等美工实习学院，嗣后即去国外深造。

159. 尼·亚·伯努瓦的这幅画至今仍挂在莫斯科高尔基故居博物馆原来的卧室内。

160. 高尔基于一九二九年四月十八日观看有费·伊·夏里亚宾参加演出的歌剧。

161. 这里指高尔基在一九三一年的苏联之行（5 月 13 日—10 月 18 日）。

162. 指美术家亚·尼·伯努瓦。

163. 《凡尔赛组画》（1898—1922）——模拟十八世纪法国宫廷生活的一组画。亚·尼·伯努瓦的画富有观赏性，略带忧悒的讥讽、柔弱的美，有时过于华丽。伯努瓦也从事舞台艺术。

164. 阿谢耶夫于一九二七年十一月五日抵达索伦托。

165. 美洲黑人的拨弦乐器。

166. 指伊·尼·拉基茨基。

167. 谢尔文斯基·伊利亚·利沃维奇（1899—1968）——俄罗斯诗人。年轻时当过演员、搬运工。一九一五年开始发表作品。一九二三年毕业于莫斯科大学社会科学系。在二十世纪二十年代是构成派领导人之一。叙事长诗《乌里亚拉耶夫性格》（1924 年）叙述反革命富农乌里亚拉耶夫叛乱被粉碎的过程。

168. 斯泰因。G。（Gertrude Stein, 1874—1946）——美国女作家。生于宾夕法尼亚州一富裕家庭，早年就读于国外。

169. 指长诗《姑娘与死神》。

170. 米哈伊尔·阿尔卡季耶维奇·斯维特洛夫（1903—1964）——诗人。

171. 尼·谢·吉洪诺夫曾参加文学团体"谢拉皮翁兄弟"。

172. 指长诗《谢苗·普罗斯卡科夫》（1928 年）。

173. 一九二〇至一九三一年在柏林出版的白俄报纸。

174. 俄国第一次资产阶级革命（1905—1907）期间，在莫斯科举行的十二月武装起义（1905 年），后被沙皇军队镇压。

175. 一九〇五年一月九日，沙皇下令枪杀彼得堡工人。

176. 盖·阿·加邦（1870—1906）——俄国神甫、沙皇暗探局的奸细。一九〇五年一月九日，煽动彼得堡工人向尼古拉二世呈递请愿书，请愿群众在东宫前遭到血腥屠杀。高尔基在《一月九日》（1906 年）和《尼·菲·安年斯基》（1927 年）两篇特写以及长篇小说《克里姆·萨姆金的一生》（1925—1936 年）中描写了一九〇五年事件。

177. 沙绳——旧俄长度单位，1 沙绳等于 2.1336 米。

178. 尼古拉·米哈伊洛维奇·普尔热瓦利斯基（1839—1888）——俄国旅行家和地理学家。

179. 尼·米·普尔热瓦利斯基纪念碑于一八九二年建立，由 A·T·比利捷尔林格雕塑，底座旁躺着一匹骆驼，不是马。

180. 尼古拉·埃内斯托维奇·鲍曼（1873—1905）——俄国革命活动家，于一九〇五年十月十八日被黑帮分子杀害。十月二十日在莫斯科举行的鲍曼葬礼酿成三十万人的政治示威。

181. 瓦连京·亚历山德罗维奇·谢罗夫（1865—1911）——俄国画家。

182. 瓦列里·雅可夫列维奇·布留索夫（1873—1924）——俄罗斯诗人。

183. 高尔基侨居卡普里岛的时间是一九〇六至一九一三年。

184. 两人会见于一九二八年四月九日。

185. 原文是意大利语。

186. 阿列拉谟的长篇小说《一个女人》（俄译本《一个无权的女人》）。载《教育》杂志（1907 年，第 6—9 期）。

187. 指拉基茨基和霍达谢维奇。

188. 詹姆斯·乔伊斯（1882—1941）——英国作家，原爱尔兰人。

189. 蒙泰朗（1896—1972）——法国作家。

190. 斯特凡·茨韦格（1881—1942）——奥地利作家。

191. 斯泰因·斯泰纳（1908—1958）——冰岛诗人。

192. 即长篇小说《克里姆·萨姆金的一生》，见原书第386页注③。

193. 该短篇写于一九一二年，虽然作为小说基础的故事情节确实发生在高尔基的青年时代——一八九二年。

194. 原文是意大利语。

195. 高尔基在特写作品《列夫·托尔斯泰》（1919年）中援引了托尔斯泰的这段话。

196. 理查·瓦格纳（1813—1883）——法国作曲家、文学家。

197. 尼采（1849—1900）——德国唯心主义哲学家、唯意志论者。

198. 易卜生（1828—1906）——挪威剧作家。

199. 由 В·И·穆希纳、Т·伊凡诺娃和 Н·Т·泽连斯卡娅按 И·Д·沙德尔设计图塑成的纪念像。

200. 高尔基于一九二八年五月二十八日从意大利回到莫斯科，十月十二日离开。

201. 现在的高尔基大街。

202. 雅·米·斯维尔德洛夫共产主义大学（1918—1932）是培养党和苏维埃干部的高级党校。

203. 现在的利哈乔夫工厂。

204. 欢迎高尔基的大会是一九二八年五月三十一日在大剧院举行的。

205. 此处指《Monde》——法国出版社的《世界》周刊。

206. 见面的时间是一九二一年六月二十八日，地点在莫斯科近郊莫罗佐夫卡高尔基的别墅里。巴比塞那时来苏联写《格鲁吉亚实闻录》一书（1929年在巴黎出版）。

207. 由高尔基创办的《我们的成就》杂志（1929—1936）报道苏联社会的成就、工业和集体化的发展、推广农业技术的情况以及各民族共和国的成就。为该杂志撰稿的有先进生产者和学者。在高尔基的帮助和关怀下，《我们的成就》培养了一大批作家和特写作家（如鲍·阿加波夫、列·尼库林、康·帕乌斯托夫斯基等）。

208. 见《列宁全集》中文版，第十六卷，第二〇二页。

209. 见原书第三七七页注⑦。

210. 此信写于一九二八年五月九日。

211. 一九一七至一九三四年，哈尔科夫曾经是乌克兰加盟共和国的首都。

212. 儿童教养院设在离哈尔科夫十公里的原库里亚日寺院的房屋内。一八九一年，约翰·克龙什塔茨基曾到过这里。他在当时的报刊上宣称自己是传教士和"安慰受苦受难的人的使者"。实际上他是一个狡猾的野心家、巧取豪夺的敛财者、极端的黑暗势力分子和蛊惑人心的行家。一八九一年七月，高尔基在哈尔科夫的梅特林家做客，得知约翰·克龙什塔茨基正在寺院内，曾去看他。他见"传教士"的文章在其特写《回忆约翰·克龙什塔茨基》（1922年）中有专门的描述。

213. 高尔基在巴库的时间是一九二八年七月二十日至二十二日。

214. 一八九一年夏天，高尔基在罗斯托夫当过装卸工。

215. 一九二八年七月二十一日，高尔基访问第聂伯罗彼特罗伊。

216. 现为基洛瓦坎市。

217. 高尔基在埃里温参观了榨油制皂厂和轧棉厂。

218. 叶吉舍·恰连茨（真姓为索戈莫尼扬）（1897—1937）——亚美尼亚苏维埃诗人，一九一八年加入苏联共产党。

219. 萨尔达——中世纪的亚美尼亚军事长官。

220. 马尔季罗斯·谢尔盖耶维奇·萨里扬（1880— ）——苏联画家，亚美尼亚科学院院士，苏联美术学院院士，苏联国家奖和列宁奖获得者。

221. 阿斯卡纳兹·阿尔捷米耶维奇·姆拉维扬（1886—1929）——苏联国家和党的活动家，一九〇五年加入苏联共产党。曾参加为外高加索夺取苏维埃政权的斗争。一九一八年任俄共（布）高加索边疆区党委书记。一九二〇年起为亚美尼亚共和国中央委员，苏共亚美尼亚中央书记，一九二二年起任亚美尼亚人民委员会副主席、教育人民委员。苏联中央执行委员会委员。

222. 即《苏联游记》中的第一篇特写。发表于《我们的成就》杂志，一九二九年第一期，高尔基在该文中描述了亚美尼亚舞蹈。

223. 高尔基于一九二八年七月二十四日去过科卓里。

224. 阿卡基·罗斯托莫维奇·采列捷利（1840—1915）——格鲁吉亚诗人和社会活动家。

225. 作者引的是高尔基《苏联游记》中的一段特写（《高尔基全集》，第7卷，130—131页）。

226. 高尔基于一九〇四年五月十五日离开下诺夫戈罗德。

227. 高尔基于一九二八年七月六日从莫斯科出发去全国各地旅行，八月三日至四日在喀山，八月七日至十日在下诺夫戈罗德。

228. 第聂伯河国家建设工程局——开发第聂伯河水利资源的机构。一九二七年开始建设第聂伯河水电站，第一期工程于一九三二年竣工。

229. 欧洲和美国的资本家不愿贷款给苏联，指望苏联经济崩溃。

230. 见杰连科夫的回忆录，原书第一卷第三十六至三十七页。

231. 巴维尔·弗拉索夫是高尔基的长篇小说《母亲》的男主人公，他在法庭上满怀信心地宣称"我们工人必胜"，他和他的母亲——俄罗斯革命母亲的典型——尼洛夫娜，是在俄国现实生活的特定条件下从事斗争的革命者，他们的伟大形象对全世界无产阶级的革命斗争都具有难以估计的鼓舞力量。

232. 苏联第一个五年计划中最大的建设工程之一巴拉赫纳造纸联合工厂于一九二六至一九三三年建成。

233. 一九二五年在巴拉赫纳附近建成的下诺夫戈罗德省的首批发电站之一。

234. ВАПП——"全俄无产阶级作家联合会"，创立于一九二〇年。其中占主导地位的是成立于一九二五年的"РАПП"——"俄罗斯无产阶级作家联合会"，它的活动往往有命令主义和小团体的倾向。（见原书第一卷第十五页序）。

235. 《西伯利亚星火》创刊号（1922年）开卷第一篇就是谢夫林娜的长篇小说《四个篇章》。

236. 《塔尼娅》刊登于《新世界》杂志，一九三四年，第八期。高尔基于一九三四年十一月十九日从捷谢里写信，谈到了谢夫林娜和这篇小说。

237. 高级僧正——东正教最高神职人员（圣教、大主教、总主教）的总称。

238. 诵经士——低级神职人员，做礼拜时协助教士工作。

239. 高尔基这封信无从考察。

240. 全苏作家协会第一次代笔大会于一九三四年八月十七日至九月一日举行，大会以后高尔基在哥尔克村与作家们会见并座谈。

241. 指《各族人民友谊》杂志。最初为文集（1939—1949）。

242. 一九三四年十一月十九日的信。

243. 指《工厂史》——根据高尔基的倡议和联共（布）中央一九三一年十月二十日的决议出版的丛书。该丛书辑录工人、新闻记者、作家和学者撰写的有关工厂企业历史沿革的著作和特写。高尔基领导该书的审定工作。从一九三一年到一九三三年出版了二百五十种性质不同的书，包括文件汇编、学术——文艺特写、调查报告、回忆录等。

244. 指尤卡吉尔作家捷基·奥杜洛克（尼·伊·斯皮里多诺夫）的长篇小说《老伊梅列丁的一生》，小说描写楚克奇人革命前的艰苦生活。

245. 见扎哈瓦的回忆录，第二四〇至二四九页。

246. 马克西姆·比什科夫于一九三四年五月十一日去世。

247. 作家们和罗曼·罗兰会见是在一九三五年六月九日。

248. 石田教治——日本翻译家和音乐评论家，与本回忆录作者同时在莫斯科。

249. 昇曙梦在苏联莫斯科高尔基模范艺术剧院观看《底层》话剧的日场演出。

250. 昇曙梦于一九一〇年翻译了《底层》剧本。同年《底层》在日本各剧院上演，曾演出多年，获得了巨大的成功。

251. 见本书注释第152。

252. "浮世绘"——十八至十九世纪日本绘画的一个现实主义流派。

253. 这里指的是鲍·皮利尼亚克的《日本光明幸福的根源，旅途观感》，列宁格勒，一九二七年。

254. 这里指的是尼·阿谢耶夫的《不再打扮的美女》，莫斯科，作协出版社，一九二八年。

255. 日本改造社出版社于一九二九年——一九三二年出版了二十四本的高尔基文集。

256. 山本实彦——改造出版社社长。

257. 高尔基曾想写一本有关日本的书，但没有实现。

258. 见本书注释第207。

259. 日本的歌舞伎剧团这时在莫斯科巡回演出。

260. 戈尔布诺夫当时为塞兹兰的《红色十月》报撰稿。

261. 加林-米哈伊洛夫斯基（1852—1906），俄国作家，曾写过《乔马的童年》《中学生》《大学生》《工程师》四部曲小说。

262. 有关手表的故事和高尔基在《记加林-米哈伊洛夫斯基》特写（1927年）中讲的有所不同：为了帮助可怜的钟表店徒弟，加林买下了全部手表，并给当时在《萨马拉报》工作的高尔基寄去了一块。

263. 这是描写在农村建立苏维埃制度的长篇小说《破冰棱》一九二五年的手稿。

264. 高尔基于一九二九年秋从莫斯科赴索伦托途中，在柏林逗留了几天，他去那儿遇到了因创作而出差去柏林的回忆录作者。

265. 弗里德里希（1774—1840）——法国画家。早期浪漫主义代表人物。

266. 现为博德博物馆。该馆是为纪念弗里德希——博物馆的奠基人、艺术史家博德而建的。

267. 伦勃朗（1606—1669），荷兰画家。弗朗士·哈尔斯（约 1580—1666），荷兰画家。委拉斯开兹（1599—1660），西班牙画家。提香（约 1488/1490—1576），意大利画家。

268. 鲁本斯（1577—1640），佛兰德斯大画家。勃鲁盖尔（1525—1569），尼德兰画家。

269. 叶罗尼莫·波斯赫（约 1460—1516），尼德兰画家。创作过不少宗教题材的作品（如《末日的审判》《天国》《地狱》等），他的很多油画具有悲剧性，有时甚至极端悲观。

270. 佩鲁吉诺（约 1446—1523），文艺复兴时代意大利著名画家。平图里乔（1454—1513），意大利油画家。波提切利（1444—1570），文艺复兴时代意大利杰出画家。

271. 乌特里洛·莫里斯（1883—1955）——法国写生画家。

272. 切尔卡什是高尔基描写流浪生涯的早期作品《切尔卡什》中的主人公。

273. 关于会见切尔卡什的原型人物一事，高尔基曾在《谈谈我怎样学习写作》一文中讲述过。

274. 瓦西里·伊凡诺维奇·苏里科夫（1848—1916）——俄国的现实主义画家，世界最伟大的历史画家之一。

275. 伊里亚·叶菲莫维奇·列宾（1844—1930）——俄国伟大的现实主义画家。

276. 瓦连金·亚历山德罗维奇·谢罗夫（1865—1911）——俄国杰出的写生画家。

277. 克洛德·莫奈（1840—1926），法国风景画家。西斯莱（1839—1899），法国风景画家。毕萨罗（1830—1903），法国油画家。

278. 鲍里斯·米哈伊洛维奇·库斯托利耶夫（1878—1921）——苏联画家，版画家。

279. 谢尔盖·阿历克谢耶维奇·科罗温（1858—1908）——俄国现实主义画家。

280. 维克托·米哈伊洛维奇·瓦斯涅佐夫（1848—1926）——俄国写生画家。阿波利纳里·米哈伊洛维奇·瓦斯涅佐夫（1856—1933），俄国写生画家，考古学家。

281. 米哈伊尔·瓦西里耶维奇·涅斯捷罗夫（1862—1942）——苏联画家。

282. 伊萨克·伊兹赖列维奇·布罗茨基（1883/84—1939）——苏联写生画家。

283. 谢苗·马尔科维奇·普罗霍罗夫（1873—1948），苏联画家。加夫里尔·尼基季奇·戈列洛夫（1880—1966），苏联写生画家。

284. 康斯坦丁·伊凡诺维奇·戈尔巴托夫（1876—1928），苏联画家。叶菲姆·米哈伊洛维奇·切普佐夫（1874/75—1950），苏联写生画家。

285. 康斯坦丁·亚历山德罗维奇·韦希洛夫（1877—？），苏联画家。格里戈里·米哈伊洛维奇·博布罗夫斯基（1873—1942），苏联画家。

286. 见《博戈罗茨基和普罗霍罗夫》，第一卷，第二五四至二六六页。

287. 立陶宛画家丘尔利奥尼斯创作的特点是对现实生活的浪漫主义的、象征性的综合感受，这种感受体现在对美好和自由世界向往的幻想之中。此外，丘尔利奥尼斯还是一位伟大的作曲家，因而他的绘画作品的特点是力图在写生画中体现音乐形象。

288. 希尔韦斯特尔·费奥多西耶维奇·谢德林（1791—1830）——俄国卓越的风景画家。

289. 亚历山大·安德烈耶维奇·伊凡诺夫（1806—1858）——俄国伟大的写生画家。

290. 卡尔·巴甫洛维奇·布留洛夫（1799—1852）——俄国著名的写生画家，水彩画家，制图家。

291. 费奥多尔·米哈伊洛维奇·陀思妥耶夫斯基（1821—1881）——俄国卓越的作家。其代表作有《罪与罚》《魔鬼》《白痴》等。

292. "阿布哈兹"号内燃机轮船于一九三〇年十一月二十六日中午抵达那不勒斯，于同月二十八日晚上驶离。高尔基曾几次访问这艘轮船。

293. А·Л·萨洛夫给高尔基看的是自己的小册子《崭新的人们》的手稿。高尔基提了一些意见，并建议将此书改名为《车间的诞生》。一九三〇年这本小册子就是用这个书名出版的。

294. 工业党（1925—1930）是一个由工程技术人员组成的从事破坏活动的组织，其宗旨是推翻苏维埃政权和在苏联复辟资本主义。

295. 一九三〇年十一月二十五日是对工业党成员进行审讯的第一天，《真理报》和《消息报》上发表了高尔基的《致工人与农民》的文章，他随后又写了《致人道主义者》一文（发表于12月11日《真理报》），愤怒地痛斥了那些危害苏联社会主义建设的人，以及那些在国外为劳动人民的敌人进行辩护的人。

296. 见原书第一卷第四一二页《杜日斯基回忆录》的注。

297. 薇拉·霍鲁扎娅——西部白俄罗斯革命运动的参加者、波兰共青团中央委员，一九二五年被捕，一九三二年由苏联政府通过交换人质而获释来苏联。曾在苏联担任重要职务。在伟大卫国战争年代曾在白俄罗斯参加游击队活动。后被奸细出卖，被法西斯匪徒杀害。一九六〇年被追认为苏联英雄。

298. 此信刊登于《真理报》一九三二年八月二十九日，第二三九号。

299. 列昂尼德·康斯坦丁诺维奇·拉姆全（1887—1948），著名的热工学家。一九二一年任国家计划委员会委员，后任全苏热工学研究所所长。一九三〇年因工业党案件被判刑，后因完成重要任务而赎罪。一九四四年起任动力学院教授。

300. 马克西姆的昵称。

301. 高尔基于一九二八年五月二十日抵达罗马。

302. 即列夫·尼古拉耶维奇·托尔斯泰。——译者注

303. 指的是高尔基的两卷集《特写与短篇小说》。见梅里坚米茨卡娅的回忆录，第一卷，第七十二至七十五页。

304. 高尔基关于《记述过去经历的小说》的想法已在革拉特科夫的四部曲——《童年的故事》《自由人》《荒乱年代》和《动荡的少年时代》中得到实现。

305. 菩提树下大街——柏林的中央大街。高尔基于一九三二年八月二十六日至九月二日为去阿姆斯特丹参加反战大会而逗留在柏林。荷兰政府没有发给苏联代表团签证（代表团成员有阿·马·高尔基、尼·米·什维尔尼克和叶·德·斯塔索娃），因此代表团返回莫斯科。

306. 帕列赫的画家在革命前主要是画圣像的，经过复杂和艰难的探索之后，转到现代题材，保持了自己的风格。高尔基还不止一次地会见过帕列赫画家们，帮助他们建立新画场，组建当地的陈列馆，寄去艺术方面的书籍，吸引帕列赫画家们参加对他们来说具有新风格的书的插图工作。

307. 佩尔加姆古城堡是小亚细亚北部的古城，是佩尔加姆王国的首府（公元前280年建立）。后来在那里挖掘出不少当时的珍贵文物。德国人把这些文物运到柏林，在柏林建立佩尔加姆出土文物陈列馆。

308. 在柏林的佩尔加姆出土文物陈列馆中收藏着小亚细亚佩尔加姆祭坛（公元前2世纪）——希腊化文化的珍贵文物，以及巴比伦宫的残存部分。

309. 《文学学习》杂志（1930—1941）是高尔基为帮助新作家而创办的。高尔基曾在该杂志发表过许多论述作家工作的文章。杂志上经常刊登文学研究家和评论家关于经典作家创作的介绍文章，作家们相互交流经验，帮助年轻作家掌握文学创作的技巧。高尔基也提出有关该杂志存在的缺点的问题，诸如写大题目常常材料非常有限，而撰稿人的圈子很小，对有些问题的研究不够深入，等等。（《高尔基全集》第30卷，第291—294页，《致多宾的信》）

310. 伊克斯是俄国经济学家、社会民主党人彼得·巴甫洛维奇·马斯洛夫（1867—1946）的别名。

311. 指莫斯科苏哈列夫卡广场大旧货市场（后来被取缔）。

312. 科里佐夫曾于一九三一年作为新闻记者在西班牙待过。

313. 埃萨·德·克罗兹（1845—1900），葡萄牙作家。他的长篇小说《阿马罗神父的罪恶》（1875年出版）和《遗物》（1887年）等揭露了宗教和教会的丑恶。

314. 埃萨·德·克罗兹的长篇小说《遗物》（1887年）于一九二二年在俄国出版。

315. 现在卡恰洛夫大街。这幢房子是费·奥·舍赫捷利于一九二〇年为百万富翁里亚布申斯基修建的，高尔基于一九三一年住进去的，只是到冬天，去索伦托或特塞里（克里米亚），到夏天去戈尔基十号（莫斯科近郊）。现在这里是高尔基故居陈列馆。[费奥多尔·奥西波维奇·舍赫捷利（1859—1926），俄国著名建筑师。]

316. 钣金工用手工和大锤把钢片弯成正在建造的船只的船身形状，有时需要把钢板预先加热。

317. 尼库林曾于一九三三年四月去索伦托拜访高尔基。

318. 费奥多尔·伊万诺维奇·夏里亚宾（1873—1938），俄罗斯歌唱家（男低音）。曾在彼得堡和莫斯科演唱歌剧。一九二一年以后侨居国外。他具有极美的嗓音和卓越的演剧天才。夏里亚宾在俄国和西欧作曲家的歌剧中创造了鲍里斯（М·П 缪索尔斯基的《鲍里斯·戈东诺夫》中的人物）、伊凡雷帝（Н·А·里姆斯基－科萨科夫的《普斯科文姑娘》中的人物）、梅菲斯托（С·古诺的《浮士德》中人物）、唐·巴济里奥（G·А·罗西尼的《赛维勒的理发师》中的人物）。

319. 瓦西里·奥西波维奇·克柳切夫斯基（1841—1911）——俄国著名的资产阶级历史学家。

320. 列夫·亚历山德罗维奇·梅伊（1882—1862）——俄国诗人和剧作家。他写的历史剧有《沙皇未婚妻》（1849年）和《普斯科文姑娘》（1860年），成了里姆斯基－科萨科夫歌剧脚本的基础。梅伊许多诗的翻译，都被 П·И·柴可夫斯基、М·П 穆索尔斯基、А·П·波罗丁等配上曲（《但愿能用一句话表明》《我是一朵野花》等）。

321. 尼·安·里姆斯基（1844—1908）——作曲家，俄罗斯民族乐派的代表人物。

322. 《俄罗斯游记》中的故事（1913年）。

323. 参阅《瓦·米·霍达谢维奇》回忆录，本书第九十八、九十九页。

324. 纸牌的一种打法。

325. 参阅《尼·亚·伯努瓦》回忆录，本书第一二二、一二三页。

326. 恩里科·卡鲁索（1873—1921）——意大利男高音歌唱家，曾在意大利、纽约、巴黎和彼得堡歌剧院演唱。

327. 蒂塔·鲁福（1877—1953）——意大利男中音歌唱家。

328. 巴蒂斯蒂尼·马蒂亚（1856—1928）——意大利男中音歌唱家，在意大利和其他各国演唱，曾多次到俄国巡回演出。

329. 胡塞·里贝拉（约1591—1652）——杰出的西班牙写生画家和版画家，里贝拉的现实主义创作表现了巨大的戏剧性力量。他的画《圣母伊涅萨》《圣母格尼斯》《阿基米德》和《瘸孩子》刻画了普通人民的形象。

330. 巴库斯，希腊神话中的酒和快活之神。

331. 狄奥尼索斯，希腊神话中的酒神。

332. 叶夫根尼·巴格拉季奥诺维奇·瓦赫坦戈夫（1883—1922）——俄罗斯卓越的演员和导演，康·谢·斯坦尼斯拉夫斯基的学生。一九一二年任莫斯科艺术剧院第一戏校戏队演员和导演。他在一九一五年所建立的戏校发展成为莫斯科艺术剧院第三戏校，一九二六年改名为瓦赫坦戈夫剧院。

333. 鲍里斯·瓦西耶维奇·史楚金（1894—1936）——苏联著名演员，戏剧大师。扮演的角色有：《耶戈尔·布雷乔夫等人》中的布雷乔夫、《列宁在十月》《列宁在1918》等电影中的列宁。获苏联国家奖（1941年追授）。

334. 《耶戈尔·布雷乔夫等人》的最后彩排于一九三二年九月十九日举行。

335. 引自亚·谢·普希金的诗《重生》（1819年）。

336. 亚历山德拉的小名舒拉的昵称，布雷乔夫的女儿。

337. 一九二九年。

338. 引自亚·谢·普希金的《鼠疫流行时的宴会》（1830年）。此处引用了戴启篁的译作。（《普希金戏剧选》，漓江出版社，1982年12月第一版，第222页）。

339. 谢苗·鲍里索维奇·乌里茨基（1894—1941）——新闻记者。

340. 意大利精神病学家和罪行调查学家切扎雷·龙勃罗梭证实了刑事犯罪的生物制约性，并试图证明天才是反常现象、变态的不正常现象。他所著的《天才与精神错乱》（俄译本为《天才与精神病》）一八九二年第一次在俄国出版。

341. 根据圣经的传说，在伊罗德·伊杜梅亚宁国王知道人们在维弗列姆推测弥赛亚不久将出生后，他就下命令杀死城内所有的不满两周岁的婴儿。

伊罗德·伊杜梅亚宁为公元前四十年至四年时犹太国王——杀人魔王，详见《新约全书》。

弥赛亚（Мессия）——救世主（原为犹太教用语，在耶稣教里指耶稣），据说他应当在世界末日将临的时候出现，以消灭地球上的罪恶和建立"天国"。教会利用弥赛亚的概念诱惑

人民群众脱离积极的革命斗争。——译者注

342. 普希金的《先知》（1826 年）——诗中的不正确的引文。

343. 高尔基（Горький）的俄文原意是"痛苦的"。

344. 伊凡·彼得罗维奇·科申科夫（1906—1939）——新闻记者。

345. 尼古拉·彼得罗维奇·巴尔科夫——新闻记者。

346. 《震撼世界的十天》（1919 年）——美国政治家约翰·里德叙述一九一七年的日子一书的书名。

347. 一七八九年在法国爆发了资产阶级革命。

348. 引自著名的革命歌曲《红旗》（《眼泪淹没了一望无际的世界》，1900 年，В·阿基莫夫译自波兰文）。

349. 尼古拉·伊万诺维奇·萨哈罗夫（1902—1938）——新闻记者。

350. 帕格尼尼（1782—1840）——意大利小提琴家、作曲家。

351. 科利佐夫·阿列克塞·瓦西里耶夫（1809—1842）——俄罗斯诗人。他的著名诗作《森林》（1838 年）是为普希金而写的。

352. 费奥多罗夫·尼基福罗维奇·斯列普什金（1783—1848）——俄罗斯诗人。

353. 亚历山大·伊凡诺维奇·波列扎耶夫（1804—1838）——俄罗斯诗人。

354. 巴维尔·尼古拉耶维奇·亚布洛奇科夫（1847—1894）——电工技师。

355. И·索博列夫——新闻记者。

356. 瓦西里·吉洪诺维奇·博布雷舍夫（1900 —1941）——新闻记者。

357. 列·尼·托尔斯泰对由索·安·托尔斯塔誉写的这部长篇小说的手稿做了大量的修改和补充，对部分原文做了彻底加工。

358. 引自《和财务稽核员的谈话》（1926）。

359. 瓦·谢·莫洛科夫一九三四年曾参加营救切柳斯金号船员，因而被授予苏联英雄的称号。

360. 《恰巴耶夫》影片于一九三四年由列宁格勒电影制片厂摄制。

361. "灰牲口"（серая скотинка）——革命前对士兵表示嘲讽或同情的用语。

362. 瓦西里·伊凡诺维奇是恰巴耶夫的名和父名。

363. 高尔基早在马雅可夫斯基文学生涯的开始阶段对他的天才和积极的生活态度就已有好感了（见《巴边奇科夫回忆录》，第 1 卷第 303 页）。一九二七年马雅可夫斯基曾给高尔基寄出过一封用诗写的信,信中抱怨说:"我们痛苦地想念侨居国外的高尔基,误解了高尔基在国外的生活。""信的意思——不理解!"高尔基在这首诗上写了眉批(《阿·马·高尔基档案汇编》,第 10 卷第 1 册,第 264 页)。然而这件事并未破坏他们的关系。

364. 高尔基为被残酷虐待的妇女打抱不平而被毒打得失去知觉。高尔基在他的特写《游街》(1895 年)中曾谈起过这件事,并附带说:"……这种事我是一八九一年七月十五人在赫尔松省尼古拉耶夫斯克县坎德博夫卡村看到的。"

365. 见本书注释第 37。

366. 亨利·福特(1863—1947)——美国汽车大王。

367. 高尔基曾于一九三一和一九三三年去过彼尔舍夫。

368. 薇·尼·扎科娃——女作家,报道建筑师 A·菲奥罗万季、Ж·科恩、B·巴热诺夫事迹的特写作者,这些报道于一九三四年发表在选集《第十七年》中。她从十四岁起就开始和高尔基通信,高尔基写给她的信见《高尔基全集》第三十卷。高尔基在逝世前一年半给她写过最后一封信。

369. 俄国戏剧家冯维辛的喜剧《纨绔少年》中的主人公,是个野蛮专横的女地主。

370. 俄国作家冈察洛夫的长篇小说《奥勃洛莫夫》中的主人公,是个懒惰成性、害怕劳动,整天过着死气沉沉的寄生虫生活的地主。

371. 舒萝奇卡是亚历山德拉的小名。

372. 弗拉基米尔·雅科夫列维奇·扎祖勃林(祖布佐夫)(1895—1938)——作家。

373. 尼古拉·伊凡诺维奇·扎莫什金(1896—1960)——评论家。

374. 尼古拉·谢苗诺维奇·马什科夫采夫(1909—1956)——作家。

375. 高尔基给《集体农庄庄员》杂志(1934 年 10 月 22 日出第 1 期)规定的任务是在农民中间普及科学知识,宣传先进经验。高尔基曾专门为该杂志撰写了几篇短篇小说:《公牛》《鹰》《马具匠与火灾》《死刑的执行》。

376. 伊萨克·格里戈里耶维奇·戈里特贝格(1884—1939)——作家。

377. 米哈伊尔·米哈伊洛维奇·普里什文(1873—1954)——俄罗斯作家。高尔基对他评价甚高,称他为"诗人和哲人"。

378. 伊凡·谢尔盖耶维奇·索科洛夫-米基托夫(1892—1975)——俄罗斯作家。

379. 伊凡·伊凡诺维奇·卡达耶夫(1902—1939)——俄罗斯作家。

380. 《公牛》发表于《集体农庄庄员》一九三五年,第三期。

381. 尼古拉·谢苗诺维奇·吉洪诺夫（1894—1979）——俄罗斯作家。

382. 伊里亚·利沃维奇·谢尔文斯基（1899—1968）——俄罗斯作家。

383. 鲍里斯·列昂尼多维奇·帕斯捷尔纳克（1890—1960）——俄罗斯作家。

384. 一九三四年六月十四日高尔基在《文艺娱乐》（同时发表在《真理报》《消息报》《文学报》和《列宁格勒文学》上）一文中评述某些作家的疏忽大意、他们日常生活中的不体面行为（特别是帕·瓦西里耶夫）。

385. 引自高尔基的短篇小说《伊则吉尔老婆子》（1894 年）。

386. "如果作家今后不摔大跟头，他就能成为一个大作家。我说的是尤里·格尔曼"——高尔基和土耳其作家交谈时曾这样评论过格尔曼的长篇小说《序曲》（《真理报》，1932 年，6 月 6 日第 124 期）。

387. 黑格尔（1770—1831）——德国哲学家。

388. 格尔曼的长篇小说《序曲》。

389. 俄文 одеть 的意思是"给……穿上"，надеть 的意思是"自己穿上"，而格尔曼连这些起码意思都搞错，这使高尔基大为生气。

390. 弗拉基米尔·亚历山德罗维奇·卢戈夫斯科依（1901—1957）——诗人。

391. 是描写二十世纪二十年代德国的长篇小说（1934 年）。

392. 格尔曼写成《关于捷尔任斯基的几则故事》（1938—1957）

393. 布里利亚·萨瓦连著的《味觉生理学》（俄译本——莫斯科，1867 年）——一本关于食物及其制作、消化以及食物在人们生活中的功能与作用的书。

394. 长篇小说的几个片段从一九三二年起开始发表于《文学同时代人》（1934 年第 2—6、8、10—12 期，1935 年第 7—9、11—12 期，1936 年第 3—5 期）。

395. 尤里·尼古拉耶维奇·特尼扬诺夫（1894—1943）——俄罗斯作家、文艺学家。以写长篇历史小说著称，如《丘赫利亚》（1925 年）、《瓦济尔－穆赫塔尔之死》（1927—1928）和《普希金》（1935—1943）。

396. 见原书第一卷序言，第十五、十七页及第四〇四页巴普连科回忆录注①。

397. 见原书第一卷第四〇二页苏尔科夫回忆录注④。

398. 哈萨克苏维埃社会主义共和国成立于一九二五年，一九三七年改为加盟共和国。

399. 长篇小说《我的礼拜寺小学》是自传体三部曲《生活的学校》（1949—1953）的初稿。

400. 第一次全苏作家代表大会从一九三四年八月十七日召开到九月一日结束。

401. 阿·加·科列瓦诺娃的《我的一生》一书是乌克兰女工、女农民对沙皇俄国劳动妇女的艰辛命运、对家庭和社会关系的压迫,对幸福的狂热追求的生动、朴素的叙述。高尔基曾为科列瓦诺娃的书写过序言(《高尔基全集》第 27 卷,第 533—535 页)。《我的一生》于一九三六年出版。

402. 马丁·安德逊－尼克索(1869—1954)——卓越的丹麦作家,共产党员。

403. 光点(зайчик)一词在俄文里也指小兔子。

404. 弗拉基米尔·伊里奇·列宁一九二二年十一月十三日在共产国际第四次代表大会上用德语做了题为《俄国革命五周年和世界革命的前途》的报告。从十二月十五日到十六日夜里列宁的健康状况严重恶化。

405. 刊登在该杂志第四期上。

406. 米·米·科秋宾斯基从一九一二年十月二十六日到一九一三年四月二十二日在奥布拉兹佐夫医院治病。

米哈伊尔·米哈伊洛维奇·科秋宾斯基(1864—1913)——乌克兰作家、革命民主主义者,长期居住在意大利,与高尔基时相往来,高尔基对他的创作给予很高的评价,并且对他有很大的影响。

407. 这是科秋宾斯基在一八九一年写的一篇儿童题材的短篇小说。

408. 弗朗茨·舒伯特(1797—1828)——奥地利伟大的作曲家。

409. 重建首都方案于二十世纪三十年代开始制定。

410. 一九三五年高尔基彻底修改《瓦莎·谢列日诺娃》,实质是写了一个新剧本。

411. 见本书注释第 36。

412. 指约·维·斯大林。

413. 一九二八年二月二十三日高尔基写信给扎祖布林说,必须爱护有才华的青年人。

414. 乔尔乔·瓦萨里(1511—1574)——意大利画家、建筑师和艺术史家。

415. 彼得·波利卡尔波维奇·彼得罗夫(1892—1944)——作家。

416. 巴维尔·德米特里耶维奇·科林(1892—1967)——画家,帕列赫圣像画家出身。

417. 《翘鼻子少先队员们的宿营地》——参加伊尔库茨克文学小组的孩子们写的描述自己生活的一本书。少年作者们曾在第一次全苏作家代表大会上致祝词,并两次在高尔基家里做客。

418. 在顿河罗斯托夫。

419. 伊里什卡为伊琳娜的爱称,是西夫科的名字。

420. 一九二九年九月一日至四日高尔基曾到过"巨人"谷物国营农场。他在《故事》中描绘了自己的观感。(《消息报》,1929年10月20日,第143号)

421. 在哥尔克村10号。

422. 引自发表于一九三四年第一期《集体农庄庄员》杂志的文章《交谈》。

423. 苏尔科夫此时为《成长》杂志的编辑,该杂志的宗旨是完善青年作家的写作技巧。

424. 为了使工人阶级和苏联知识分子对立,"拉普"的成员们主张文学应由工人亲手创造。因此提出"突击工作队员参与文学的号召",这种号召自然没有任何成效;"拉普"的"应召人员"中间只有为数很少的人成为职业文学家。

425. 文学研究所是莫斯科的一所高等学校,青年作家在校内得到语文教育,发挥自己的创作才能。这是一九三二年九月十七日苏联中央执行委员会主席团做出决议为纪念高尔基从事文学活动四十周年而创立的。一九三三年十二月一日开学。它的前身为根据高尔基的倡议而创立的列宁格勒工人文学大学。

426. 红色教授学院(1921—1930年)——为培训社会科学教师、科研机构工作者、党和国家机关工作者的高等学校。

427. 见本书注释第309。

428. 《文学学习》杂志于一九三〇至一九三四年在列宁格勒发行,一九三三至一九四一年在莫斯科发行。

429. 阿·亚·苏尔科夫成为《文学学习》的副主编,并从一九三四至一九三九年在这儿工作。

430. 指奥·德·切尔特科娃。

431. 即克里米亚南岸的福罗斯。——译者注

432. 萨穆伊尔·雅科夫列维奇·马尔夏克(1887—1964)——俄罗斯诗人。高尔基曾称他为"我国儿童文学的奠基人"。——译者注

433. 此处指尤里·尼古拉耶维奇·特尼扬诺夫。——译者注

434. 马尔夏克·伊林(1895—1953)——俄罗斯作家,原名为伊利亚·雅科夫列维奇。——译者注

435. 在《文学游戏》一文的第一部分(见切尔托娃的回忆录注③,原书第三九九页)高尔基曾非常严厉地批评了亚·莫尔恰诺夫的长篇小说《农民》和亚·安·普罗科菲耶夫对该书的编辑工作。

436. 这里所说的是一九三五年六月九日作家们与高尔基和罗曼·罗兰的会见。

437. 见原书第一卷第四〇三页杰斯尼茨基的回忆录注⑱和⑲。

438. 《俄罗斯人民关于自己祖先家庭生活的传统》（第1—3卷，圣彼得堡，1836—1837年）——这是由伊·波·萨哈罗夫整理的内容丰富的民间创作资料汇编。

439. 《国境线》（1935年）——M·N·杜布松导演的剧本，列宁格勒电影制片厂摄制。《佩波》（1935年）——贝克－纳扎罗夫导演，亚美尼亚电影制片厂摄制。

440. 高尔基和马利诺夫斯卡娅在俄国社会民主工党下诺夫戈罗德委员会一起工作时认识。

441. 后来阿·米·法伊科写了歌剧《母亲》的歌词，由吉·尼·赫连尼科夫作曲。

阿列克塞·米哈伊洛维奇·法伊科（1893年生）——俄罗斯苏维埃剧作家。

吉洪·尼古拉耶维奇·赫连尼科夫（1913年生）——苏联作曲家，俄罗斯苏维埃联邦社会主义共和国人民演员，五次获斯大林奖金。

442. 见原书第一卷第四〇三页杰斯尼茨基的回忆录注⑱和注⑲。

443. 指《纤夫曲》（1951年）。

444. 歌剧《十二月党人》（弗·罗日杰斯特文斯基作词），作曲家从一九二五年写到一九五三年才完成。弗谢沃洛德·亚历山德罗维奇·罗日杰斯特文斯基（1895年生）——俄罗斯苏维埃诗人。

445. 孔德拉季·费奥多罗维奇·雷列耶夫（1795—1826），俄罗斯诗人，十二月党人。——译者注

446. 康斯坦丁·谢尔盖耶维奇·斯坦尼斯拉夫斯基（真姓阿列克谢耶夫）（1863—1938）——伟大的苏联导演，演员，教育家，戏剧理论家，苏联人民演员，曾获列宁勋章。

447. 弗拉基米尔·伊凡诺维奇·涅米罗维奇－丹琴柯（1858—1943）——苏联杰出的戏剧活动家，乐队指挥和剧作家，苏联人民演员，两次获斯大林奖金，莫斯科艺术剧院的创始人之一。

448. 肖斯塔科维奇·德米特里·德米特里耶维奇（1906年生）——苏联作曲家，苏联人民艺术家，曾五次获得斯大林奖金，并荣获国际和平奖金和列宁勋章。

449. 《姆岑斯克县的马克白思夫人》(1932年)是歌剧《卡捷琳娜·伊斯梅洛娃》一九六三年的初稿。

450. 爱德华·格里格（1843—1907）——挪威作曲家、钢琴家和指挥家。

451. 亚历山大·波洛克·亚历山德罗维奇（1880—1921）——俄罗斯诗人。

452. 引自波洛克一九三一年三月三十日在为高尔基五十寿辰举行的庆祝会上的祝词。

453. 《罗兰王之歌》是法国最早的一首古法语史诗，史诗中的罗兰是指法兰克封疆侯。他于公元

七七八年积极参加查理大帝对西班牙的进军，在西班牙的龙塞斯瓦列斯山隘与巴斯克人作战时阵亡。关于罗兰的传说成为法国英雄史诗《罗兰王之歌》的基础，在这部史诗中，法国人民用罗兰的形象表达了爱国主义的理想。

454. 乔亚金诺·罗西尼（1792—1868）——意大利最杰出的作曲家，代表作有喜歌剧《塞维利亚的理发师》（1861年）及其他、英雄浪漫的爱国歌剧《威廉·退尔》（1829年）及其他。罗西尼的特点在于他对声乐部分出色的处理。

455. 《伊戈尔远征记》（Слово о полку Игореве）——俄国古代英雄史诗。作者不详。成书于一一八五年至一一八七年之间，以一一八五年罗斯王公伊戈尔一次失败的远征史为根据。

456. 帕列赫（Палех）：市镇，俄罗斯联邦伊凡诺沃省的正中心，著名的俄罗斯民间艺术中心，以生产美妙的漆画著称于世。一九一七年以前帕列赫圣像画家的匠师，在苏维埃时代改绘精细小画。帕列赫艺术的特点：形象和主题的丰富多彩，鲜明华美和令人惊奇的细致画术。帕列赫有美术工厂、结穗刺绣细工劳动组合、亚麻加工厂，设有美术学校一所。

457. 尼古拉·尼古拉耶维奇·索博列夫——苏联艺术学家。

458. 指尼·尼·索博列夫的《俄罗斯民间木刻》，莫斯科－列宁格勒，一九三四年版。

459. 博尔舍夫工学团的学生曾与一九三五年四月九日在小尼基茨卡亚大街高尔基家里做客。

460. 谢尔盖·尼基福罗维奇·瓦西连科（1872年生）——苏联作曲家和乐队指挥，斯大林奖金获得者。

461. 马克西米里安·奥谢耶维奇·施泰因堡（1883—1946）——苏联作曲家和教育家。

462. 米哈伊尔·米哈伊洛维奇·伊波利托夫－伊凡诺夫（1895—1935）——苏联作曲家和乐队指挥。——译者注

463. 高尔基于一九三五年七月十五日写的信。

464. 阿尔卡季·伊凡诺维奇·卡拉肖夫（1907—1942）——录音员。

465. 高尔基的发言发表于一九三二年九月二十四日第四十四期《电影报》（《高尔基全集》，第26卷，第351页）。

466. 苏莱曼·斯塔利斯基（1869—1937）——杰出的列兹庚民间诗人。

467. 弗拉基米尔·彼得罗维奇·斯塔夫斯基（1900—1943）——俄罗斯作家。

468. 索菲亚·约夫娜·格林琴科——库班集体农庄运动的组织者之一，一个历尽艰辛，生活道路

曲折离奇的人。除了长篇小说《四散奔逃》外,弗·斯塔夫斯基描述格林琴科的作品还有以单行本发行的《格林奇哈的往事》(莫斯科-列宁格勒,1932年)。

469. 联共(布)中央《关于改组文学艺术团体》和撤销俄罗斯无产阶级作家联合会("拉普")的决议在一九三二年四月二十三日发表。在决议发表后,高尔基召集了作家们讨论即将建立苏联作家协会的事宜。

470. 一九二四年至一九三七年,巴甫连柯曾担任驻土耳其的苏联商务代办处秘书。

471. 叶尔米洛夫·弗拉基米尔·弗拉基米罗维奇(1904—1965)——苏联文艺学家。

472. 阿道夫·梯也尔(1797—1877)——法国资产阶级历史学家,当过法国内务大臣、首相、总统,是镇压巴黎公社的刽子手。梯也尔著的《札记与回忆一八七〇—一八七二年》于一九〇三年在巴黎问世(法文版)。

473. 认识的人是亨利·勒任。

474. 罗曼·罗兰于一九三五年六月二十三日到达苏联,六月二十九日他去小尼基茨卡亚大街拜访高尔基,并受到高尔基的邀请搬到哥尔克村做客,在那儿一直住到离开苏联为止(七月二十一日)。

475. 一九三三年,高尔基编纂文学艺术和社会政治文学,该文选的第一本书叫作《第十六年》(革命后的第十六年。以后的编号顺序类推。一年内出了第一至四四本书。高尔基曾任头九本书的编辑。文选中发表了高尔基的几个剧本如(《耶戈尔·布雷乔夫等人》《陀斯契加耶夫等人》《瓦萨·日烈兹诺娃》等,安·马卡连柯的《教育诗》,康·帕乌斯托夫斯基、亚·普罗科菲耶夫、埃·巴格里茨基以及其他人的作品)。

476. 玛·帕·契诃娃曾为安·巴·契诃夫作品和书信全集(第16—20卷,莫斯科,国家文学出版社,1948—1951)积极参加原文的收集和书信的注释工作。

477. 文里所说的是一八九九年发表在《环球》杂志附刊上的埃·萨利加利写的回忆录《我的一生》。

478. 一九三一年,在高尔基的倡议下编写多卷本《苏联国内战争史》的工作开始。第一卷于一九三六年问世,其他四卷在战后几年问世。关于《工厂史》见本书注释第243。

479. 高尔基曾于一九二八年七月三十日至八月九日、一九二九年八月二十一日至二十八日、一九三四年七月十二日至二十一日和一九三五年八月十二日至二十四日沿伏尔加河旅行。

480. 作家们在创作旅行时仔细研究过达吉斯坦的生活方式和独特的自然景色,成果就是写出了一批诗歌、随笔和短篇小说。作家们向广大读者介绍了苏莱曼、察达萨埃·卡皮耶夫的诗篇。巴甫连柯本人在达吉斯坦则为自己关于沙米利的作品《高加索纪事》收集过材料。

沙米利（1799——1871）是达吉斯坦的首脑，曾领导过高加索山民反对俄国殖民者和当地封建主的斗争。

481. 弗拉基米尔·克拉夫季耶维奇·阿尔谢尼耶夫（1872—1930）——苏联的远东探查家、人种学家、作家。他最好的作品有《乌苏里边区游记》《德尔苏—乌扎拉》《在西霍村—阿林山脉中》《穿过大森林》。

482. 一八九〇年，安·巴·契诃夫为了了解服苦役的情况而去库页岛游历。其名著《库页岛》（1893—1894）就是这次游历的总结。

483. 一九三二年青年们在远东的原始森林和沼泽中间用自己的双手开始建设起名为阿穆尔河畔共青城的新城市。

484. 一九一三年十二月三十一日，高尔基从意大利回国。

485. 阿列克塞的小名。

486. 关于《编年史》见原第一卷第九至十页序。

487. 见原书第一卷第四三五至四三六页拉·阿尔斯基的回忆录注④。

488. 这儿说的是高尔基在一八九一年八月到九月的克里米亚之行。

489. 高尔基于一九一七年八到九月间住在克里米亚。

490. 现称普拉尼奥斯科耶，系克里米亚海岸疗养地。在费奥多西亚西南二十一公里处。当地设有若干休养所。

491. 拉夫尔·格奥尔吉耶维奇·科尔尼洛夫（1870—1918）——苏联国内战争时期叛军的首领之一。沙皇俄国将军，保皇党，一九一七至一九一八年俄国反革命势力的头子之一。一九一七年七月示威日之后，资产阶级临时政府任命他为最高总司令。科尔尼洛夫企图建立军事独裁。一九一七年八月科尔尼洛夫将里加交给德国人，目的是对革命的彼得堡造成威胁和实现他所煽动的反革命叛乱。布尔什维克动员群众击溃了科尔尼洛夫叛乱。后来科尔尼洛夫成为南方反革命活动的组织者之一。一九一八年三月，在叶卡德琳诺达尔之战中被击毙。

492. 拉·格·科尔尼洛夫于一九一七年八月十七日进军彼得格勒，目的是解散苏维埃和建立军事独裁。布尔什维克动员彼得格勒工人和革命部队奋起反击科尔尼洛夫。布尔什维克的鼓动员们被派往科尔尼洛夫部队，他们对士兵们阐明反革命叛乱的实质与目的。到八月三十日科尔尼洛夫叛乱被平定。

493. 高尔基于一九二九年五月三十一日从意大利回到苏联。

494. 亚历山大的昵称。

495. 特列尼奥夫的剧本《在涅瓦河岸上》(1937年)发表于《青年近卫军》杂志,一九三八年第一期;一九三七年四月在莫斯科小剧院演出。

496. 一九三六年五月。

497. 高尔基同工人通讯员的会见于一九二八年六月六日举行。

498. 刊载于该杂志一九二八年的第十一期。

499. 关于高尔基同工人通讯员会见的报道发表于《共青团真理报》(1928年6月7日第130期)。

500. 这里所说的是在小尼基茨卡亚大街的住所(现卡恰洛夫大街十六号)。

501. 奥诺尔·多米耶(1808—1879)——法国写生画家和石版画家,十九世纪西欧艺术方面最著名的现实主义者之一。

502. 卡尔·考茨基(1854—1938)——法国社会民主党和第二国际修正主义的首领之一。一九一四年八月提出掩饰垄断资本主义本质的"超帝国主义论"。第一次世界大战期间,堕落到社会沙文主义立场,成为无产阶级的叛徒。列宁在《无产阶级革命与叛徒考茨基》等著作中对考茨基的修正主义观点和叛徒立场进行了彻底的批判。

503. 希法亭·鲁道尔夫(1877—1941)——法国社会民主工党和第二国际极端修正主义派首领之一,工人阶级的叛徒。

504. 指革命历史题材的油画。

505. 《天真的人》——著名的附有插图的德国讽刺周刊,从一八九六年开始发行,高尔基于一九三二年二月给我们寄来了全套刊物。

506. 高尔基曾于一九三二年五月上半月参观过在苏联作家协会俱乐部举办的库克雷尼克塞画展。

507. 一九三〇年二月三日在莫斯科的作家俱乐部的落成典礼上演出了根据亚·阿尔汉格尔斯基和M·沃尔平的原作改编的《彼得鲁什卡》的木偶戏。由库克雷尼克塞制作的木偶是对下列作家、批评家、艺术活动家的善意的漫画:B·梅耶尔霍尔德、弗·马雅可夫斯基、费·革拉特科夫、列·昂诺夫、伊·谢尔文斯基等人。

508. 高尔基于一九三三年七月十四日参观"俄罗斯联邦十五年来的画家"展览会,七月十六日参观"工农红军十五年"画展。

509. 亚·德·科林——画家,博物馆的修复家。

510. 科林在一九二九至一九三七年从事《逝去的罗斯》这幅画的全部画稿的创作,他之所以没有画出描绘人民向神话中的"天国"进发的油画,大概是他已经感觉到它的构思已经过时了。

511. 在小尼基茨卡亚大街作家的书房里有巴·德·科林的几幅作品:《索伦托全景》(画家赠给高尔基六十寿辰的礼物)和一幅亚·德·科林临摹列奥纳多·达·芬奇的《蒙娜丽莎》的作品。

512. 西贝柳斯(1865—1957)——芬兰作曲家。

513. 米开朗琪罗(1475—1564)——意大利文艺复兴兴盛期的雕塑家、画家、建筑师和诗人。

514. 西纽列里·路卡(15世纪中叶—1523)——意大利文艺复兴时代画家、纪念碑性绘画家,主要作品为《半人半羊像》、奥维耶多大教堂的壁画等。

515. 伊利亚·列宾·叶菲莫维奇(1844—1930)——俄国伟大的现实主义艺术家。

516. 瓦连京·亚历山德罗维奇·谢罗夫(1865—1911)——俄罗斯杰出的现实主义画家和工笔画家。

517. 米哈伊尔·亚历山德罗维奇·费鲁别利(1856—1910)——俄国美术家。——译者注

518. 奥林皮阿达·德米特里耶夫娜·切尔科娃是高尔基家里的女管家和护士。

519. 在高尔基博物馆里现在还保存着科林在捷谢里画的八幅高尔基肖像画和描绘作家在与他亲近的人们中间的六幅素描。

520. 见原书第一卷第四一四页涅斯捷罗夫的回忆录注⑧。

521. 即高尔基儿子马克西姆的妻子娜杰日达·阿列克谢耶夫娜·彼什科娃。

522. 伊凡·巴甫洛维奇·拉德日尼科夫(1847—1945)——革命家,出版者。

523. 高尔基来到了柏林,当时娜·阿·彼什科娃和马·阿·彼什科夫都在柏林。

524. 见原书第三七六页注⑦。

525. 在圣布拉齐恩(在德国西南部山区的黑林山),高尔基从一九二一年十二月四日住到一九二二年四月三日。

526. 一九二一年在伏尔加河流域发生严重的饥荒。高尔基为饥民们组织募捐钱粮,不止一次地呼吁全世界舆论界,呼吁作家:赫伯特·乔治·威尔斯(1866—1946)——英国作家,安纳托利·法兰士(1844—1924)——法国作家,厄普顿·辛克莱(1878—1968)——美国小说家,赫·豪普特曼(1862—1946)——法国作家,布·伊巴涅斯,以及罗曼·罗兰给予援助。

527. 高尔基于一九二二年的五月底六月初来到了波罗的海沿岸法国的格林斯多夫疗养区,九月二十五日又搬到柏林近郊的萨罗夫。

528. 玛丽亚·伊格纳季耶夫娜·扎克列夫斯卡娅(布德贝格)(1892—1924)——高尔基的朋友

和秘书。

529. 费奥多尔·伊凡诺维奇·夏里亚宾的妻子。

530. 阿·尼·托尔斯泰于一九二二年四月至五月间访问高尔基，伊·谢·索科洛夫－米基托夫则于一九二二年八月访问高尔基。

531. 伊凡·谢尔盖耶维奇·索科洛夫－米基托夫（1892—1975)——苏联作家。

532. 尼古拉·米哈伊洛维奇·普热瓦利斯基（1839—1888）——俄国杰出的旅行家和地理学家、中部亚细亚探险家、彼得堡科学院名誉院士。

533. 尼古拉·尼古拉耶维奇·米克卢霍－马克莱（1846—1888），杰出的俄国学者和旅行家、人类学家、民族学家和自然科学家、大洋洲各民族的研究者。

534. 韦尼阿明·亚历山德罗维奇·卡维林（1902— ）——俄罗斯作家。

535. 米哈伊尔·米哈伊洛维奇·左琴科（1895—1958）——俄罗斯作家。

536. 《波里库什卡》（1861—1863）表现农奴制下不可能为农民造福的思想，女地主的"仁慈"却导致波里克依的自杀，作品充满了阴暗色彩。在这部作品里，列夫·托尔斯泰第一次提出了金钱万恶的问题。

537. 伊凡·米哈伊洛维奇·莫斯克温（1874—1946）——苏联伟大的演员、苏联人民演员，曾两次获得斯大林奖金和列宁勋章。

538. 一九二二年由Ю·А·热利亚布日斯基摄制的影片《波里库什卡》是苏联无声影片的最佳作品之一。

539. 艾丽莎·特里奥列（1896—1970）——法国女作家。

540. 谢尔盖·亚历山德罗维奇·叶赛宁（1895—1925）——俄罗斯诗人。他的抒情诗感情真挚，格调清新，并擅长描绘农村大自然景色。

541. 伊萨多拉·邓肯（1878—1927）——美国芭蕾舞女演员，原籍爱尔兰，她创造了与古典芭蕾舞对立的所谓自由舞蹈。

542. 一九二二年五月十七日，高尔基在当时侨居国外正要回国的阿·尼·托尔斯泰住的公寓会见了叶赛宁。

543. 高尔基是在一九二三年六月初来到格林捷尔斯塔尔的。

544. 一九二三年十一月二十七日高尔基来到捷克斯洛伐克。

545. "这一过早的逝世也使所有的人大为震惊，所有的人……（……）心情是沉重的。（……）

俄国还是幸运的（……）伊里奇的去世是俄国百年来最大的不幸。是的，最大的不幸。"——高尔基一九二四年二月四日给玛·费·安德烈耶娃写道。

546. 一九二四年四月，高尔基来到意大利。

547. 见本书注释第 160。

548. 夏里亚宾在一九二二年出国后曾不止一次地想回到祖国来，但是他认为革命后的最初年代在日常生活上的困难是无法克服的，他怕晚年贫困，无法度日，而这位歌唱家的周围都是逃亡国外的白俄，这对他起了不少的作用。

549. "契留斯金号"——轮船名，这艘船在一九三三年曾计划在北海航线上完成由穆尔斯曼克到白令海峡的直接航行。一九三四年二月十三日该船在楚克奇海峡被冰块撞毁，船员们由于苏联飞行员的援救而脱险。人们在红场举行欢迎他们归来的大会。

550. 高尔基对儿子的死感到非常难过。他一九三四年五月二十六日给罗曼·罗兰写信说："儿子的死对我确实是个沉重的打击，它使人目瞪口呆，无法忍受。他咽气的情景还一直历历在目，我直到死也不会忘记自然界对人施加残忍暴行的这一可恶的折磨。"

551. 高尔基于一九三六年五月二十七日回到莫斯科。

552. 高尔基的灵柩从哥尔克村运到莫斯科，安放在工会大厦的圆柱大厅。一九三六年六月十九日，人们瞻仰作家的遗体向他告别，十九日晚火化。二十日 6 时 30 分以前仍允许人们进入圆柱大厅。当天在红场举行追悼大会，并在 18 时 47 分把作家的骨灰罐砌入克里姆林宫墙内。

553. 见本书注释第 243。

554. 回忆录作者可能说的是《世界文学》，见原书第一卷第十三页序文。

555. 《诗人的书》——从古至今的俄罗斯诗歌和苏联各族人民诗歌的主要汇编。编入这套丛书的不仅有大诗人，而且还有不很著名的诗人的作品。它们对俄罗斯诗歌文化的形成起过积极作用。《诗人的书》迄今仍在出版。高尔基曾在《关于诗人的书》一文中提出这套丛书的宗旨。（《真理报》1933 年 12 月 6 日第 335 期）。

556. 《年轻人的故事》是一套十九世纪俄国和外国作家的艺术作品。专讲年轻人性格的形成和确立的丛书。这套丛书一共出了十八部中篇和长篇小说，在该丛书的第一册中列入夏布多里昂的长篇小说《勒内》和康斯坦的长篇小说《阿道夫》，并刊登了高尔基论出版物的宗旨和任务的论文（《高尔基全集》第 26 卷第 158—174 页）。

法朗萨·列纳德·夏多布里昂（1768—1848）——法国作家。《勒内》（1802 年）是他写的

第二部小说。

康斯坦（1767—1830）——法国作家、政论家、政治活动家，普希金对他的长篇小说《阿道夫》（伦敦，1815 年；巴黎，1816 年；俄译本 1831 年、1932 年、1959 年）评价很高。

557. 列昂尼德·尼古拉耶维奇·安德烈耶夫（1871—1919）——俄国作家。二十世纪初，因与高尔基接近并受社会上革命情绪的感染，对革命抱有一定的同情。

558. 斯达潘·加夫里洛雅奇·斯基塔列茨（彼得罗夫的笔名）（1896—1941）——苏联作家，详见原书第二卷第三九七页作者斯基塔列茨小传。

559. 见本书注释第 36。

560. 回忆录作者可能说的是亚·谢·普希金的哀诗《够了，够了，我的朋友！心灵要求平静……》（1834 年）。

附：译者子女的纪念文章

我们的父亲毛信仁

我们的父亲毛信仁于 2012 年 2 月 24 日早晨 6:05 永远地离我们而去了。虽然我们知道这一天迟早会到来，但还是不敢相信父亲就这么走了。我们和父亲共同走过了半个多世纪，已经习惯了父亲的秉性和脾气；习惯了他特殊的交流方式——笔谈和手势交流（因为父亲已失聪多年）；习惯了和他分享家中的大小事务；习惯了倾听他不厌其烦地讲述他的过去。现在父亲走了，我们觉得很不习惯，心里空落落的。

父亲的一生经历很多坎坷，他五岁丧母八岁失父，是个孤儿。在我们的记忆里，父亲在肃反、反右、文革等历次政治运动中，都受到了不小的冲击。这使他得了严重的神经官能症并且不幸失聪。他在听不见声音的世界里生活了大半辈子。

父亲此生最大的幸运就是拥有一个信任他、让他依赖的伴侣——我们慈爱的母亲（在父亲平反后八年，年仅六十岁的她，因患癌症过早离开了我们）。虽然父亲遭受了如此大的冤屈，可是他在母亲不离不弃的陪伴下，依然始终坚定不移地相信共产党，相信社会主义。这一点从他给我们取的名字中就可见一斑：大女儿叫式丹（尼娜），意为向苏联的丹娘学习；二女儿叫式宪，意为纪念宪法颁布之年；小女儿叫式兰，意为向刘胡兰学习；儿子叫仁青，因他生于肃反运动结束后，名字中"清"字的三点水落了，意为还给了父亲一个清白。

父亲总是教育我们子女要好好学习，积极上进。他自己也一如既往地积极工作，埋头于自己喜爱的翻译编审的事业。党的十一届三中全会后，父亲平反了。在学校，父亲的工作得到了认可，有了职务和职称，他不仅成了上海翻译家协会会员，还以翻译家的身份被收录到《中国翻译家辞典》里。《中国翻译家辞典》里记载了父亲多篇各种体裁的译文，如：电影高尔基三部曲《马克西姆的童年》《马克西姆的归来》《革命摇篮维堡区》；小说《我们是苏维埃人》《阿勃拉莫夫中篇小说选》等；诗歌《帕斯捷尔纳克诗选》《社会学与社会发展问题》等。同时，父亲呕心沥血，翻译了著作《同时代人回忆高尔基》（下卷），出版这部书是父亲生前最大的心愿，如今我们完成了父亲未了的夙愿，也是父亲为后人、为国家的翻译事业贡献最后的力量。父亲虽然走了，但父亲的名字将永存世间。

父亲也有他经常挂在嘴边炫耀的经历：父亲是金庸的结拜兄弟，他曾经做过金庸结婚时的傧相。20世纪50年代初，上外还是"俄专"时，父亲曾经是陈毅夫人张茜的同窗好友，当年只要陈毅市长没来学校接夫人，父亲和几个同学就会陪伴张茜一同散步回到陈毅的寓所。学习班结束后，张茜为提高俄语水平，要求父亲每月寄出学校的《实践》校刊，里面有父亲的译文，父亲一直按时给她邮寄，直到父亲被错划成右派为止。令父亲感动的是，在父亲错划为右派期间，张茜还托人给父亲捎来她的译著《沙原》。20世纪70年代，二女儿宪宪去北京看望父亲的恩师姜椿芳伯伯，姜伯伯盛赞父亲，说他年轻时不仅是人见人爱的翩翩少年，更是非常聪慧，简直就是部活的录音机。

父亲不仅心地善良，还热心助人，爱才惜才，善当伯乐。即使对方是普通朋友，只要发现他有特长但工作不对口时，他就会鼎力相助，帮助其调到对口工作单位。凭他的推荐还真办成了几个人，也因此不仅改变了他们自身的命运，也改变了整个家庭的命运。有的人因此与父亲结成了忘年之交。

父亲还是个热爱生活不服老的人。2009年7月，在他八十五岁的高龄时还兴致勃勃地参加了由上海世博局、上海语委、解放日报社等单位在全国范围内举办的"东方网迎世博咬文嚼字大赛"，获得了纪念奖，网上发布的获奖名单中就赫然写有父亲的名字。父亲还在老友（同事）董再来的陪同下，不顾路途遥远，去上海市展览中心颁奖现场领了获奖证书及奖品。

父亲喜欢写文章和顺口溜。他对自己和我母亲的评价是"玉华大事不糊涂，信仁一生欠谨慎"。他对自己一生的总结是："一介书生，两袖清风，三元及第，四面楚歌，五内如焚，六亲不认，七窍生烟，八字不好，九死一生，十年浩劫。感谢小平，三中全会，苦尽甘来，重获新生。"

父亲走的这一天，我家窗外的一棵树倒了。据门卫讲，这棵树生病枯萎了六年，也恰是父亲患病的六年。这棵树的树干于去年十月开始脱皮，而父亲也正是那时住进了医院。在父亲去世前几天，有人想推倒这棵树，可怎么也推不倒，而在父亲离世当天的几小时后，这棵树竟然自己倒了。门卫说你父亲还真是个人物！我们想这种巧合也太离奇了吧！

父亲永远活在我们心中。

毛式丹 赵继宪（毛式宪）

毛仁青 毛式兰

2012 年 3 月 22 日

补遗

父亲离开我们已经四年多了，今年5月22日是父亲毛信仁诞辰九十一周年，作为子女，我们就以完成父亲的夙愿作为纪念，以告慰父亲的在天之灵。

本书由二女儿照着父亲的手写稿一篇一篇（由于没经验，没按顺序）地打字，打完几篇后再从大女儿处取几篇译稿。待稿子全部打印好整理时才发现第五至第八篇不知何故遗失（可能是父亲的原因），怎么也找不到了，后来特请了上海外国语大学俄语系季元龙教授补译了这四篇，救了我们的燃眉之急。在此向季教授表示万分感谢！而后，在最后校对中又觉得从笔记本电脑里硬搬出来的俄语字母有误差（本人不懂俄语，手稿中的俄语字母改成印刷体时有搞错的），故又请了上外俄语系主任章自力老师帮忙，才解决了问题。

本书的出版还离不开好友王维平等同志的热心支持，以及出版方所付出的极大努力，在此一并表示感谢！

毛式丹
2016年6月20日